한중 시각 형용사의 의미 확장 및 분포

한중 시각 형용사의 의미 확장 및 분포

이 천 택

역락

머리말

 십년이라는 세월이 길기도 하지만 짧기도 한 것 같다. 대학 학부에서 한국어를 공부했고, 그저 한국어를 더 공부하고 싶은 마음으로 2008년부터 나의 10년 유학 생활을 시작했다. 이 10년은 바로 나의 19~29세의 청춘시절이고, 그것을 한국에서 보냈다. 유학 생활이 생각보다 힘들었지만 그 과정에서 은사(恩師)들, 선배들, 친구들을 많이 만났고 힘든 추억보다 즐겁고 잊지 못한 추억이 더 많이 남았다. 그래서 한국은 나에게 '제2고향'이라고 해도 과언이 아니다.

 나의 좌우명은 '이미 먼 곳을 택했으면 비바람이 있어도 가야 한다(既然選擇了遠方就要風雨兼程).'는 것이다. 나는 한국에서 열심히 공부했고 땀을 흘렸다. 노력은 마음이 있는 사람을 저버리지 않는다. 나는 거기서 전문 지식을 얻었고 내가 존경하고 흠모한 은사님들, 선배님들을 만났으며 지향이 서로 맞는 친구들을 만났다. 그리고 나에게 더 보람이 있고 인생의 행복인 나의 와이프를 만나고 아들이 생겼다. 생각해 보면 나의 유학 시절에 인생의 전환점이 몇 번 있었다. 이 전환점에서 항상 나를 도와준 사람이 나타나고 그 사람들은 나에게 '귀인(貴人)'이었다. 이러한 '귀인(貴人)'들 덕분에 나는 학업을 잘 마치고 10년 유학 생활을 잘 마무리했다.

 한국학 입문을 도와준 계몽 선생님이 바로 박재연 선생님이다. 중국 대학교에서 2년 동안 한국어를 공부했지만 그래도 한국 학생과 같이 국어학을 공부하고 한국인과 원활하게 교류하기 어렵다. 그래서 이 점을 고려하여 박재연 선생님 수업 시간에 항상 우리에게 '알아들을 수 있어요? 도움이 필요해요?'라고 물어주셨다. 그냥 평범한 말이지만 우리와 같은 유학생들에게 너무나 따뜻한 말이고 한국어 공부에 보충을 해 준 것 같다. 나는 그 후에 한국어를 더 열심히 공부하고 한국 학생들과 자주 교류했다. 드디어 학부를 잘 마무리하고 '유학생 우수 장학금'도 받았다.

나에게 기회를 준 선생님은 바로 홍종선 선생님이다. 이분은 한국학을 연구한 지 한 38년이 된다. 거의 평생을 언어 연구에 심혈을 기울였다고 말해도 과언이 아니다. 나는 수원에서 학부를 마치고 한국어를 더 체계적으로 공부하고 자신에게도 한번 도전하고 싶은 마음으로 고려대 석사과정을 지원했다. 석사과정을 지원하기 전에 사실은 망설였고 겁이 생겼다. 나는 아무도 모르는데 성공할 수 있을까? 나의 수준이 고려대에서 공부할 수 있을까? 이 많은 질문과 두려움을 가지고 고려대 홍종선 교수님께 이메일을 썼다. 그러나 상상도 못했는데 홍종선 교수님께 정성을 담아 나에게 답장을 써 주셨다. 그 답장을 본 순간의 기분을 오늘까지도 기억하고 있다. 홍종선 선생님께서 '한번 원서를 지원하라. 완벽한 사람이 없고 공부하는 마음을 가지고 열심히 하면 된다.'라고 말씀을 하셨다. 나는 운이 좋게 고려대 석사과정을 진학했고 인생의 첫 번째 도전에 성공했다.

지식과 인생의 철학을 가르쳐준 분이 바로 최호철 선생님이다. 홍종선 선생님께서 나에게 기회를 주셨고 정년퇴임을 앞둔 바람에 나를 지도해 주시지 못했다. 그러나 홍종선 선생님께서 자신과 같이 거의 평생 동안을 국어학 연구에 심혈을 기울인 최호철 선생님을 소개해 주었다. 나는 최호철 선생님의 면접을 통과하고 드디어 고려대학교 국어국문학과 석사과정 학생이 되었다. 최호철 선생님께서 항상 미소 띤 얼굴로 우리를 대해주고 유학생들에게도 한국 학생과 같이 따뜻하게 해 주고 모르는 부분을 자세하게 설명해 주셨다. 그러나 선생님께서 학문을 연구할 때 빈틈없이 열심히 한 스타일이다. 그래서 이런 교수님 덕에 나도 학문에 대한 태도, 인생에 대한 자세를 배웠다. 세상은 사람에게 일에 대한 노력과 보상을 정비례하게 해 준다. 그렇기 때문에 나도 전심전력을 학문에 기울여 드디어 박사학위를 취득했다. 나는 현재 중국 산동성(山東省) 청도시(靑島市) 청도농업대학교 외국어대학에서 근무하고 있다. 나에게 유학 시절에 선생님들에게서 배운 학문에 대한 엄격함, 인생에 대한 철학을 아낌없이 생각해서 나의 학생들에게 이것들을 전부 가르쳐 주고 싶다. 그러나 연구자가 되기에 모든 면이 부족한 사실을 알고 있다. 공부는 끝이 없다. 나도 학문에 대한 연구가 끝이 없다고 생각해서 항상 노력하고 있고 앞으로 더 열심히 할 것이다.

한국어 공부에 도움을 많이 주신 선배님도 한 분 계셨다. 이분은 바로 도재학 선배님이다. 서로 국적이 다르고 나이가 다르지만 정말로 선배 같기도 하고 형님이 같기도 했다. 대학원 수업이 학부 수업과 달라 개인 발표를 위주로 하였다. 개인 발표를 잘 하지 못했던 것은 우리에게 너무나 큰 어려움이었다. 선배는 나에게 발표 주제의 선택부터 발표문의 작성까지 하나하나 자세히 가르쳐 주었다. 석사부터 박사까지 항상 나의 옆에 있었다. 선배와 중국 여행도 많이 했고 소중한 추억도 많이 남겼다.

최호철 선생님께서 의미론을 전공하신 분이고 나도 의미론에 대한 관심이 많이 있어 석사 때부터 한중 대조 연구를 시작하였다. 이 책은 '한중 시각 형용사의 의미 확장 양상에 대한 대조 연구'라는 필자의 박사학위논문을 수정하여 보완한 것이다. 필자의 박사학위논문은 한국 시각 형용사의 원형의미를 설정하고 단의 사이의 관련성을 찾아 의미의 확장 방식(方式)과 경로(徑路), 즉 의미 파생 관계를 밝혔다. 그러나 이 논문에서 연구대상의 확장 경로를 설명하였지만 실제로 이러한 단의들은 어떻게 분포하고 있는지를 반영하지 않았다. 그래서 이러한 아쉬움을 채우고 싶어 한중 시각 형용사의 단의 분포 양상부분을 제시하고 박사 논문을 수정 보완하였다.

한국 유학 생활을 하는 동안 참으로 많은 선생님께 도움을 받았다. 모든 분들께 감사의 마음을 전하는 어떤 꾸밈말을 감히 넣을 수 있을까 싶다. 논문에 날인해 준 김정숙 선생님, 장경준 선생님, 최경봉 선생님, 남경완 선생님께서도 감사의 마음을 전하고 싶다.

그리고 이 모든 감사의 마음을 전할 분이 계신다. 바로 나에게 생명을 준 부모님이다. 필자의 아버지는 서예가(書藝家)이면서 학자(學者)이다. 그래서 어렸을 때부터 아버지의 영향을 많이 받아 학문에 대한 열정과 소중함을 가지고 있다. 유학을 떠나기 전에 아버지가 "한국에 가서 열심히 공부하는 것도 중요하지만 혼자 잘 살 수 있는 방법도 배워야 한다. 그리고 친구도 많이 사귀고 즐거운 추억도 많이 남겨야 한다."라고 말씀을 해 주셨다. 그리고 아버지와 더불어 어머니께도 감사드리지 않을 수 없다. 아들로서 어머니께서 내가 필요할 때 나는 외국에 있고 도움을 드리지 못해 너무 죄송스럽다. 그리고 건강히 잘 자라 주는 아들과 내조해준 아내에게도 감사한다.

마지막으로 부족한 학위논문을 출판할 기회를 준 역락출판사에 감사드린다. 현재까지의 성과보다는 앞으로의 분발을 기대하는 것으로 받아들여 더 큰 포부와 도전 의식을 채우는 계기로 삼으려 한다.

2020년 4월

李 天 擇

차례

머리말 • 5

제1장 서론 • 21

    1.1. 연구 목적 ·· 21

    1.2. 선행 연구 ·· 23

        1.2.1. 한국어 시각 형용사에 대한 선행 연구 ················ 24

        1.2.2. 중국어 시각 형용사에 대한 선행 연구 ················ 27

        1.2.3. 한중 시각 형용사에 대한 대조 연구 ·················· 28

    1.3. 연구의 범위 ··· 30

    1.4. 논의의 구성 ··· 35

제2장 시각 형용사의 개념과 의미 분석 • 39

    2.1. 시각 형용사의 개념 및 하위분류 ························· 39

    2.2. 시각 형용사의 의미 분석 방법 ···························· 42

    2.3. 시각 형용사의 단의 분포 양상 ···························· 60

제3장 한중 밝기 형용사의 의미 확장 양상 • 65

    3.1. 명암(明暗) ··· 66

        3.1.1. 밝다 / 亮 ··· 66

        3.1.2. 어둡다 / 暗 ·· 86

    3.2. 청탁(靑濁) ··· 104

        3.2.1. 맑다 / 靑 ··· 105

        3.2.2. 흐리다 / 渾 ··· 121

    3.3. 농담(濃淡) ··· 136

        3.3.1. 짙다 / 濃 ··· 136

        3.3.2. 옅다 / 淡 ··· 148

    3.4. 밝기 형용사 의미 확장 양상의 대조 ··················· 165

제4장 한중 색채 형용사의 의미 확장 양상 • 169

  4.1. 무채색(無彩色) ··· 169

    4.1.1. 흑색(黑色) ··· 169

    4.1.2. 백색(白色) ··· 177

  4.2. 유채색(有彩色) ··· 185

    4.2.1. 황색(黃色) ··· 185

    4.2.2. 홍색(紅色) ··· 192

    4.2.3. 청색(靑色) ··· 201

  4.3. 색채 형용사 의미 확장 양상의 대조 ················· 212

제5장 한중 크기 형용사의 의미 확장 양상 • 215

  5.1. 장단(長短) ··· 216

    5.1.1. 길다 / 長 ··· 216

    5.1.2. 짧다 / 短 ··· 227

  5.2. 고저(高低) ··· 238

    5.2.1. 높다 / 高 ··· 238

    5.2.2. 낮다 / 低 ··· 258

  5.3. 심천(深淺) ··· 272

    5.3.1. 깊다 / 深 ··· 273

    5.3.2. 얕다 / 淺 ··· 287

  5.4. 광협(廣狹) ··· 299

    5.4.1. 넓다, 너르다 / 寬 ······································· 299

    5.4.2. 좁다, 솔다 / 窄 ··· 314

  5.5. 조세(粗細) ··· 328

    5.5.1. 굵다 / 粗 ··· 328

    5.5.2. 가늘다 / 細 ··· 346

5.6. 후박(厚薄) ··· 361

    5.6.1. 두껍다 / 厚 ··· 361

    5.6.2. 얇다, 엷다 / 薄 ··· 372

5.7. 대소(大小) ··· 391

    5.7.1. 크다 / 大 ··· 391

    5.7.2. 작다 / 小 ··· 409

5.8. 크기 형용사 의미 확장 양상의 대조 ····················· 424

제6장 한중 모양 형용사의 의미 확장 양상 ● 427

6.1. 정사(正斜) ··· 428

    6.1.1. 바르다, 곧다 / 正, 直 ······························· 428

    6.1.2. 비뚤다, 굽다 / 偏, 歪, 斜, 彎 ····················· 446

6.2. 원형(圓形) : 둥글다 / 圓 ······························· 465

    6.2.1. '둥글다' ··· 465

    6.2.2. '圓' ··· 468

    6.2.3. '둥글다'와 '圓'의 대조 ······························· 470

6.3. 모양 형용사 의미 확장 양상의 대조 ····················· 472

제7장 결론 ● 473

참고문헌 ● 485

부록 ● 489

표 차례

[표 1] 시각 형용사 각 하위 범주의 정의 ··· 31
[표 2] 한국어 시각 형용사 연구 대상 후보(1) ······························· 32
[표 3] 한국어 시각 형용사 연구 대상 후보(2) ······························· 33
[표 4] 중국어 시각 형용사 연구 대상 후보(1) ······························· 33
[표 5] 한중 시각 형용사 연구 대상 ··· 34
[표 6] 최현배(1961)의 분류 체계 ·· 40
[표 7] 손용주(1992)의 분류 체계 ·· 40
[표 8] 김창섭(1985)의 분류 체계 ·· 41
[표 9] 정재윤(1989)의 분류 체계 ·· 41
[표 10] 의미 확장의 기준 ··· 52
[표 11] 명사의 분류 체계 ··· 57
[표 12] 방사와 연쇄에 의해 의미 확장 ·· 58
[표 13] 한중 밝기 형용사 유형별 대응관계 ······································ 65
[표 14] '밝다'의 단의 분류 ·· 71
[표 15] 한국어 '밝다'의 단의 확장 양상 ·· 74
[표 16] '亮'의 단의 분류 ··· 77
[표 17] 중국어 '亮'의 단의 확장 양상 ··· 78
[표 18] 한국어 '밝다'와 중국어 '亮'의 단의 확장 양상 및 대응관계 ·········· 85
[표 19] '어둡다'의 단의 분류 ··· 91
[표 20] 한국어 '어둡다'의 단의 확장 양상 ······································· 94
[표 21] '暗'의 단의 분류 ··· 96
[표 22] 중국어 '暗'의 단의 확장 양상 ··· 97
[표 23] 한국어 '어둡다'와 중국어 '暗'의 단의 확장 양상 및 대응관계 ······· 103
[표 24] '맑다'의 단의 분류 ·· 108
[표 25] 한국어 '맑다'의 단의 확장 양상 ·· 110
[표 26] '淸'의 단의 분류 ··· 113
[표 27] 중국어 '淸'의 단의 확장 양상 ··· 114
[표 28] 한국어 '맑다'와 중국어 '淸'의 단의 확장 양상 및 대응관계 ·········· 120
[표 29] '흐리다'의 단의 분류 ··· 124
[표 30] 한국어 '흐리다'의 단의 확장 양상 ······································· 126
[표 31] '渾'의 단의 분류 ··· 128
[표 32] 중국어 '渾'의 단의 확장 양상 ··· 129
[표 33] 한국어 '흐리다'와 중국어 '渾'의 단의 확장 양상 및 대응관계 ········ 135

[표 34] '짙다'의 단의 분류 ·· 140
[표 35] 한국어 '짙다'의 단의 확장 양상 ··································· 141
[표 36] 중국어 '濃'의 단의 분류 ··· 143
[표 37] 중국어 '濃'의 단의 확장 양상 ····································· 145
[표 38] 한국어 '짙다'와 중국어 '濃'의 단의 확장 양상 및 대응관계 ············ 147
[표 39] '옅다'의 단의 분류 ··· 151
[표 40] 한국어 '옅다'의 단의 확장 양상 ································· 153
[표 41] '淡'의 단의 분류 ··· 156
[표 42] 중국어 '淡'의 단의 확장 양상 ····································· 158
[표 43] 한국어 '옅다'와 중국어 '淡'의 단의 확장 양상 및 대응관계 ········· 164
[표 44] 한중 색채 형용사 유형별 대응관계 ························· 169
[표 45] 한국어 '검다'의 단의 분류 ··· 171
[표 46] 한국어 '검다'의 단의 확장 양상 ································· 172
[표 47] 중국어 '黑'의 단의 분류 ··· 174
[표 48] 중국어 '黑'의 단의 확장 양상 ····································· 175
[표 49] 한국어 '검다'와 중국어 '黑'의 단의 확장 양상 및 대응관계 ··········· 177
[표 50] 한국어 '희다'의 단의 분류 ··· 179
[표 51] 한국어 '희다'의 단의 확장 양상 ································· 180
[표 52] 한국어 '白'의 단의 분류 ··· 182
[표 53] 한국어 '白'의 단의 확장 양상 ····································· 182
[표 54] 한국어 '희다'와 중국어 '白'의 단의 확장 양상 및 대응관계 ··········· 184
[표 55] 한국어 '누르다'의 단의 분류 ······································· 186
[표 56] 한국어 '누르다'의 단의 확장 양상 ··························· 187
[표 57] 중국어 '黃'의 단의 분류 ··· 188
[표 58] 중국어 '黃'의 단의 확장 양상 ····································· 189
[표 59] 한국어 '누르다'와 중국어 '黃'의 단의 확장 양상 및 대응관계 ········· 191
[표 60] 한국어 '붉다'의 단의 분류 ··· 193
[표 61] 한국어 '붉다'의 단의 확장 양상 ································· 194
[표 62] 중국어 '紅'의 단의 분류 ··· 196
[표 63] 중국어 '紅'의 단의 확장 양상 ····································· 197
[표 64] 한국어 '붉다'와 중국어 '紅'의 단의 확장 양상 및 대응관계 ··········· 200
[표 65] 한국어 '푸르다'의 단의 분류 ······································· 203
[표 66] 한국어 '푸르다'의 단의 확장 양상 ··························· 205
[표 67] 중국어 '靑'의 단의 분류 ··· 207
[표 68] 중국어 '靑'의 단의 확장 양상 ····································· 207
[표 69] 한국어 '푸르다'와 중국어 '靑'의 단의 확장 양상 및 대응관계 ········· 211

[표 70] 한중 공간 크기 형용사 유형별 대응관계 ···················· 216
[표 71] 한국어 '길다'의 단의 분류 ································· 219
[표 72] 한국어 '길다'의 단의 확장 양상 ························· 220
[표 73] 중국어 '長'의 단의 분류 ································· 222
[표 74] 중국어 '長'의 단의 확장 양상 ························· 223
[표 75] 한국어 '길다'와 중국어 '長'의 단의 확장 양상 및 대응관계 ········ 226
[표 76] 한국어 '짧다'의 단의 분류 ································· 229
[표 77] 한국어 '짧다'의 단의 확장 양상 ························· 231
[표 78] 중국어 '短'의 단의 분류 ································· 233
[표 79] 한국어 '短'의 단의 확장 양상 ························· 234
[표 80] 한국어 '짧다'와 중국어 '短'의 단의 확장 양상 및 대응관계 ········ 237
[표 81] 한국어 '높다'의 단의 분류 ································· 243
[표 82] 한국어 '높다'의 단의 확장 양상 ························· 247
[표 83] 중국어 '高'의 단의 분류 ································· 250
[표 84] 중국어 '高'의 단의 확장 양상 ························· 253
[표 85] 한국어 '높다'와 중국어 '高'의 단의 확장 양상 및 대응관계 ········ 257
[표 86] 한국어 '낮다'의 단의 분류 ································· 262
[표 87] 한국어 '낮다'의 단의 확장 양상 ························· 264
[표 88] 중국어 '低'의 단의 분류 ································· 267
[표 89] 중국어 '低'의 단의 확장 양상 ························· 269
[표 90] 한국어 '낮다'와 중국어 '低'의 단의 확장 양상 및 대응관계 ········ 271
[표 91] 한국어 '깊다'의 단의 분류 ································· 276
[표 92] 한국어 '깊다'의 단의 확장 양상 ························· 278
[표 93] 중국어 '深'의 단의 분류 ································· 281
[표 94] 중국어 '深'의 단의 확장 양상 ························· 283
[표 95] 한국어 '깊다'와 중국어 '深'의 단의 확장 양상 및 대응관계 ········ 286
[표 96] 한국어 '얕다'의 단의 분류 ································· 289
[표 97] 한국어 '얕다'의 단의 확장 양상 ························· 291
[표 98] 중국어 '淺'의 단의 분류 ································· 294
[표 99] 중국어 '淺'의 단의 확장 양상 ························· 295
[표 100] 한국어 '얕다'와 중국어 '淺'의 단의 확장 양상 및 대응관계 ········ 298
[표 101] 한국어 '넓다'의 단의 분류 ································· 301
[표 102] 한국어 '넓다'의 단의 확장 양상 ························· 303
[표 103] 한국어 '너르다'의 단의 분류 ······························ 305
[표 104] 한국어 '너르다'의 단의 확장 양상 ························ 306
[표 105] 중국어 '寬'의 단의 분류 ································· 308

[표 106] 중국어 '寬'의 단의 확장 양상 ·································· 310
[표 107] 한국어 '넓다'와 중국어 '寬'의 단의 확장 양상 및 대응관계 ·············· 313
[표 108] 한국어 '좁다'의 단의 분류 ·································· 316
[표 109] 한국어 '좁다'의 단의 확장 양상 ·································· 317
[표 110] 한국어 '솔다'의 단의 분류 ·································· 319
[표 111] 한국어 '솔다'의 단의 확장 양상 ·································· 320
[표 112] 중국어 '窄'의 단의 분류 ·································· 322
[표 113] 중국어 '窄'의 단의 확장 양상 ·································· 323
[표 114] 한국어 '좁다, 솔다'와 중국어 '窄'의 단의 확장 양상 및 대응관계 ········ 327
[표 115] 한국어 '굵다'의 단의 분류 ·································· 331
[표 116] 한국어 '굵다'의 단의 확장 양상 ·································· 334
[표 117] 중국어 '粗'의 단의 분류 ·································· 337
[표 118] 중국어 '粗'의 단의 확장 양상 ·································· 340
[표 119] 한국어 '굵다'와 중국어 '粗'의 단의 확장 양상 및 대응관계 ·············· 345
[표 120] 한국어 '가늘다'의 단의 분류 ·································· 349
[표 121] 한국어 '가늘다'의 단의 확장 양상 ·································· 351
[표 122] 한국어 '細'의 단의 분류 ·································· 354
[표 123] 중국어 '細'의 단의 확장 양상 ·································· 356
[표 124] 한국어 '가늘다'와 중국어 '細'의 단의 확장 양상 및 대응관계 ············· 360
[표 125] 한국어 '두껍다'의 단의 분류 ·································· 363
[표 126] 한국어 '두껍다'의 단의 확장 양상 ·································· 364
[표 127] 중국어 '厚'의 단의 분류 ·································· 366
[표 128] 중국어 '厚'의 단의 확장 양상 ·································· 367
[표 129] 한국어 '두껍다'와 중국어 '厚'의 단의 확장 양상 및 대응관계 ············· 371
[표 130] 한국어 '얇다'의 단의 분류 ·································· 374
[표 131] 한국어 '얇다'의 단의 확장 양상 ·································· 376
[표 132] 한국어 '엷다'의 단의 분류 ·································· 379
[표 133] 한국어 '엷다'의 단의 확장 양상 ·································· 381
[표 134] 중국어 '薄'의 단의 분류 ·································· 383
[표 135] 중국어 '薄'의 단의 확장 양상 ·································· 384
[표 136] 한국어 '얇다', '엷다'와 중국어 '薄'의 단의 확장 양상 및 대응관계 ······ 390
[표 137] 한국어 '크다'의 단의 분류 ·································· 397
[표 138] 한국어 '크다'의 단의 확장 양상 ·································· 399
[표 139] 중국어 '大'의 단의 분류 ·································· 402
[표 140] 중국어 '大'의 단의 확장 양상 ·································· 404
[표 141] 한국어 '크다'와 중국어 '大'의 단의 확장 양상 및 대응관계 ·············· 408

[표 142] 한국어 '작다'의 단의 분류 ·· 412
[표 143] 한국어 '작다'의 단의 확장 양상 ···································· 414
[표 144] 중국어 '小'의 단의 분류 ·· 417
[표 145] 중국어 '小'의 단의 확장 양상 ·· 419
[표 146] 한국어 '작다'와 중국어 '小'의 단의 확장 양상 및 대응관계 ······· 423
[표 147] 한중 공간 모양 형용사 유형별 대응관계 ·························· 427
[표 148] 한국어 '바르다'의 단의 분류 ·· 430
[표 149] 한국어 '바르다'의 단의 확장 양상 ·································· 431
[표 150] 중국어 '正'의 단의 분류 ·· 433
[표 151] 중국어 '正'의 단의 확장 양상 ·· 434
[표 152] 한국어 '바르다'와 중국어 '正'의 단의 확장 양상 및 대응관계 ······ 438
[표 153] 한국어 '곧다'의 단의 분류 ·· 440
[표 154] 한국어 '곧다'의 단의 확장 양상 ······································ 441
[표 155] 중국어 '直'의 단의 분류 ·· 443
[표 156] 한국어 '直'의 단의 확장 양상 ·· 444
[표 157] 한국어 '곧다'와 중국어 '直'의 단의 확장 양상 및 대응관계 ······· 445
[표 158] 한국어 '비뚤다'의 단의 분류 ·· 447
[표 159] 한국어 '비뚤다'의 단의 확장 양상 ·································· 448
[표 160] 중국어 '偏'의 단의 분류 ·· 450
[표 161] 중국어 '偏'의 단의 확장 양상 ·· 451
[표 162] 중국어 '歪'의 단의 분류 ·· 453
[표 163] 중국어 '歪'의 단의 확장 양상 ·· 454
[표 164] 중국어 '斜'의 단의 분류 ·· 455
[표 165] 중국어 '斜'의 단의 확장 양상 ·· 456
[표 166] 한국어 '비뚤다'와 중국어 '偏', '歪', '斜'의 단의 확장 양상 및 대응관계 458
[표 167] 한국어 '굽다'의 단의 분류 ·· 460
[표 168] 한국어 '굽다'의 단의 확장 양상 ······································ 461
[표 169] 중국어 '彎'의 단의 분류 ·· 462
[표 170] 중국어 '彎'의 단의 확장 양상 ·· 463
[표 171] 한국어 '굽다'와 중국어 '彎'의 단의 확장 양상 및 대응관계 ······· 464
[표 172] 한국어 '둥글다'의 단의 분류 ·· 466
[표 173] 한국어 '둥글다'의 단의 확장 양상 ·································· 467
[표 174] 중국어 '圓'의 단의 분류 ·· 469
[표 175] 중국어 '圓'의 단의 확장 양상 ·· 470
[표 176] 한국어 '둥글다'와 중국어 '圓'의 단의 확장 양상 및 대응관계 ······ 471
[표 177] 밝기, 색채, 크기, 모양 형용사 확장의미의 주체 분포 양상 ·············· 477

그림 차례

[그림 1] 시각 형용사의 단의 분포 양상 그래프 ⋯⋯⋯⋯⋯⋯⋯⋯⋯⋯ 62
[그림 2] 한국어 '짧다'의 단의 분포 양상 ⋯⋯⋯⋯⋯⋯⋯⋯⋯⋯ 62
[그림 3] 중국어 '短'의 단의 분포 양상 ⋯⋯⋯⋯⋯⋯⋯⋯⋯⋯ 63
[그림 4] 한국어 '짧다'와 중국어 '短'의 단의 분포 양상 대조 ⋯⋯⋯ 63
[그림 5] 한국어 '밝다'의 단의 분포 양상 ⋯⋯⋯⋯⋯⋯⋯⋯⋯⋯ 74
[그림 6] 중국어 '亮'의 단의 분포 양상 ⋯⋯⋯⋯⋯⋯⋯⋯⋯⋯ 79
[그림 7] 한국어 '밝다'와 중국어 '亮'의 단의 분포 양상 대조 ⋯⋯⋯ 86
[그림 8] 한국어 '어둡다'의 단의 분포 양상 ⋯⋯⋯⋯⋯⋯⋯⋯⋯ 95
[그림 9] 중국어 '暗'의 단의 분포 양상 ⋯⋯⋯⋯⋯⋯⋯⋯⋯⋯ 98
[그림 10] 한국어 '어둡다'와 중국어 '暗'의 단의 분포 양상 대조 ⋯⋯ 104
[그림 11] 한국어 '맑다'의 단의 분포 양상 ⋯⋯⋯⋯⋯⋯⋯⋯⋯⋯ 110
[그림 12] 중국어 '淸'의 단의 분포 양상 ⋯⋯⋯⋯⋯⋯⋯⋯⋯⋯ 114
[그림 13] 한국어 '맑다'와 중국어 '淸'의 단의 분포 양상 대조 ⋯⋯ 120
[그림 14] 한국어 '흐리다'의 단의 분포 양상 ⋯⋯⋯⋯⋯⋯⋯⋯⋯ 127
[그림 15] 중국어 '渾'의 단의 분포 양상 ⋯⋯⋯⋯⋯⋯⋯⋯⋯⋯ 129
[그림 16] 한국어 '흐리다'와 중국어 '渾'의 단의 분포 양상 대조 ⋯⋯ 135
[그림 17] 한국어 '질다'의 단의 분포 양상 ⋯⋯⋯⋯⋯⋯⋯⋯⋯⋯ 142
[그림 18] 중국어 '濃'의 단의 확장 양상 ⋯⋯⋯⋯⋯⋯⋯⋯⋯⋯ 145
[그림 19] 한국어 '질다'와 중국어 '濃'의 단의 분포 양상 ⋯⋯⋯⋯ 148
[그림 20] 한국어 '열다'의 단의 분포 양상 ⋯⋯⋯⋯⋯⋯⋯⋯⋯⋯ 154
[그림 21] 중국어 '淡'의 단의 분포 양상 ⋯⋯⋯⋯⋯⋯⋯⋯⋯⋯ 159
[그림 22] 한국어 '열다'와 중국어 '淡'의 단의 분포 양상 대조 ⋯⋯ 165
[그림 23] 한국어 '검다'의 단의 분포 양상 ⋯⋯⋯⋯⋯⋯⋯⋯⋯⋯ 173
[그림 24] 중국어 '黑'의 단의 분포 양상 ⋯⋯⋯⋯⋯⋯⋯⋯⋯⋯ 175
[그림 25] 한국어 '검다'와 중국어 '黑'의 단의 분포 양상 대조 ⋯⋯ 177
[그림 26] 한국어 '희다'의 단의 분포 양상 ⋯⋯⋯⋯⋯⋯⋯⋯⋯⋯ 181
[그림 27] 중국어 '白'의 단의 분포 양상 ⋯⋯⋯⋯⋯⋯⋯⋯⋯⋯ 183
[그림 28] 한국어 '희다'와 중국어 '白'의 단의 분포 양상 대조 ⋯⋯ 185
[그림 29] 한국어 '누르다'의 단의 분포 양상 ⋯⋯⋯⋯⋯⋯⋯⋯⋯ 187
[그림 30] 중국어 '黃'의 단의 분포 양상 ⋯⋯⋯⋯⋯⋯⋯⋯⋯⋯ 189
[그림 31] 한국어 '누르다'와 중국어 '黃'의 단의 분포 양상 대조 ⋯⋯ 191
[그림 32] 한국어 '붉다'의 단의 분포 양상 ⋯⋯⋯⋯⋯⋯⋯⋯⋯⋯ 195
[그림 33] 중국어 '紅'의 단의 분포 양상 ⋯⋯⋯⋯⋯⋯⋯⋯⋯⋯ 198

[그림 34] 한국어 '붉다'와 중국어 '紅'의 단의 분포 양상 대조 ·················· 200
[그림 35] 한국어 '푸르다'의 단의 분포 양상 ····································· 206
[그림 36] 중국어 '靑'의 단의 분포 양상 ··· 208
[그림 37] 한국어 '푸르다'와 중국어 '靑'의 단의 분포 양상 대조 ············ 212
[그림 38] 한국어 '길다'의 단의 분포 양상 ······································· 220
[그림 39] 중국어 '長'의 단의 분포 양상 ··· 223
[그림 40] 한국어 '길다'와 중국어 '長'의 단의 분포 양상 대조 ··············· 226
[그림 41] 한국어 '짧다'의 단의 분포 양상 ······································· 231
[그림 42] 중국어 '短'의 단의 분포 양상 ··· 234
[그림 43] 한국어 '짧다'와 중국어 '短'의 단의 분포 양상 대조 ··············· 238
[그림 44] 한국어 '높다'의 단의 분포 양상 ······································· 247
[그림 45] 중국어 '高'의 단의 분포 양상 ··· 254
[그림 46] 한국어 '높다'와 중국어 '高'의 단의 분포 양상 대조 ··············· 258
[그림 47] 한국어 '낮다'의 단의 분포 양상 ······································· 264
[그림 48] 중국어 '低'의 단의 분포 양상 ··· 269
[그림 49] 한국어 '낮다'와 중국어 '低' 단의 분포 양상 대조 ················· 272
[그림 50] 한국어 '깊다'의 단의 분포 양상 ······································· 278
[그림 51] 중국어 '深'의 단의 분포 양상 ··· 283
[그림 52] 한국어 '깊다'와 중국어 '深'의 단의 분포 양상 대조 ··············· 286
[그림 53] 한국어 '얕다'의 단의 분포 양상 ······································· 291
[그림 54] 중국어 '淺'의 단의 분포 양상 ··· 295
[그림 55] 한국어 '얕다'와 중국어 '淺'의 단의 분포 양상 대조 ··············· 298
[그림 56] 한국어 '넓다'의 단의 분포 양상 ······································· 303
[그림 57] 한국어 '너르다'의 단의 분포 양상 ···································· 306
[그림 58] 중국어 '寬'의 단의 분포 양상 ··· 310
[그림 59] 한국어 '넓다', '너르다'와 중국어 '寬'의 단의 분포 양상 대조 ······· 313
[그림 60] 한국어 '좁다'의 단의 분포 양상 ······································· 318
[그림 61] 한국어 '솔다'의 단의 분포 양상 ······································· 320
[그림 62] 중국어 '窄'의 단의 분포 양상 ··· 324
[그림 63] 한국어 '좁다, 솔다'와 중국어 '窄'의 단의 분포 양상 대조 ·········· 327
[그림 64] 한국어 '굵다'의 단의 분포 양상 ······································· 334
[그림 65] 중국어 '粗'의 단의 분포 양상 ··· 340
[그림 66] 한국어 '굵다'와 중국어 '粗'의 단의 분포 양상 대조 ··············· 346
[그림 67] 한국어 '가늘다'의 단의 분포 양상 ···································· 351
[그림 68] 중국어 '細'의 단의 분포 양상 ··· 356
[그림 69] 한국어 '가늘다'와 중국어 '細'의 단의 분포 양상 대조 ············· 360

[그림 70] 한국어 '두껍다'의 단의 분포 양상 ·· 364
[그림 71] 중국어 '厚'의 단의 분포 양상 ··· 368
[그림 72] 한국어 '두껍다'와 중국어 '厚'의 단의 분포 양상 대조 ················· 372
[그림 73] 한국어 '얇다'의 단의 분포 양상 ·· 376
[그림 74] 한국어 '엷다'의 단의 분포 양상 ·· 381
[그림 75] 중국어 '薄'의 단의 분포 양상 ··· 385
[그림 76] 한국어 '얇다', '엷다'와 중국어 '薄'의 단의 분포 양상 대조 ············· 391
[그림 77] 한국어 '크다'의 단의 분포 양상 ·· 399
[그림 78] 중국어 '大'의 단의 분포 양상 ··· 405
[그림 79] 한국어 '크다'와 중국어 '大'의 단의 분포 양상 대조 ····················· 408
[그림 80] 한국어 '작다'의 단의 분포 양상 ·· 415
[그림 81] 중국어 '小'의 단의 분포 양상 ··· 420
[그림 82] 한국어 '작다'와 중국어 '小'의 단의 분포 양상 대조 ····················· 423
[그림 83] 한국어 '바르다'의 단의 분포 양상 ··· 432
[그림 84] 중국어 '正'의 단의 분포 양상 ··· 435
[그림 85] 한국어 '바르다'와 중국어 '正'의 단의 분포 양상 대조 ·················· 438
[그림 86] 한국어 '곧다'의 단의 분포 양상 ·· 441
[그림 87] 중국어 '直'의 단의 분포 양상 ··· 444
[그림 88] 한국어 '곧다'와 중국어 '直'의 단의 분포 양상 대조 ····················· 446
[그림 89] 한국어 '비뚤다'의 단의 분포 양상 ··· 449
[그림 90] 중국어 '偏'의 단의 분포 양상 ··· 451
[그림 91] 중국어 '歪'의 단의 분포 양상 ··· 454
[그림 92] 중국어 '斜'의 단의 분포 양상 ··· 456
[그림 93] 한국어 '비뚤다'와 중국어 '偏', '歪', '斜'의 단의 분포 양상 대조 ········ 459
[그림 94] 한국어 '굽다'의 단의 분포 양상 ·· 461
[그림 95] 중국어 '彎'의 단의 분포 양상 ··· 463
[그림 96] 한국어 '굽다'와 중국어 '彎'의 단의 분포 양상 대조 ····················· 464
[그림 97] 한국어 '둥글다'의 단의 분포 양상 ··· 467
[그림 98] 중국어 '圓'의 단의 분포 양상 ··· 470
[그림 99] 한국어 '둥글다'와 중국어 '圓'의 단의 분포 양상 대조 ·················· 472

1.1. 연구 목적

이 책은 대조언어학의 관점에서 한중 시각 형용사의 의미 확장 양상을 대조하는 것을 목적으로 한다. 이는 다의어인 시각 형용사의 각 단의에 대해 유무 여부를 제시하는 것에서 한걸음 더 나아간 것으로, 시각 형용사의 원형의미를 설정하고 단의 사이의 관련성을 찾아 의미의 확장 방식(方式)과 경로(徑路), 즉 의미 파생 관계를 밝히는 것이다. 이러한 연구는 이론적 측면에서는 어휘의 다의성에 관한 연구라는 점에서 의의가 있고, 응용적 측면에서는 언어학습자가 시각 형용사의 다의성과 의미 확장 양상을 파악하는 데에 도움이 될 뿐만 아니라 한중 대역사전의 편찬 및 개수(改修)에 도움이 된다는 점에서 의의가 있다.

인간은 외부 세계를 접할 때 신체의 특정한 부분을 이용하여 외부 세계의 사물을 인식하고 그 사물에 대한 느낌을 가진다. 그리고 이러한 것들이 해당 사물에 관한 인지(認知)로 형성된다. 여기서 말하는 느낌을 '감각'이라고 부른다. 감각은 기관에 따라 시각, 청각, 후각, 미각, 촉각 등으로 나뉜다. 감각을 표현하는 어휘는 감각 형용사라 불린다. 감각 형용사 중 가장 기본적이고 직관적으로 확인될 수 있는 것은 바로 눈을 통해 빛의 자극을 받아들이는 작용을 표시하는 시각 형용사이다. 시각 형용사는 의미 내용이 '시각' 자체가 아니라 '시각'으로 파악된 것을 가리킨다.

시각은 빛의 자극을 받아들이는 것으로, 이를 통해 인간은 외계 물체의 크기, 형태, 빛, 밝기 등을 알 수 있다. 따라서 밝기 형용사, 색채 형용사, 크기 형용사, 모양 형용사 등이 모두 눈을 통해 감각된 정보를 표시한다. 이러한 시각 형용사들은 원형적인 의미 영역에서 의미가 추상화되어 여러 영역으로 다양하게 확장된다. 어휘 의미 연구에서 다의 확장은 매우 중요한 연구 주제인데, 이들 시각 형용사의 의미 확장 양상이 특히 많은 자료를 제공해 준다.

외국인의 입장에서는 한 언어의 다의어를 배우고 사용할 때, 두 가지 정도의 방법을 활용할 수 있다. 하나는 '대역(對譯)사전'에 제시된 표현을 활용하는 것이고, 다른 하나는 모어의 사용 현상을 참조하는 것이다. 그러나 대역(對譯)사전을 활용하든, 모어를 참조하든 실제로는 모두 문제가 있을 수 있다.

대역(對譯)사전의 정보를 활용하는 경우, 사전에는 한국어와 중국어 간의 대응 어휘와 몇 개의 예문만 제시되는 경우가 보통이다. 구체적으로 어떤 환경에서 양 언어의 어휘가 대응 관계를 맺는지는 제시되지 않는다. 즉, 한국어와 중국어의 대응 어휘들은 모두 다의성을 갖는 어휘인데 두 어휘가 원형의미에서 확장의미까지 완전히 대응할 수 있는지, 개별 단의에서만 대응 관계를 맺는지 사전 사용자의 입장에서 확인할 수 없다. 이는 단어를 사용할 때의 어려움으로 직결된다.[1]

---

1) 한국어 '길다'에 대해 『네이버 한중사전』의 뜻풀이는 다음과 같이 제시하였다.

　　길다 : 長
　　　-긴 담뱃대(長煙鍋)
　　　-이끈은 그것보다 5센치미터 더 길다. (這根繩子秕那根長5厘米)

사전에 제시된 정보의 불충분성 때문에 만약 사용자가 모어(母語)의 현상에 기대어 다른 언어의 어휘를 비슷하게 사용한다고 해도 문제가 발생할 수 있다. 예를 들어 한국어 '크다', '작다'는 중국어의 '大', '小'와 대응 관계를 맺을 수 있지만 공간에 관한 의미가 아닌 나이에 관한 의미의 용법이 중국어는 가능한 반면 한국어는 불가능하다. 따라서 모어에 관한 사용자의 언어적 경험에 기대어 사용하는 것도 문제가 있는 것으로 보인다.

이처럼 다양한 다의 확장 현상을 갖는 시각 형용사의 의미를 제대로 파악하고 사용하는 데에는 적지 않은 어려움이 있으므로, 보다 근본적이고 종합적인 차원에서 의미를 분석하고 대조하는 연구가 필요하다고 할 수 있다.

1.2. 선행 연구

시각 형용사에 대한 연구는 한국어를 대상으로 한 것, 중국어를 대상으로 한 것, 한중 양 언어의 대조를 중심으로 한 것, 이렇게 세 가지 나누어 정리할 수 있다.

　　-긴 시간. (長時間)
　　-연설이 너무 길다. (演說太長)

『네이버 한중사전』은 중국 흑룡강조선민족출판사 간행한 한중사전을 인터넷에서 서비스하고 있는 것이다. 한중사전에 수록된 내용에 어떤 문제점이 있는지를 제시하려는 의도에서 가장 많은 사람들이 이용하는 포털 사이트인 네이버에서 서비스하는 한중사전의 양상을 제시하였다. 물론 이 사전보다 대조 내용을 좀 더 상세하게 제시하는 사전도 있을 수 있지만 근본적으로 문제를 해결할 수 있는 것은 아니다.

1.2.1. 한국어 시각 형용사에 대한 선행 연구

한국어 시각 형용사에 관한 연구는 시각 형용사라는 개념과 전체 범위를 연구하는 것, 하위 개념인 밝기 형용사, 색채 형용사, 크기 형용사 등을 개별적으로 연구하는 것 등으로 나눌 수 있다.

시각 형용사의 개념과 전체 범위를 논의한 것으로는 한지오(2013), 박상진(2011)을 꼽을 수 있다. 구체적인 내용은 다음과 같다.

한지오(2013)에서는 시각 형용사를 명암 형용사, 색채 형용사, 크기 형용사로 구별하고 『표준국어대사전』에 제시된 뜻풀이에 따라 각 하위 개념에 속한 어휘들의 원형의미와 확장의미를 구체적으로 제시하였다. 이 책은 시각 형용사에 속한 각 어휘의 단의들이 무엇인지에 밝힌 것에 의의가 있다. 그러나 아래와 같은 아쉬운 점이 있다. 첫째, 사전에 제시된 첫 번째 의미는 원형의미로 간주되고 나머지 의미들은 모두 확장의미로 제시되었다. 즉, 사전의 첫 번째 뜻풀이에 의해 원형의미와 확장의미를 구분되었다. 그러나 첫 번째 의미를 원형의미로 설정한다는 결과만 제시하였으며 그 근거가 무엇인지는 설명하지 못하였다. 둘째, 각 어휘의 원형의미와 확장의미가 무엇인지를 제시하였으나 각 의미의 확장 순서를 어떻게 배열하는지, 단의 간의 내재적인 관련성은 어떻게 확인되는지 등의 의미 파생 관계를 제시하지 못하였다.

박상진(2011)에서는 한국어 감각 형용사를 대상으로 통시적인 관점에서 '중세국어, 근대국어, 현대국어' 시기에 걸친 의미 변천 과정을 자세하게 연구하였다. 이 책은 각 어휘의 확장 양상을 밝히는 데에 시기별 용례를 바탕으로 어원을 따지는 방법을 이용하여 연구를 하였다고 할 수 있다. 이 방법은 의미 확장 양상을 밝혀내는 객관적이고 설득력이 있는 방법이라 할 수 있다. 의미 변천 과정을 검토하는 연구로서 각 시기에 구체적인 사용 현상의 변화 양상을 제시하는 것이 목적이었다. 그러나 공시적인 상황에서 논문에 제시된 '단의'를 보면 별개의 의미라기보다는 별개의 사용 현상이라는 것이 더 타당하다고 생각된다. 예를 들어 '길다'의 다의 변화에 대해 말이나 이야기의 분량이 많다는 ④번 '단의'와 글의 분량이 많다는 ⑥번 '단의'가 있음을 제시하면서 ④번은 중세국어에서부터 사용된 현상인 반면에 ⑥번은 근대국어부터 사용된 현상임을 논의하였다. 공기 어휘가 문자로 된 글인지, 소리로 된 말인지에 따라 사용상 차이가 있다고 제시하는 것은 통시적인 관점에서 의의가 있는 내용이지만 공시적인 상황에서 두 가지 '단의'는 단지 공기 어휘의 차이 즉, 미시적인 차이일 뿐이고 의미상 분량이 많다는 뜻은 공통적으로 갖고 있어 별개의 단의로 보기 어렵다. 또한, 의미 특성에 의해 각 단의의 순서와 확장 양상을 검토할 때 이 책에서는 공기 어휘의 특성 즉, 선택 특성만 주목하고 각 단의의 고유 특성, 구조에 관한 논항 특성 등을 고려하지 않아 한계성이 있다고 할 수 있다.

시각 형용사의 하위 개념을 대상으로 한 연구는 대표적으로 김해연(2016), 손현주(2003), 김억조(2009), 김준기(2004), 주송희(2012) 등이 있다.

김해연(2016)에서는 말뭉치를 이용해 명암을 의미하는 형용사 '밝다, 어둡다'를 대상으로 활용형의 분포를 통계하고 그의 공기관계를 고찰하였다. 이 책에서 '밝다'와 '어둡다'의 공기 어휘가 무엇인지 자세하게 조사되었기 때문에 '밝다'와 '어둡다'의 의미 확장 양상을 파악하는데, 더 정확하게 말하면 단의의 순서를 배열하는 데에 도움이 된다.

손현주(2003)는 한국어 색채 형용사 중에서 고유어 5개 어휘(검다, 희다, 붉다, 푸르다, 누르다)를 대상으로 사전에 제시된 뜻풀이를 참조하여 다의 확장 양상을 연구하였다. 이 책은 색채 형용사의 원형의미와 확장의미를 설정하였지만 그들 사이의 파생 관계를 밝히지는 못하였다.

크기 형용사는 밝기 형용사나 색채 형용사보다 더 많은 관심과 주목을 받아 왔다. 대표적인 연구는 김준기(2004), 김억조(2009), 주송희(2012) 등이다.

김준기(2004)에서는 '높다, 깊다, 멀다, 넓다, 굵다, 두껍다' 등 크기 형용
사를 대상으로 논의하였는데, 용례를 분석하여 공간성, 시간성, 추상성, 관
용성의 확장 순서를 제시하였다. 이 연구는 크기 형용사의 고유 특성을 고
려해 공간, 시간, 추상, 관용 등 영역을 설정하여 의미의 확장을 파악한 점
에 의의가 있다. 그러나 시간 영역, 추상 영역, 관용 영역 내에 단 하나의
단의만 존재하는 것은 아닌데 그러한 특성을 고려하지는 않았다.

김억조(2009)에서는 차원 특성에 따라 크기 형용사를 1차원, 2차원, 3차
원으로 나누어 각 형용사의 의미 대립 양상을 고찰하였다. 이 책에서도 의
미 확장 양상을 밝힐 때 공간, 시간, 추상, 관용 등을 큰 틀로 잡았는데, 이
는 김준기(2004)에 제시된 확장원리와 일치한다. 한편, 의미의 구체적인 대
립 양상을 밝히면서 공통점과 차이점을 제시하는 데에 목적을 두었기 때
문에 미시적인 용법의 차이가 별개의 단의로 간주되었다. 예를 들어 '짧
다'가 표시할 수 있는 공간에서 '사이'가 작거나 '거리'가 가깝다는 것에
대해 수평과 수직이라는 고유 특성에 따라 두 가지를 별개 의미로 설정하
였다. 실제 방향성은 미시적인 차이일 뿐이므로 의미상 공간에서 '사이'가
작거나 거리가 가깝다는 뜻은 별개의 것이 아니다. 따라서 하나의 단의로
간주되는 것이 더 타당한 듯하다. 이와 같이 김억조(2009)에 제시된 '단의'
들이 과연 타당한지에 대해 재고할 필요가 있다.

주송희(2012)는 고유 특성에 의해 물리적인 공간 영역에서 타 영역으로
의미가 확장된다고 보는 관점은 김준기(2004), 김억조(2009)와 같다. 그러나
김준기(2004), 김억조(2009)와 비교하면 주송희(2012)에서는 일차적으로 공
간과 추상이라는 영역을 설정하고 추상 영역은 다시 상황에 따라 시간,
정도, 관계 평가 등 다양한 영역으로 나누었다. 단의가 속한 영역이 무엇
인지를 세분한 점에서 김준기(2004), 김억조(2009)보다 더 상세하고 한걸음
더 나아간 분석이라고 할 수 있다. 그러나 각 단의의 순서를 어떻게 배열
하는지, 각 단의 사이에 어떤 관련성이 있는지 등의 문제에 대해서는 언

급이 없었다.

지금까지 한국어 시각 형용사에 관한 선행 연구의 내용을 평가하면 다음과 같다. 첫째, 범위 측면에서 전체적으로 밝기 형용사, 색채 형용사, 크기 형용사, 모양 형용사를 모두 포함해서 연구하는 논의가 아직 없었다. 둘째, 의미 파생 관계의 측면에서 각 형용사의 의미 확장 양상을 밝힐 때 원형의미와 확장의미를 구별하면서도 각 단의 사이의 관련성, 확장 순서, 확장 경로(徑路) 등을 상세하게 검토한 연구가 아직 없었다.

1.2.2. 중국어 시각 형용사에 대한 선행 연구

중국어 시각 형용사 전체를 대상으로 한 연구는 없었던 것으로 파악되며 주로 시각 형용사의 하위 개념인 공간 형용사에 대한 연구들이 다수 확인된다.

중국어 공간 형용사의 의미에 대한 연구는 한국어의 경우보다 비교적 늦게 시작되어 관련 연구는 수가 많지 않은 것으로 보인다. 본격적으로 공간과 관련된 어휘를 차원이라는 용어로 설명하는 것은 任永軍(2000)부터이다. 그 이후의 연구는 모두 '공간차원형용사'의 개념을 이용하여 연구를 해왔다.

任永軍(2000)은 차원이라는 개념을 처음으로 도입한 연구로서 '大小, 長短, 寬窄, 高低, 深淺, 粗細, 厚薄' 등 7개 쌍, 총 14개 형용사를 대상으로 그 원형의미와 확장의미에 대해 논의하였다. 이 연구에서 각 의미 사이의 확장 순서, 관련성 등이 다루어지지 않았으나 공간 형용사의 확장의미가 무엇인지를 규명하는 점에는 의의가 있다고 평가할 수 있다.

任永軍(2000)이 공간 형용사 전체를 대상으로 하는 연구라면 任永軍(2001), 李軍·任永軍(2002), 金美順(2009), 吳念陽(2009), 楊金華(2012) 등은 공간 형용사의 개별적인 어휘를 대상으로 한 연구라 할 수 있다.

개별적으로 공간 형용사를 검토하는 연구 가운데 任永軍(2001)은 '高/低 (矮)'를, 李軍·任永軍(2002)은 '大/小'를, 金美順(2009)은 '深/淺'을, 吳念陽 (2009)은 '大/小, 高/低, 深/淺, 厚/薄'을, 沈瑩(2012) '高'를 대상으로 구체적인 사용 현상을 분석하면서 확장의미가 무엇인지 고찰하였다.

중국어 시각 형용사에 대한 연구에 대해 평가하면 다음과 같다. 첫째, 시각 형용사의 하위 개념인 공간 형용사를 대상으로 한 연구만 존재하고 전체 시각 형용사를 대상으로 한 연구는 아직 없었다. 둘째, 선행 연구 중 각 공간 형용사의 원형의미와 확장의미가 무엇인지를 제시하는 데에 그쳐 의미 파생 관계를 검토하는 연구는 아직 없었다.

1.2.3. 한중 시각 형용사에 대한 대조 연구

한중 시각 형용사를 전체적으로 대조한 연구로는 김찬화(2005)가 있다. 이 책에서는 시각 형용사를 밝기 형용사, 색채 형용사, 공간 형용사로 구분하여 사전에서 제시된 의미에 따라 한국어와 중국어를 대조하면서 공통점과 차이점을 제시하였다. 시각 형용사 전반적인 내용을 다룬 초기 대조 연구로서 의의가 있다고 평가할 수 있으나 대조 내용을 제시할 때 간략하게 사전 의미상의 차이점과 공통점을 설명한 것은 한계점으로 볼 수 있다.

공간 형용사는 공간 영역에서 다양한 영역으로 확장되는 것이어서 의미 확장을 연구하는 데에 큰 가치가 있다고 할 수 있다. 따라서 시각 형용사의 하위 개념인 공간 형용사를 대상으로 한 연구는 비교적 중요한 지위를 차지한다고 해도 과언이 아니다. 그러나 대조에 있어서는 아직 깊이 있는 연구가 이루어지지 못하고 있는 것이 사실이다. 공간 형용사의 의미 확장 양상에 관한 대조 연구는 민영란(2009), 주송희(2011a, b), 김진수·오금희 (2013, 2014) 등이 있다.

민영란(2009)의 연구는 전반적으로 사전에서 제시하고 있는 의미를 중심으로 공간 형용사의 원형의미와 확장의미에 대해 대조하였다. 이 책은 한중 공간 형용사를 전반적으로 검토한 연구로서 의의가 있다고 할 수 있다. 그러나 책에서 각 대상 형용사의 의미는 원형의미와 확장의미로 이분되어 기술되지만 원형의미를 설정하는 기준이 무엇인지에 대해서는 언급이 없었다.

주송희(2011a)에서는 말뭉치를 이용하여 '깊다/얕다'와 '深/淺'의 활용형의 통계를 조사하고 공기 어휘가 무엇인지에 대해 논의하였다. 따라서 이 연구는 '깊다/얕다'와 '深/淺'의 의미 특성을 자세히 파악한 데에 의의가 있다고 평가할 수 있다.

주송희(2011b)에서는 한국어의 '깊다'와 중국어의 '深'을 대상으로 공간 형용사의 다의성을 연구하였다. 이 책은 단순히 양국 언어 중 각 사전 항목의 유무를 설명하지 않고 임지룡(1996)에서 제시한 공간>시간>추상의 의미 확장 원리를 구체화하여 구체적 공간>추상적 공간, 물리적 공간>구체적 행위>추상적 행위, 공간감각>공감각 등 세 가지 확장 방식을 제시하였다. 이는 의미 확장 원리의 큰 틀을 제시한 것인데 의미 확장 양상을 파악하는 데에 도움이 될 수 있으나 실제 세부적인 확장 양상에 대해서 설명하지는 않았다.

맹림(2013)에서는 '크다/작다'와 '大/小'를 대상으로 의미가 기본의미와 전이의미로 구분되어 공간성을 갖는 의미에서 시간성, 비유성, 관용성, 청각 표현, 후각 표현으로 확장된다는 것을 논의하였다. 이 책은 단순히 사용 현상의 대조를 넘어 공간 영역에서 타 영역으로 확장한다는 내용을 밝혀 의미 확장 양상을 분석한 점에 의의가 있다.

김진수·오금희(2013)와 김진수·오금희(2014)는 각각 '높다'와 '高', '길다'와 '長'을 대상으로 한중 공간 형용사를 대조하였다. 다른 대조 연구와 비교해 이 책에서는 단순히 양국 언어 간의 여부 현상을 제시하는 데에 벗어나 언어 간의 차이를 유발하는 원인을 밝히는 것에 주력하였다.

한중 시각 형용사의 의미를 대조한 선행연구에 대해서는 다음과 같이 정리할 수 있다. 첫째, 시각 형용사 전체를 대상으로 한 연구는 거의 없고 공간 형용사를 대상으로 한 연구가 큰 비중을 차지하고 있다. 둘째, 시각 형용사는 여러 단의로 구성된 다의어이므로 단순히 사전 뜻풀이의 유무 여부를 확인하는 것을 넘어, 그 다의성에 주목하고 의미 확장 양상, 즉 전체적인 단의의 확장 순서와 경로를 밝히는 것이 더 의의가 있다.[2] 그러나 선행연구에서 이와 관련된 내용은 아직 없었다.

1.3. 연구의 범위

이 책에서는 시각 형용사의 하위 범주로 색채, 밝기, 크기, 모양 등 네 가지를 설정한다. 각 하위 범주의 정의는 다음과 같다.

---

2) 이 책은 가능한 한 객관적으로 의미 확장 경로를 밝힘으로써 단의와 단의 사이의 의미 파생 관계를 규정한다는 장점이 있다. 다시 말하면 기존 연구들이나 사전에서는 "①, ②, ③, ④"와 같이 파생 관계를 제시하지 않고 나열만 하거나, "① → ② → ③ → ④" 식으로 단선적인 배열만을 보여주었는데 본고에서는 다음과 같은 식으로 제시하였다.

$$① → ② → ③$$
$$↓$$
$$④$$

즉, 이 책에서 제시되는 내용은 위와 같이 다소 복잡해 보일 수 있지만, 단의 사이의 복합적인 관계를 보여준다는 중요한 차이가 있다.

[표 1] 시각 형용사 각 하위 범주의 정의

하위 범주	정의
밝기 형용사	어떤 대상에 빛의 투여 정도에 따라 밝음과 어두움, 맑음과 흐림, 짙음과 옅음 등 현상을 표현하는 형용사.
색채 형용사	물체가 빛을 받을 때 드러나는 고유한 색을 표현하는 형용사.
크기 형용사	물체의 외형적인 길이, 넓이, 높이, 부피를 표현하는 형용사.
모양 형용사	물체가 겉으로 나타나는 생김새를3) 표현하는 형용사.

연구 대상은, 한국어의 경우 공공기관인 국립국어원에서 간행한 『표준국어대사전』을 대상으로 품사가 형용사인 대상을 선별하여 1차적으로 형용사 17,479개를 확정하였다. 단일어의 체계를 연구하는 본 서에서는 2차적으로 복합어를4) 제외하여 단일어 835개를 확보하였다.5) 그리고 현대 한국어의 표준어를 대상으로 삼아 방언 288개, 옛말 124개, 북한어 49개를 제외하고 현대 표준 한국어 374개를 취하였다. 4차적으로 색채 형용사, 밝기 형용사, 크기 형용사, 공간 형용사의 개념에 따라 즉, 사전의 기본의미는 물체의 색채, 밝음과 어두움, 맑음과 흐림, 짙음과 옅음, 길이, 넓이, 부피, 공간적인 생김새6) 등을 표현하는 형용사에 한해 아래와 같이 54개를

---

3) 공간 형용사 가운데 사람의 속성을 표현하는 '아름답다, 예쁘다' 등과 같은 말이 있는데 이러한 어휘들이 감각에 의한 객관적인 지각 내용 외에 주관적인 가치나 성품의 평가적인 의미가 들어 있어 김창섭(1985), 김정남(2001), 신순자(1996), 유현경(1998, 2000)에서는 평가(판단)형용사에 분류되었다. 이에 따라 본 서에서는 이와 같은 어휘는 모두 제외한다.
4) 복합어에는 합성어와 파생어가 포함된다.
5) 본 서에서 연구 대상을 선정할 때 조어법 측면에서 가장 기본적인 형태인 단일어에 한하였다. 실제 단일어가 아닌 '진하다, 연하다' 등 파생어가 연구 대상인 '짙다, 옅다'보다 사용빈도가 더 높다고 할 수 있으나 전체적인 일관성과 체계를 유지하기 위해 본고에서는 단일어만 연구하고 파생어 등은 향후 연구에서 다루고자 한다.
6) 공간적인 생김새를 의미하는 어휘 중 '아름답다, 예쁘다'와 같은 말이 있는데 이러한 어휘들이 감각에 의한 객관적인 지각 내용 외에 주관적인 평가의 의미가 들어 있어 김창섭(1985)에서 제외한 바 있다. 김정남(2001)에서도 김창섭(1985)와 같이 이러한 어휘를 평가형용사의 범주로 분류하였다.

확보하였다.[7]

[표 2] 한국어 시각 형용사 연구 대상 후보(1)

시각 형용사	밝기 형용사	어둡다, 맑다, 묽다, 밝다, 열다, 짙다, 흐리다
	색채 형용사	감다, 검다, 깜다, 껌다, 노르다, 누르다, 붉다, 푸르다, 푸르르다, 희다
	크기 형용사	가늘다, 굵다, 길다, 깊다, 낮다, 너르다, 넓다, 높다, 두껍다, 밭다, 살다, 솔다, 얕다, 얇다, 엷다, 작다, 잘다, 좁다, 짧다, 크다
	모양 형용사	갸울다, 꺄울다, 곧다, 곱다, 굽다, 동글다, 둥글다, 물겁다, 바르다, 배다, 배뚤다, 비뚤다, 삐뚤다, 빨다, 옥다, 우글다, 욱다

[표 2]에 제시된 후보 대상 가운데 '감다, 검다, 깜다, 껌다', '노르다, 누르다', '갸울다, 꺄울다, 곱다, 굽다, 동글다, 둥글다', '배뚤다, 비뚤다, 삐뚤다', '옥다, 욱다', '푸르다, 푸르르다'와 같이 사전에서 제시된 의미는 똑같고 단지 음운적으로 모음교체, 강세, 강조 등 차이가 존재하는 경우, 대표적인 대상 하나만 취하고 연구하고자 한다.[8] 이로써 연구 대상 후보는 색채 형용사 5개, 밝기 형용사 6개, 크기 형용사 20개, 모양 형용사 9개로 총 40개를 추려낼 수 있으며, 그 목록은 아래와 같다.

---

7) 공간적인 모양에 관한 어휘 가운데 '성글다, 성기다'가 있는데 이러한 어휘는 여러 사물 사이의 모양을 가리키는 것이다. 반면, 다른 어휘들은 하나의 사물로서 그 외재적인 모양을 가리키는 것이다. 다시 말해 한 사물의 내재적인 속성인지 사물과 사물 사이의 속성인지에 따라 차이가 있다고 할 수 있다. 본 서에서는 한 사물의 모양을 대상으로 연구하므로 성기다, 성글다와 같은 어휘는 제외하였다.

8) 연구 대상 중 '맑다, 묽다'가 있는데 기원적으로 '맑다'와 '묽다'는 각각 'ㅁ 닭, 묽다'로 서로 모음의 교체로 통해 의미 차이로 보이던 어휘로 형태론적으로 관련된다. 그러나 '묽다'가 시각형용사로 분류되기에는 무리가 있다. '묽다'는 시각적으로 인식이 가능하다는 특면이 있기는 하지만 촉각에 의해 인지되는 경우가 더 많고, 김창섭(1987)에서 지적한 바와 같이 빛이나 색에 대한 서술이 될 수 없기 때문이다(송정근 2007 : 59). 본 서에서는 역시 '맑다'만 연구 대상으로 삼는다.

[표 3] 한국어 시각 형용사 연구 대상 후보(2)

시각 형용사	색채 형용사	검다, 노르다, 붉다, 푸르다, 희다
	밝기 형용사	어둡다, 맑다, 밝다, 옅다, 짙다, 흐리다
	크기 형용사	가늘다, 굵다, 길다, 깊다, 낮다, 너르다, 넓다, 높다, 두껍다, 밭다, 살다, 솔다, 얕다, 얇다, 엷다, 작다, 잘다, 좁다, 짧다, 크다
	모양 형용사	갸울다, 곧다, 곱다, 둥글다, 바르다, 비뚤다, 빨다, 옥다, 우글다

한편, 중국어의 연구 대상을 선정할 때도 중국사회과학원이라는 공공기관에서 간행한 『現代漢語詞典』을 대상으로 1차적으로 형용사 2,268개를 확정하고 2차적으로 그 중 복합어를 제외하고 단일어로 한정하여 319개 연구 대상을 확보하였다. 3차적으로 단일어 가운데 방언 28개, 구어 8개를 제외하고 현대 표준 중국어 283개를 취하였다. 4차적으로는 색채 형용사, 밝기 형용사, 공간 크기 형용사, 공간 모양 형용사의 개념에 의해 기본의 미가 물체의 색채, 밝음과 어두움, 맑음과 흐림, 짙음과 옅음, 길이, 넓이, 부피, 공간적인 생김새를 표현하는 형용사에 한해 41개를 확보하였다. 구체적인 내용은 다음 표와 같다.

[표 4] 중국어 시각 형용사 연구 대상 후보(1)

시각 형용사	색채 형용사	白, 粉, 黑, 紅, 黃, 灰, 藍, 綠, 靑, 紫
	밝기 형용사	暗, 淡, 渾, 亮, 濃, 淸
	크기 형용사	薄, 長, 粗, 大, 低, 短, 高, 厚, 寬, 淺, 深, 細, 小, 窄
	모양 형용사	凹, 癟, 方, 偏, 凸, 歪, 彎, 斜, 圓, 正, 直

이 책에서는 한국어와 중국어 사이의 확장 양상을 대조하여 공통점과 차이점을 확인하는 연구이다. 그러므로 한 언어에만 있는 단어는 대조의 대상이 없으므로 연구 대상에 포함시키지 않고 제외하였다. 이 기준으로 제외된 단어는 다음과 같다.

첫째, 한국어에 '밭다(매우 짧다), 살다(약간 크다), 갸울다(조금 비뚤다), 옥다(조금 오그라져 있다), 우글다(조금 우그러져 모양이 곱지 아니하다), 빨다(끝이 차차 가늘어져 뾰족하다)'는 공간 크기나 모양을 의미할 때 정도적인 특성이 있는 반면에 중국어에는 대조되는 쌍이 없다. 둘째, 중국어의 '粉(분홍색), 灰(회색), 紫(자색)'은 색채를 표현할 때 정도적인 특성을 가지는데 한국어에는 대조되는 어휘가 없다. 셋째, 한국어의 '잘다'는 몸피가 가늘고 작다는 공간 크기 의미를 갖고 있는데 중국어에 이와 대응하는 형용사는 단일어가 아닌 복합형용사이다. 넷째, 중국어 '藍(남색), 綠(녹색), 凹(오목하다), 癟(오그라지는 상태), 方(네모나다), 凸(볼록하다)'은 한국어의 단일어 체계에서 대응되는 어휘를 찾을 수 없다. 위에 제시된 네 가지를 제외하고 한국어와 중국어의 대상 목록은 최종적으로 확정하였다.

[표 5] 한중 시각 형용사 연구 대상

		한국어(33개)	중국어(32개)
시각 형용사	색채 형용사	검다, 누르다, 붉다, 푸르다, 희다	白, 黑, 紅, 黃, 靑
	밝기 형용사	어둡다, 맑다, 밝다, 옅다, 짙다, 흐리다	暗, 淡, 渾, 亮, 濃, 淸
	크기 형용사	가늘다, 굵다, 길다, 깊다, 낮다, 너르다, 넓다, 높다, 두껍다, 솔다, 얕다, 얇다, 엷다, 작다, 좁다, 짧다, 크다	薄, 長, 粗, 大, 低, 短, 高, 厚, 寬, 淺, 深, 細, 小, 窄
	모양 형용사	곧다, 굽다, 둥글다, 바르다, 비뚤다	偏, 歪, 彎, 斜, 圓, 正, 直

한국어와 중국어 어휘 사이의 대응관계가 맺어지기 위해서는 논리적으로 의미 분석의 과정을 거쳐야 한다. 다시 말하면 평정된 원형의미에 따라 각 어휘의 대응 관계를 맺을 수 있다. 그러나 서술의 편리를 위하여 목차와 연구 대상 목록에는 대응 결과를 미리 제시하였다.

한편, 목차에서는 밝기 형용사의 하위 개념을 명명할 때 명암, 청탁, 농담이라고 하였지만 중국어의 '明, 濁' 등은 연구 대상에 포함되지 않았다.

이들은 단일어가 아니고 자립성이 없는 어소이기 때문이다. 한편, 이들 대신에 자립성이 있는 단일어 형용사 '亮, 渾'이 연구 대상으로 선정되었다. 한편, 크기 형용사의 하위 개념 가운데 광협(廣狹)이라는 내용도 있다. 그런데 중국어 연구 대상을 선정할 때 廣과 狹이 아니라 寬과 窄를 취하였다. 이 또한 밝기 형용사의 경우와 마찬가지로 廣과 狹이 자립성이 없는 어소이기 때문이다.

또, 많은 경우 일대일(一對一)로 대조하였지만, 동일한 원형의미를 갖는 단일어 형용사가 하나가 아니라 여러 가지가 있을 수 있다. 즉 일대다(一對多)의 대조를 시도한 경우가 있는데, 광협(廣狹), 후박(厚薄), 그리고 6장의 정사(正斜)가 바로 이러한 예이다. 본 서는 같은 원형의미에서 출발해 어떤 영역으로 확장되는지를 확인하는 데에 목적을 둔다.

1.4. 논의의 구성

앞서 시각 형용사의 하위분류를 검토하면서 시각 형용사는 밝기 형용사, 색채 형용사, 공간 크기 형용사, 공간 모양 형용사 등 네 가지로 나뉜다고 보았다. 이 책에서는 위와 같은 네 가지 하위 부류에 속하는 시각 형용사들의 의미 확장 양상을 구체적으로 분석하고자 한다.

한국어와 중국어 대응 어휘의 확장 양상에 대해 뒷부분에서 자세하게 논의를 하겠지만 여기서 그 대조 결과를 미리 간단하게 제시하면, 시각 형용사의 네 가지 하위분류 가운데 의미 확장 양상의 차이점이 가장 뚜렷하게 표현되는 부분은 밝기 형용사이다. 밝기 형용사의 경우, 한국어 각 어휘의 단의 수는 많은 반면 중국어 어휘의 수는 적은 편이다. 한국어 형용사의 각 단의는 다양한 영역으로 확장되는 반면 중국어의 형용사는 그렇지 못하다.

색채 형용사의 경우 대상 어휘의 수는 다섯 가지이다. 청색 형용사를 제외한 나머지 네 가지 형용사는 단의의 수가 적은 편이고 확장 양상의 차이도 거의 없다고 할 수 있다. 그러나 예외적으로 청색 형용사인 '푸르다'와 '靑'에서는 비교적 큰 차이가 확인된다. 푸르다는 7가지 단의가 있는 반면 '靑'은 단의어로서 의미가 하나뿐이다. 결국 '푸르다'는 다양한 영역으로 확장되는 반면 '靑'은 확장되지 못한다고 할 수 있다.

크기 형용사인 경우, 각 어휘들이 많은 단의를 갖고 있지만 실제 차이가 있는 경우는 별로 많지 않고 그들 간의 확장 양상도 큰 차이가 없다고 말할 수 있다.

모양 형용사의 경우, 각 어휘의 단의 수도 적고 대응관계에 있는 어휘의 단의들 사이에 거의 차이가 없으므로 모양 형용사 사이의 확장 양상은 다른 분류보다 가장 비슷하다고 말할 수 있다.

위와 같이 시각 형용사의 네 가지 하위분류의 구체적인 대응관계 및 확장 양상을 고려하여 아래와 같은 전개 순서에 따라 진행하고자 한다.

2장은 "시각 형용사의 개념과 의미 분석"이라는 제목 아래, 여러 가지 이론적 배경을 논의하는 부분이다. 시각 형용사의 개념 및 하위분류를 비롯하여 의미 분석에 관한 방법을 설명한다. 이 책에서 적용되는 일반적인 확장 원리, 확장 순서를 배열하는 기준 등의 내용을 논의할 것이다.

3장부터 6장까지는 형용사의 의미를 분석하고 대조하는 부분이다. 밝기 형용사, 색채 형용사, 크기 형용사, 모양 형용사의 순서로 분석하고 한국어와 중국어 사이의 공통점과 차이점을 제시하고자 한다.

더 구체적으로, 3장에서는 명암(明暗), 청탁(淸濁), 농담(濃淡) 등 세 가지 하위 개념을 설정하여 밝기 형용사를 논의한다. 4장에서는 기본적인 오색을 나타내는 형용사를 대상으로 흑색, 황색, 홍색, 청색, 백색의 순서로 의미 확장 양상을 제시한다. 5장에서 크기 형용사의 확장 양상에 대해 논의하는데 장단(長短), 고저(高低), 심천(深淺), 광협(廣狹), 조세(粗細), 후박(厚薄), 대소(大

小) 등 크기의 하위 개념을 설정하여 연구하고자 한다. 6장은 정사(正斜), 원형(圓形) 등 모양 형용사를 대조한다.

마지막으로 7장은 이 책의 결론 부분이다. 여기서는 본문의 내용을 요약·정리하고 언어 내적으로 한국어 내부 및 중국어 내부 대립관계에 있는 어휘의 대립 양상을 설명하며 언어 외적으로 시각 형용사의 측면에서 한국어와 중국어의 대응관계와 확장 양상의 공통점과 차이점을 제시한다.

제2장 시각 형용사의 개념과 의미 분석

2.1. 시각 형용사의 개념 및 하위분류

시각은 감각의 하위 개념이다. 일반적으로 오감(五感) 중에서 눈을 통하는 감각으로 정의된다. 송정근(2007), 한지오(2013), 『표준국어대사전』(1999), 『고려대 한국어대사전』(2009) 등에서는 '시각'을 '눈을 통해 빛의 자극을 받아들이는 감각 작용'이라고 모두 비슷하게 풀이하고 있다. 즉 시각은 눈을 통해 빛의 자극을 받아들이는 감각이고, 시각 형용사는 그러한 감각 차원에서 인식된 내용을 일차적으로 표시하는 형용사를 가리킨다.

그런데 인간에게 있어서 모든 사물에 대한 인식은 눈을 통하지 않는 것이 거의 없기 때문에, 시각 형용사의 하위분류를 상세히 논의할 필요가 있다. 단순히 눈으로 느끼는 감각의 존재, 육안을 통한 식별 가능성 여부로만 나누는 것은 충분하지 않기 때문이다.

시각 형용사의 하위분류에 대해서는 학계에서 오래전부터 논의를 해왔는데, 최현배(1961)에서는 다음과 같은 분류를 보였다.

[표 6] 최현배(1961)의 분류 체계

시각적		色-검다, 희다, 푸르다, 누르다, 붉다
		光-밝다, 어둡다
시·공간 감각	시간	빠르다, 더디다, 지루하다, 급하다, 눅다, 이르다, 늦다
	공간	뜨기(거리)-멀다, 가깝다
		물형(物形)-크다, 작다, 길다, 좁다, 둥글다, 모나다, 바르다, 삐뚤다, 비뚜름하다, 곧다, 굽다
		상하(上下)-높다, 낮다, 깊다, 얕다, 돌다, 뾰족하다

위 내용을 보면 최현배(1961)에서는 시각적 형용사와 시간·공간감각 형용사는 따로 분류된 것을 볼 수 있다. 그 이후에 시간감각과 공간감각을 시각으로 묶을 수 있는지가 문제가 되었는데, 여기에 대해서는 세 가지 견해가 있는 것으로 보인다.

우선, 시간·공간감각 형용사를 모두 시각적으로 보는 견해인데 대표적인 연구는 손용주(1992)이다. 이 책에서는 시각 형용사의 분류를 아래와 같이 분류하였다.

[표 7] 손용주(1992)의 분류 체계

빛	검다, 희다, 푸르다, 누르다, 붉다……
명암	밝다, 어둡다……
시간	빠르다, 더디다, 지리하다, 급하다, 눅다, 이르다, 늦다……
공간	뜨기 : 멀다, 가깝다……
	물형 : 크다, 작다, 길다, 좁다, 둥글다, 모나다, 바르다, 삐뚤다, 비뚜름하다, 곧다, 굽다……
	상하 : 높다, 낮다, 깊다, 얕다, 돌다, 뾰족하다……

둘째, 시간감각은 시각의 유형에서 제외하고 공간감각만 시각의 유형에 포함해야 한다는 김창섭(1985)의 견해이다. 내용을 정리하면 다음과 같다.

[표 8] 김창섭(1985)의 분류 체계

빛	검다, 푸르다, 밝다, 어둡다, 맑다, 흐리다……
공간	둥글다, 곧다, 바르다, 길다, 높다……

김창섭(1985)에서는 시각 형용사를 빛 형용사와 공간 형용사로 분류하였는데 시각적 지각의 내용은 공간에 존재하는 대상을 전제로 하고 공간에 속하는 것은 빛, 모양, 크기, 위치, 속도를 들고 있다. 그런데 이 중 속도는 시간적 속성이 있으므로 제외하고 모양, 크기, 위치를 공간의 개념으로 묶는다고 하였다.

셋째, 시간감각과 공간감각을 모두 시각의 유형에서 제외해야 된다는 견해로, 정재윤(1989)을 참고할 수 있다. 정재윤(1989)에서는 시·공간어가 주로 시각 판단의 소박한 인식에 근거하나 모든 사물에 대한 인간판단의 1차 통로가 눈이라는 점을 생각하면 시각어가 아닌 것이 없게 되는 문제점이 있다고 하였다. '크다, 작다, 길다, 짧다……'는 시각만으로 되는 것도 아니고 촉각을 더듬어서 파악되기 때문에 이들을 시각어로 본다면 같은 시각을 거쳐 판단되는 가치 평가 성격이 강한 '아름답다, 훌륭하다, 화려하다, 예쁘다……' 등도 시각 형용사로 보아야 하는 문제점이 있으므로 재고를 요한다고 주장하였다. 정재윤(1989)의 내용은 아래와 같이 정리될 수 있다.

[표 9] 정재윤(1989)의 분류 체계

시각적	色-검다, 희다, 푸르다, 누르다, 붉다……
	光-밝다, 어둡다……

실제 색채, 밝기, 공간적 감각, 시간적 감각을 대상으로 볼 때 색채에 관한 것, 밝기에 관한 것은 시각에 의해서만 지각될 수 있으므로 이들은 시

각 형용사의 전형적인 하위 개념이라 할 수 있다. 한편, 공간적인 감각과 속도를 표현하는 시간적 감각은 시각이라는 영역에 속하는지에 대해 다시 고려해볼 필요가 있다. 우선, 공간적인 감각은 시각 외의 촉각과 같은 감각 기관에 의해서도 지각될 수 있지만 공간에 관한 일차적인 인식은 시각에 의해 이루어진다고 할 수 있으므로 공간 감각도 시각의 범주에 포함할 수 있다. 다음, '빠르다, 급하다, 늦다……' 등 속도에 관한 어휘들이 있는데 이들은 시간적인 속성을 갖고 있다. 즉, 속도는 시간에 의해 결정되고 속도를 지각하는 데에 반드시 시간이 소요된다. 따라서 속도는 시간이라는 차원으로 인해 밝기, 색채, 공간 등과 비교하면 가장 이질적이라 할 수 있다.9)

따라서 본 서에서는 속도에 관한 감각을 제외하고 공간 감각을 인정하고자 한다. 그리고 시각 형용사의 범주는 색채, 밝기, 크기, 모양 등 네 가지로 구별한다. 이 내용은 다음과 같이 정리할 수 있다.

> (1) 시각 형용사 :
> ① 밝기 형용사
> ② 색채 형용사
> ③ 크기 형용사
> ④ 모양 형용사

2.2. 시각 형용사의 의미 분석 방법

이 책에서 활용할 연구 방법은 아래와 같다.

---

9) 이와 같은 내용은 김창섭(1985)에 따라 정리된 것이다.

⊙ 어휘 의미 분석 방법론

기존 연구 중에서 각 단의의 내재적 관련성에 주목하는 연구는 많지 않다. 최호철(1993, 1996), 남경완(2008) 등을 대표적인 연구로 꼽을 수 있다. 최호철(1996 : 85)에서는 의미 분석의 실제 절차를 여섯 가지로 제시하였고 남경완(2008 : 69-73)에서는 최호철(1996)의 방법을 계승하여 그 순서를 바꾸고 구체화하여 다음과 같은 의미 분석의 절차를 제시하였다.[10]

<1단계 : 단의 설정> → <2단계 : 의소 설정> → <3단계 : 의미 기술>
1-1 단의 평정   2-1 다의성과 동음성의 구분
          -개념상의 의소 설정
1-2 단의 분석   2-2 이의 분류
          -의소의 기술

본 서는 한중 시각 형용사를 대상으로 각 대상 어휘의 의미 확장 양상이 무엇인지를 밝히는 것이다. 따라서 이 책에서 주로 다룰 내용은 원형의미와 확장의미의 설정, 단의의 순서 배열, 확장 경로의 제시 등이다. 다시 말해 각 대상 어휘의 의미들에 대해 그의 내재적인 관련성이 무엇인지 검토하는 것이 중요하다. 이 목표를 달성하려면 실제 작업할 때 아래와 같은 일을 해야 한다. 첫째, 사전적 의미의 수집 및 정리. 둘째, 정리된 단의 후보에 대한 분석(형용사의 주체 자리에 놓이는 어휘 의미 특성의 분석). 셋째, 주체의 의미 특성에 따른 원형의미와 확장의미의 설정과 의미의 확장 순서 결정, 이상이다. 여기서 사전적 의미를 수집하고 정리하는 것이 단의 평정하는 과정이고, 주체의 분포 양상을 확인하는 것이 단의 분석에 관한 내용이다. 그리고 원형의미와 확장의미의 구분은 의소 설정에 관한 내용이며, 각

---

10) 남경완(2008)에서 단의 설정 단계에서는 범주 특성과 고유 특성을 묶은 계열적 정보와 논항 특성과 선택 특성을 묶은 결합적 정보를 의미 분석 과정에서 제시해야 하는 의미 특성으로 정의하였다.

단의의 순서를 배열하는 것은 실제 이의 분류에 관한 내용이다. 결국 이 책에서 해야 할 작업은 최호철(1996), 남경완(2008)에서 제시된 내용과 밀접한 관계가 있다고 할 수 있다. 따라서 본 서에서 시각 형용사의 의미 확장 양상을 제시할 때 최호철(1996), 남경완(2008)에서 제시된 이론을 취해 따른다.

구체적인 분석 과정에서 실제 아래와 같은 문제도 유의할 필요가 있다.

> 첫째, 단의의 배열 순서를 어떤 기준으로 할 것인가의 문제
> 둘째, 형용사와 함께 결합하는 공기 어휘가 다양한데 어떤 의미구조로
> 　　체계성 있게 제시할 것인가의 문제

단의의 순서를 배열하는 것은 의미 확장 양상을 제시할 때 항상 문제가 될 수 있는 부분이다. 기존 연구들에서는 어원을 검토하는 방법, 빈도를 따지는 방법, 그리고 의미 파생 관계를 밝히는 방법 등을 논의하였다. 그런데 어원을 찾는 방법은 이들 가운데 통시적인 증거에 기반하므로 객관성을 높게 유지할 수 있는 합리적인 방법이라고 할 수 있으나 실제 모든 문헌의 용례를 확인하기란 물리적으로 쉽지 않고 역사 자료를 통해 어원을 밝히지 못할 가능성도 높다. 실제로 수행하기에는 큰 어려움이 따른다. 빈도를 따지는 방법은 말뭉치가 구축된 후 관련 정보가 누구든지 쉽게 확인될 수 있어 이를 주장하는 연구가 점점 많아지는 경향을 볼 수 있다. 이 방법은 실제 생활에서의 단의 사용 빈도의 높고 낮음을 반영할 수 있다. 그런데 단의의 사용 현상을 쉽게 확인할 수 있고 자주 쓰이는 뜻을 찾을 수 있게 한다는 장점이 있지만 말뭉치의 성격 및 언어 사용자의 선호나 습관에 따라 빈도는 달리 나타날 수 있고 객관적인 역사 자료에서 확인되는 내용과 상충할 가능성도 있다. 그리고 빈도에 따른 방법은 각 단의 사이의 관련성 즉, 각 의미가 어떤 관계를 맺으면서 확장되어 가는지를 판별할 수

없게 된다. 따라서 의미 파생 관계에 따른 방법을 취하는 것이 효과적이라 여겨진다.

의미 파생 관계에 따라 각 단의의 확장 순서를 정하는 방법 가운데 대표적인 연구는 Heine *et al*.(1991), 임지룡(1996), 최호철(2005) 등이 있다.

Heine *et al*.(1991 : 48), 임지룡(1996)에서는 개념 영역의 은유적 전이 방향을 다음과 같이 정리한 바 있다.[11]

(2) 가. 사람>대상>행위>공간>시간>질
　　나. ●사람 → 짐승 → 생물 → 무생물
　　　　●구체성 → 추상성
　　　　●공간 → 시간 → 추상
　　　　●물리적 → 사회적 → 심리적
　　　　●일반성 → 비유성 → 관용성
　　　　●내용성 → 기능성

위와 같은 입장은 구체적인 것에서 추상적인 것으로 의미가 전이된다고 보는 것이다. 이렇게 보는 이유는 우리의 모든 사고와 이해의 뿌리가 구체적인 우리의 신체적 활동에 바탕을 두고 있으며, 더욱 복잡하고 추상적인 사고는 이를 토대로 하는 은유적 전이를 통해서 이루어진다고 보기 때문이다(노양진·나익주 옮김 1995 : 4-5 참조).

Heine *et al*.(1991), 임지룡(1996)에서는 의미 확장의 보편적이고 일반적인 원리를 제시하였지만 구체적인 의미 부류에 대한 순서를 정하는 데에 언급이 없었다. 다시 말해 시각 형용사를 대상으로 한 본 서에서는 각각의 구체적인 상황에 적용될 수 있는 방법이 제시될 필요가 있다.

---

11) (2가)에 제시된 내용은 Heine *et al*.(1991 : 48)을 참조해서 정리한 것이고, (2나)에 제시된 내용은 임지룡(1996 : 250-251)을 참조한 것이다.

시각 형용사는 눈으로 확인되는 감각 형용사의 하위 개념으로 그의 특성에 따라 아래와 같은 확장 원리를 추가할 수 있다.

• **유형물 → 무형물**

시각을 이용해 외부 사물을 확인할 때 유형물은 형체가 있어 눈을 통해 그의 외재적인 모양, 크기 등 다양한 정보를 명확하게 파악할 수 있다. 반면, 무형물은 형체가 없어 그의 모양이나 크기 등 여러 정보를 쉽게 확인할 수 없다. 직관적으로 눈을 이용해 정체가 쉽게 확인되는 유형물은 눈으로 쉽게 파악되지 못하는 무형물보다 구체적인 모양이나 크기 등 속성을 갖추므로 더 구체적이라 할 수 있다. 따라서 유형물 주체에서 무형물 주체로 확장된다고 할 수 있다.

> (3) 가. 건물이 높다, 소리가 높다
> 　　나. 다리가 굵다, 소리가 굵다

(3가)를 보면 '건물이 높다', '소리가 높다'와 같은 예문에서 주체 자리에 있는 어휘는 각각 '건물', '소리'인데 건물은 구체적인 형체가 있으므로 유형물이고 소리는 형체가 없으므로 무형물이다. 따라서 '높다'의 단의 가운데 건물이라는 주체에서 소리로 확장된다고 할 수 있다. 또, (3나)에서 다리는 구체적인 형체가 있는 존재인 반면, 소리는 역시 형체가 없는 성질이다. 형체가 있는 존재는 형체가 없는 존재보다 눈으로 쉽게 확인되므로 '굵다'의 단의는 다리 주체에서 소리 주체로 확장된다고 할 수 있다.

• **인간적 → 비인간적**

언어는 본질적으로 사람의 생존을 위하여 만들어진 것이기 때문에 의미 확장의 가장 중심을 사람 즉, 인간에 두고 인간 영역에서 타(他)영역으로 확장된다고 할 수 있다(임지룡 1996 : 240). 이를 참조하여, 인간의 부속 성분인 '사람의 행위, 심리'는 사람과 밀접한 관련이 있으므로 인간 영역에 속하는 반면 '일, 내용, 금전'과 같은 주체는 사람과 무관한 내용이므로 비인간 영역에 속한다고 할 수 있다. 즉, '행위, 심리' 주체에서 '일, 내용, 금전' 주체로의 확장을 상정할 수 있다.

> (4) 가. 마음이 넓다, 의미가 넓다
> 나. 능력이 크다, 일이 크다

(4가)를 보면 '마음이 넓다'와 '의미가 넓다'에서 주체 자리에 있는 어휘는 각각 '마음, 의미'이다. 인간과 관련된 정도에 따라 사람의 내재적 심리인 마음 주체는 의미 주체보다 인간 영역과 가장 가깝다고 할 수 있으므로 '넓다'의 단의는 마음 주체에서 의미 주체로 확장된다고 할 수 있다. 한편, (4나)에서 주체는 각각 '능력, 일'인데 능력은 사람의 정신 영역에 관한 내용이므로 일 주체보다 인간이라는 주체와 밀접한 관련성이 있다고 할 수 있다. 결국, '크다'의 단의는 능력 주체에서 일 주체로 확장된다고 할 수 있다.

• 외재적 → 내재적

외부에 존재하는 것은 눈으로 쉽게 확인할 수 있는 반면, 어떤 사물이나 현상의 내부(안)에 갖추어져 있는 것은 쉽게 확인할 수 없고 여러 가지 요소를 고려하면서 확인해야 한다. 따라서 '외재적'인 것에서 '내재적'인 것으로 확장된다고 할 수 있다.

> (5) 가. 표정이 어둡다, 마음이 어둡다
> 나. 신분이 높다, 의견이 높다

(5가)처럼 '어둡다'라는 형용사의 단의 가운데 (표정이) 슬프거나 우울하다는 의미와 (마음이) 의뭉스럽고 엉큼하다는 뜻이 있다. 전자의 주체는 표정인 반면 후자의 주체는 마음이다. 표정은 겉으로 드러나는 모습이므로 외재적인 특성을 가지는 반면 마음은 내재적인 심리이므로 내재적 특성을 가진다. 따라서 외재적인 표정에서 내재적인 마음으로 확장된다고 할 수 있다. (5나)에서 제시된 주체는 각각 신분, 의견이 있는데 신분은 사람과 사람의 외재적 행위를 통해 확인되는 지위인 반면 의견은 어떤 대상에 대하여 가지는 생각이므로 내재적인 특성을 갖는다. 결국 '높다'의 단의는 외재적 특성을 갖는 신분 주체에서 내재적 특성을 갖는 의견 주체로 확장된다고 할 수 있다.

- **선천적 → 후천적**

선천적인 능력은 태어날 때부터 지니고 있는 능력을 의미하고 후천적인 능력은 태어난 후에 배움을 통해 얻어진 능력을 뜻한다. 시력이나 청력이 좋다는 것, 얼굴의 변화를 통해 내재적인 감정을 나타내는 것 등 내용은 모두 선천적인 능력이라고 할 수 있다. 반면, 지식이나 경험을 축적하는 것은 후천적인 능력이라 할 수 있다(이천택 2017). 선천적인 능력은 태어날 때부터 지니는 것이므로 출생 이후에 배움을 통해 얻어지는 능력보다 순서상 앞에 있다고 할 수 있다. 결국 능력이 얻어지는 순서에 따라 선천적인 것에서 후천적인 것으로 확장된다고 할 수 있다.

(6) 가. 눈이 밝다, 사리가 밝다
   나. 귀가 밝다, 예의가 밝다

(6)에서 제시된 내용을 보면 '밝다'라는 형용사의 단의 중에는 시력이나 청력이 좋다는 의미도 있고 태도가 바르다는 뜻도 있다. 전자의 주체는 시

력이나 청력인 반면, 후자의 주체는 태도이다. 시력이나 청력이 좋거나 나쁘거나에 관한 것은 태어날 때부터 갖춘 선천적인 능력인 반면 무엇에 관한 태도는 후천적으로 배움을 통해 얻어진 능력이다. 따라서 선천적인 시력이나 청력 주체에서 후천적인 태도 주체로 확장된다고 할 수 있다.

• 1차원 → 2차원 → 3차원

사물의 발전은 간단한 것에서 복잡한 것으로 이루어진다고 할 수 있다. 차원 특성을 참고하면서 사물의 구성을 고려하면 1차원 선에 관한 사물이 가장 간단하고 2차원 면에 관한 사물이 중간에 있으며, 3차원 부피에 관한 사물이 가장 복잡하다고 할 수 있다. 따라서 간단한 것에서 복잡한 것, 즉 1차원 사물에서 2차원으로 확장되고 그 다음에 3차원으로 확장된다고 할 수 있다.

> (7) 가. 길이 넓다, 방이 넓다
>   나. 다리가 굵다, 모래가 굵다

(7가)의 내용을 보면 '넓다'라는 형용사의 단의 중에는 (사물이) 폭의 길이가 길다는 의미와 (사물이) 면적이 크다는 뜻이 있다. 두 가지 의미는 모두 사물 주체인 공간 의미인데 전자는 1차원 공간 의미를 갖는 반면 후자는 2차원 공간 의미를 갖는다. 따라서 1차원 공간 의미에서 2차원으로 확장된다고 할 수 있다. 또, (7나)처럼 '굵다'라는 형용사의 단의 가운데 (기다란 사물의 몸통의 둘레나 폭이) 크고 넓다는 의미와 (둥그런 사물의 부피가) 크다는 뜻이 있는데 두 가지 의미는 모두 사물 주체로 된 공간 의미이다. 전자는 1차원 공간 의미인 반면 후자는 3차원 공간 의미이다. 따라서 1차원 공간의미에서 3차원으로 확장된다고 할 수 있다.

• 긍정적 → 부정적

부정적인 내용은 긍정적인 내용보다 국한되거나 제한된 범위 안에서 사용되므로 이는 유표적인 특성이 강하다고 할 수 있다. 무표적인 긍정적인 것이 유표적인 부정적인 것으로 변화할 수 있는데, 특히 결합 관계상에서 부정적인 의미를 갖는 요소의 특성이 다른 요소에 옮아가는 것을 전염(傳染)이라고 부르기도 한다.[12] 본래는 부정적이지 않던 것이 부정적인 것이 되는 것도 의미 확장의 한 방향이라고 할 수 있다.

> (8) 가. 엷은 짓, 엷은 한숨
> 나. 행동이 가벼운 사람, 손놀림이 가볍다

(8가)에서 제시된 것처럼 '엷다'라는 형용사의 단의 가운데 (언행이) 진중하지 않고 가볍다는 의미와 (어떤 동작이) 지나치게 드러냄이 없이 있는 듯 없는 듯 가만하다는 뜻이 있는데 두 가지 의미는 모두 행위 주체에 속한다고 할 수 있다. 그러나 전자는 부정적인 의미를 갖고 있는 반면 후자는 그렇지 않다. 긍정적에서 부정적으로 확장되는 것을 고려해 '엷다'의 단의는 한숨에서 짓으로 확장된다고 할 수 있다. 한편, (8나)와 같이 '가볍다'라는 형용사의 단의 가운데 (언행이) 침착하지 못하고 경솔하다는 뜻과 (동작이) 재빠르고 경쾌하다는 의미가 있는데 두 가지 의미는 역시 모두 행위 주체에 속하고 전자는 부정적인 의미를 갖는 반면 후자는 긍정적인 의미를 갖고 있음을 볼 수 있다. 긍정적에서 부정적으로 확장되는 것을 고려해 '가볍다'의 단의 가운데 역시 '손놀림'에서 '행동'으로 확장된다고 할 수 있다.

시각 형용사 각 단의의 순서를 배열할 때 Heine *et al.*(1991 : 48), 임지룡(1996) 그리고 위와 같이 추가로 제시된 여러 확장 원리들을 공통적으로(복

---

12) 전염에 관한 구체적인 논의는 조항범(1999), 박진호(2015) 참조.

합적으로) 적용하여 고찰한다. 전체적인 확장 원리를 정리하면 다음과 같다.[13]

> (9) 가. 사람>대상>행위>공간>시간>질
> 　　나. ● 구체성 → 추상성
> 　　　　● 공간 → 시간 → 추상
> 　　　　● 유형물 → 무형물
> 　　　　● 인간적 → 비인간적
> 　　　　● 외재적 → 내재적
> 　　　　● 선천적 → 후천적
> 　　　　● 1차원 → 2차원 → 3차원
> 　　　　● 긍정적 → 부정적

　실제 분석 과정에서는 어떤 상황에서 어떤 확장 원리를 사용하는지 명확하게 그 사용 원리를 제시할 필요가 있다. 다시 말해 위와 같은 다양한 확장 원리를 이용해 복합적으로 단의의 확장을 분석할 때 일관적인 기준이 필요하다. 따라서 단의의 확장을 분석할 때 아래와 같은 기준을 따르기로 한다.

> 첫째, 의미의 확장은 구체적인 의미가 추상화되는 과정이기 때문에 구체성과 추상성은 가장 기본적인 특성이라 할 수 있다. 따라서 '구체성 → 추상성'은 일차적으로 고려되는 원리이다.
> 둘째, 구체물은 형체가 있는지에 따라 유형물과 무형물로 나뉘는데 그 때 '유형물 → 무형물'의 원리를 적용한다.
> 셋째, 유형물 중 공간물은 '1차원 → 2차원 → 3차원'의 원리를 참고한다.
> 넷째, 추상 영역에서는 시간 영역과 시간 영역보다 더 추상적인 영역(비(非)시간)을 나누어 '시간 → 비(非)시간'의 원리를 사용한다.

---

13) Heine *et al.*(1991 : 48)에서 제시된 확장 원리 가운데 "물리적 → 사회적 → 심리적, 일반성 → 비유성 → 관용성, 내용성 → 기능성"은 주체의 특성에 의해 시각 형용사의 의미 확장을 판정하는 본 서와 밀접한 관련성이 없으므로 제외하였다.

다섯째, 비(非)시간 영역에서는 인간적 영역과 비인간적 영역을 나누어 '인간적 → 비인간적'의 원리를 적용한다.

여섯째, 인간적 영역은 주로 사람의 정신세계를 가리킨다. 따라서 그 정신세계는 우선 외재적인 특성과 관련이 있느냐에 따라 '외재적 → 내재적'의 원리를 고려하고 그 다음에 내재적인 능력에 대해 선천적이냐에 따라 '선천적 → 후천적'의 원리를 고려한다.

이와 같은 내용을 정리하면 다음 표와 같다.14)

[표 10] 의미 확장의 기준

논항 특성	주체(A)					위치(B)	확장 순서
A가 ~	구체	유형물			1차원	-	↓
					2차원		
					3차원		
		무형물					
	추상	시간		시간관계		-	
		비(非)시간	인간적	외재적			
				내재적	선천적		
					후천적		
			비(非)인간적	-			
A가 B에 ~	구체					구체	
	추상					추상	

한편, 각 단의의 순서를 정할 때도 어떤 원칙이나 기준에 따라 배열하는지 제시할 필요가 있다. 본 서에서는 동사의 의미에 변화를 야기할 수 있는 요소가 해당 동사의 단의를 분류하는 기준이 되는 것이라고 본다. 최초

---

14) 여기서 제시된 확장 기준은 해당 요소의 의미 특성에 의해 판단하는 내용이다. '긍정적 → 부정적'의 확장 원리는 주체와 같은 요소의 의미 특성에 의한 것이 아니라 문맥이나 화맥에 의해 판단되는 기준이다.

철(2005)에서는 한국어 '먹다'를 대상으로 논항 구조에 따라 '먹는' 행위를 하는 주체와 그 행위를 입는 객체 등 두 가지 요소를 고려하고 일반적인 의미 확장 원리를 참고하면서 각 단의의 파생 순서를 배열하고 확장 양상을 제시하였다. 즉, 최호철(2005)에서는 우선적으로 '먹다'의 의미 변화를 야기하는 요소가 몇 개인지를 조사하고 그 다음에 각 요소의 의미 특성을 검토하며 마지막 주체와 객체가 제한을 받는 정도를 고려해 순서를 배열하였다. 다시 말해 논항 특성, 선택 특성, 그리고 제한성을 고려한 것이다.

본 서는 시각 형용사를 대상으로 연구하기 때문에 동사 '먹다'의 각 단의 실현 환경과 차이가 있다. 그러므로 분석 과정에서 최호철(2005)에 논의된 방식을 따르되 약간의 수정이 필요하다. 첫째, 형용사는 행위를 입는 객체가 존재하지 않으므로 객체 요소를 고려하지 않는다. 둘째, 형용사는 기본적으로 '무엇이 어떠하다'는 구조를 갖고 있으므로 주체를 고려하는 것이 일반적이다.[15] 그러나 '할아버지가 한학에 밝다'와 같이 주체 요소뿐만 아니라 다른 요소(여기서는 위치 요소)를 고려할 경우가 있기 때문에 본 서에서는 주체뿐만 아니라 다른 요소들도 추가로 고려해서 분석하고자 한다.[16]

시각 형용사를 대상으로 하는 이 책에서는 위에서 논의한 내용들을 참고하여 아래와 같은 단의 배열 기준을 따르기로 한다.

(10) 시각 형용사의 단의 배열 기준
가. 시각 형용사의 의미 변화를 야기하는 요소가 몇 개인지를 조사
하고 일차적으로 순서를 배열한다.
나. Heine *et al*.(1991 : 48), 임지룡(1996) 그리고 본고에서 제시된 추

---

15) 앞에서 제시된 각 확장 원리와 기준은 모두 주체의 의미 특성에 의해 단의의 순서를 배열할 때 사용되는 내용이다.
16) 최호철(1993)에서는 국어의 의미격을 주체격, 객체격, 방편격, 기준격, 위치격 등 다섯 가지로 나누었다. 본 서에서 각 단의의 실현 환경을 밝힐 때 이 다섯 가지 요소를 참조한다.

　　　　가 원리를 참고하여 각 요소의 의미 특성을 검토하고 이차적으
　　　　로 순서를 배열한다.
　　다. 주체, 위치 등과 같이 각 요소로 선택되는 구체적 어휘가 제한
　　　　을 받는 정도에 따라 삼차적으로 순서를 배열한다.
　　라. 고유적인 특성을 고려해 단의의 순서를 배열한다.

또, 각 형용사와 결합하는 공기 어휘의 의미구조를 밝히려면 각 공기 어휘의 의미적 특성을 체계적으로 제시해야 한다. 즉, 논항 구조에 따라 각 형용사가 요구하는 명사의 분류 체계를 제시한다.[17]

명사 의미부류 체계는 분류 방식에 따라 언어 외적인 방식과 언어 내적인 방식으로 구분할 수 있다. 언어 외적인 존재론 또는 인식론적인 관점으로 분류한 연구는 최경봉(1998), 이병모(2001), 김인균(2002) 등이 있다. 언어 내적인 어휘적인 관점으로 분류한 연구는 세종 명사 의미 분류 체계 등이 대표적이다.[18]

우선, 언어 외적인 기준의 분류를 보면 최경봉(1998)은 명사의 존재 양식에 따라 의미 분류 체계를 세웠다. 최경봉(1998)에서는 의미 영역은 존재 대상이 세계 내에서 차지하는 영역으로, 이 의미 영역과 관련지어 명사를 먼저 실체를 가진 존재물인 '실체(인간, 사물)'와 그 실체의 존재 '양식(사태, 관계)'으로 대별하였다. 인간은 '인칭대명사, 고유명사, 보통명사' 등으로 구분되고 사물은 '공간물, 개체물'로 구분되며 개체물은 다시 '유정물과 무정물'로 구분된다. 양식은 실체가 지닌 속성과 직접적인 관계를 맺느냐에 따라 직접적인 관련성을 가지는 '사태(사건과 상태)'와 간접적인 관련성을 가지는 '관계(차원, 단위)'로 구분된다.[19]

---

17) 최상위에 물질 혹은 대상을 설정하고 그 하위 분류를 시도하는 논의들을 명사 분류론, 대상 부류 이론, 어휘 의미망 또는 워드넷, 온톨로지, 시소러스 등에서 찾을 수 있다. 본 고에서는 주로 대표적인 연구만 제시한다.
18) 이 내용은 차준경(2009)에서 제시된 것을 따른다.
19) 최경봉(1998 : 34~109)은 Nida(1975)와 Lyons(1977)의 의미 분류를 반영하고 있음을 밝

이병모(2001)에서는 존재를 인식하는 주체인 인간의 인식을 근거로 하여 명사를 분류하였다. 이 책에서는 명사를 '실체명사'와 '추상명사'로 대별하고 실체명사는 '사물 실체명사와 사람 실체명사'로 구분하고 추상명사는 '일반 추상명사와 특수 추상명사'로 구분하며 특수 추상명사는 다시 '위치 특수 추상명사, 관계 특수 추상명사, 양상 특수 추상명사' 등 세 가지로 구분하였다.

김인균(2002)에서는 명사를 '실체 명사'와 '비실체 명사'로 나누고 실체 명사는 '유정 명사'와 '무정 명사'로 구분하였다. 유정 명사는 '사람 명사'와 '동물 명사'로, 무정 명사는 '식물 명사'와 '무생물 명사'로 하위분류하였다. 비실체 명사는 추상적 실체성에 의해 '사태 명사'와 '추상 명사'로 구분하고, 추상 명사는 시공간과의 관련성에 의해 '추상물 명사'와 '위치 명사'로 하위분류하였다.

다음, 언어 내적인 기준의 분류는 세종 명사 의미 부류 체계를 들 수 있다. 세종 명사 의미 부류 체계는 '구체물, 집단, 장소, 추상적 대상, 사태' 등 다섯 개의 대부류로 나눈 다음, 각각에 대해 점진적인 의미 분할을 시도하여 보다 세밀한 의미영역을 갖는 부류들로 나누어 놓은 것이다.[20]

위와 같은 명사의 분류 체계를 정리하면 기본적으로 명사는 구체와 추상으로 이분되는 것으로 보인다. 각 논의에서는 구체 영역의 내용은 거의 비슷하고 추상 영역의 내용은 약간 차이가 있다고 할 수 있다. 위의 연구들은 서로 다른 측면에서 논의한 것인데 한계성이나 문제점이 모두 존재하고 어느 관점이 가장 바람직하다고 하기가 어렵다.[21] 한편, 본 서에서는

히고 있다. 이는 Nida(1975 : 186~197)에서 "① 실재-무생물, 자연물, 건조물/② 추상 개념-시간, 거리, 부피, 온도, 색깔, 수, 지위/③ 사건-물리적, 생리적, 감각적, 지적, 충격, 통제 등/④ 관계-공간적 관계, 시간적 관계, 지시적 관계, 논리적 관계" 등으로 분류한 것과, Lyons(1977)에서 이와 비슷한 "① 실체, ② 속성, ③ 사건, ④ 관계" 등으로 의미를 분류한 것에 근거하고 있다.(이병모 2001 : 169)

20) 세종 명사 의미 부류 체계에 관한 연구는 강범모 외(2001), 홍재성 외 (2003), 이성헌 (2005), 차준경(2009) 등이 있다.

명사의 의미부류 체계를 설정할 때 아래와 같은 내용을 고려하고자 한다. 첫째, 시각 형용사는 감각 형용사의 하위 개념으로 시각으로 사물의 외재적인 형태를 확인하고 표현하는 것이 기본적이다. 다시 말해 시각 형용사는 사물의 존재 양상을 눈을 통해 확인하고 표현한다. 따라서 존재론적인 분류 체계는 본 서와 밀접한 관계가 있다고 할 수 있다. 둘째, 본 서는 의미 확장 양상을 검토하는 연구이므로 명사에 대한 체계적인 분류가 물론 중요하지만 분류된 내용은 의미 확장의 순서를 판정할 때에 도움이 되고 일반적인 의미 확장 원리와 호응이 잘 되어야 한다. 예를 들어 세종 명사 의미 부류 체계인 경우, 구체물은 다시 구체자연물, 구체인공물, 관계구체물 등 세부적인 하위개념으로 구분되었는데 이러한 구분은 형식상 체계적으로 보이지만 실제 구체자연물, 구체인공물, 관계구체물 등과 같은 구분은 확장 순서를 판정하는 데에 도움이 되지 못한다.

위 내용에 따라 본 서에서 명사의 분류 체계를 선정할 때 기본적으로 최경봉(1998)에서 제시된 존재론적인 입장을 취해 아래와 같은 내용을 고려해 분류 체계를 확보하였다.

의미 확장 양상에 관한 연구는 기본적으로 의미가 구체적인 원형의미에서 추상화된 확장의미로 파생되는 과정을 고찰하는 내용이다. 따라서 '구체'와 '추상'이라는 내용은 가장 변별력이 강하고 우선적으로 고려하는 구분이라 할 수 있다.22)

또, '구체'의 사전적 의미는 사물이 직접 경험하거나 지각할 수 있도록

---

21) 언어 외적인 기준의 분류는 단어 단위의 분류이기 때문에 추상적인 내용(시, 소설, 회화)을 구체물의 형식으로 표상하는 등의 명사의 의미 특성은 분류 체계에 반영하지 못한 것으로 보인다. '소설, 시, 회화' 등의 명사류는 추상적인 내용이 구체물의 형식으로 실현되는 의미 특성을 가지고 있다. 그중 한 의미만을 강조하여 추상 또는 구체로 분류하게 되는 문제가 있다.
단어(어휘소) 단위의 분류에서 '소설, 시, 회화'와 같이 추상적 내용이 구체물의 형식으로 실현되는 유형에 대해서는 연구자마다 다르게 분류하였다.
22) 명사의 의미부류 체계에서는 '구체'라는 말을 대신 '실체'라는 말을 사용한 경우가 많다.

일정한 형태와 성질을 갖춤이라고 기술되었다.(『표준국어대사전』) 여기서 일
정한 형태는 실체가 있는 유형물(有形物)을 지칭하고 성질은 실체가 없는
무형물(無形物)을 가리킨다. 유형물은 형체가 있는 사물이기 때문에 이는 공
간물과 개체물로 나뉘고 개체물은 다시 유정물과 무정물로 구분되며, 유
정물은 사람과 동물 등으로 구분된다. 무형물(無形物)은 형체가 없는 사물을
뜻하는 것이어서 이는 공기, 바람, 소리 등 감각의 대상에 해당한다.

'추상'의 경우는 그의 하위분류가 쉽지 않은데 일차적으로 사람과 관련
성이 있는지에 따라 사람과 관련이 있는 것, 관련이 없는 것으로 구분되고,
관련이 있는 것은 정신 영역, 행위 영역으로 구분되고, 관련이 없는 것은
내용, 사건, 분량, 빈도 등 영역으로 구분된다.

따라서 본 서에서 상정하는 명사 분류 체계는 기본적으로 최경봉(1998)
의 존재론 분류 체계를 수용하되 시각 형용사의 특성에 따라 조금 수정된
것이다. 표로 정리하면 다음과 같다.

[표 11] 명사의 분류 체계

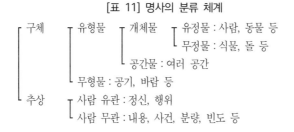

⊙ 의미 확장 원리 및 기제[23]

이 책에서는 언어 현상을 인간의 경험과 결부시켜 이해하는 인지의미론
의 입장에서 각 시각 형용사의 원형의미와 확장의미를 설정하고 각 단의
들의 확장 방식, 순서를 밝히고자 한다. 따라서 의미의 확장 원리와 기제

---

23) 이 부분은 임지룡(1997 : 238-240)을 참고하여 정리한 것이다.

에 대해 설명할 필요가 있다.

의미의 확장 원리에 관해 낱말은 본래 고유한 의미를 지니면서도 다양한 문맥이나 상황에 사용되면서 방사와 연쇄에 의해 의미 확장이 일어난다.

[표 12] 방사와 연쇄에 의해 의미 확장

방사	연쇄
③ ↑ ② ← ① → ④	① → ② → ③ → ④

의미 확장의 기제로는 은유와 환유가 있다. 인간은 인접성과 유사성의 인지능력에 의해서 기존 낱말의 의미를 유연하고도 창조적으로 확장해 나간다, 여기서 '인접성 인지능력'이란 시간과 공간적으로 인접해 있는 대상을 관련시키는 능력, 곧 '환유'로써 기존 낱말의 대상 범위를 넓히는 일이며, '유사성 인지능력'이란 대상과 대상 간에 유사성을 파악하는 능력, 곧 '은유'로써 기존 낱말의 대상 범위를 넓히는 것을 말한다.

(11) • '머리'의 환유적 확장
    가. 부위-전체 : 머리를 헤아리다.
    나. 장소-부속물 : 머리가 길다.
    다. 수단-기능 : 머리가 좋다.
    라. 장소 : 머리에 새기다.

(12) • '머리'의 은유적 확장
    가. 물리적 위치(사물의 꼭대기) : 책상머리, 산머리, 못대가리
              (사물의 앞쪽) : 머리말, 뱃머리
    나. 공간적 위치 : 들머리, 머릿돌

　다. 사회적 위치 : 우두머리, 어디 가든지 머리가 되지 꼬리가 되지
　　　　마라.
　라. 순서적 위치(시초) : 머리말, 말머리

⊙ 미시 의미

　Croft and Cruse(2003)에서는 미시의미(microsense)라는 개념을 제시하였는데 "다른 맥락에서 나타나며 자신의 당연 해석이 동일한 위계 층위에서 서로 양립할 수 없는 관계에 있는 낱말"이라 한다. 예를 들어 knife(칼)이라는 단어는 '물건을 베거나 썰거나 깎는 데 쓰는 도구'라는 단의어인데 맥락에 따라 가리키는 대상은 서로 다를 수 있다.

　　(13) cutlery :　　　knife, fork, spoon
　　　　 weapon :　　　knife, gun, cosh, grenade
　　　　 instrument :　　knife, scalpel, forceps
　　　　 (garden) tool :　knife, spade, fork, trowel, rake
　　　　 (diy) tool :　　 knife, screwdriver, hammer, plane

　이 책에서는 미시의미(microsense)에 관한 논의를 수용하여 한국어와 중국어 간에 대조를 할 때 각 단의의 사용 현상에 대해 그의 공통점과 차이점을 자세하게 제시할 수 있도록 한 단의의 하위의미 차이도 자세하게 설명하고자 한다.[24] 예를 들면 다음과 같다.

　　(14) 한국어 : 목이 짧다, 강이 짧다.
　　　　 중국어 : 脖子短(목이 짧다), *江短(강이 짧다)

---

24) 미시의미(microsense)에 대해 도재학(2011)에서는 "상위의미가 하위의미를 포함하는 관계는 '단의 대 단의'로써가 아니라 '단의 대 그 단의의 하위의미'로써 간주되어야 하는 것이다. 따라서 그 관계는 '단의내적포함관계'정도로 규정할 수 있다."라고 언급하였다.

한국어 '짧다'와 중국어 '短'은 대조의 쌍이 되어 원형의미는 모두 "두 끝의 사이가 가깝다"이다. 그러나 이 단의 안에서 실제 사용 상황에 따라 공기 어휘와의 결합 현상도 다르고 의미적 차이도 약간 있는 것으로 보인다.

2.3. 시각 형용사의 단의 분포 양상

앞서 2.2절에서 시각 형용사의 의미 분석 방법 가운데 의미의 확장 기준, 단의의 배열 기준 등 중요한 내용에 대하여 살펴보았다. 이어서 본 절에서는 이러한 단의들이 실제적으로 어떻게 분포하고 있는지, 즉 분포 양상을 살펴볼 것이다. 단의 분포 양상은 간단하게 말하면 어휘의 단의들이 구체성에서 추상성으로 확장되는 과정에서 상대적인 위치가 어디에 있는지를 구체적으로 제시하는 내용이다. 이러한 양상을 통해 단의의 의미 변화를 야기될 수 있는 요소를 고려하면서 단의 사이의 상대적 위치가 제시될 수도 있고 각 단의의 '구체' 정도도 확인될 수도 있다.

기존 연구 성과를 정리하면 단의의 분포 양상에 대해 관련 이론 및 분석 방법을 체계적으로 제시되는 연구는 드문데 대표적인 연구는 백방(2019)이라 할 수 있다. 백방(2019)에서는 한중 이동 동사를 대상으로 단의의 분포 양상을 'X축'과 'Y축'을 이용하여 체계화하게 제시하였다. 이렇게 수학에 관한 'X축'과 'Y축' 도식을 이용하여 분포 양상을 제시하는 방법은 단의의 상대적인 위치를 객관적으로 명확하게 분석하는 데에 도움이 된다. 따라서 본 서에서는 역시 백방(2019)에서 제시된 방법을 이용하여 분석하고자 한다.

그러나 백방(2019)의 연구 대상은 주체 이동 동사인 반면 이 책에서는 시각 형용사에 국한하므로 단의의 의미 변화를 야기되는 요소가 무엇인지에 차이가 있는 것으로 보인다. 다시 말해 본 서에서는 'X축'과 'Y축'에 표현되는 요소는 시각 형용사의 특성에 맞게 수정돼야 한다.

한국어 시각 형용사인 경우 단의의 의미 변화를 야기되는 요소는 '주체'인 것은 대부분이지만 '할아버지가 한학에 밝다'와 같이 '주체' 요소뿐만 아니라 '부사어' 요소도 역시 존재한다. 이와 비교하면 중국어 시각 형용사인 경우 '주체' 요소만 존재하고 '부사어' 요소가 나타나지 않는다. 따라서 한중 대조하는 과정을 고려해서 중국어의 그래프를 그릴 때도 2차원 형식을 채용하기로 한다. 결국 'X축'은 '주체'를, 'Y축'은 '부사어'를 표하기로 한다.

여기서 'X축'과 'Y축'의 교차점은 가장 원형적인 의미의 자리로 보고 'X축'은 '주체, 'Y축은 '부사어'를 상정하기로 한다. 'X축'은 '주체'를 상정하면서 오른 쪽으로 갈수록 주체가 추상화되고, 'Y축'은 '부사어'를 상정하기에 위로 갈수록 대상이 추상화해진다. 그러므로 시각 형용사 구문에서 주체만 나타날 경우 주체의 달라짐에 따라 의미 변화가 일어나기 때문에 이러한 단의들은 'X축'에서만 이동한다. 반대로 시각 형용사 구문에서 주체, 부사어와 함께 나타날 경우 주체와 부사어에 해당되는 어휘의 추상화 정도를 모두 고려해야 한다.

위에서 제시된 내용을 토대로 한중 시각 형용사의 단의 분포 양상 그래프는 아래와 같다.

[그림 1] 시각 형용사의 단의 분포 양상 그래프

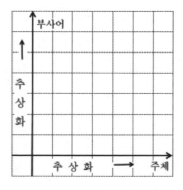

앞서 내용에 따라 '짧다'의 단의 분포 양상을 예를 들어 살펴보겠다.

[그림 2] 한국어 '짧다'의 단의 분포 양상

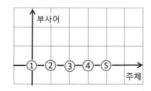

위 그림에 보인 바와 같이 '짧다'의 의미 변화가 일어나는 이유는 주체가 달라지기 때문이다. ①~⑤번은 부사어는 상정되지 않고 주체가 추상화됨으로써 의미 변화가 일어난다. 이 책에서 다룬 대상이 형용사이기 때문에 부사어를 상징할 경우가 많지 않고 주로 주체의 변화에 따라 의미 변화가 일어난다.

중국어의 경우도 한국어와 같은 방식으로 단의 분포 양상을 그릴 것이다. 결과를 제시하면 다음과 같다.

[그림 3] 중국어 '短'의 단의 분포 양상

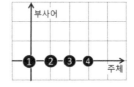

중국어의 경우도 한국어와 마찬가지다. 보통 주체의 달라짐에 따라 의미 변화가 일어난다.

한국어 '짧다'와 중국어 '短'의 단의 분포 양상 그림을 합치면 아래와 같다.

[그림 4] 한국어 '짧다'와 중국어 '短'의 단의 분포 양상 대조

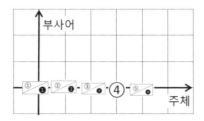

위 그림은 한국어 '짧다'와 중국어 '短'의 단의 분포 양상을 대조한 그래프이다. '짧다'와 '短'은 모두 형용사이기 때문에 의미 변화에 영형을 끼치는 요소가 주체이다. 그러므로 '짧다'와 '短'의 단의는 주체의 변화에 따라 달라진다고 말할 수 있다. 그러나 한국어 '짧다'는 '식성이 오르다'라는 단의를 가지고 있는데 중국어 '短'은 이와 비슷한 의미가 없다.

제3장 한중 밝기 형용사의 의미 확장 양상

밝기 형용사는 일반적으로 밝음과 어두움을 표현하는 형용사들이다. 밝음과 어두움은 '빛'의 투여 여부에 의해 결정된다. 인간은 어떤 대상에 빛이 투여된 정도에 따라 명암(明暗), 청탁(淸濁), 농담(濃淡) 등 현상을 시각적으로 인식할 수 있다. 따라서 밝기 형용사는 명암(明暗)형용사, 청탁(淸濁)형용사, 농담(濃淡)형용사 등으로 구분할 수 있다.

단일어로 구성되어 있는 밝기 형용사는 한국어의 경우 '어둡다, 맑다, 밝다, 옅다, 짙다, 흐리다' 등이 있고 중국어의 경우 '暗, 淡, 渾, 亮, 濃, 淸' 등이 있다. 유형별로 나누면 다음 표와 같다.

[표 13] 한중 밝기 형용사 유형별 대응관계

유형	한국어	중국어
명암(明暗)형용사	밝다	亮
	어둡다	暗
청탁(淸濁)형용사	맑다	淸
	흐리다	渾
농담(濃淡)형용사	짙다	濃
	옅다	淡

3.1. 명암(明暗)

명암(明暗) 형용사는 한국어의 '밝다, 어둡다', 중국어의 '亮, 暗'을 대상으로 논의한다.

3.1.1. 밝다/亮

3.1.1.1. '밝다'

'밝다'의 뜻풀이는 『표준국어대사전』에서 8개, 『고려대 한국어대사전』에서 9개, 『금성 국어대사전』에서 7개를 제시하고 있다. 구체적인 내용은 다음과 같다.[25]

> (15) '밝다'의 단의 후보(1)
>
> 가. 『표준』 [1]불빛 따위가 환하다.¶밝은 조명/햇살이 밝다/횃불이 밝게 타오르다/초저녁부터 달이 휘영청 밝았다.
>
> 『고려』 [1-1](어떤 물체나 그 빛이)뚜렷하게 잘 보일 정도로 환하다.¶오늘은 달이 무척이나 밝다/조명이 너무 밝아서 눈이 부시다/홀의 천장에는 밝고 화려한 샹들리에가 달려있었다/멀리서 보이던 밝은 불빛은 자동차의 헤드라이트였다/이번에 새로 발명된 전구는 기존의 것보다 세 배나 밝다고 한다.
>
> [1-2](어떤 장소나 공간이)빛이 환하게 비치어 주변이 뚜렷하게 잘 보이는 상태이다.¶실내가 너무 밝아서 잠을 잘 수가 없다/온갖 네온사인이 빛나는 밤거리는 대낮처럼 밝았다/전등을 새것으로 갈아끼웠더니 방안이 전보다 훨씬 밝다/ 밝은 곳에서는 어

---

25) 단의 후보와 단의를 잘 구별하기 위하여 각각 다른 표기부호를 사용한다. 사전적 의미는 '[1][2][3]…'으로 표시하고, 단의평정 이후 단의 후보는 '①②③…'처럼 표시하며, 단의는 한국어 '①②…', 중국어 '❶❷…'처럼 표시한다. 한편, 「고려」에서는 「표준」의 뜻풀이에 대해 두 가지 내용을 기술하고 있다. 이 경우 서술의 편의를 위해 [1-1], [1-2], [2-1], [2-2]로 표기하였다.

두운 곳을 잘 볼 수 없지만 반대의 경우에는 무척 잘 보인다. 『금성』 [1](불빛 따위가)흐리지 않고 분명하다.¶밝은 불빛 [2](빛을 충분히 받아)어둡지 않고 환하다.¶전등을 새것으로 갈아 끼웠더니 방안이 훨씬 밝다.

나. 『표준』 [2]빛깔의 느낌이 환하고 산뜻하다.¶밝은 색깔의 옷/벽지가 밝아서 집 안이 아주 환해 보인다.

『고려』 [5](빛깔이)짙거나 탁하지 않으며 느낌이 산뜻하다. ¶너한테는 밝은 새깔 옷이 이올러/저 집은 시붕 색쌀이 밝아서 눈에 잘 띈다/젊은 사람뿐만 아니라 노인들도 밝고 화사한 색의 옷을 좋아한다.

『금성』 [3](빛깔이) 산뜻하고 경쾌하다.¶밝은 색의 옷감.

다. 『표준』 [3]감각이나 지각의 능력이 뛰어나다. ¶아무리 눈이 밝은 사람이라도 서로의 얼굴을 알아보기가 힘든 거리였지만…./ 농사를 짓는다 해도 다른 데 농민들과는 달리 귀와 눈이 밝았고, 따라서 입이 야무졌다./울타리를 넘어 들어와서 이 집의 코밝은 강아지도 알지 못하게 조심스레 바로 이 방문을 가볍게 두드릴 것이라고….

『고려』 [7](귀나 눈이)듣거나 보는 능력이 좋다. ¶오른손잡이는 오른쪽 귀가 밝다고 한다/고희를 넘기신 우리 할머니는 나만큼이나 눈이 밝으시다/아내는 잠귀가 밝아서 저녁에 잠을 자다가 누가 화장실에 가도 깼었다.

『금성』 [4](청력이나 시력이) 좋다. ¶아직 귀가 밝다.

라. 『표준』 [4]생각이나 태도가 분명하고 바르다. ¶사리가 밝다/인사성과 예의가 밝다/그는 경위가 밝은 사람이다.

『고려』 [8](예절을 차리는 것이)바르고 깍듯하다. ¶예로부터 인사성이 밝은 사람이 성공할 확률이 높다고 한다/우리 조상들은 족제비를 예서(禮鼠)라 불렀을 만큼 예의가 밝았다.

마. 『표준』 [5]분위기, 표정 따위가 환하고 좋아 보이거나 그렇게 느껴지는 데가 있다. ¶밝은 목소리/밝게 웃다/모임의 분위기가 밝다/표정이 밝다.

『고려』 [2-1](사람이나 그의 성격, 표정 따위가)구김살이 없고 명랑하다. ¶희숙은 그의 밝은 웃음에 반해 버렸다/어려운 환경

속에서도 그 아이는 늘 밝고 쾌활하다/무슨 좋은 일이 있는지 오늘따라 미나의 표정이 밝아 보였다/동욱은 걱정한 것과는 달리 그녀의 목소리가 밝아서 안심이 되었다.

[2-2](무엇이나 그 분위기 따위가)우울하지 않고 명랑하다. ¶분위기도 좋고 하니 기왕이면 밝은 노래를 불러라/같은 학년이라도 반마다 분위기가 조금씩 다른데 2학년 5반은 특히 분위기가 밝다.

『금성』[6](분위기나 표정 등이)유쾌하고 명랑하다. ¶밝고 환한 얼굴.

바.『표준』[6]인지(認知)가 깨어 발전된 상태에 있다.

『고려』[4](세상이나 사회가)어둡거나 부정한 것이 없이 건전하고 행복하다. ¶생각을 조금만 고치면 세상이 아름답고 밝게 보일 것이다/밝고 정의로운 사회의 선도자 역할을 해야 할 사람은 바로 젊은이다/저희 경찰들은 범죄 없는 밝은 사회를 만들기 위해 언제나 노력하고 있습니다.

『금성』[7]공명(公明)하다. ¶밝은 정치.

사.『표준』[7]예측되는 미래 상황이 긍정적이고 좋다. ¶전망이 밝다/장래성이 밝다.

『고려』[3](앞날 따위가)긍정적이고 희망차다. ¶경제 전문가들은 올해 우리 경제의 전망이 밝을 것이라고 하였다/어린이의 웃음이 사라진다면 우리 사회에는 밝은 미래가 있을 수 없다/정부는 농어촌의 밝은 장래를 위해 무엇보다 현실성 있는 정책을 내놓아야 한다.

아.『표준』[8]【…에】어떤 일에 대하여 잘 알아 막히는 데가 없다. ¶한학에 밝은 할아버지/세상 물정에 밝다/자기 고장의 지리에 밝다.

『고려』[6](사람이 어떤 분야에) 대하여 잘 알고 있는 상태이다. ¶모름지기 장사꾼은 이재에 밝아야 한다/사리에 밝은 그녀가 그런 행동을 한 데에는 무언가 이유가 있을 것이다/장군님은 병법뿐 아니라 천문 지리에도 밝아 전투 때마다 탁월한 능력을 보여 주셨다.

『금성』[5]막힌 데 없이 잘 안다. ¶경제에 밝다/그는 서울 지리

에 밝다/이치에 밝은 그가 그런 실수를 하다니/문학 동네의 사
정에 그닥 밝다고 할 수 없는 최가 과연 어느 쪽에 대하여 개찬
을 하고 있는 것인지 나 또한 흥미가 생겼다.

자.『고려』[9](어떤 능력이)뛰어나거나 예민하다. ¶우리 막내는 눈
치가 밝아서 어른들의 사정을 헤아릴 줄 안다/젊은 사람이 너무
계산이 밝은 것은 별로 좋아 보이지 않는다.

(15가)의 환하다는 의미는 빛을 갖는 사물이 발광체인지, 비발광체인
지[26], 공간인지에 따라 세 가지로 나뉠 수 있다.『표준』에서는 빛을 갖는
사물이 무엇인지를 구별하지 않고 하나의 단의로 기술하고 있다. 반면,『고
려』[1-1],『금성』[1]에서는 발광체와 비발광체인 경우가 기술되고,『고
려』[1-2],『금성』[2]에서는 공간인 경우가 기술되고 있음을 확인할 수
있다. 실제 빛을 갖는 사물이 무엇인지는 대상의 미시적인 차이이고 빛이
환하다는 의미를 표현하는 데에는 차이가 없다. 따라서 (15가)의 의미는
(빛이) 환하다고 기술된다.

(15마)의『고려』[2-1]에서는 표정이 명랑하다는 내용을, [2-2]에서는
분위기가 명랑하다는 내용을 제시하고 있다. 주체가 표정인지, 분위기인지
에 따라 차이가 있지만 의미상 명랑하다는 것을 가리키는 데에 차이가 없
다. 한편, 표정은 얼굴에 드러나는 여러 가지 마음속의 심리와 감정의 모
습인 반면, 분위기는 어떤 대상 또는 그 주변에서 풍겨 나오는 느낌이다.
결국 표정과 분위기는 모두 감정을 가리키는 것이라 할 수 있다. 따라서
(15마)의 의미는 표정이 명랑하다고 기술될 수 있다.

(15아)에서 어떤 일에 대하여 잘 알아 막히는 데가 없다는 뜻은 능력이
뛰어나다는 것을 가리키는 것이다. 이는 (15자)와 같이 공통적으로 (능력이)
뛰어나다는 뜻을 표현하기 때문에 별개의 단의가 아니라 하나의 단의로

---

26) 여기서 비(非)발광체라는 것이 발광체처럼 자체적으로 불빛이 나올 수는 없으나 발광체
에서 광선을 받아 반사하는 사물을 가리킨다.

간주되어야 한다.

> (16) '밝다'의 단의 후보(2)
> ① (빛이) 환하다.
> ② (빛깔이) 산뜻하다.
> ③ (청력이나 시력이) 뛰어나다.
> ④ (예절을 차리는 태도가) 바르고 깍듯하다.
> ⑤ (표정이) 유쾌하고 명랑하다.
> ⑥ (사회가) 어둡거나 부정한 것이 없이 건전하고 행복하다.
> ⑦ (미래가) 긍정적이고 희망차다.
> ⑧ (사람이 어떤 분야에) 대하여 잘 알고 있는 상태이다.

위에 여덟 가지 단의 후보들은 논항 특성에 따라 두 가지 부류로 나뉜다. 첫째 부류는 'A가 밝다'는 것이고, 둘째 부류는 'A가 B에 밝다'는 것이다. ①-⑦번 단의 후보는 첫째 부류에 속하고, ⑧번 단의 후보는 둘째 부류에 속한다.

우선, 첫째 부류인 'A가 밝다'에 속하는 ①-⑦번 단의 후보의 주체가 무엇인지를 살펴보자. ①-⑦번 단의 후보 가운데 주체가 되는 A는 각각 '①번 빛, ②번 빛깔, ③번 청력이나 시력, ④번 태도, ⑤번 표정, ⑥번 사회, ⑦번 미래' 등이다. '①번 빛, ②번 빛깔' 주체는 구체 영역에 속하는 반면, '③번 청력이나 시력, ④번 태도, ⑤번 표정, ⑥번 사회, ⑦번 미래' 주체는 추상 영역에 속한다.

구체적 주체인 ①②번은 형체가 있어 유형물에 속한다. 추상적 주체 중에서 '③번 청력이나 시력, ④번 태도, ⑤번 표정' 주체는 정신 영역에 속하고 ⑦번 미래 주체는 시간적 관계에 속하며 ⑥번 사회 주체는 환경 영역에 속한다.

둘째 부류인 'A가 B에 밝다'에 속한 ⑧번 단의 후보는 A자리에 오는 주체가 사람이고 B자리의 위치는 '추상적 분야'이다. 위 내용을 정리하면 다음과 같다.

[표 14] '밝다'의 단의 분류

논항 특성	주체(A)			위치(B)		단의 후보 번호
A가 밝다	구체	유형물	빛	-		①
			빛깔			②
	추상	시간관계	미래			⑦
		정신 외재적	표정			⑤
		정신 내재적 선천적	청력이나 시력			③
		정신 내재적 후천적	태도			④
		환경	사회			⑥
A가 B에 밝다	구체	유형물	사람	추상	분야	⑧

각 단의 후보의 순서를 배열하면 우선, ⑧번 단의 후보는 ①-⑦번 단의 후보보다 논항 특성에 가장 큰 차이가 있어 ⑧번은 ①-⑦번보다 순서가 뒤에 있다고 할 수 있다.

둘째, ①-⑦번 가운데 주체가 구체에서 추상으로 확장되는 원리에 따라 ①②번의 순서는 ③④⑤⑥⑦번보다 앞에 있다고 할 수 있다.

셋째, ①②번에서 주체가 각각 빛, 빛깔인데 광선의 존재 여부는 색채가 형성되는 전제이기 때문에 ①번의 순서는 ②번보다 앞에 놓일 수 있다.

넷째, ③④⑤⑥⑦번 가운데 ⑦번은 시간 영역에 속하는 반면 나머지 ③④⑤⑥번은 추상적 공간 영역에 속한다. '공간 → 시간 → 추상'이라는 원리에 따라 ⑦번의 순서는 ③④⑤⑥번의 앞에 있다고 할 수 있다.

다섯째, ③④⑤⑥번에서 ③④⑤번은 사람의 정신 영역이므로 인간 영역과 밀접한 관계가 있다. 반면, ⑥번은 환경 주체이므로 인간 영역과 무관하다. 따라서 ③④⑤번의 순서는 ⑥번의 앞에 있다고 할 수 있다.

여섯째, ③④⑤번은 모두 정신 영역에 속하지만 ⑤번 표정 주체는 내재적인 감정이 겉으로 드러난 모습이므로 외재적인 특성을 갖는다고 할 수 있다. 반면 ③④번은 내재적 특성을 갖는다. 따라서 ⑤번은 ③④번의 앞에 놓인다.

일곱째, ③④번에서 청력이나 시력이 좋다는 능력은 누구든지 태어났을 때부터 부여받는 '선천적 능력'이다. 반면에 예절을 바르다는 태도는 태어난 후에 후천적으로 배움을 통해 얻는 능력이라 할 수 있다. 결국 ③번의 순서는 ④번의 앞에 있다고 할 수 있다.

위 내용을 통해 한국어 '밝다'의 단의 순서는 ①②⑦⑤③④⑥⑧로 배열될 수 있고 그의 단의는 다음과 같이 정리된다.

> (17) '밝다'의 단의
> ① (빛이) 환하다.
> ② (빛깔이) 산뜻하다.
> ③ (미래가) 긍정적이고 희망차다.
> ④ (표정이) 유쾌하고 명랑하다.
> ⑤ (청력이나 시력이) 뛰어나다.
> ⑥ (예절을 차리는 태도가) 바르고 깍듯하다.
> ⑦ (사회가) 어둡거나 부정한 것이 없이 건전하고 행복하다.
> ⑧ (사람이 어떤 분야에) 대하여 잘 알고 있는 상태이다.

'밝다'의 각 단의 가운데 대표가 되는 원형의미는 출현 제약이나 의미적 환경의 영향을 되도록 적게 받는 구체적 환경에서 실현되는 것으로 결정된다. 그러므로 위에 제시된 단의 가운데에서 가장 기본적인 것은 빛 주체에서 드러나는 ①번에서 찾을 수 있다. 따라서 ①번은 '밝다'의 원형의미로 간주된다.

(빛이) 환하다는 원형의미에서 빛을 갖는 대상 사물이 무엇인지에 따라 미시적으로 발광체, 비발광체, 공간 등 세 가지로 나뉠 수 있는데 발광체

나 비발광체는 개체물, 더 정확하게 말하면 무정물이라고 할 수 있고 공간
은 공간물이라 할 수 있다. 따라서 ①번 빛 주체로 선택되는 어휘는 무정
물 및 공간물이고 이들은 시각의 감각 대상이라 할 수 있다.

②번 빛깔 주체로 선택되는 구체적 어휘는 옷, 복장 등과 같이 색채를
갖는 무정물들이다. 빛깔은 빛이 반사되어 형성되기 때문에 ②번의 무정
물은 모두 빛이 반사된 물체라 할 수 있다. 따라서 ②번은 ①번과 공간적
인 인접성을 갖고 있어 ②번은 ①번의 환유적인 의미라 할 수 있다. ③번
미래 주체는 시간 주체로서 공간 주체에서 유사성에 의해 확장된 것이라
할 수 있다. 따라서 ③번은 ①번의 은유적인 의미라 할 수 있다. ④번 표
정 주체는 내면적인 자세나 태도가 겉으로 드러나는 모습을 말하는 것인
데 다시 말해 표정은 내면적인 자세나 태도를 반영하는 '반영물(反應物)'이
라 할 수 있다. 따라서 ④번은 ②번의 은유적인 기제에 따라 확장된 의미
라고 할 수 있다. ⑤번 시력이나 청력은 어떤 대상을 잘 포착하는 것을 말
하는 것이다. 즉, 빛이 반사되어 눈에 띄는 대상을 잘 포착하는 것을 가리
키는 것이다. 따라서 ⑤번은 ②번과 인접성을 갖고 있어 ②번의 환유적인
의미라 할 수 있다. ⑥번 태도 주체는 시각의 감각 대상으로 ①번과 유사
성을 갖고 있어 ①번의 은유적인 의미이다. ⑦번에서 사회의 형태(상황)는
그 사회를 구성하는 구성원의 성격을 반영하는 것이다. 결국 사회 주체는
인간 집단 성격의 '반영물'이라 할 수 있다. ④번은 인간 개체의 태도를 반
영하는 것이기 때문에 ⑦번은 ④번과 공간적인 인접성을 갖고 있어 ⑦번
은 ④번의 환유적인 의미로 볼 수 있다. 마지막 ⑧번 단의는 인간의 능력
과 관계되므로 ⑤번의 은유적인 의미라고 말할 수 있다.

이상은 한국어 '밝다'의 단의 확장 양상에 관한 기술이다. 표로 정리하
면 다음과 같다.

[표 15] 한국어 '밝다'의 단의 확장 양상

의미 확장 양상	단의
① → ② ↙ ↘ ↙ ↘ ③ ⑥ ④ ⑤ ↓ ↓ ⑦ ⑧	① (빛이) 환하다. ② (빛깔이) 산뜻하다. ③ (미래가) 긍정적이고 희망차다. ④ (표정이) 유쾌하고 명랑하다. ⑤ (청력이나 시력이) 뛰어나다. ⑥ (예절을 차리는 태도가) 바르고 깍듯하다. ⑦ (사회가) 어둡거나 부정한 것이 없이 건전하고 행복하다. ⑧ (사람이 어떤 분야에) 대하여 잘 알고 있는 상태이다.

앞서 '밝다'의 단의 확장 양상을 살펴보았다. 이 단의들 가운데 의미 변화에 끼치는 요소가 주체일 경우 ①~⑦번이고, 주체와 부사어일 경우 ⑧번이다. 다시 말해 ①~⑦번 단의는 1논항인 반면 ⑧번 단의는 2논항이다. '논항 수'라는 요소를 고려할 때 본질적으로 ①~⑦번 단의와 ⑧번 단의는 차이가 존재한다. ⑧번의 주체는 '사람'이기 때문에 ①번 단의의 '빛'보다 더 구체적인 것이어서 X축에서 자리를 잡을 때 ①번 단의의 좌측에 있어야 한다. 이 책에서 1논항과 2논항 단의의 분포 양상을 한눈에 볼 수 있도록 하나의 표에서 제시하기로 한다. 위에서 제시된 '밝다'의 단의를 토대로 단의 분포 양상을 그리면 아래와 같다.

[그림 5] 한국어 '밝다'의 단의 분포 양상

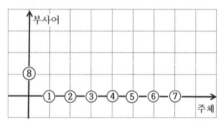

위에서 정리된 '밝다'의 단의 분포 양상을 보면 ①~⑦번 단의는 주체의 영향만 받으며 주체의 추상성에 따라 의미 변화가 일어난다. ⑧번 단의는 주체와 부사어의 영향을 모두 받는 것으로 보인다.

3.1.1.2. '亮'

'亮'의 뜻풀이는 『現代漢語詞典』에서 4개, 『新華字典』과 『新編漢語形容詞詞典』에서 3개를 제시하고 있다. 구체적인 내용을 정리하면 다음과 같다.

(18) '亮'의 단의 후보(1)

　　가. 『現代』 [1]光線强.(광선이 강하다.)¶電燈亮(전구가 밝다)/火把很亮.(햇불이 밝다.)/屋裡太亮, 睡不著覺.(실내가 너무 밝으면 잠을 잘 수가 없다)

　　　　『新華』 [1]明, 有光.(환하다, 빛이 있다.)¶天亮(하늘이 밝다)/火把很亮.(햇불이 밝다.)/黎明時分, 天已經大亮(새벽 하늘이 훤하게 밝다.).

　　　　『新編』 [1]光線强, 明亮.(광선이 강하고 환하다.)¶月光亮(달빛이 밝다)/火把很亮.(햇불이 밝다.)/亮如繁星.(별과 같이 밝다.)

　　나. 『現代』 [2](聲音)强；響.(소리가 강하다, 소리가 크다.)¶嗓門很亮(목소리가 너무 크다)

　　　　『新華』 [2]聲音響.(소리가 크다.)¶嗓子亮(목소리가 크다)

　　　　『新編』 [2]聲音響.(소리가 크다.)¶歌聲響亮(노랫소리 우렁차다)/這隻鳥的叫聲很響亮(이 닭의 울음소리는 아주 크다)

　　다. 『現代』 [3](心胸、思想等)開朗；清楚.(마음, 생각 등 분명하고 트이다)¶你這一說, 我的心立馬就亮了(그 말을 듣고 나서 내 가슴이 확 트인다.)

　　　　『新華』 [3]明朗, 清楚.(분명하다)¶眼明心亮(마음으로는 이치를 깨닫고, 눈으로는 문제를 똑똑히 볼 수 있다)

　　　　『新編』 [3]明朗, 清楚.(분명하다)¶心里變亮(가슴이 명백했겼다)

　　라. 『現代』 [4](顏色)鮮明；有光彩.(빛깔이 선명하고 광택이 있다.)¶

亮深藍色(밝은 네이비)/顔色太亮(색깔이 너무 밝다)/帽子的顔色是
非常亮的米黃色.(모자의 색깔은 아주 밝은베이지예요.)

위 내용을 보면 (18가)에서 빛이 환하다는 단의가 공통적으로 기술되어
있는데 빛의 강도에 따라 차이가 존재함을 볼 수 있다. '太陽光亮(햇빛이 밝
다)'는 직시(直視)할 수 없는 정도로 빛이 강한 것인 반면, '燭光亮(촛불이 밝
다)'는 번뜻거리고 어두컴컴한 곳을 약간 비추는 정도로 빛이 약한 것이다.
따라서 빛의 강약은 '亮'의 특성이 아니라 공기 어휘의 특성 즉, 공기 어휘
가 무엇인지에 달려있다. 따라서 (18가)의 단의 후보는 光線明亮(빛이 환하
다)로 정리될 수 있다. 이를 통해 중국어 '亮'의 단의 후보를 재정리하면 다
음과 같다.

(19) '亮'의 단의 후보(2)
　　1 (光線)明亮.((빛이) 환하다.)
　　2 (聲音)響.((소리가) 크다.)
　　3 (心胸)清楚分明.((마음이) 분명하다)
　　4 (顔色)鮮明.((빛깔이) 산뜻하다.)

위에 네 가지 단의 후보의 논항 특성은 모두 '주체(A)+亮'의 구조이다.
A자리에 있는 주체는 '1번 빛, 2번 소리, 3번 마음, 4번 빛깔' 등이다.
'1번 빛, 2번 소리, 4번 빛깔'은 구체 영역에 속하는 반면 '3번 마음'
주체는 사람의 내재적인 정신에 관한 것이므로 추상 영역에 속한다. 구체
적 주체 내부, '1번 빛, 4번 빛깔'은 눈을 통해 확인되는 유형물인 반면,
'2번 소리'는 귀를 통해 확인되는 무형물이다. 위 내용을 통해 주체에 따
른 '亮'의 단의 분류는 다음과 같다.

[표 16] '亮'의 단의 분류

논항 특성	주체(A)			위치(B)	단의 후보 번호
A+亮	구체	유형물	빛	-	①
			빛깔		④
		무형물	소리		②
	추상	정신	마음		③

각 단의 후보의 순서를 배열하면 첫째, ①-④번 가운데 주체가 구체에서 추상으로 확장되는 원리에 따라 ③번의 순서는 ①②④번보다 뒤에 놓일 수 있다.

둘째, ①②④번 가운데 ①④번은 유형물인 반면, ②번은 무형물이다. 유형물은 무형물보다 구체성이 강하므로 ①④번의 순서는 ②번보다 앞에 있다고 할 수 있다.

셋째, ①④번 중 ①번의 주체가 광선이고 ④번의 주체는 색채인데 광선의 존재 여부는 색채가 형성되는 전제이기 때문에 ①번의 순서는 ④번보다 앞에 있다고 할 수 있다.

위 내용을 통해 중국어 '亮'의 단의 순서는 ①④②③로 배열될 수 있고 단의는 다음과 같이 정리된다.

(20) '亮'의 단의

❶ (光線)明亮.((빛이) 환하다.)

❷ (顔色)鮮明.((빛깔이) 산뜻하다.)

❸ (聲音)響.((소리가) 크다.)

❹ (心胸)淸楚分明.((마음이) 분명하다)

'亮'의 각 단의 가운데 대표가 되는 원형의미는 출현 제약이나 의미적 환경의 영향을 되도록 적게 받는 구체적 환경에서 실현되는 것으로 결정된다. 그러므로 위에 제시된 단의 가운데에서 가장 기본적인 것은 ❶번에서 찾을 수 있다. 따라서 ❶번은 '亮'의 원형의미로 간주된다.

(빛이) 환하다는 원형의미에서 빛을 갖는 대상 사물이 무엇인지에 따라 미시적으로 발광체, 비발광체, 공간 등 세 가지로 나눌 수 있는데 발광체나 비발광체는 개체물, 더 정확하게 말하면 무정물이라고 할 수 있고 공간은 공간물이라 할 수 있다. 따라서 ❶번 빛 주체로 선택되는 어휘는 무정물 및 공간물이고 이들은 시각의 감각 대상이라 할 수 있다.

❷번 빛깔 주체로 선택되는 구체적 어휘는 옷, 복장 등과 같이 색채를 갖는 무정물들이다. 빛깔은 빛이 반사되어 형성되기 때문에 ❷번의 무정물은 모두 빛이 반사된 물체라 할 수 있다. 따라서 ❷번은 ❶번과 공간적인 인접성을 갖고 있어 ❷번은 ❶번의 환유적인 의미라 할 수 있다. ❸번 소리 주체는 청각의 감각 대상이므로 이는 시각의 감각 대상에서 유사성에 의해 확장된 것이라 할 수 있다. 따라서 ❸번은 ❶번의 은유적인 의미라 할 수 있다. ❹번에서 마음이 분명하다는 것이 어떤 대상의 행위를 보고 느끼는 감각이므로 이는 시각과 밀접한 관계가 있다고 할 수 있다. 따라서 ❹번은 ❶번에서 유사성에 의해 은유적으로 확장된 의미라고 말할 수 있다.

이상은 중국어 '亮'의 단의 확장 양상에 관한 기술이다. 표로 정리하면 다음과 같다.

[표 17] 중국어 '亮'의 단의 확장 양상

의미 확장 양상	단의
❷ ← ❶ → ❸ ↓ ❹	❶ (光線)明亮.((빛이) 환하다.) ❷ (顔色)鮮明.((빛깔이) 산뜻하다.) ❸ (聲音)響.((소리가) 크다.) ❹ (心胸)淸楚分明.((마음이) 분명하다)

앞서 중국어 '亮'의 단의 확장 양상을 살펴보았다. 이 단의를 토대로 '亮'의 단의 분포 양상을 그리면 아래와 같다.

[그림 6] 중국어 '亮'의 단의 분포 양상

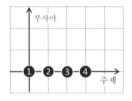

위에서 정리된 '亮'의 단의 분포 양상을 보면 '亮'의 의미 변화에 부사어의 영향을 받지 않고 주체의 영향만 받으며 주체의 추상화에 따라 의미 변화가 일어난 것을 확인할 수 있다.

3.1.1.3. '밝다'와 '亮'의 대조

밝기 형용사 '밝다'와 '亮'을 대상으로 단의 확장 양상을 살펴보았다. 이 부분에서는 '밝다'와 '亮'의 공통점과 차이점에 대해 검토하고자 한다. 구체적으로는 대응관계에 대한 대조와 의미 확장 양상에 대한 대조 등 두 가지 측면을 논의할 것이다.

우선, 대응관계 측면에서 한국어 '밝다'는 여덟 가지 단의가 있고 '亮'은 네 가지 단의가 있다고 정리하였다. 비교 결과 이들 밝기 형용사는 두 개의 단의가 대응관계에 있고 나머지 단의들은 대응되지 않는다.

    (21) 가. 햇빛이 <u>밝다</u>.
        가'. 太陽光<u>亮</u>.
        나. 달빛이 너무 <u>밝다</u>.
        나'. 月光很<u>亮</u>.
        다. 실내가 너무 <u>밝으면</u> 잠을 잘 수가 없다.

다'. 屋裡太亮, 睡不著覺.
라. 나는 <u>밝은</u> 색을 좋아해.
라'. 我喜歡亮色
바. 색깔이 너무 <u>밝다.</u>
바'. 顔色太亮.

위와 같이 공통점으로는 첫째, (21가–라')에서 한국어의 '밝다'와 중국어의 '亮' 모두 빛이 환하다는 원형의미를 갖고 있다. 광원이 될 수 있는 발광체, 광원이 될 수 없는 비(非)발광사물, 공간물과 함께 쓰여 광선 의미를 나타낼 것이 '밝다'와 '亮'에서 모두 확인된다. 둘째, (21바, 바')에서 색채 영역에서 한국어의 '밝다'와 중국어의 '亮'이 모두 빛깔이 산뜻하다는 의미를 갖고 있어 서로 대응관계에 있다.

한편 차이점은 다음과 같다. 첫째, 구체 영역에서 중국어의 '亮'은 여러 가지 종류의 음성과 함께 공기되어 소리가 크다는 단의를 갖고 있다. 이에 비해 한국어의 '밝다'에는 이러한 단의가 없다.[27]

(22) 가. 這個男人個子不高,但嗓門很<u>亮</u>.
　　가'. *이 남자가 키가 작지만 목소리가 너무 <u>밝다</u>.
　　가''. 이 남자가 키가 작지만 목소리가 너무 <u>크다</u>.
　　나. 這隻雞的叫聲很響<u>亮</u>.
　　나'. *이 닭의 울음소리는 아주 <u>밝다</u>.
　　나''. 이 닭의 울음소리는 아주 <u>크다</u>.

위 예문에서 볼 수 있듯이 중국어에서 '聲音響(소리가 크다)'라는 단의를 표현할 때 한국어에서는 공간 크기를 표현하는 형용사인 '크다'를 대신 사용한다. 물론 한국어의 '밝다'는 '소리가 밝다'라는 구성에 쓰일 수 있지만 이 경우 소리가 크다는 의미가 아니라 유쾌하다는 의미이기 때문에 서로

---

27) 아래 예문부터 '*'로 표기된 문장은 비문임을 의미한다.

다르다고 할 수 있다.

둘째, 미래 상황이 긍정적이고 희망차다는 것을 표현할 때 한국어는 '밝다'를 사용할 수 있는 반면에 중국어는 '亮'을 사용할 수 없다.

(23) 가. 전망이 <u>밝다</u>.
　　가'. *前途<u>亮</u>.
　　가". 前途<u>光明</u>.
　　나. 통일의 앞날을 밝게 내다보다
　　나'. *統一的前景<u>亮</u>.
　　나". 統一的前景<u>光明</u>.

중국어에서 '亮'이라는 단일어 형용사는 한국어의 '밝다'처럼 미래 상황이 긍정적이고 희망차다는 단의를 표현할 수 없고, 이 경우 '光明(광명하다)'이라는 복합형용사가 사용된다.

셋째, 표정이 유쾌하고 명랑하다는 것을 표현할 때 한국어의 '밝다'가 사용될 수 있는 반면에 중국어의 '亮'은 사용될 수 없다.

(24) 가. 표정이 <u>밝다</u>.
　　가'. *表情<u>亮</u>.
　　가". 表情<u>愉快</u>.
　　나. 모임의 분위기가 <u>밝다</u>.
　　나'. *聚會的氣氛<u>亮</u>.
　　나". 聚會的氣氛<u>明朗</u>.

중국어에서 '亮'은 '밝다'와 같이 표정이 유쾌하다는 단의를 표현할 수 없고, 이 경우 '愉快(유쾌하다)'를 대신 사용한다. 중국어에서 분위기가 우울하지 않고 명랑하다는 단의를 표현할 때 '亮'이라는 단일어 형용사는 사용되지 않고 두 어소로 구성된 합성형용사 '明朗(명랑하다)'가 사용된다.

넷째, 한국어의 '밝다'는 어떤 능력이 뛰어나다는 단의를 갖는 반면에 중국어의 '亮'은 그러한 단의가 없다.

> (25) 가. 할아버지의 눈이 <u>밝으시다</u>.
> 　　가′. *爺爺的眼睛<u>亮</u>.
> 　　가″. 爺爺的眼睛<u>尖</u>.
> 　　나. 어린아이가 귀가 밝다.
> 　　나′. *小孩子耳朵<u>亮</u>.
> 　　나″. 小孩子耳朵<u>尖</u>.

한국어에서는 (25가~가″)에 제시된 '눈이 밝다'와 (25나~나″)에 제시된 '귀가 밝다'는 구성으로 시력과 청력이 좋다는 단의를 나타낼 수 있는데, 중국어에서는 공간 모양 형용사인 '尖(뾰족하다)'을 사용한다.

　다섯째, 한국어의 '밝다'가 태도가 바르다는 단의를 갖고 있는 반면에 중국어 '亮'은 이러한 단의가 없다.

> (26) 가. 사리가 <u>밝다</u>.
> 　　가′. *<u>亮</u>事.
> 　　가″. <u>懂</u>事.
> 　　나. 예의가 <u>밝은</u> 사람.
> 　　나′. *<u>亮</u>禮貌的人.
> 　　나″. <u>懂</u>禮貌的人.

위 예문처럼 사람의 생각이나 태도가 바르다는 것을 나타낼 때 중국어는 '亮'이 쓰이지 않고 '懂(알다)'가 대신 쓰인다.

　여섯째, 사회의 안정성과 건전성 여부를 표현할 때 한국어에 '밝다'를 사용할 수 있지만 중국어는 '亮'을 사용할 수 없다.

(27) 가. <u>밝고</u> 건강한 사회.

　　　가'. *<u>亮</u>健全的社會

　　　가". <u>明亮</u>健全的社會

　　　나. 세상 참 많이 <u>밝아졌지</u>.

　　　나'. *世界已經變得很<u>亮</u>了

　　　나". 世界已經變得很<u>明亮</u>了

　중국어에서 '亮'이라는 단일어 형용사는 '밝다'와 같이 (사회나 세상이) 어둡거나 부정한 것이 없이 건전하고 행복하다는 단의를 표현할 수 없고 '明'이라는 어소가 결합된 복합형용사가 사용되고 있음을 확인할 수 있다.

　일곱째, 사람이 어떤 분야에 대하여 잘 알고 뛰어난 능력을 나타낼 때 한국어는 '밝다'를 사용할 수 있는 반면에 중국어는 '亮'을 사용하지 못한다.

(28) 가. 한학에 <u>밝은</u> 할아버지

　　　가'. *<u>亮</u>漢學的爺爺

　　　가". <u>熟知</u>漢學的爺爺

　　　나. 지리에 <u>밝다</u>.

　　　나'. *<u>亮</u>地理

　　　나". <u>熟知</u>地理

　위와 같이 중국어에서는 '亮'을 사용하지 못하고 복합형용사 '熟知(숙지하다)'를 대신 사용한다.

　아홉째, 중국어는 '亮'을 이용하여 마음이 분명하다는 상태를 표현할 수 있는 반면에 한국어의 '밝다'에는 이러한 용법이 없다.

(29) 가. 老爺爺雖然年齡大了，但是心裏像明鏡一樣亮着呢

　　　가'. *할아버지가 연세가 많으시지만 모든 사정에 대해 <u>마음이 밝다</u>.

가". 할아버지가 연세가 많으시지만 모든 사정에 대해 <u>잘 파악하</u>
<u>셨다</u>.

나. 你這一說，我的心里頭立馬就亮了

나'. *그 말을 들으니, 내 마음이 확 <u>밝아졌다</u>.

나". 그 말을 들으니, 내 마음이 확 <u>분명해졌다</u>.

한국어에 마음이 밝다는 표현은 기분이 유쾌하다는 감정을 의미한다. 반면에 중국어 '亮'이 사용된 '心亮(마음이 밝다)'이라는 것은 감정이 유쾌한 것이 아니라 사실을 구별하는 상태를 의미하는 것이다. 이것이 언어 간의 차이이다.

다음으로 '밝다'와 '亮'의 확장 양상을 대조해 본다. 공통적인 점을 보면 첫째, '밝다'와 '亮'의 주체가 구체 영역에서 추상 영역으로 확장되는 양상이 공통적이다. 둘째, 주체가 빛이 된 명암 의미를 바탕으로 구체적 주체 내부의 색채 영역으로 확장되는 양상은 한국어 '밝다'와 중국어 '亮'에서 모두 확인된다. 셋째, 추상적인 주체 내부, '밝다'와 '亮'의 주체는 인간 영역과 관련된 정신 영역으로 확장되는 양상이 모두 발견된다.

확장 양상의 차이점을 살펴보면, 첫째, 구체적 주체 내부, 한국어 '밝다'는 빛 주체에서 빛깔 주체로 확장되는 양상만 발견되지만 중국어 '亮'은 빛 주체에서 빛깔 주체로 확장될 뿐만 아니라 소리 주체로 확장되는 양상도 발견되었다. 다시 말해 한국어 '밝다'의 주체는 유형물 주체 내부에 국한된 반면 중국어 '亮'의 주체는 유형물 주체의 한계를 넘어 무형물 주체로 확장된다고 할 수 있다. 한편, 구체 영역 내부, 논항 특성에 따라 한국어의 '밝다'는 주체 하나만을 요구하는 서술어로서 주체 및 위치 등 두 가지 요소를 요구하는 서술어로 확장되는 양상이 있는데 이와 비교하면 중국어의 '亮'은 주체 하나만 요구하는 서술어로서 의미가 제한되었음을 볼 수 있다. 둘째, 한국어 '밝다'의 단의 가운데 시간 어휘와 결합해 시간 주체인 의미로 확장되는 양상이 있는 반면에 중국어 '亮'에서는 이러한 양상이 발견되지 않았다. 셋째, 추상 영역 내부, '밝다'와 '亮'은 공통적으로 정신 영역으로 확장되지만 한국어 '밝다'는 태도, 표정, 시력이나 청력 등 다양한 주체로 확장되는 반면 중국어 '亮'은 마음 주체로만 확장되는 차이가 확인된다.

한국어 '밝다'와 중국어 '亮'을 대조한 내용을 정리하면 다음과 같다.

[표 18] 한국어 '밝다'와 중국어 '亮'의 단의 확장 양상 및 대응관계

의미 확장 양상	대응관계		
	단의	밝다	亮
×/❸ ← ①❶ → ②/❷ ③/× ×/❹ ⑥/× ④/× ⑤/× ⑦/× ⑧/×	(빛이) 환하다.	①	❶
	(빛깔이) 산뜻하다.	②	❷
	(소리가) 크다.	×	❸
	(미래가) 긍정적이고 희망차다.	③	×
	(표정이) 유쾌하고 명랑하다.	④	×
	(청력이나 시력이) 뛰어나다.	⑤	×
	(예절을 차리는 태도가) 바르고 깍듯하다.	⑥	×
	(마음이) 분명하다	×	❹
	(사회가) 어둡거나 부정한 것이 없이 건전하고 행복하다.	⑦	×
	(사람이 어떤 분야에) 대하여 잘 알고 있는 상태이다.	⑧	×

앞서 한국어 '밝다'와 중국어 '亮'의 단의 확장 양상 및 대응관계, 단의 분포 양상을 살펴보았다. 한국어 '밝다'의 논항 특성을 살펴볼 때 1논항과 2논항 두 가지 종류로 나누는데 중국어 '亮'은 1논항만 존재한다. 두 어휘 사이 단의 분포 양상의 대조 결과를 제시하면 아래와 같다.

[그림 7] 한국어 '밝다'와 중국어 '亮'의 단의 분포 양상 대조

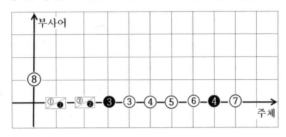

위에 제시된 결과를 보면 '밝다'와 '亮'은 '빛이 환하다, 빛깔이 산뜻하다'는 의미를 표현할 때 일치하다. 한국어 '밝다'는 '소리가 크다, 미래가 희망차다, 표정이 명랑하다, 태도가 바르고 깍듯하다, 사회가 어둡거나 부정한 것이 없이 건전하고 행복하다, 사람이 어떤 분야에 대하여 잘 알고 있는 상태'라는 의미를 가지는데 중국어 '亮'은 단의 가운데 이와 비슷한 의미를 찾을 수 없다. 또한 중국어 '亮'은 '마음이 분명하다'라는 의미도 가지는데 한국어 '밝다'의 단의 가운데 이러한 단의를 찾을 수 없다. 또한 한국어 '밝다'는 의미 변화에 주체와 부사어의 영향을 모두 받는 반면 중국어 '亮'은 의미 변화에 주체의 영향만 받는다.

3.1.2. 어둡다/暗

3.1.2.1. '어둡다'

'어둡다'의 뜻풀이는 『표준국어대사전』과 『고려대 한국어대사전』에서 9개, 『금성 국어대사전』에서 6개를 제시하고 있다. 구체적인 내용을 정리하면 다음과 같다.

(30) '어둡다'의 단의 후보(1)

　　가. 『표준』 [1]빛이 없어 밝지 아니하다.¶어두운 밤길/띄엄띄엄 선

가로등을 빼면 골목길은 어둡고 괴괴하기 짝이 없었다.

『고려』 [1](일정한 공간이)빛이 없어 주변의 사물이 잘 보이지 않는 상태에 있다.¶칠흑같이 어두운 산중/방이 어두워서 전등 스위치를 못 찾겠어요/나는 어두운 바닷속을 헤엄치는 물고기가 되고 싶다.

『금성』 [1]빛이 없어 밝지 않다.¶방이 어두워 아무 것도 안 보인다.

나.『표준』 [2]빛깔의 느낌이 무겁고 침침하다.¶어두운 갈색/어둡게 그린 그림/그녀는 어두운 색깔의 옷을 즐겨 입는다.

『고려』 [5](빛깔이)검은색이 많이 섞여 있다.¶이 물고기의 몸에는 어두운 갈색의 불규칙한 무늬가 그려져 있다/갖고 있는 옷이 모두 어두우니 이 기회에 밝은 색도 하나 사는 것이 어떻겠니?

『금성』 [3](색깔이)명도(明度)가 낮다.¶어두운 색.

다.『표준』 [3]분위기나 표정, 성격 따위가 침울하고 무겁다.¶그녀는 안 좋은 일이 있는지 표정이 몹시 어두웠다./하상은 일찍이 그토록 절망에 잠긴 어두운 얼굴을 본 일이 없었다.

『고려』 [3](분위기나 표정 따위가)슬프거나 우울하다.¶어떤 사연이 있는지 그녀의 얼굴은 항상 어둡다/그녀는 늘 어두운 노래를 불렀다/그는 어두운 성격의 소유자로 알려져 있다.

『금성』 [5]표정이나 분위기가 무겁고 침울하다.¶그녀의 표정이 어둡다/어두운 성격.

라.『고려』 [8](사람이나 그의 성품이)의뭉스럽고 엉큼하다.¶혹시나 했는데 그 남자는 역시 어두운 마음보의 소유자였다.

마.『표준』 [4]희망이 없이 참담하고 막막하다.¶어두웠던 일제 강점기/올해 국제 무역 전망이 어둡다./치수의 소년 시절은 어둡고 고독했다.

『고려』 [4](시절 따위가)희망이나 정의(正義) 따위를 기대할 수 없는 상태에 있다.¶시절이 어두우니 항상 몸조심을 하도록 해라/우리를 기다리고 있는 것은 어두운 미래뿐이다/우리는 일제의 침략으로 36년 동안 국권을 상실한 어두운 시기를 견뎌야 했다.

『금성』 [6]희망이 없고 막막하다.¶어둡고 참담했던 시절.

바.『표준』 [6]사람이나 사회가 깨지 못하다.¶선생님의 말씀은 어

두운 제 눈을 뜨게 해 주셨습니다./아직도 이 세상에는 문명의
혜택을 받지 못하고 어둡게 살아가는 사람들이 있다.

사.『표준』[6]((주로 '눈', '귀'를 주어로 하여))눈이 잘 보이지 아니
하거나 귀가 잘 들리지 아니하다.¶눈이 어둡다/귀까지 어두운
할아버지를 향해 나는 악을 쓰다시피 말했다.

『고려』[7](눈이나 귀가)시력이나 청력이 약하다.¶귀가 어둡다/
할머니는 눈이 어두워 바늘귀를 잘 못 찾으신다.

『금성』[2]시력, 청력이 약하다.¶귀가 어둡다/눈이 어두워 잔글
씨가 안 보인다.

아.『표준』[7]((주로 '어두운' 꼴로 쓰여))수상쩍거나 좋지 아니하
다.¶어두운 과거/왕자에게 어김없이 찾아오기 마련인 비련의 쓰
라린 운명은 벌써 황제가 열다섯 나던 해부터 어두운 그림자를
서서히 드리우기 시작하였다.

『고려』[9][주로 '어두운'의 꼴로 쓰여](어떤 대상이)분명하지
않고 의심스럽거나 좋지 않은 느낌이 있다.¶이제 어두운 과거는
잊고 새 출발하세요.

자.『표준』[8]【…에】어떤 분야에 대하여 잘 알지 못하다.¶세상
물정에 어둡다/일본은 연달아 정병을 파견하여 나가게 하였다.
그러나 일본군은 지리에 어두워 왕왕 패몰하고 말았다.

『고려』[6](사람이 어떤 일에)제대로 통하지 못하여 아는 것이
별로 없다.¶지리에 어둡다/그녀는 세상 물정에 어두워 매일 손
해만 보고 산다.

『금성』[4](사물에 대해)잘 몰라 능하지 못하다.¶숫자에 어둡다/
세상 물정에 어두운 책상물림.

차.『표준』[9]【…에】(주로 '눈'을 주어로 하여)어떤 것에 욕심을
내다.¶돈에 눈이 어둡다/사악하고 탐욕스럽고 음란한 것 말고도
내외가 닮은 점은 욕심에 눈이 어두워 미련할 지경으로 우매하
다는 것이다.

카.『고려』[2](빛이나 그 밝기가)강하지 못하다.¶가로등이 어두우
니 조심해서 지나가거라/다방의 어두운 조명 때문에 눈이 침침
하다/아이는 어두운 등잔 밑에 혼자 앉아 훌쩍거리고 있었다.

(30가)에서 빛이 없는 상황에서 주변의 사물이 전혀 보이지 않는다고 하는 의미는 밝지 아니하다는 것보다 주변의 사물이 잘 보이지 않는 상태에 있다고 기술되는 것이 더 정확하다. 구체적으로 빛을 갖는 대상 사물은 '밤길, 방'과 같은 공간물이기 때문이다. (30가)는 (일정한 공간물이) 빛이 없어 주변의 사물이 잘 보이지 않는 상태에 있다로 정리할 수 있다.

(30카)는 빛이 주체가 되어 강하지 못하다는 의미를 나타내는 것인데 이것은 빛이 있다는 전제 아래 강도가 약하다는 뜻이어서 (30가)와는 별개의 단의로 보아야 한다.

(30마)에서 희망이 없어 참담하고 막막하다는 주체는 전망, 시절, 미래 등 시간을 표현하는 어휘들이므로 (30마)의 의미는 (시절 따위가) 희망이 없이 참담하고 막막하다고 기술될 수 있다.

(30바)에서 사람이 깨지 못하다는 것은 이해 능력이 부족하다는 것이고 사회가 깨지 못하다는 것은 사회가 부정적이나 좋지 않다는 것을 의미하는 것이다. 사람의 능력과 사회의 특성에 관한 것은 별개의 단의로 간주되어야 한다. 사람의 능력에 관한 내용은 (30자)와 함께 묶고, 사회 특성에 관한 내용은 (30아)에 통합한다.

(30아)의 예문을 통해 '어둡다'가 과거라는 시간 관련어와 결합하지만 실제 과거의 사회나 세상을 의미한다. 따라서 (30아)의 주체는 사회나 세상이라고 할 수 있고 의미는 (사회나 세상이) 건전하지 않다고 기술될 수 있다. 위 내용을 다시 정리하면 다음과 같다.

(31) '어둡다'의 단의 후보(2)
  ① (일정한 공간이) 빛이 없어 주변 사물이 잘 보이지 않는 상태에 있다.
  ② (빛이) 강하지 못하다.
  ③ (빛깔이) 명도가 낮다.
  ④ (표정이) 슬프거나 우울하다.

⑤ (마음이) 의뭉스럽고 엉큼하다.

⑥ (시절 따위가) 희망이 없이 참담하고 막막하다.

⑦ (시력이나 청력이) 약하다.

⑧ (사회가) 건전하지 않다.

⑨ 사람이 어떤 분야에 대하여 잘 알지 못하는 상태에 있다.

⑩ ('눈'을 주어로 하여) 어떤 것에 욕심을 내다.

위에 열 가지 단의 후보들은 논항 특성에 따라 두 가지 부류로 나뉜다. 첫째 부류는 'A가 어둡다'는 것이고, 둘째 부류는 'A가 B에 어둡다'는 것이다. ①-⑧번 단의 후보는 첫째 부류에 속하고, ⑨⑩번 단의 후보는 둘째 부류에 속한다.

우선, 첫째 부류인 'A가 어둡다'에 속하는 ①-⑧번 단의 후보 가운데 주체가 되는 A는 각각 '①번 공간, ②번 빛, ③번 빛깔, ④번 표정, ⑤번 마음, ⑥번 시절, ⑦번 시력이나 청력, ⑧번 사회' 등이다. '①번 공간, ②번 빛, ③번 빛깔' 주체는 구체 영역에 속하는 반면, 나머지 주체는 추상 영역에 속한다.

구체적 주체 내부, ①②③번은 형체가 있어 유형물에 속한다. 추상적 주체 내부, '④번 표정, ⑤번 태도, ⑦번 청력이나 시력' 주체는 정신 영역에 속하고 ⑥번 시절 주체는 시간적 관계에 속하며 ⑧번 사회 주체는 환경 영역에 속한다고 정리될 수 있다.

둘째 부류인 'A가 B에 밝다'에 속한 ⑨⑩번 단의 후보는 A자리에 주체는 각각 사람, 눈이라 할 수 있고 B자리의 위치는 '추상적 분야'라고 할 수 있다. 위 내용을 정리하면 다음과 같다.

[표 19] '어둡다'의 단의 분류

논항 특성	주체(A)			위치(B)		단의 후보 번호
A가 어둡다	구체	유형물	빛			②
			빛깔			③
			공간			①
	추상	시간관계	미래			⑥
		정신	외재적	표정		④
			내재적	마음		⑤
				청력이나 시력		⑦
		환경	사회			⑧
A가 B에 어둡다	구체	유형물	사람	추상	분야	⑨
			'눈'			⑩

각 단의 후보의 순서를 배열하면 우선, ⑨⑩번 단의 후보는 ①-⑧번 단의 후보보다 논항 특성에 가장 큰 차이가 있으므로 ⑨⑩번은 ①-⑧번보다 순서가 뒤에 있다고 할 수 있다.

둘째, ①-⑧번 가운데 주체가 구체에서 추상으로 확장되는 원리에 따라 ①②③번의 순서는 ④⑤⑥⑦⑧번보다 앞에 있다고 할 수 있다.

셋째, ①②③번 가운데 주체로 선택되는 어휘는 ①번에서 공간물, ②번에서 무정물과 공간물, ③번 무정물로 정리될 수 있다. ②번의 주체는 제한을 가장 적게 받으므로 ②번의 순서는 ①③번보다 앞에 있다고 할 수 있다.

넷째, ①③번 가운데 고유 특성을 고려하면 공간 주체인 ①번은 명암을 표현하는 광선 의미인 반면 ③번은 색채를 표현하는 색채 의미임을 볼 수 있다. 광선은 색채가 형성되는 전제이기 때문에 ①번의 순서는 ③번의 앞에 있다고 할 수 있다.

다섯째, ④⑤⑥⑦⑧번 가운데 ⑥번은 시간 영역에 속하고 ④⑤⑦번은 정신 영역에 속하며 ⑧번은 환경 영역에 속한다. 구체적 공간 영역에서 시간 영역으로 확장된 다음에 더 추상적인 영역으로 확장되는 것과 인간 영역에서 비인간 영역으로 확장되는 원리에 따라 ⑥번의 순서는 앞에 있고 ④⑤⑦번의 순서는 중간에 있으며, ⑧번은 마지막에 있다고 할 수 있다.

여섯째, ④⑤⑦번에서 ④번의 주체는 표정인데 이는 내면적인 자세나 태도를 겉으로 표현하는 모습이기 때문에 외재적인 특성을 갖는다고 할 수 있다. 반면, ⑤⑦번의 주체는 각각 마음, 능력이므로 내재적인 특성을 갖는다. 따라서 외재적인 면에서 내재적으로 확장되는 것을 고려해 ④번의 순서는 ⑤⑦번의 앞에 있다고 할 수 있다.

일곱째, ⑤⑦번에서 ⑦번의 주체로 선택되는 어휘는 특정 단어인 '눈이나 귀'에 국한된다. 따라서 ⑦번은 제한을 많이 받는다고 할 수 있다. 결국 ⑤번의 순서는 ⑦번의 앞에 놓인다.

여덟째, ⑨⑩번에서 ⑨번의 주체는 사람인 반면 ⑩번의 주체는 특정 단어인 '눈'이다. 따라서 ⑨번의 순서는 ⑩번보다 앞에 있다.

위 내용을 통해 한국어 '어둡다'의 단의 순서는 ②①③⑥④⑤⑦⑧⑨⑩로 배열될 수 있고 그의 단의는 다음과 같이 정리된다.

> (32) '어둡다'의 단의
>> ① (빛이) 강하지 못하다.
>> ② (일정한 공간이) 빛이 없어 주변 사물이 잘 보이지 않는 상태에 있다.
>> ③ (빛깔이) 명도가 낮다.
>> ④ (시절 따위가) 희망이 없이 참담하고 막막하다.
>> ⑤ (표정이) 슬프거나 우울하다.
>> ⑥ (마음이) 의뭉스럽고 엉큼하다.
>> ⑦ (시력이나 청력이) 약하다.
>> ⑧ (사회가) 건전하지 않다.
>> ⑨ 사람이 어떤 분야에 대하여 잘 알지 못하는 상태에 있다.
>> ⑩ ('눈'을 주어로 하여) 어떤 것에 욕심을 내다.

'어둡다'의 단의 가운데 대표가 되는 원형의미는 출현 제약이나 의미적 환경의 영향을 되도록 적게 받는 구체적 환경에서 실현되는 것으로 결정된다. 그러므로 위에 제시된 단의 가운데에서 가장 기본적인 것은 빛 주체에서 드러나는 ①번에서 찾을 수 있다. 따라서 ①번은 '어둡다'의 원형의미로 간주된다.

(빛이) 강하지 못하다는 원형의미에서 빛을 갖는 대상 사물이 무엇인지에 따라 미시적으로 발광체, 비발광체 등 두 가지로 나뉠 수 있는데 발광체나 비발광체는 개체물, 더 정확하게 말하면 무정물이라고 할 수 있다. 따라서 원형의미에 시각의 감각 대상은 무정물이다.

②번 단의에 시각의 감각 대상은 공간물이다. (공간이) 빛이 없어 주변 사물이 잘 보이지 않는다는 ②번은 ①번에서 유사성에 의해 확장된 은유적인 의미라 할 수 있다. ③번 빛깔 주체로 선택되는 구체적 어휘는 옷, 복장 등과 같이 색채를 갖는 무정물들이다. 빛깔은 빛이 반사되어 형성되기 때문에 ③번의 무정물은 모두 빛이 반사된 물체라 할 수 있다. 따라서 ③번은 ①번과 공간적인 인접성을 갖고 있어 ①번의 환유적인 의미라고 할 수 있다. ④번 시절 주체는 시간 주체로서 공간 주체에서 유사성에 의해 확장된 것이라 할 수 있다. 따라서 ④번은 ②번의 은유적인 의미라 할 수 있다. ⑤번 표정 주체는 내면적인 자세나 태도가 겉으로 드러나는 모습을 말하는 것인데 다시 말해 표정은 내면적인 자세나 태도를 반영하는 '반영물(反應物)'이라 할 수 있다. 따라서 ⑤번은 ③번에서 유사성에 의해 확장된 은유적인 의미라 할 수 있다. ⑥번 마음 주체는 시각의 감각 대상으로 ①번에서 유사성에 의해 확장된 은유적인 의미라고 할 수 있다. ⑦번 시력이나 청력은 어떤 대상을 잘 포착하지 못하는 것을 말하는데, 즉 빛이 반사되어 눈에 띄는 대상을 잘 포착하지 못하는 것을 가리킨다. 따라서 ⑦번은 ③번과 공간적인 인접성을 갖고 있어 ③번의 환유적인 의미라고 할 수 있다. ⑧번에서 사회의 형태(상황)는 그 사회를 구성하는 구성원의 성격을 반영

하는 것이다. 결국 사회 주체는 인간 집단 성격의 '반영물'이라 할 수 있다. ⑤번은 인간 개체의 태도를 반영하는 것이기 때문에 ⑧번은 ⑤번과 공간적인 인접성을 갖고 있어 ⑧번은 ⑤번의 환유적인 의미라고 할 수 있다. ⑨번 단의는 인간의 능력과 관계되므로 ⑦번의 은유적인 의미라고 말할 수 있다. 마지막 ⑩번의 주체는 눈인데 이는 사람의 신체 부위이므로 ⑨번과 공간적인 인접성을 갖는다고 말할 수 있다. 따라서 ⑩번은 ⑨번의 환유적인 의미라 할 수 있다.

　이상은 한국어 '어둡다'의 단의 확장 양상에 관한 기술이다. 표로 정리하면 다음과 같다.

[표 20] 한국어 '어둡다'의 단의 확장 양상

의미 확장 양상	단의
② ← ① → ③ ↓ ↓ ／ ＼ ④ ⑥ ⑤ ⑦ ↓ ↓ ⑧ ⑨ ↓ ⑩	① (빛이) 강하지 못하다. ② (일정한 공간이) 빛이 없어 주변 사물이 잘 보이지 않는 상태에 있다. ③ (빛깔이) 명도가 낮다. ④ (시절 따위가) 희망이 없이 참담하고 막막하다. ⑤ (표정이) 슬프거나 우울하다. ⑥ (마음이) 의뭉스럽고 엉큼하다. ⑦ (시력이나 청력이) 약하다. ⑧ (사회가) 건전하지 않다. ⑨ 사람이 어떤 분야에 대하여 잘 알지 못하는 상태에 있다. ⑩ ('눈'을 주어로 하여) 어떤 것에 욕심을 내다.

　앞서 한국어 '어둡다'의 단의 확장 양상을 살펴보았다. 이 단의들 가운데 의미 변화에 끼치는 요소가 주체일 경우는 ①~⑧번이고, 주체와 부사어일 경우는 ⑨번과 ⑩번 단의이다. 다시 말하면 ①~⑧번 단의는 1논항인 반면 ⑨~⑩번은 2논항이다. '논항 수'라는 요소를 고려할 때 본질적으로 ①~⑧번 단의와 ⑨~⑩번 단의는 차이가 존재한다. ⑨번 단의의 주체

는 '사람'이고, ⑩번 단의 주체는 '눈'이기 때문에 ⑨번은 ⑩번 보다 더 구
체적이다. 또한 ⑨번 단의의 의미 변화에 영향을 끼치는 부사어는 '분야'
이고, ⑩번 단의의 의미 변화에 영향을 끼치는 부사어는 '욕심' 같은 사람
과 관련된 것이거나 '눈' 같은 '사물'이기 때문에 Y축에서 이동할 때 ⑨번
이 더 위로 있어야 한다.

이 단의를 토대로 '어둡다'의 단의 분포 양상을 그리면 아래와 같다.

[그림 8] 한국어 '어둡다'의 단의 분포 양상

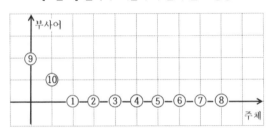

위에서 정리된 한국어 '어둡다'의 단의 분포 양상을 보면 의미 변화에
영향을 끼치는 요소가 주체와 부사어가 있다. ①~⑧번 단의는 의미 변화
에 주체의 영향만 받아 주체의 추상성에 따라 의미 변화가 일어난다. ⑨~
⑩번 단의는 의미 변화에 영향을 끼치는 요소가 주체와 부사어가 모두 있
는 것으로 보인다.

3.1.2.2. '暗'

'暗'의 뜻풀이는 『現代漢語詞典』에서 1개, 『新華字典』과 『新編漢語形容詞
詞典』에서 1개를 제시하고 있다. 구체적인 내용을 정리하면 다음과 같다.

33) '暗'의 단의 후보(1)
　　가. 『現代』 [1]光線不足.(빛이 부족하다.)¶天漸漸暗下來(하늘이 점점

어두워졌다)/燈光太暗, 沒看淸他的臉(불빛이 너무 어두워 그의 얼굴을 정확히 보지 못하였다.)

『新華』[1]昏暗,不光明.(어둡고 광명하지 않다.)¶這間屋子太暗(이 방은 너무 어둡다)/燈泡壽命快結束了, 燈光很暗(전구가 수명이 거의 다되어 불빛이 흐리다.)

『新編』[1]光線不足.(광선이 부족하다.)臥室的光線很暗.(침실 안의 빛이 매우 어둡다.)

나. 『現代』[2]顔色濃重,不鮮明.(색깔의 명도가 낮아 선명하지 않다.)¶暗色(어두운 색)/暗紫色(어두운 보라색)

(33가)에서는 빛이 주체가 되어 광선에 관한 의미를 나타내고 있다. 여기서 빛이 부족하다는 내용은 원인에 관한 기술이므로 타당하지 못하다. 따라서 광선에 관한 의미를 재정리하면 (사물의) 빛이 강하지 못하다고 기술될 수 있다. '暗'의 단의 후보를 다시 정리하면 다음과 같다.

(34) '暗'의 단의 후보(2)
　　① 光線弱((빛이) 강하지 못하다.)
　　② 顔色濃重,不鮮明.((빛깔이) 명도가 낮다.)

위에 두 가지 단의 후보의 논항 특성을 보면 모두 '주체(A)+暗'의 구조이다. A자리에 있는 주체는 '①번 빛, ②번 빛깔' 등이다. 빛, 빛깔 주체는 모두 구체 영역에 속한다. 위 내용을 통해 주체에 따른 '暗'의 단의 분류는 다음과 같다.

[표 21] '暗'의 단의 분류

논항 특성	주체(A)		위치(B)	단의 후보 번호
A+暗	구체	빛	-	①
		빛깔		②

①번의 주체가 광선이고 ②번의 주체는 색채인데 광선의 존재 여부는 색채가 형성되는 전제이기 때문에 ①번의 순서는 ②번보다 앞에 있다고 할 수 있다. 위 내용을 통해 중국어 '暗'의 단의의 순서는 ①②로 배열될 수 있고 단의는 다음과 같이 정리된다.

(35) '暗'의 단의
    ❶ 光線弱((빛이) 강하지 못하다.)
    ❷ 顔色濃重,不鮮明.((물체의 빛깔이) 명도가 낮다.)

구체성을 갖는 ❶❷번 단의 가운데 ❶번의 주체는 빛이고 ❷번의 주체는 색체이다. 광선이 사물을 비추는 현상을 고려해 빛이 있어야 밝은 색채가 형성된다. 반면에 빛이 없거나 강하지 않으면 어두운 색채가 형성된다. 광선의 유무 여부는 색채가 형성되는 전제이다. 이를 고려하면 ❶번 광선 의미는 원형의미이고 ❷번 색채 의미는 ❶번에서 공간적인 인접성에 의해 확장된 환유적인 의미라고 말할 수 있다.

이상은 중국어 '暗'의 단의 확장 양상에 관한 기술이다. 표로 정리하면 다음과 같다.

[표 22] 중국어 '暗'의 단의 확장 양상

의미 확장 양상	단의
❶ → ❷	❶ 光線弱(빛이) 강하지 못하다.) ❷ 顔色濃重,不鮮明.((빛깔이) 명도가 낮다.)

앞서 중국어 '暗'의 단의 확장 양상을 살펴보았다. 이 단의를 토대로 '暗'의 단의 분포 양상을 그리면 아래와 같다.

[그림 9] 중국어 '暗'의 단의 분포 양상

· 위에서 정리된 중국어 '暗'의 단의 분포 양상을 보면 의미 변화에 영향을 끼치는 요소가 주체만 있고 주체의 추상화에 따라 의미 변화가 일어난 것을 확인할 수 있다.

3.1.2.3. '어둡다'와 '暗'의 대조

한국어 '어둡다'에는 열 개 단의가 있고 중국어 '暗'에는 두 가지 단의가 있다. 이들 형용사는 두 가지 단의가 대응관계에 있고 나머지 단의들은 대응관계에 있지 않다. 구체적인 대조 내용을 예문을 통해 살펴보자.

> (36) 가. 하늘이 점점 <u>어두워졌다</u>.
> 　　가'. 天漸漸<u>暗</u>下來.
> 　　나. 이 방은 너무 <u>어둡다</u>.
> 　　나'. 這間屋子太<u>暗</u>.
> 　　다. 그녀는 <u>어두운</u> 색의 옷을 즐겨 입는다.
> 　　다'. 她喜歡穿<u>暗</u>色的衣服.
> 　　라. <u>어두운</u> 색.
> 　　라'. <u>暗</u>色.

'어둡다'와 '暗'의 공통점으로, 첫째 (36가)-(36나')에서 둘 모두 (빛이) 강하지 못하다는 원형의미를 갖고 있음이 확인된다. 둘째, (36다)-(36라')의 예문을 통해 색채 영역에 한국어의 '어둡다'와 중국어의 '暗'이 (빛깔이) 명도가 낮다는 의미를 갖고 있는 것을 알 수 있고 이 의미는 서로 대응관계에 있다.

한편, 차이점은 다음과 같다. 첫째, 한국어의 '어둡다'는 공간 어휘와 결합해 (일정한 공간에) 빛이 없어 주변 사물이 잘 보이지 않다는 단의를 갖고 있다. 이에 비해 중국어의 '暗'에는 이러한 단의가 없다.

> (37) 가. 띄엄띄엄 선 가로등을 빼면 골목길은 너무 <u>어둡고</u> 괴괴하기 짝
> 이 없었다.
> 가'. *除去稀稀落落的路燈之外, 胡同里很<u>暗</u>並且十分寂靜.
> 가". 除去稀稀落落的路燈之外, 胡同里很<u>黑</u>並且十分寂靜.
> 나. 방이 <u>어두워</u> 아무 것도 안 보인다.
> 나'. *房間很<u>暗</u>什麼也看不到.
> 나". 房間很<u>黑</u>什麼也看不到.

위 예문에서 볼 수 있듯이 중국어는 빛이 없는 상황에서 '暗'을 사용할 수 없고 색채 형용사인 '黑'을 대신 사용한다.

둘째, (시절 따위가) 희망이 없이 참담하고 막막하다는 의미를 표현함에 있어 한국어의 '어둡다'는 다양한 시간 어휘와 함께 쓰일 수 있는 반면에 중국어의 '暗'은 그렇지 못하다.

> (38) 가. <u>어두웠던</u> 과거는 되새기고 싶지 않다.
> 가'. *不想再回想那<u>暗</u>的過去.
> 가". 不想再回想那<u>黑暗</u>的過去.
> 나. 앞날이 <u>어둡다</u>.
> 나'. *未來<u>暗</u>.
> 나". 未來<u>黑暗</u>.

위와 같이 한국어의 '어둡다'가 중국어의 '暗'과 대응되지 않는 현상을 발견할 수 있다. 중국어는 색채 형용사인 '黑'과 밝기 형용사인 '暗'이 결

합해서 합성어로 된 형용사 '黑暗'을 사용하여 이러한 의미를 표현한다.

셋째, 한국어의 '어둡다'가 표정과 관련된 어휘와 결합해 (표정이) 슬프거나 우울하다는 것을 나타낼 수 있는 반면에 중국어의 '暗'은 그렇지 않다.

> (39) 가. 그녀는 안 좋은 일이 있는지 표정이 몹시 <u>어두웠다</u>.
> 　　가'. *不知是否發生了不好的事情，她的表情十分<u>暗</u>.
> 　　가". 不知是否發生了不好的事情，她的表情十分<u>陰沉</u>.
> 　　나. 지연이는 <u>어두운</u> 분위기를 전환하려고 화제를 바꾸었다.
> 　　나'. *志娟爲了改變<u>暗</u>的氣氛，換了個話題.
> 　　나". 志娟爲了改變<u>壓抑</u>的氣氛，換了個話題.

위 예문에서 중국어의 '暗'은 표정이 슬프다는 단의를 나타낼 때에 사용할 수 없고 상황에 따라 복합형용사인 '陰沉(음침하다), 壓抑(억압하다)' 등을 대신 사용한다.

넷째, 한국어의 '어둡다'는 (시각이나 청각 능력이) 약하다는 단의를 갖고 있다. 반면 중국어의 '暗'은 그러한 단의가 없다.

> (40) 가. 늙어서 눈이 <u>어둡다</u>.
> 　　가'. *老了視力<u>暗</u>.
> 　　가". 老了視力<u>弱</u>.
> 　　나. 할머니는 연세가 많으셔서 귀가 <u>어둡습니다</u>.
> 　　나'. *奶奶年齡大，聽力<u>暗</u>.
> 　　나". 奶奶年齡大，聽力<u>弱</u>.

위 예문에서 한국어의 '어둡다'는 '눈, 귀'와 함께 쓰여 시력이나 청력이 약하다는 내용을 가리킬 수 있지만 이러한 상황에서 중국어의 '暗'은 쓰일 수 없고 '弱(약하다)'가 대신 사용된다.

다섯째, '어둡다'의 의미가 추상화되어 (마음이) 의뭉스럽고 엉큼하다는 뜻으로 확장된다. 이와 비교하면 '暗'에는 이러한 확장 의미가 없다.

> (41) 가. 혹시나 했는데 그 남자는 역시 <u>어두운</u> 마음보의 소유자였다.
> 　　나. *抱著試試看的態度發現, 那個男的果眞心暗.
> 　　다. 抱著試試看的態度發現, 那個男的果眞心黑.

　위 예문에서 한국어의 '어둡다'가 '마음보'와 함께 쓰이는 양상이 확인된다. 그러나 중국어의 '暗'은 사용될 수 없고 색채 형용사인 '黑'이 사용되는 양상이 확인된다.

　여섯째, 한국어의 '어둡다'가 사회, 세상 등의 어휘와 함께 쓰여 (사회나 세상이) 건전하지 않다는 의미를 표현할 수 있는 반면에 중국어의 '暗'은 그러한 의미가 없다. 이 경우 '黑暗'이라는 합성형용사가 사용된다. 구체적인 내용은 다음 예문에서 확인될 수 있다.

> (42) 가. <u>어둡고</u> 찌든 낡은 사회.
> 　　가'. *暗的社會.
> 　　가". <u>黑暗</u>的社會.
> 　　나. 이 <u>어두운</u> 세상에서 살아가는 사람들이 있다.
> 　　나'. *在這個暗<u>社會</u>中生存的人依然存在.
> 　　나". 在這個<u>黑暗社會</u>中生存的人依然存在.

　일곱째, 한국어 '어둡다'의 단의 가운데 (사람이 어떤 분야에 대하여) 잘 알지 못하는 상태를 가리키는 경우가 있다. 반면, 중국어의 '暗'에는 그러한 의미가 없다.

> (43) 가. 그는 경제에 <u>어둡다</u>.
> 　　가'. *他不暗經濟.
> 　　가". 他不<u>懂</u>經濟.
> 　　나. 철수가 세상 물정에 <u>어둡다</u>.

　　나'. *哲洙不暗人情世故.
　　나". 哲洙不懂人情世故.

　　위 예문에서 중국어의 '暗'은 경제, 물정 등 분야 어휘와 결합할 수 없는
양상이 발견된다. 한국어의 '어둡다'와 같이 어떤 분야에 대해 잘 알지 못
하다는 의미를 표현하려면 '懂(알다)'이라는 형용사를 사용하여야 한다.
　　여덟째, 한국어의 '어둡다'의 단의 가운데 무엇에 대해 욕심을 내다는
의미를 찾을 수 있는데 이와 비교하면 중국어의 '暗'에는 이러한 의미가
발견되지 않는다.

　　(44) 가. 돈에 눈이 <u>어두워</u> 친구를 배신하다.
　　　　가'. *<u>暗</u>于金錢背棄朋友.
　　　　가". <u>癡迷</u>于金錢背棄朋友.
　　　　나. 공명에 눈이 <u>어둡다</u>.
　　　　나'. *<u>暗</u>于功名.
　　　　나". <u>癡迷</u>于功名.
　　　　다. 권세욕에 눈이 <u>어둡다</u>.
　　　　다'. *<u>暗</u>于權利.
　　　　다". <u>癡迷</u>于權利.

　　위 예문에서 '어둡다'가 눈과 함께 쓰여 돈, 공명, 권세 등에 대해 욕심
이 많다는 내용을 나타내고 있다. 이에 비해 중국어의 '暗'은 이러한 상황
에서 사용되지 않는다. '푹 빠지다, 열중하다'는 의미를 갖는 '癡迷'를 사
용하여 한국어의 '어둡다'와 같은 의미를 표현한다.
　　다음으로 '어둡다'와 '暗'의 확장 양상을 대조해 본다. 빛 주체에서 빛깔
주체로 확장되는 양상은 '어둡다'와 '暗'에서 모두 발견되므로 의미 확장
양상의 공통점이라 할 수 있다.
　　확장 양상의 차이점을 살펴보면, 첫째, 전체적으로 보면 한국어의 '어둡

다'는 주체에 따라 의미가 구체 영역에서 추상 영역으로 확장된 반면에 중국어의 '暗'은 단지 구체 영역 내부, 명암 영역에서 색채 영역으로만 확장되었다. 다시 말해 중국어의 '暗'은 구체 영역의 한계를 넘지 못하고 추상 영역으로 확장되지 않았다고 할 수 있다.

둘째, '어둡다'는 구체 영역의 공간 주체로, 추상 영역의 시간, 정신, 환경 주체로 다양하게 확장되는 양상을 확인할 수 있지만 '暗'은 추상 영역으로의 확장이 없다.

셋째, 논항 특성을 고려하면 한국어의 '어둡다'는 주체 하나만을 요구하는 것에서 주체 및 위치 등 두 가지 요소를 요구하는 것으로 확장되는 양상이 있다. 반면에 중국어의 '暗'은 주체 하나만 요구하는 서술어로서 의미가 제한되어 있다.

이상 한국어 '어둡다'와 중국어 '暗'을 대조한 내용을 정리하면 다음과 같다.

[표 23] 한국어 '어둡다'와 중국어 '暗'의 단의 확장 양상 및 대응관계

의미 확장 양상	대응관계		
	단의	어둡다	暗

②/× ← ①❶ → ③❷
↓   ↙ ↓
④/× ⑥/× ⑤/× ⑦/×
         ↓ ↓
        ⑧/× ⑨/×
            ↓
          ⑩/×
	(빛이) 강하지 못하다.	①	❶

	(일정한 공간이) 빛이 없어 주변 사물이 잘 보이지 않는 상태에 있다.	②	×
	(빛깔이) 명도가 낮다.	③	❷
	(시절 따위가) 희망이 없이 참담하고 막막하다.	④	×
	(표정이) 슬프거나 우울하다.	⑤	×
	(마음이) 의뭉스럽고 엉큼하다.	⑥	×
	(시력이나 청력이) 약하다.	⑦	×
	(사회가) 건전하지 않다.	⑧	×
	(사람이) 어떤 분야에 대하여 잘 알지 못하는 상태에 있다.	⑨	×
	('눈'을 주어로 하여) 어떤 것에 욕심을 내다.	⑩	×

앞서 한국어 '어둡다'와 중국어 '暗'의 단의 확장 양상 및 대응관계, 단의 분포 양상을 살펴보았다. 한국어 '어둡다'의 논항 구조에서 1논항과 2논항을 모두 가지고 있는데 중국어 '暗'은 1논항 구조만 갖는다. 또한 중국어 '暗'의 단의는 한국어 '어둡다'의 단의 가운데 모두 찾을 수 있다.

이를 토대로 한국어 '어둡다'와 중국어 '暗' 사이 단의 분포 양상의 대조 그림을 그리면 아래와 같다.

[그림 10] 한국어 '어둡다'와 중국어 '暗'의 단의 분포 양상 대조

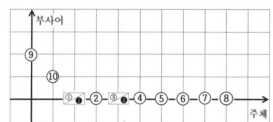

위에 제시한 결과를 보면 한국어 '어둡다'와 중국어 '暗'은 '빛이 강하지 못하다, 빛깔이 명도가 낮다'는 의미를 표현할 때 일치하다. 그러나 한국어 '어둡다'의 주체는 '시절, 표정, 마음, 시력이나 청력, 사회'까지 의미 확장이 일어나는데 중국어 '暗'은 이러한 영역에서 의미 확장이 일어나지 못한다. 또한 한국어 '어둡다'의 의미 변화에 주체와 부사어의 영향을 모두 받는 반면 중국어 '暗'의 의미 변화에 주체의 영향만 받는다.

3.2. 청탁(青濁)

청탁(青濁) 형용사는 한국어의 '맑다, 흐리다', 중국어의 '清, 渾'을 대상으로 논의한다.

3.2.1. 맑다/靑

3.2.1.1. '맑다'

'맑다'의 뜻풀이는『표준국어대사전』과『금성 국어대사전』에서 5개,『고려대 한국어대사전』에서 7개를 제시하고 있다. 구체적인 내용을 정리하면 다음과 같다.

(45) '맑다'의 단의 후보(1)

　　가.『표준』[1]잡스럽고 탁한 것이 섞이지 아니하다.¶물이 맑다/맑은 공기를 마시다/소녀의 눈은 수정과 같이 맑았다.

　　　　『고려』[1](무엇이)티가 섞이거나 흐리지 않고 깨끗하다.¶샘물이 맑다/그녀의 병은 이곳의 맑고 깨끗한 공기 속에서 조금씩 나아갔다.

　　　　『금성』[1]딴 것·더러운 것이 섞이지 않아 깨끗하다.¶맑은 샘물/맑고 상쾌한 공기.

　　나.『표준』[2]구름이나 안개가 끼지 아니하여 햇빛이 밝다.¶맑게 갠 하늘/구름 한 점 없는 맑은 하늘에는 미처 숨지 못한 별들이 네댓 개 보인다.

　　　　『고려』[2](날씨나 하늘이)구름이나 안개가 끼지 않아 깨끗하다.¶향기를 뿜는 녹음 사이로 파란 하늘이 유리알처럼 맑았다/구름 한 점 없이 맑은 하늘은 마치 물감으로 짙게 칠해 놓은 것 같았다/비가 온 뒤 맑게 갠 오후의 햇살에 나는 밖으로 나가고 싶어 수업에 집중할 수가 없었다.

　　　　『금성』[2](날씨가)흐리지 않다.¶맑게 갠 하늘.

　　다.『표준』[3]소리 따위가 가볍고 또랑또랑하여 듣기에 상쾌하다.¶맑은 음성/이 악기는 맑은 음색을 낸다.

　　　　『고려』[3](소리가)트이어 탁하지 않다.¶목소리가 맑다/중들의 굵고 낮은 음성 사이로 진아의 맑고 고운 음성이 들렸다.

　　　　『금성』[3](소리가)트이어 탁하지 않다.¶맑은 음성.

　　라.『표준』[4]정신이 흐리지 아니하고 또렷하다.¶맑은 정신/그 아

이는 티 없이 맑게 자랐다./잠 부족으로 얼굴은 푸석하고 창백
했으나 마음은 맑고 맑았다.
『고려』[4](기억이나 의식이)또렷하고 초롱초롱하다.¶맑은 정신
으로 공부해야 학습 효과가 높다/녹차는 두뇌를 맑게 하고 상쾌
한 기분을 갖게 해 준다.
『금성』[5](정신이)초롱초롱하다.¶맑은 정신으로 공부하다.
마. 『표준』[5]살림이 넉넉하지 못하고 박하다.¶맑은 살림을 꾸려
나가다.
『고려』[7](살림이)넉넉하지 못하고 박하다.¶맑은 살림에 식구
는 많아 살기가 고단하다.
바. 『고려』[5](얼굴이)밝고 환하다.¶그녀는 티 없이 맑은 어린아이
의 얼굴을 가졌다.
사. 『고려』[6](마음이)때묻지 않고 순수하다.¶그녀는 어린아이처럼
마음이 맑고 깨끗하다/그는 아무리 세상이 각박해져도 맑고 고
운 마음씨를 지니고 살아가리라 다짐했다.
『금성』[4](마음이)깨끗하고 순진하다.¶티 없이 맑은 어린이.

　　(45가)에 제시된 예문을 보면 '물, 공기, 눈' 등이 '맑다'와 결합해 '물,
공기, 눈'에 잡스럽고 탁한 것이 섞이지 않고 깨끗하다는 의미를 나타내고
있다. 여기서 물, 공기, 눈과 같은 것이 각각 액체, 기체, 고체에 해당하여
물질이라는 용어로 개괄될 수 있다. (45가)의 의미는 (어떤 물질이) 잡스럽고
탁한 것이 섞이지 않다고 기술될 수 있다.
　　(45나)에서 구름이나 안개가 끼지 않다는 내용은 하늘이 깨끗하다는 내
용을 기술하는 것이고 날씨가 깨끗하다는 기술은 아니다. 따라서 (45나)에
서 제시된 의미의 주체는 날씨가 아니라 하늘이라고 보아야 한다. 정리를
하면 (하늘이) 구름이나 안개가 끼지 않아 깨끗하다고 기술될 수 있다.
　　(45바)에서 (얼굴이) 밝고 환하다는 것은 실제 얼굴에 티가 없고 깨끗하다
는 뜻을 의미하기 때문에 (45가)와 같은 의미를 가리킨다고 할 수 있다.
(45바)는 하나의 단의로 설정할 수 없고 (45가)에 통합되어야 한다. 위 내

용에 따라 '맑다'의 단의 후보를 다시 정리하면 다음과 같다.

(46) '맑다'의 단의 후보(2)

　① (어떤 물질이) 잡스럽고 탁한 것이 섞이지 않다.

　② (하늘이) 구름이나 안개가 끼지 않아 깨끗하다.

　③ (소리가) 가볍고 또랑또랑하다.

　④ (의식이) 또렷하고 초롱초롱하다.

　⑤ (살림이) 넉넉하지 못하고 박하다.

　⑥ (마음이) 깨끗하고 순진하다.

위에 여섯 가지 단의 후보의 실현 환경은 주체로만 이루어진다. 다시 말해 각 단의 후보의 논항 특성은 'A가 맑다'로 정리된다. A자리에 있는 주체는 '①번 물질, ②번 하늘, ③번 소리, ④번 의식, ⑤번 살림, ⑥번 마음'이다. 각 주체 가운데 '①번 물질, ②번 하늘, ③번 소리' 주체는 구체 영역에 속하는 반면, '④번 의식, ⑤번 살림, ⑥번 마음' 주체는 추상 영역에 속한다.

구체적 주체 내부, ①번 물질, ②번 하늘 주체는 공통적으로 형체가 있어 유형물에 속한다. 더 세밀하게 구분하면 ①번 물질은 개체물에 속한 반면, ②번 하늘은 공간물에 속한다. ③번 소리 주체는 형체가 없어 무형물에 속한다.

추상성을 갖는 '의식, 살림, 마음' 중 '살림'은 한 집안의 경제적인 상황 즉, 살아가는 형편이나 정도를 가리키는 것인데 이는 한 집안의 경제적인 생활환경을 의미한다고 말할 수 있다. '맑다'의 단의 분류는 다음과 같다.

[표 24] '맑다'의 단의 분류

논항 특성	주체(A)			단의 후보 번호
A가 맑다	구체	유형물	물질	①
			'하늘'	②
		무형물	소리	③
	추상	정신	의식	④
			마음	⑥
		환경	'살림'	⑤

각 단의 후보의 순서를 배열하면 첫째, ①-⑥번 단의 후보 가운데 ①②
③번의 주체는 구체성을 갖고 있는 반면에 ④⑤⑥번의 주체는 추상성을
갖고 있다. 구체에서 추상으로 확장되는 것을 고려하면 ①②③번의 순서
는 ④⑤⑥번보다 앞에 있다고 할 수 있다.

둘째, ①②③번 가운데 ①②번의 주체는 유형물인 반면에 ③번의 주체
는 무형물이다. 형체가 있는 유형물은 형체가 없는 무형물보다 더 구체적
이어서 ①②번의 순서는 ③번보다 앞에 있다고 할 수 있다.

셋째, ①②번 중 ①번의 주체는 '눈, 공기, 물'과 같은 고체, 기체, 액체
를 포함한 개체물인 반면에 ②번의 주체는 특정 단어 '하늘'이다. 이에 따
라 ①번의 순서는 ②번보다 앞에 있다.

넷째, ④⑤⑥번 가운데 ⑤번의 주체는 특정 단어 '살림'에 제한되고 부
정적인 의미를 가리키므로 ⑤번의 순서는 ④⑥번보다 뒤에 있다고 할 수
있다.

다섯째, ④⑥번 중 ④번에서 머리/두뇌/의식이 맑다는 것이 몸이 본능
적으로 조절해서 의식이 또렷해지는 것이다. 이는 태어난 후에 배움을 통
해 얻어지는 능력이 아니라 선천적으로 부여받는 능력이라 할 수 있다. ⑥
번에서 마음이 순진하다는 것이 태어난 후에 주변 환경의 영향을 받아 형
성된 능력이기 때문에 이는 후천적인 능력이라 할 수 있다. 이에 따라 ④

번의 순서는 ⑥번보다 앞에 있다고 할 수 있다.

위 내용을 통해 한국어 '맑다'의 단의 순서는 ①②③④⑥⑤로 배열될 수 있고, 단의는 다음과 같이 정리된다.

> (47) '맑다'의 단의
> ① (어떤 물질이) 잡스럽고 탁한 것이 섞이지 않다.
> ② (하늘이) 구름이나 안개가 끼지 않아 깨끗하다.
> ③ (소리가) 가볍고 또랑또랑하다.
> ④ (의식이) 또렷하고 초롱초롱하다.
> ⑤ (마음이) 깨끗하고 순진하다.
> ⑥ (살림이) 넉넉하지 못하고 박하다.

'맑다'의 각 단의 가운데 대표가 되는 원형의미는 출현 제약이나 의미적 환경의 영향을 되도록 적게 받는 구체적 환경에서 실현되는 것으로 결정된다. 그러므로 위에 제시된 단의 가운데에서 가장 기본적인 것은 물질의 주체에서 드러나는 ①번에서 찾을 수 있다. 따라서 ①번은 '맑다'의 원형의미로 간주된다. ①번의 주체는 '눈, 공기, 물'과 같은 고체, 기체, 액체를 포함한 개체물이기 때문에 ①번에서 시각의 감각 대상은 다양한 물질이라고 할 수 있다.

②번 구체적인 공간인 하늘 주체는 시각의 감각 대상으로 ①번에서 유사성에 의해 확장된 은유적인 의미라고 할 수 있다. ③번 소리 주체는 청각의 감각 대상이므로 이는 역시 ①번의 은유적인 확장이라 할 수 있다. ④번 의식 주체는 추상적인 정신 공간을 의미하므로 이는 구체적 공간인 ②번에서 유사성에 의해 확장된 은유적인 의미라고 할 수 있다. ⑤번 마음 주체는 내면적인 심리 세계에 관한 내용이므로 역시 추상적인 정신(심리) 공간에 속한다고 할 수 있다. 따라서 ⑤번은 ④번과 공간적인 인접성을 갖고 있으므로 ⑤번은 ④번의 환유적인 의미라고 할 수 있다. 마지막 ⑥번

살림 주체는 생활환경을 의미하므로 이는 추상적인 생활공간을 가리킨다고 할 수 있다. 추상적인 생황 공간에 아무 재산 없이 깨끗하다는 것이 추상적인 심리 공간에 아무 생각 없이 깨끗하다는 ⑤번에서 유사성에 의해 확장된 은유적인 의미라 할 수 있다.

이상은 한국어 '맑다'의 단의 확장 양상에 관한 기술이다. 표로 정리하면 다음과 같다.

[표 25] 한국어 '맑다'의 단의 확장 양상

의미 확장 양상	단의
② ← ① → ③ ↓ ④ ↓ ⑤ ↓ ⑥	① (어떤 물질이) 잡스럽고 탁한 것이 섞이지 않다. ② (하늘이) 구름이나 안개가 끼지 않아 깨끗하다. ③ (소리가) 가볍고 또랑또랑하다. ④ (의식이) 또렷하고 초롱초롱하다. ⑤ (마음이) 깨끗하고 순진하다. ⑥ (살림이) 넉넉하지 못하고 박하다.

앞서 '맑다'의 단의 확장 양상을 살펴보았다. 이 단의들 가운데 의미 변화에 끼치는 요소가 주체만 있다. 이 단의를 토대로 '맑다'의 단의 분포 양상을 그리면 아래와 같다.

[그림 11] 한국어 '맑다'의 단의 분포 양상

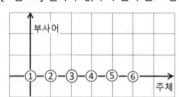

위에서 정리된 '맑다'의 단의 분포 양상을 보면 '맑다'의 의미 변화에

부사어의 영향을 받지 않고 주체의 영향만 받으며 주체의 추상화에 따라
의미 변화가 일어난 것을 확인할 수 있다.

3.2.1.2. '淸'

'淸'의 뜻풀이는 『現代漢語詞典』에서 4개, 『新華字典』과 『新編漢語形
容詞詞典』에서 3개를 제시하고 있다. 구체적인 내용을 정리하면 다음과
같다.

> (48) '淸'의 단의 후보(1)
> 　가. 『現代』[1]液體或氣體純淨沒有混雜的東西.(액체이나 기체에 불수
> 　　　물이 없다.)¶水淸(물이 맑다)/天朗氣淸(하늘이 맑고 공기가 깨끗
> 　　　하다)
> 　　　『新華』[1]純淨沒有雜質.(깨끗해 불수물이 없다.)¶水淸見底(물이
> 　　　맑아 바닥이 보이다)/天朗氣淸(하늘이 맑고 공기가 깨끗하다)
> 　　　『新編』[1]純淨透明, 沒有混雜的東西.(개끗하고 투명하여 불수물
> 　　　이 없다.)¶河水很淸(강물이 맑다)/天朗氣淸(하늘이 맑고 공기가
> 　　　깨끗하다)
> 　나. 『現代』[2]淸楚.(분명하다.)¶說不淸內容(내용을 분명하게 말할
> 　　　수 없다)/間淸端由(원인을 분명히 묻다.)
> 　　　『新華』[2]淸楚.(분명하다.)¶說不淸(분명하게 말할 수 없다)
> 　　　『新編』明白, 不混亂.(명백하고 혼란하지 않다.)¶聽不淸(분명하
> 　　　게 들리지 않다)
> 　다. 『現代』[3]一點不留.(빚이 없이 깨끗하게 청산된 상태이다.)¶把
> 　　　賬還淸了(빚을 말끔히 갚았다)
> 　　　『新華』[3](債務)一點不留.(빚이 없이 깨끗하게 청산된 상태이
> 　　　다.)¶把賬還淸了(빚을 말끔히 갚았다)
> 　　　『新編』[3]債務一點不留.(빚이 없이 깨끗하게 청산된 상태이
> 　　　다.)¶把賬還淸了(빚을 말끔히 갚았다)

(48가)에 제시된 의미의 주체는 액체나 기체인데 이는 물질이라는 용어

로 통합할 수 있다. 따라서 (가)의 의미는 (어떤 물질이) 잡스럽고 탁한 것이
섞이지 않다고 기술된다.

(48나)에서 의미가 분명하다고 기술되고 있으나 그의 주체가 무엇인지
를 제시하지 않았다. 예문을 통해 분명하다의 주체는 내용이라고 정리될
수 있다. 따라서 (내용이) 분명하다고 기술된다. 중국어 '淸'의 단의 후보를
정리하면 다음과 같다.

(49) '淸'의 단의 후보(2)
　　① 液體或氣體純淨無雜質.((어떤 물질이) 잡스럽고 탁한 것이 섞이
　　　지 않다.)
　　② 內容淸楚.((내용이) 분명하다.)
　　③ 無債務.((빚이) 없다.)

위에 세 가지 단의 후보의 논항 특성은 모두 '주체(A)+淸'의 구조이다.
'주체(A)+淸'에 속한 ①-③번 단의 후보의 주체가 무엇인지를 살펴보자.
①-③번 단의 후보 가운데 ①번에서 물, 공기와 같이 주체는 '물질'이라
고 할 수 있고, ②번에서 분명히 말하지 못하거나 듣지 못하는 것은 말,
글 등 표현 매체 속에 들어 있는 '내용'이다. 따라서 그의 주체는 내용이라
고 할 수 있다. ③번 무엇이 깨끗하게 청산된 상태를 가리키는 의미로서
주체 자리에 '화물, 금전, 은원' 등을 들 수 있어 이는 '빚'으로 정리될 수
있다. ①번 물질 주체는 구체 영역에 속하는 반면, ②번 내용, ③번 빚 주
체는 추상 영역에 속한다. 위 내용을 통해 주체에 따른 '淸'의 단의 분류는
다음과 같다.

[표 26] '淸'의 단의 분류

논항 특성	주체(A)			단의 후보 번호
A+淸	구체		물질	1
	추상	내용	내용	2
		금전	빚	3

각 단의 후보의 순서를 배열하면 첫째, 1 2 3번 가운데 주체가 구체에서 추상으로 확장되는 원리에 따라 1번의 순서는 2 3번보다 앞에 놓일 수 있다.

둘째, 2 3번의 주체는 모두 추상 영역에 속하지만 구조적으로 2번에서 '淸'의 사용이 자유롭지 않고 V+淸의 형식 즉, 부사형으로 사용되어야 한다. 이에 따라 2번은 구조적인 제한을 받아 그의 순서는 3번의 뒤에서 놓인다.

위 내용을 통해 중국어 '淸'의 단의 순서는 1 3 2로 배열될 수 있고 그 단의는 다음과 같이 정리된다.

(50) '淸'의 단의

❶ 液體或氣體純淨無雜質.((어떤 물질이) 잡스럽고 탁한 것이 섞이지 않다.)

❷ 無債務.((빚이) 없다.)

❸ 內容淸楚.((내용이) 분명하다.)

'淸'의 각 단의 가운데 대표가 되는 원형의미는 출현 제약이나 의미적 환경의 영향을 되도록 적게 받는 구체적 환경에서 실현되는 것으로 결정된다. 그러므로 위에 제시된 단의 가운데에서 가장 기본적인 것은 물질의 주체에서 드러나는 ❶번에서 찾을 수 있다. 따라서 ❶번은 '淸'의 원형의미로 간주된다. ❶번에서 시각의 감각 대상은 다양한 물질인 반면 ❷❸번

에서 시각의 감각 대상은 추상적인 빛과 내용이다. 따라서 ❷❸번은 모두
❶번에서 유사성에 의해 확장된 은유적인 의미라 할 수 있다. 중국어 '淸'
의 의미 확장 양상은 아래와 같이 정리될 수 있다.

[표 27] 중국어 '淸'의 단의 확장 양상

의미 확장 양상	단의
❶ ／ ＼ ❷　❸	❶ 液體或氣體純淨無雜質.((어떤 물질이) 잡스럽고 탁한 것이 섞이지 않다.) ❷ 無債務.((빚이) 없다.) ❸ 內容淸楚.((내용이) 분명하다.)

앞서 '淸'의 단의 확장 양상을 살펴보았다. 이 단의들 가운데 의미 변화
에 끼치는 요소가 주체만 있다. 이 단의를 토대로 '淸'의 단의 분포 양상을
그리면 아래와 같다.

[그림 12] 중국어 '淸'의 단의 분포 양상

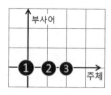

위에서 정리된 '淸'의 단의 분포 양상을 보면 '淸'의 의미 변화에 부사어
의 영향을 받지 않고 주체의 영향만 받으며 주체의 추상화에 따라 의미 변
화가 일어난 것을 확인할 수 있다.

3.2.1.3. '맑다'와 '淸'의 대조

한국어 '맑다'에는 여섯 가지 단의가 있고 중국어 '淸'에는 세 가지 단
의가 있다. 이들 형용사 사이에는 원형의미의 대응만 확인되고 나머지 단

의들은 대응되지 않는다. 아래에서 예문을 통해 구체적으로 살펴보자.

(51) 가. 물이 <u>맑다</u>
　　　가'. 水<u>清</u>
　　　나. 하늘이 맑고 공기가 <u>맑다</u>.
　　　나'. 天朗氣<u>清</u>

위 예문에서 한국어의 '맑다'와 중국어의 '清'이 액체나 기체가 주체일 때 서로 대응되는 것이 확인된다. 그러나 잡스럽고 탁한 것이 섞이지 않다는 의미를 표현할 때 주체가 무엇인지에 따라 한국어와 중국어 사이에 미시적으로는 차이가 있는 것으로 보인다. 한국어의 '맑다'의 주체가 고체일 수 있는 반면에 중국어 '清'의 주체는 고체일 수가 없다.

(52) 가. 소녀의 눈은 수정과 같이 <u>맑았다</u>.
　　　가'. *少女的眼睛如水晶一樣<u>清</u>.
　　　가". 少女的眼睛如水晶一樣<u>清澈</u>.
　　　나. 명진은 젊은 시절에 잡티 하나 없이 <u>맑고</u> 백옥 같은 얼굴이
　　　　　었다.
　　　나'. *明珍年輕的時候有著一張如白玉般<u>清</u>無瑕的臉.
　　　나". 明珍年輕的時候有著一張如白玉般<u>清潔</u>無瑕的臉.

예문을 보면 한국어의 '맑다'가 각각 눈, 얼굴 등 신체 어휘와 결합해 해당 신체 부위에 깨끗하다는 내용을 표현하고 있다. 반면에 '清'이 그러한 사용이 없어 그 때 눈, 얼굴 등 신체 어휘와 결합하면 비문이 된다. 중국어의 경우, 상황에 따라 '清'이 다른 어소와 결합해 복합형용사가 구성되어 사용될 수 있다. 즉, (52가"), (52나")와 같이 고체 주체인 눈, 얼굴일 때 '清澈(맑고 투명하다), 清潔(청결하다)'이라는 복합형용사를 사용한다.
　한편 차이점은 다음과 같다. 첫째, 한국어 '맑다'의 단의 가운데 (하늘이)

구름이나 안개가 끼지 않아 깨끗하다는 내용이 있는데 '淸'에는 이러한 단의를 찾을 수 없다.

> (53) 가. 비가 내리고 나서 하늘이 <u>맑다</u>.
> 　　가'. *雨過天<u>淸</u>.
> 　　가". 雨過天<u>晴</u>.
> 　　나. 춥지도 덥지도 않고 <u>맑은</u> 날씨입니다.
> 　　나'. *不冷不熱, <u>淸</u>天.
> 　　나". 不冷不熱, <u>晴</u>天.

위 예문에서 중국 '淸'이 사용될 수 없고 '晴(개다)'이라는 형용사를 사용하여야 한다.

둘째, (소리가) 가볍고 또랑또랑하다는 의미를 나타낼 때 한국어의 '맑다'를 사용할 수 있는 반면에 중국어의 '淸'은 사용할 수 없다.

> (54) 가. 어린이들의 <u>맑고</u> 낭랑한 노랫소리.
> 　　가'. *孩子們<u>淸</u>的歌聲.
> 　　가". 孩子們<u>淸脆</u>的歌聲.
> 　　나. 목소리가 매우 <u>맑다</u>.
> 　　나'. *嗓音很<u>淸</u>.
> 　　나". 嗓音很<u>淸脆</u>.

위 예문에서 중국어의 '淸'은 사용될 수 없고, 연하다는 의미를 나타내는 '脆'와 함께 복합형용사인 '淸脆'가 구성되어 사용될 수 있다.

셋째, 한국어의 '맑다'는 (의식이) 또렷하고 초롱초롱하다는 의미를 갖고 있는 반면에 중국어의 '淸'은 이러한 의미를 갖지 않는다.

> (55) 가. 이 음식은 비단 위에만 좋을 뿐 아니라 머리를 <u>맑게</u> 합니다.
> 　　가'. *這種食品不僅對胃有好處, 也可以使頭腦<u>淸</u>.

　　가″. 這種食品不僅對胃有好處, 也可以使頭腦<u>清醒</u>.
　　나. <u>맑은</u> 정신으로 공부하다.
　　나′. *以<u>清</u>的頭腦學習.
　　나″. 以<u>清醒</u>的頭腦學習.

　중국어의 '清'은 (의식이) 또렷하고 초롱초롱하다는 의미를 표현할 수 없고 깨다는 의미를 갖는 단일어 형용사 '醒'과 결합해 '清醒'이라는 복합형용사를 구성한 후에 이러한 의미를 표시할 수 있다.

　넷째, 한국어에 '마음이 맑다'는 말이 있는데 그때 '맑다'는 (마음이) 깨끗하고 순진하다는 의미를 표현한다. 중국어의 '清'은 이러한 의미를 갖지 않고 복합형용사인 '清純(맑고 순박하다)'을 사용해서 '맑다'에 대응될 수 있다. 구체적인 용례는 다음과 같다.

　　(56) 가. 아기의 티 없이 <u>맑은</u> 마음.
　　　　가′. *孩子<u>清</u>的心.
　　　　가″. 孩子<u>清純</u>的心.
　　　　나. 희정이는 어린아이처럼 마음이 <u>맑고</u> 깨끗하다.
　　　　나′. *希貞像個孩子一樣內心<u>清</u>.
　　　　나″. 希貞像個孩子一樣內心<u>清純</u>.

　다섯째, 한국어의 '맑다'는 (살림이) 넉넉하지 못하고 박하다는 의미를 갖는 반면에 중국어의 '清'은 그러한 의미를 갖지 않는다.

　　(57) 가. <u>맑은</u> 살림에 식구는 많아 살기가 고단하다.
　　　　가′. *<u>清</u>的家境是人口衆多的家庭倍感疲憊.
　　　　가″. <u>清貧</u>的家境是人口衆多的家庭倍感疲憊.
　　　　나. <u>맑은</u> 살림을 꾸려 나가다.
　　　　나′. *維持<u>清</u>的生活.
　　　　나″. 維持<u>清貧</u>的生活.

위 예문을 보면 중국어의 '淸'은 단일어 형용사 '貧'과 결합해 '淸貧'이 라는 복합형용사가 되어 한국어의 '맑다'와 대응될 수 있다.

여섯째, 중국어 '淸'의 단의 가운데 (빚이) 없다는 의미가 있는데 한국어 의 '맑다'에는 이러한 의미가 없다.

> (58) 가. 這下咱倆誰也不欠誰的錢, 徹底兩淸了.
> 가'. *이렇게 되면 우리 둘은 누구도 빚진 게 없이 완전히 맑다.
> 가". 이렇게 되면 우리 둘은 누구도 빚진 게 없이 완전히 깨끗하게
> 청산이 끝났다.
> 나. 貨物下月還淸.
> 나'. *화물은 다음 전액을 맑게 해주겠다.
> 나". 화물은 다음 전액을 청산하겠다.
> 다. 他們的恩怨兩淸了.
> 다'. *그들의 은혜와 원한은 이미 다 맑게 되었다.
> 다". 그들의 은혜와 원한은 이미 다 깨끗하게 청산되었다.

빚이 주체가 되는 이 의미에서는 '淸'이 화물, 금전, 은원 등과 결합해 사용될 수 있는 반면에 한국어의 '맑다' 대신 깨끗하게 청산된다는 구가 사용됨을 볼 수 있다.

일곱째, 중국어 '淸'의 단의 가운데 (내용이) 분명하다는 뜻이 있다. 이와 비교하면 한국어 '맑다'의 단의 중에는 이와 비슷한 의미가 없다.

> (59) 가. 說不淸內容.
> 가'. *내용을 맑게 말할 수 없다.
> 가". 내용을 분명하게 말할 수 없다.
> 나. 問淸端由.
> 나'. *원인을 맑게 묻다.
> 나". 원인을 분명하게 묻다.

위와 같이 한국어에서 (내용이) 분명하다는 뜻을 나타낼 때 '맑다'가 아
닌 분명하다는 어휘를 대신 사용한다.

다음으로 '맑다'와 '淸'의 확장 양상을 대조해 본다. 공통점은 첫째, 한
국어 '맑다'와 중국어 '淸'의 주체가 구체 영역에서 추상 영역으로 확장되
는 양상은 공통적이다. 둘째, 의미가 추상 영역으로 확장될 때 한국어의
'맑다'는 인간의 정신 영역으로 확장되는 반면에 중국어의 '淸'이 인간의
소유물(빚) 영역으로 확장된다. 따라서 공통적으로 추상적인 인간 영역으
로 확장되는 양상이 확인된다.

확장 양상의 차이점을 살펴보면, 첫째, 구체 영역에서 한국어 '맑다'의
주체는 유형물 영역에서 무형물 영역으로 확장되는 양상이 있는데 중국어
의 '淸'의 주체는 유형물 영역에 국한되어 무형물 영역으로 확장되지 않았
다. 둘째, 유형물 주체에서, 한국어의 '맑다'는 물질 주체에서 하늘 주체로
확장되는데 이와 비교하면 중국어의 '淸'은 그러한 확장 양상이 발견되지
않았다. 셋째, 추상 영역에서, 한국어 '맑다'의 단의는 모두 정신 영역으로
확장되었다고 할 수 있으나 중국어 '淸'의 단의들은 빚 주체, 내용 주체와
관련된 영역으로 확장된 양상이 발견되었다. 다시 말해 한국어 '맑다'는
의미가 확장될 때 그 중심(重心)을 정신 영역에 두어 정신 영역 내부에서
다양하게 확장된 반면 중국어 '淸'은 의미가 확장될 때 그 중심(重心)을 정
신 영역에 두지 않고 빚, 내용 영역에 두었다고 할 수 있다.

이상 한국어 '맑다'와 중국어 '淸'을 대조한 내용을 정리하면 다음과
같다.

[표 28] 한국어 '맑다'와 중국어 '淸'의 단의 확장 양상 및 대응관계

의미 확장 양상	대응관계		
	단의	맑다	淸
②/× ← ①/❶ → ③/× ↓ ↗↖ ④/× ×/❷ ×/❸ ↓ ⑤/× ↓ ⑥/×	(어떤 물질이) 잡스럽고 탁한 것이 섞이지 않다.	①	❶
	(하늘이) 구름이나 안개가 끼지 않아 깨끗하다.	②	×
	(소리가) 가볍고 또랑또랑하다.	③	×
	(의식이) 또렷하고 초롱초롱하다.	④	×
	(마음이) 깨끗하고 순진하다.	⑤	×
	(살림이) 넉넉하지 못하고 박하다.	⑥	×
	(빛이) 없다.	×	❷
	(내용이) 분명하다.	×	❸

앞에서 한국어 '맑다'와 중국어 '淸'의 단의 확장 양상 및 대응관계를 제시하였다. 이 결과를 토대로 두 어휘의 단의 분포 양상을 대조하면 아래와 같다.

[그림 13] 한국어 '맑다'와 중국어 '淸'의 단의 분포 양상 대조

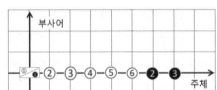

위에 제시된 결과를 보면 '맑다'와 '淸'은 '어떤 물질이 잡스럽고 탁한 것이 섞이지 않다'는 의미를 표현할 때 일치하다. 그러나 한국어 '맑다'의 주체는 '하늘, 소리, 의식, 마음, 살림' 영역으로 확장되기도 하지만 중국어 '淸'의 단의 가운데 이와 비슷한 의미가 없다. 또한 중국어이 '淸'은 '빛이 없다, 내용이 분명하다'는 의미를 표현할 수 있는데 한국어 '맑다'의 단의 가운데 이와 비슷한 의미가 없다. 한편, 한국어 '맑다'와 중국어 '淸'의 단

의들은 의미 확장되는 과정에서 공통적으로 부사어의 영향을 받지 않고 주체의 영향만 받는 것을 확인할 수 있다.

3.2.2. 흐리다/渾

3.2.2.1. '흐리다'

'흐리다'의 뜻풀이는 『표준국어대사전』에서 6개, 『고려대 한국어대사전』에서 9개, 『금성 국어대사전』에서 6개를 제시하고 있다. 구체적인 내용을 정리하면 다음과 같다.

> (60) '흐리다'의 단의 후보(1)
> 　가. 『표준』[1]기억력이나 판단력 따위가 분명하지 아니하다.¶기억이 흐리다/입심 좋은 청백이가 장섬댁과 주고받던 말이 선뜻 떠오르자 귀덕이는 금세 가물가물 정신이 흐려온다.
> 　『고려』[1](판단력 따위의 의식이)분명하지 않다.¶그것은 너무 어렸을 때의 일이어서 기억이 흐리다/송 씨는 노령(老齡)으로 판단력이 흐려서 일의 결정권을 맡길 수 없다.
> 　『금성』[1]기억력・판단력 따위가 분명하지 않다.¶오래 되어 기억이 흐리다.
> 　나. 『표준』[2]잡것이 섞여 깨끗하지 못하다.¶공기가 흐리다/흐린 눈으로 바라보다/시냇물이 흐려서 물고기가 보이지 않는다.
> 　『고려』[2](무엇이)다른 것이 섞여서 맑지 못하다.¶비가 온 다음이라 그런지 냇물이 흐리다/황해는 중국의 황토 지대에서 흘러든 강물 때문에 물이 늘 누렇게 흐려 있어서 그런 이름이 붙었다.
> 　『금성』[2]다른 것이 섞여서 환하거나 맑지 못하다.¶물이 흐리다.
> 　다. 『표준』[3]분명하지 아니하고 어렴풋하다.¶글씨를 흐리게 써서 멀리서는 잘 안 보인다.

『고려』 [3](어떤 사물이)뚜렷하지 않고 어렴풋하다.¶쓴 지 오래
된 편지라서 글씨가 흐리다/이런 피사체들은 필름 위에 뚜렷한
상을 맺지 못하고 흐린 상을 맺는다.

『금성』 [3]뚜렷하지 못하고 어렴풋하다.¶글씨가 흐리다/사진이
흐리게 나왔다.

라. 『표준』 [4]셈 따위를 확실히 하지 못하다.¶셈이 흐리다.

『고려』 [8](사람이 셈 따위가)분명하지 못하거나 더디다.¶그는
셈이 흐려 매사에 곤란을 겪는다.

『금성』 [4]사물을 분별하는 능력이 무디다.¶셈이 흐리다.

마. 『표준』 [5]하늘에 구름이나 안개 따위가 끼어 햇빛이 밝지 못
하다.¶날이 잔뜩 흐린 게 비가 올 것 같다./심한 비가 내린 끝
인지라 오늘 아침에는 잔뜩 흐려 인왕산도 암회색 땅 구름으로
지워졌다.

『고려』 [5](날씨가)하늘에 구름이나 안개 등이 끼어 햇볕이 밝
지 않다.¶흐린 날씨에도 불구하고 우리는 여행을 떠났다/어제는
흐린 하늘에 금방이라도 비가 내릴 것 같은 날이었다.

『금성』 [6]햇볕이 밝지 못하다.¶흐린 하늘/날이 몹시 흐리다.

바. 『표준』 [6]얼굴에 걱정스러운 빛이 있다.¶친구는 무슨 걱정이
있는지 얼굴빛이 흐리다.

『고려』 [4](얼굴빛 따위가)언짢은 감정이나 근심 등으로 어두운
그늘이 있다.¶그는 아침부터 얼굴이 흐리다/이맘때쯤이면 어머
니는 자식들 등록금 걱정에 언제나 흐린 얼굴을 하고 계신다.

『금성』 [5]걱정스러운 빛이 있다.¶안색이 흐리다.

사. 『고려』 [6](어떤 일이)떳떳하거나 깨끗하지 못하여 꺼림칙하
다.¶그는 항상 뒤끝이 흐리다/그녀는 자신이 하는 일에 대해서
조금이라도 흐린 부분을 남기는 사람이 아니다.

아. 『고려』 [7](목소리가)낮고 약해 똑똑하게 들리지 않을 정도이
다.¶오빠는 울다 지쳐 흐린 목소리로 그녀에게 말했다/언니의
흐린 전화 음성을 들으며 나는 그녀가 다소 걱정스러웠다.

자. 『고려』 [9](분위기 따위가)우울하거나 심각하다.¶아침부터 무슨
일이 있었는지 교실 분위기가 흐렸다.

(60마)에서 날씨에 관한 내용을 기술하고 있으나 실제로는 하늘이라는 공간에 구름이나 안개 등이 끼어 어둡다는 의미를 가리킨다. 따라서 주체는 하늘이고 (하늘이) 구름이나 안개 등이 끼어 어둡다고 정리할 수 있다.

(60사)에서는 (어떤 일이) 떳떳하거나 깨끗하지 못하여 꺼림칙하다고 기술하고 있고, (60라)의 셈 따위를 확실히 하지 못하다는 것은 계산하는 일이 깨끗하거나 깔끔하게 처리되지 못한다는 것을 의미한다. 따라서 (60사, 라)는 별개의 단의가 아니라 하나의 단의로 처리하여 (일이) 깨끗하게 처리되지 못한다고 할 수 있다.

(60차)의 주체는 분위기인데 이는 유쾌함이나 불쾌함 따위의 감정을 의미하는 것이다. 이는 (60바)의 표정 주체와 같은 것이라고 할 수 있으므로 (60차)와 (60바)는 하나의 단의로 간주되어야 한다.

위 세 가지 사전에 제시된 '흐리다'의 의미를 재정리하면 다음과 같다.

(61) '흐리다'의 단의 후보(2)
① (기억력이나 판단력 따위가) 분명하지 않다.
② (어떤 물질이) 다른 것이 섞여 깨끗하지 못하다.
③ (문자나 도상 따위가) 뚜렷하지 않고 분명하지 않다.
④ (하늘이) 구름이나 안개 등이 끼어 어둡다.
⑤ (표정 따위가) 걱정스럽다.
⑥ (일이) 깨끗하게 처리되지 못한다.
⑦ (소리가) 낮고 약해 똑똑하게 들리지 않다.

위에 일곱 가지 단의 후보들은 주체의 특성으로 결정되는 것이므로, 이들의 논항 특성은 'A가 흐리다'로 정리될 수 있다.

①-⑦번 단의 후보의 주체는 '①번 기억력이나 판단력, ②번 물질, ③번 문자나 도상, ④번 하늘, ⑤번 표정, ⑥번 일, ⑦번 소리' 등이다. '②번 물질, ③번 문자나 도상, ④번 하늘, ⑦번 소리' 주체는 구체 영역에 속하

는 반면 나머지 주체는 추상 영역에 속한다.

구체적 주체 중에서 '②번 물질, ③번 문자나 도상, ④번 하늘'은 형체가 있으므로 유형물에 속하고 '⑦번 소리' 주체는 형체가 없으므로 무형물에 속한다. 추상적 주체인 '①번 기억력이나 판단력, ⑤번 표정, ⑥번 일' 가운데 ①⑤번은 정신 영역에 속하고 ⑥번은 사건 영역에 속한다. 따라서 주체에 따른 '흐리다'의 단의 분류는 다음과 같다.

[표 29] '흐리다'의 단의 분류

논항 특성	주체(A)			단의 후보 번호
A가 흐리다	구체	유형물	물질	②
			문자나 도상	③
			'하늘'	④
		무형물	소리	⑦
	추상	정신	표정	⑤
			기억력이나 판단력	①
		사건	일	⑥

각 단의 후보의 순서를 배열하면 첫째, 주체가 구체에서 추상으로 확장되는 것을 고려해서 ②③④⑦번의 순서는 ①⑤⑥보다 앞에 놓일 수 있다.

둘째, ②③④⑦번 가운데 ②③④번은 유형물인 반면에 ⑦번은 무형물에 속한다. 유형물은 무형물보다 구체성이 크므로 ②③④번의 순서는 ⑦보다 앞에 있다고 할 수 있다.

셋째, ②③④번 가운데 ②번 물질 주체는 제한을 가장 적게 받는다고 말할 수 있고 ④번에서 주체로 선택되는 어휘는 특정 단어인 '하늘'이므로 제한을 가장 많이 받는다고 할 수 있다. 따라서 ②③④번의 순서는 ②번은 앞에 있고 ③번은 중간에 있으며, ④번은 뒤에 있다고 할 수 있다.

넷째, ①⑤⑥번에서 ①⑤번은 사람의 내재적 정신과 관련된 주체들인데 이와 비교하면 ⑥번의 주체는 사람과 관련성이 없는 것으로 보인다. 따라서 ①⑤번의 순서는 ⑥번보다 앞에 있다고 할 수 있다.

다섯째, ①⑤번 중 ⑤번의 표정 주체는 내재적인 심리 정서가 얼굴의 변화를 통해 확인되는 외재적인 모습이다. 이에 따라 표정 주체는 외재적인 특성을 갖는다. 반면에 ①번의 주체는 능력에 관한 것인데 이는 내재적인 특성이 강하다. 따라서 ⑤번의 순서는 ①번보다 앞에 있다고 할 수 있다.

위 내용을 통해 한국어 '흐리다'의 단의 순서는 ②③④⑦⑤①⑥로 배열될 수 있고 그 단의는 다음과 같이 정리된다.

(62) '흐리다'의 단의
  ① (어떤 물질이) 다른 것이 섞여 깨끗하지 못하다.
  ② (문자나 도상 따위가) 뚜렷하지 않고 분명하지 않다.
  ③ (하늘이) 구름이나 안개 등이 끼어 어둡다.
  ④ (소리가) 낮고 약해 똑똑하게 들리지 않다.
  ⑤ (표정 따위가) 걱정스럽다.
  ⑥ (기억력이나 판단력 따위가) 분명하지 않다.
  ⑦ (일이) 깨끗하게 처리되지 못한다.

'흐리다'의 각 단의 가운데 대표가 되는 원형의미는 출현 제약이나 의미적 환경의 영향을 되도록 적게 받는 구체적 환경에서 실현되는 것으로 결정된다. 그러므로 위에 제시된 단의 가운데에서 가장 기본적인 것은 물질 주체에서 드러나는 ①번에서 찾을 수 있다. 따라서 ①번은 '흐리다'의 원형의미로 간주된다.

②번의 문자나 도상 주체에서 문자나 도상이 모호하고 구별하지 못한다는 내용은 ①번 여러 물질이 다른 것이 섞여 깨끗하지 않고 구별하지 못한다는 내용과 유사성을 갖고 있는 것으로 보인다. 따라서 ②번의 문자나

도상 주체는 시각적 감각 대상으로 ①번 단의에서 유사성에 의해 확장된 은유적인 의미라고 할 수 있다. ③번 하늘 주체는 시각의 감각 대상으로서 햇볕이 밝지 않고 보기 어둡다(깨끗하지 않다)는 것이 역시 ①번과 유사성을 갖고 있어 ①번의 은유적인 확장의미라 할 수 있다. ④번 소리 주체는 청각의 감각 대상이므로 이는 시각의 감각 대상인 ①번에서 유사성에 의해 확장된 것이라 할 수 있다. 따라서 ④번은 역시 ①번에서 확장된다. ⑤번에서 내재적인 어두운 심리 상태를 겉모습으로 표현하는 내용이므로 이는 환경의 어두움을 하늘의 모습으로 표현한다는 내용과 유사성을 갖고 있어 ⑤번은 ③번의 은유적인 확장의미라고 할 수 있다. ⑥번 기억력이나 판단력은 무엇에 관한 능력인데 ②번 문자나 도상을 식별하는 능력과 유사성을 갖고 있으므로 ⑥번은 ②번에서 확장된 은유적 의미라 할 수 있다. ⑦번은 (일이) 깨끗하게 처리되지 못한다는 것이 (물질이) 다른 것이 섞여 깨끗하지 못하다는 의미에서 주체가 구체적인 물질에서 추상적인 행위(일처리)로 '깨끗하지 못함'이라는 요소에 의해 유사성에 따라 확장된 은유적 의미라고 할 수 있다. 결국 ⑦번은 ①번에서 확장된다고 할 수 있다.

이상은 한국어 '흐리다'의 단의 확장 양상에 관한 기술이다. 표로 정리하면 다음과 같다.

[표 30] 한국어 '흐리다'의 단의 확장 양상

의미 확장 양상	단의
④ ↑ ② ← ① → ③ ↓　↓　↓ ⑥　⑦　⑤	① (어떤 물질이) 다른 것이 섞여 깨끗하지 못하다. ② (문자나 도상 따위가) 뚜렷하지 않고 분명하지 않다. ③ (하늘이) 구름이나 안개 등이 끼어 어둡다. ④ (소리가) 낮고 약해 똑똑하게 들리지 않다. ⑤ (표정 따위가) 걱정스럽다. ⑥ (기억력이나 판단력 따위가) 분명하지 않다. ⑦ (일이) 깨끗하게 처리되지 못한다.

앞서 '흐리다'의 단의 확장 양상을 살펴보았다. 이 단의를 토대로 '흐리다'의 단의 분포 양상을 그리면 아래와 같다.

[그림 14] 한국어 '흐리다'의 단의 분포 양상

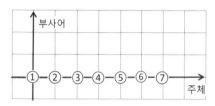

위에서 정리된 '흐리다'의 단의 분포 양상을 보면 '흐리다'의 의미 변화에 부사어의 영향을 받지 않고 주체의 영향만 받으며 주체의 추상화에 따라 의미 변화가 일어난 것을 확인할 수 있다.

3.2.2.2. '渾'

'渾'의 뜻풀이는 『現代漢語詞典』, 『新華字典』, 『新編漢語形容詞詞典』에서 모두 2개를 제시하고 있다. 구체적인 내용을 정리하면 다음과 같다.

(63) '渾'의 단의 후보(1)
　　가. 『現代』 [1]渾濁.(혼탁하다.)¶水渾了(물이 흐려졌다)
　　　　『新華』 [1]水不淸.(물이 맑지 못하다.)¶渾水(흐린 물)
　　　　『新編』 [1]水不淸, 渾濁(물이 맑지 못하고 혼탁하다.)¶渾水(흐린 물)
　　나. 『現代』 [2]糊塗, 不明事理.(멍청하다, 사리에 불명하다.)¶渾人(멍청한 사람)
　　　　『新華』 [2](性格)糊塗.((성격이) 멍청하다.)¶渾人(멍청한 사람)/渾話헛소리
　　　　『新編』 [2]糊塗, 不明事理.(멍청하다, 사리에 불명하다.)¶渾人(멍청한 사람)

(63가)에서 물이 다른 것이 섞여 깨끗하지 못하다는 내용을 기술되고 있으나 주체가 물뿐만 아니라 강수, 음료수, 용액 등 다양한 액체가 쓰일 수 있고 공기도 쓰일 수 있어 물질이라는 용어를 사용하고 (63가)의 의미는 (어떤 물질이) 다른 것이 섞여 깨끗하지 못하다고 기술된다.

(63나)에서 의미가 멍청하다고 기술되는데 그의 주체가 성격인 것을 볼 수 있다. 따라서 (63나)의 의미는 재정리하여 (성격이) 멍청하다고 기술될 수 있다. '渾'의 단의 후보는 재정리하면 다음과 같다.

(64) '渾'의 단의 후보(2)
　　① (物質)混濁.((어떤 물질) 다른 것이 섞여 깨끗하지 못하다.)
　　② (性格)糊塗.((성격이) 멍청하다.)

'渾'의 두 가지 단의 후보의 논항 특성은 모두 '주체(A)+渾'의 구조이다. A자리에 있는 주체는 '①번 물질, ②번 성격' 등이다. 따라서 주체에 따른 '渾'의 단의 분류는 다음과 같다.

[표 31] '渾'의 단의 분류

논항 특성	주체(A)		단의 후보 번호
A+渾	구체	액체	①
	추상	성격	②

주체에 따라 구체에서 추상으로 확장되는 원리를 고려해 ①번의 순서는 ②번의 앞에 있다고 할 수 있다. 따라서 '渾'의 순서는 ①②로 배열될 수 있고 단의는 다음과 같이 정리된다.

(65) '渾'의 단의

　　❶ (物質)混濁.((어떤 물질) 다른 것이 섞여 깨끗하지 못하다.)

　　❷ (性格)糊塗.((성격이) 멍청하다.)

'渾'의 두 가지 단의 중 ❶번 단의는 가장 기본적이어서 '渾'의 원형의
미로 간주될 수 있다. ❷번은 성격이 멍청하고 일을 깨끗하게 처리하지 못
한다는 내용을 가리킨 것인데 이는 구체적 물질 주체에서 유사성에 의해
확장된 은유적인 의미라고 할 수 있다. 따라서 '渾'의 단의 확장 양상을 표
로 정리하면 다음과 같다.

[표 32] 중국어 '渾'의 단의 확장 양상

의미 확장 양상	단의
❶ ↓ ❷	❶ (物質)混濁.((어떤 물질) 다른 것이 섞여 깨끗하지 못하다.) ❷ (性格)糊塗.((성격이) 멍청하다.)

앞서 중국어 '渾'의 단의 분포 양상을 살펴보았다. 이를 토대로 '渾'의
단의 분포 양상을 제시하면 아래와 같다.

[그림 15] 중국어 '渾'의 단의 분포 양상

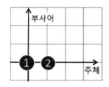

위에서 정리된 '渾'의 단의 분포 양상을 보면 '渾'의 의미 변화에 부사어
의 영향을 받지 않고 주체의 영향만 받으며 주체의 추상화에 따라 의미 변
화가 일어난 것을 확인할 수 있다.

3.2.2.3. '흐리다'와 '渾'의 대조

한국어의 '흐리다'는 일곱 가지 단의를 갖는 다의어이고 중국어의 '渾'은 두 가지 단의를 갖는 다의어이므로 꽤 큰 차이가 있다고 말할 수 있다. 우선, 대응관계에 대해 살펴보자.

(66) 가. 흐린 물.
　　가'. 渾水.
　　나. 공기가 흐리다.
　　나'. 空氣很渾.

위 예문에서 한국어의 '흐리다'와 중국어의 '渾'은 액체나, 기체가 주체가 될 때 (어떤 물질이) 다른 것이 섞여 깨끗하지 못하다는 의미를 공통적으로 갖고 있어 서로 대응관계에 있다. 그러나 미시적으로 한국어 '흐리다'의 주체가 고체일 수 있는 반면에 중국어 '渾'의 주체는 고체나 기체일 수 없다.

(67) 가. 눈이 흐리다.
　　가'. *渾的眼睛.
　　가''. 渾濁的眼睛.
　　나. 흐린 공기.
　　나'. *渾的空氣.
　　나''. 渾濁的空氣.

위 예문을 보면 한국어의 '흐리다'가 (어떤 물질) 다른 것이 섞여 깨끗하지 못하다는 의미를 나타낼 때 '눈'과 같이 신체 어휘가 주체가 될 수 있는 양상을 볼 수 있다. 이러한 상황에서 중국어의 '渾'은 쓰일 수 없고 '渾'은 '濁(탁하다)'과 결합해 복합형용사의 구성으로 '흐리다'와 대응한다.

한편 차이점은 다음과 같다. 첫째, 한국어 '맑다'의 단의 가운데 (하늘이)

구름이나 안개 등이 끼어 어둡다는 것이 있는데, 중국어 '渾'은 이러한 단
의가 없다.

(68) 가. 하늘이 잔뜩 <u>흐리다</u>.
　　가'. *天空很<u>渾</u>.
　　가". 天空很<u>陰</u>.
　　나. <u>흐린</u> 하늘.
　　나'. *<u>渾</u>天.
　　나". <u>陰</u>天.

위 예문에서 '흐리다'는 (하늘이) 구름이나 안개 등이 끼어 어둡다는 뜻
을 의미하는데, 중국어의 '渾'은 사용될 수 없고 명암 의미인 '陰'을 대신
사용한 것을 볼 수 있다.

둘째, 한국어 '흐리다'의 주체가 문자나 도상 따위가 되어 뚜렷하지 않
고 어렴풋하다는 뜻을 표현할 수 있다. 이와 비교하면 중국어 '渾'에는 이
러한 경우가 없다.

(69) 가. 글씨를 <u>흐리게</u> 써서 멀리서는 잘 안 보인다.
　　가'. *字跡書寫<u>渾</u>, 離遠看不淸.
　　가". 字跡書寫<u>模糊</u>, 離遠看不淸.
　　나. 도상이 <u>흐려서</u> 자막이 안 보인다.
　　나'. *圖像<u>渾</u>, 字幕看不淸.
　　나". 圖像<u>模糊</u>, 字幕看不淸.

위 예문을 통해 중국어 '渾'의 사용이 불가능하고, 복합형용사 '模糊(모호
하다)'를 대신 사용하여 한국어의 '흐리다'와 대응관계를 맺는 것을 확인할
수 있다.

셋째, 한국어의 '흐리다'가 (소리가) 낮고 약해 똑똑하게 들리지 않다는

의미를 갖고 있는 반면에 중국어의 '渾'은 그러한 의미를 갖고 있지 않다.

> (70) 가. 오빠는 울다 지쳐 <u>흐린</u> 목소리로 그녀에게 말했다.
>   가'. *哥哥停止了哭泣, 用<u>渾</u>的聲音對她說.
>   가". 哥哥停止了哭泣, 用<u>低沉</u>的聲音對她說.
>   나. 언니의 <u>흐린</u> 전화 음성을 들으며 나는 그녀가 다소 걱정스러
>   웠다.
>   나'. *聽了姐姐在電話里<u>渾</u>的聲音, 我多少對她産生了擔心之意.
>   나". 聽了姐姐在電話里<u>低沉</u>的聲音, 我多少對她産生了擔心之意.

가 경우 중국어는 공간 크기 형용사 '低'와 중량을 표현하는 형용사인 '沉(무겁다)'로 구성된 복합형용사를 이용해 대신 표현한다.

넷째, '흐리다'가 얼굴과 함께 쓰여 (표정 따위가) 걱정스럽다는 의미를 표현하는 경우가 있다. 그러나 '渾'은 이러한 사용 현상이 없다.

> (71) 가. 그는 아침부터 얼굴이 <u>흐리다</u>.
>   가'. *他一大早就<u>渾</u>著個臉.
>   가". 他一大早就<u>陰沉</u>著個臉.
>   나. 그는 불합격이라는 말을 듣자 얼굴을 <u>흐렸다</u>.
>   나'. *聽到自己沒考上的消息, 他的臉色<u>渾</u>了下來.
>   나". 聽到自己沒考上的消息, 他的臉色<u>陰沉</u>了下來.

위와 같이 중국어는 '渾'이 얼굴과 결합해서 쓰일 수 없고 복합형용사 '陰沉'이 대신 사용된다.

다섯째, '흐리다'는 주체가 능력 영역으로 확장되어 (기억력이나 판단력 따위가) 분명하지 않다는 의미로 사용된다. 그러나 '渾'은 이러한 의미가 없다.

> (72) 가. 그것은 너무 어렸을 때의 일이어서 기억이 <u>흐리다</u>.

　　가. *那是很小時候的事情，現在記憶渾了.

　　가'. 那是很小時候的事情，現在記憶模糊了.

　　나. 송 씨는 노령(老齡)으로 판단력이 <u>흐려서</u> 일의 결정권을 맡길
　　　　수 없다.

　　나'. *宋姓老者由於年齡過大導致判斷力漸漸<u>渾</u>，無法賦予決定權.

　　나". 宋姓老者由於年齡過大導致判斷力漸漸<u>模糊</u>，無法賦予決定權.

　중국어의 '渾'은 기억력이나 판단력과 같은 능력 주체와 결합하지 못한
다. '흐리다'가 해당 능력이 분명하지 않다는 뜻을 나타낼 때 중국어에서
는 '模糊(모호하다)'라는 어휘를 대신 사용한다.

　여섯째, (일이) 깨끗하게 처리되지 못한다는 뜻을 나타낼 때 한국어에서
는 '흐리다'를 사용할 수 있는 반면 중국어에서는 '渾'을 사용할 수 없다.

　(73) 가. 그 사람이 셈이 <u>흐려서</u> 그게 탈이에요

　　　가'. *算<u>渾</u>賬是他的一大毛病.

　　　가". 算<u>不淸</u>賬是他的一大毛病.

　　　나. 그는 셈이 <u>흐려</u> 매사에 곤란을 겪는다.

　　　나'. *他計算<u>渾</u>以至於做每件事陡歷盡艱辛.

　　　나". 他計算<u>不淸</u>以至於做每件事陡歷盡艱辛.

　위와 같이 계산하는 일이 깔끔하게 처리되지 못하는 경우, 중국어에서
는 '渾'을 쓸 수 없고 '淸(맑다)'의 부정표현인 '不淸(맑지 못하다)'을 쓰는 것
을 볼 수 있다.

　일곱째, 중국어 '渾'의 주체가 성격 영역으로 확장되어 (성격이) 멍청하다
는 뜻을 가리킬 수 있으나 한국어의 '흐리다'는 이와 비슷한 현상이 없다.

　(74) 가. 這個人是個地道的渾人.

　　　가'. *이 사람은 진짜 <u>흐린</u> 사람이다.

　　　가". 이 사람은 진짜 <u>멍청한</u> 사람이다.

나. 沒想到你竟然渾到這個地步.

나'. *당신이 이렇게 <u>흐릴 줄은</u> 전혀 생각지도 못하였다.

나''. 당신이 이렇게 <u>어리석을 줄은</u> 전혀 생각지도 못하였다.

위 예문에서 중국어의 '渾'이 어리석다는 뜻을 의미할 때 한국어에서는 '흐리다'를 사용할 수 없고 상황에 따라 멍청하다, 어리석다 등 다른 형용사를 사용하는 현상을 발견할 수 있다.

다음으로 '흐리다'와 '渾'의 확장 양상을 대조해 본다. 공통적인 점을 보면 첫째, 한국어 '흐리다'와 중국어 '渾'의 주체가 구체 영역에서 추상 영역으로 확장된다. 둘째, 의미가 추상 영역으로 확장될 때 한국어의 '흐리다'와 중국어의 '渾'이 공통적으로 인간의 내재적인 정신 영역으로 확장되는 것이 확인된다.

확장 양상의 차이점을 살펴보면, 첫째, 구체 영역에서 한국어 '흐리다'는 유형물 주체 내부에서 확장되는 양상, 유형물 주체에서 무정물 주체로 확장되는 양상 등이 있는데 이와 비교하면 중국어 '渾'의 주체는 그러한 확장 양상이 발견되지 않았다. 둘째, 추상 영역에서 한국어 '흐리다'의 주체는 정신 영역 내부에서 표정 주체와 능력 주체로 확장되고 정신 영역의 한계를 넘어 사건 주체 영역으로 확장되는 양상이 있는데 이와 비교하면 중국어 '渾'의 주체는 정신 영역 내부, 성격 주체로 확장되는 양상만 발견되었다.

이상 한국어 '흐리다'와 중국어 '渾'을 대조한 내용을 정리하면 다음과 같다.

[표 33] 한국어 '흐리다'와 중국어 '渾'의 단의 확장 양상 및 대응관계

의미 확장 양상	대응관계		
	단의	흐리다	渾
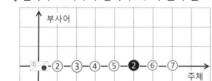	(어떤 물질이) 다른 것이 섞여 깨끗하지 못하다.	①	❶
	(문자나 도상 따위가) 뚜렷하지 않고 분명하지 않다.	②	×
	(하늘이) 구름이나 안개 등이 끼어 어둡다.	③	×
	(소리가) 낮고 약해 똑똑하게 들리지 않다.	④	×
	(표정 따위가) 걱정스럽다.	⑤	×
	(기억력이나 판단력 따위가) 분명하지 않다.	⑥	×
	(성격이) 멍청하다,	×	❷
	(일이) 깨끗하게 처리되지 못한다.	⑦	×

앞서 한국어 '흐리다'와 중국어 '渾'의 단의 확장 양상을 살펴보았다. 이 결과를 토대로 두 어휘의 단의 분포 양상은 아래와 같이 제시할 수 있다.

[그림 16] 한국어 '흐리다'와 중국어 '渾'의 단의 분포 양상 대조

위에서 제시한 결과를 보면 '흐리다'와 '渾'은 '어떤 물질이 다른 것이 섞여 깨끗하지 못하다'는 의미를 표현할 때 일치하다. 그러나 한국어 '흐리다'의 주체는 '문자나 도장, 하늘, 소리, 표정, 기억력, 일' 따위까지 확장이 일어날 수 있는데 중국어 '渾'의 단의 가운데 이와 비슷한 의미가 없다. 또한 중국어 '渾'은 '성격이 멍청하다'는 의미를 표현할 수 있지만 한국어 '흐리다'의 단의 가운데 이와 비슷한 의미를 가지지 않는다. 또한 한국어 '흐리다'와 '渾'의 의미 분포 양상을 정리하면 의미 변화에 공통적으로 주체의 영향만 받는 것을 확인할 수 있다.

3.3. 농담(濃淡)

농담(濃淡) 형용사는 한국어 '짙다, 옅다'와 중국어 '濃, 淡'을 대상으로 논의한다.

3.3.1. 짙다/濃

3.3.1.1. '짙다'

'짙다'의 뜻풀이는 『표준국어대사전』에서 7개, 『고려대 한국어대사전』에서 10개, 『금성 국어대사전』에서 4개를 제시하고 있다. 구체적인 내용을 정리하면 다음과 같다.

> (75) '짙다'의 단의 후보(1)
>
> 가. 『표준』 [1]빛깔을 나타내는 물질이 많이 들어 있어 보통 정도보다 빛깔이 강하다.¶짙은 빨강/립스틱을 짙게 바르다/화장이 짙어 얼굴이 창백해 보일 지경이다.
> 『고려』 [1](빛깔이나 색이)흐리지 않고 매우 진하다.¶선생님은 짙은 밤색 코트를 입고 계신다/그의 검정 바지는 내 바지보다 색깔이 더 짙었다/나무의 나이테는 색깔이 옅고 무른 부분과 색깔이 짙고 굳은 부분으로 되어 있다.
> 『금성』 [1]빛깔·냄새 따위가 진하다.¶짙은 밤색/장미의 짙은 향기/화장이 짙다.
> 나. 『표준』 [2]털 따위가 일정한 공간이나 범위에 많이 들어 있어 보통 정도보다 빛깔이 강하다.¶짙은 눈썹/머리숱이 짙다/턱에 수염이 짙다.
> 『고려』 [5](털이나 머리카락이)촘촘하게 자라 있다.¶선예의 머리카락은 무척 짙다/짙은 눈썹을 가진 사람은 강한 인상을 풍긴다/창규의 짙은 콧수염은 그의 나이를 열 살이나 많아 보이게 했다.

다. 『표준』[3]그림자나 어둠 같은 것이 아주 뚜렷하거나 빛깔에
아주 검은색이 있다.¶짙은 그늘/해가 지자 어둠이 짙게 깔린다./
가을이라지만 숲속의 녹음은 아직 짙다.

『고려』[4](그림자나 어둠이)아주 뚜렷하다.¶강물 위에는 짙은
산그림자가 깔려 있었다/해가 지자 대지에는 어둠이 짙게 깔리
기 시작했다/도시 생활이 숨막히게 느껴질 때 숲 그늘이 짙게
드리운 고향의 빈 골짜기는 나에게 언제나 좋은 휴식처가 되어
주었다.

라. 『표준』[4]안개나 연기 따위가 자욱하다.¶짙은 담배 연기/짙은
안개 속에서 길을 잃었다./하늘에 구름이 짙게 끼더니 이내 비
가 쏟아진다.

『고려』[3](안개나 연기 따위가)몹시 자욱하다.¶오늘 아침 뒷산
의 안개가 유난히 짙다/산 저쪽에서 짙은 연기가 솟아오른다/기
현이는 짙은 담배 연기 때문에 숨쉬기가 곤란했다.

『금성』[2]안개·연기 등이 자욱하다.¶짙은 안개가 끼다.

마. 『표준』[5]액체 속에 어떤 물질이 많이 들어 있어 진하다.¶농도
가 짙은 용액/커피를 짙게 타다.

『고려』[10](액체나 기체가)그 속에 녹아 있거나 포함된 물질이 많
아 농도가 강하다.¶영미는 항상 커피를 너무 짙게 타는 것 같다.

『금성』[4]액체의 농도가 높다.¶커피를 짙게 타다.

바. 『표준』[6]일정한 공간에 냄새가 가득 차 보통 정도보다 강하
다.¶짙은 꽃향기/그녀에게서 향수 냄새가 짙게 풍긴다./하갱으로
내려갈수록 화약 냄새가 짙게 풍겨 오고 연기가 눈을 찌른다.

『고려』[9](맛이나 냄새가)정도가 강하다.¶나는 장미의 짙은 향
기에 취해 정신이 몽롱해지는 것 같았다/강어귀를 거쳐 불어오
는 실바람은 짙은 풀 냄새를 싣고 왔다.

사. 『표준』[7]드러나는 기미, 경향, 느낌 따위가 보통 정도보다 뚜
렷하다.¶짙은 우수/고향에 대한 짙은 향수/의혹이 짙다/패색이
짙다/가을이 짙어 가다/그 용의자는 혐의가 짙다./정변이 일어날
가능성이 짙다./얼굴에 병색이 짙게 퍼져 있다./얼굴에 수심의
그늘이 짙게 드리워져 있다./초기의 부족장은 제사장의 성격이
짙다

『고려』[7](의심이나 의혹이)많이 가는 상태이다.¶그 용의자는 살인을 저지른 혐의가 짙다/김 의원이 기업으로부터 뇌물을 받았다는 의혹이 짙다.

아. 『고려』[2](느낌이나 성질이)강하거나 두드러지다.¶그의 이번 소설은 서정적 성격이 짙다/그 영화는 마지막에 짙은 여운을 남겼다/서울의 교통 대책은 졸속에 치우친 느낌이 짙다/원자 폭탄의 투하로 일본은 패색이 짙어 갔다/모험심이 약한 사람은 현실에 안주하려는 경향이 짙다/결국 검찰은 세무서 비리에 대한 수사에 착수하긴 했지만 여론에 떠밀린 듯한 인상이 짙다.

자. 『고려』[6](가능성이)크거나 높다.¶그 일은 실패할 가능성이 짙다/그렇게 하면 또 다른 문제를 야기할 소지가 짙다.

차. 『고려』[8](풀이나 나무가)촘촘하게 우거져 빽빽하고 울창하다.¶이곳은 사방의 산에 수목이 짙고 또 땅들이 기름지기 때문에 옛날부터 농사짓는 곳으로는 손을 꼽았다/그날 아침에는 엄청난 너도밤나무와 향나무가 우거진 짙은 숲 사이로 여름의 햇살이 무겁게 비껴들고 있었다.

『금성』[3](풀이나 나무 등이) 빽빽하다.¶짙은 녹음이 우거지다.

(75가)에서 『금성』[1]의 사전적 의미를 보면 빛깔·냄새 따위가 진하다는 내용이 기술되어 있다. 그런데 빛깔이 진하다는 것과 냄새가 강하다는 내용은 별개의 의미이므로 하나의 단의로 간주될 수 없으므로 구별될 필요가 있다.

(75바)에서 냄새가 강하다는 내용은 공기 중의 어떤 물질(기체) 성분이 많다는 뜻을 가리킨다. 이는 (75마)에 제시된 의미와 같은 의미를 가리키기 때문에 통합될 필요가 있다.

(75나)에서 (털이나 머리카락이) 촘촘하게 자라 있다는 내용과 (75차)에서 (풀이나 나무 등이) 빽빽하다는 내용은 주체가 다르지만 같은 의미이다. 따라서 하나의 단의로 간주하여 (모발이나 식물이) 촘촘하게 자라 있다고 기술할 수 있다.

(75다)에서 그림자나 어둠 같은 것이 아주 뚜렷하거나 빛깔에 아주 검은 색이 있다는 내용은 그림자와 어둠의 검은 색채가 진하다는 뜻이다. 이는 (75가)와 공통적으로 색채를 가리키므로 하나의 단의로 간주되어야 한다.

(75라)에서 안개나 연기가 자욱하다는 의미는 공기 중의 안개 혹은 연기가 많이 들어 있어 진하다는 뜻을 가리킨다. 즉, 기체 속에 어떤 물질이 많이 들어 있어 진하다고 정리될 수 있다. 이는 (75마)의 의미와 비교하면 대상 사물이 무엇인지가 다르지만 같은 의미를 가리킨다고 할 수 있다. 따라서 (75라)와 (75마)는 하나의 단의로 보고 액체나 기체 속에 어떤 물질이 많이 들어 있어 진하다로 정리된다.

(75사)에서 기미가 보통 정도보다 뚜렷하다는 것이 맛이나 냄새가 강하다는 내용이므로 이는 (75바)의 의미와 통합될 수 있다.

(75사)의 『고려』[7]에서 (의심이나 의혹이) 많이 가는 상태는 어떤 느낌이 강하다 즉, 어떤 감정의 정도가 보통 정도보다 넘는다는 것을 가리킨다. (75아)에서 (성질이) 강하거나 두드러지다는 내용은 어떤 성질의 정도가 보통 정도보다 넘는다는 내용을 의미한다. (75자)에서 가능성이 높다는 것은 확률이 보통 정도보다 넘는다는 내용을 가리킨다. 결국 (75사, 아, 자)는 같은 의미를 가리키므로 하나의 단의로 볼 수 있고 (느낌, 성질, 확률의 정도가) 보통정도보다 넘는다고 기술될 수 있다. 위 내용을 통해 '짙다'의 단의를 재정리하면 다음과 같다.

> (76) '짙다'의 단의 후보(2)
> ① (빛깔이) 진하다.
> ② (모발이나 식물이) 촘촘하게 자라 있다.
> ③ (액체나 기체 속에 어떤 물질이) 많이 들어 있어 진하다.
> ④ (느낌, 성질, 확률 따위가) 그 정도가 보통 정도를 넘다.

위에 네 가지 단의 후보들은 한 가지 요소 즉, 주체만 요구하는 논항 특

성을 갖는다. 'A가 짙다'로 표기된다. 각 단의 후보의 주체에 따라 단의의
실현 환경을 보면 ①번 빛깔, ②번 모발이나 식물, ③번 물질 주체는 구체
영역에 속한다. 반면, ④번 정도 주체는 추상 영역에 속한다고 할 수 있다.

[표 34] '짙다'의 단의 분류

논항 특성	주체(A)			단의 후보 번호
A가 짙다	구체	유형물	물질	③
			모발이나 식물	②
			빛깔	①
	추상	정도	느낌, 성질, 확률	④

각 단의 후보의 순서를 배열하면 첫째, 주체가 구체에서 추상으로 확장
되는 원리에 의해 ①②③번의 순서는 ④번보다 앞에 있다고 할 수 있다.

둘째, ①②③번 가운데 ①번 빛깔을 갖는 구체적 사물은 고체, 기체, 액
체 등 모두 가능하다. ②번 모발이나 식물 주체에서 주체로 선택되는 대상
은 고체이다. 또, ③번에서 주체로 선택되는 어휘는 액체나 기체 속에 존
재하는 어떤 물질이다. 이는 액체, 기체 등에 해당한다. 결국 ①②③번에
서 주체가 제한을 가장 적게 받는 것이 ①번이고 가장 많이 받는 것이 ②
번이다. 따라서 ①번의 순서는 앞에 있고 ③번은 중간에 있으며, ②번은
뒤에 있다고 할 수 있다.

위 내용을 통해 한국어 '짙다'의 단의 순서는 ①③②④로 배열될 수 있
고 그 단의는 다음과 같이 정리된다.

    (77) '짙다'의 단의 후보(2)
      ① (빛깔이) 진하다.
      ② (액체나 기체 속에 어떤 물질이) 많이 들어 있어 진하다.
      ③ (모발이나 식물이) 촘촘하게 자라 있다.
      ④ (느낌, 성질, 확률 따위가) 그 정도가 보통 정도를 넘다.

'짙다'의 각 단의 가운데 대표가 되는 원형의미는 출현 제약이나 의미적 환경의 영향을 되도록 적게 받는 구체적 환경에서 실현되는 것으로 결정된다. 그러므로 위에 제시된 단의 가운데에서 가장 기본적인 것은 ①번에서 찾을 수 있다. 따라서 ①번은 '짙다'의 원형의미로 간주된다.

①번에서 (빛깔이) 진하다는 것은 빛깔을 나타내는 물질이 많이 들어 있어 보통 정도보다 빛깔이 강하다는 내용을 가리키는 것이다. 따라서 실제 빛깔을 갖는 사물은 고체, 액체, 기체 등 모두 가능하다. ②번의 주체는 기체와 액체인 경우이고 ③번의 주체는 고체인 경우이다. 결국 ②③번은 모두 ①번에서 보통 정도 넘다는 특성에 의해 확장된 은유적 의미라 할 수 있다. ④번의 주체는 추상적인 느낌, 성질, 확률 등이고 보통 정도를 넘다는 뜻을 의미한다. 따라서 이는 역시 ①번에서 유사성에 의해 확장된 은유적 의미라 할 수 있다.

이상은 한국어 '짙다'의 단의 확장 양상에 관한 기술이다. 표로 정리하면 다음과 같다.

[표 35] 한국어 '짙다'의 단의 확장 양상

의미 확장 양상	단의
② ← ① → ③ ↓ ④	① (빛깔이) 진하다. ② (액체나 기체 속에 어떤 물질이) 많이 들어 있어 진하다. ③ (모발이나 식물이) 촘촘하게 자라 있다. ④ (느낌, 성질, 확률 따위가) 그 정도가 보통 정도를 넘다.

앞서 '짙다'의 단의 확장 양상을 살펴보았다. 이 단의를 토대로 '짙다'의 단의 분포 양상을 그리면 아래와 같다.

[그림 17] 한국어 '짙다'의 단의 분포 양상

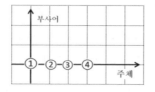

위에서 정리된 '짙다'의 단의 분포 양상을 보면 '짙다'의 의미 변화에 부사어의 영향을 받지 않고 주체의 영향만 받으며 주체의 추상화에 따라 의미 변화가 일어난 것을 확인할 수 있다.

3.3.1.2. '濃'

'濃'의 뜻풀이는 『現代漢語詞典』에서 3개, 『新編漢語形容詞詞典』에서 4개, 『新華字典』에서 2개를 제시하고 있다. 구체적인 내용을 정리하면 다음과 같다.

　(78) '濃'의 단의 후보(1)
　　　가. 『現代』[1]液體或氣體中所含的某種成分多.(액체나 기체 중 어떤
　　　　　　성분이 많다.)¶濃墨(짙은 먹물)/濃茶(농차)
　　　　　『新華』[1]含某種成分多.(어떤 성분이 많다.)¶濃茶(농차)/濃煙(짙
　　　　　은 연기)
　　　　　『新編』[1]液體或氣體等所含的某種成分多, 稠密.(액체나 기체 중
　　　　　어떤 성분이 많다.)¶濃煙(짙은 연기)/濃茶(농차)
　　　나. 『現代』[2]顔色深.(빛깔이 진하다.)¶濃綠(농녹색)/濃妝(짙은 화장)
　　　　　『新編』[2]深, 形容顔色, 色彩和天色.(진하다.)¶顔色濃(색이 짙다)
　　　다. 『現代』[3]程度深.(정도가 높다.)¶興趣濃(흥미가 매우 높다)
　　　　　『新華』[3]深厚.(깊다.)¶感情濃(감정이 농후하다)
　　　　　『新編』[3]程度深.(정도가 높다.)¶興趣濃(흥미진진하다)
　　　라. 『新編』[4]眉毛茂盛(눈썹이 숱지다.)¶眉毛濃(눈썹이 진하다)

(78다)에서 정도가 심하다는 의미를 제시하였는데 여기서 주체는 생략

되었다. 보충하면 취미, 감정의 정도가 보통정도를 넘다로 기술될 수 있다. 위에 제시된 '濃'의 사전적 의미를 재정리하면 다음과 같다.

(79) '濃'의 단의 후보(2)

    ① 液體或氣體所含某種成分多((액체나 기체 속에 어떤 물질이) 많이 들어 있어 진하다.)

    ② 顔色深((빛깔이) 진하다.)

    ③ 興趣感情等程度深((취미, 느낌 따위) 그 정도가 보통 정도를 넘다.)

    ④ 毛髮植物茂盛((모발이나 식물이) 촘촘하게 자라 있다.)

위에 네 가지 단의 후보들은 한 가지 요소 즉, 주체만 요구하는 논항 특성을 갖는다. 'A+濃'로 표기된다. 각 단의 후보의 주체에 따라 단의의 실현 환경을 보면 ①번 물질, ②번 빛깔, ④번 모발이나 식물은 구체성을 갖고 있다. 즉 구체 영역에 속한다. 반면, ③번 취미, 느낌은 추상성을 갖고 있다. 즉 추상 영역에 속한다.

구체 영역 내부, ①번 고체, 기체, 액체로 구성된 물질 주체와 ④번 모발이나 식물은 유형물에 속하고 ②번 빛깔 주체는 유형물에 속한다. 주체에 따라 '濃'의 단의 분류는 다음과 같다.

[표 36] 중국어 '濃'의 단의 분류

논항 특성	주체(A)			단의 후보 번호
A+濃	구체	유형물	물질	①
			모발이나 식물	④
			빛깔	②
	추상	정도	취미, 느낌	③

각 단의 후보의 순서를 배열하면 첫째, 주체가 구체에서 추상으로 확장

되는 원리에 따라 ③번의 순서는 ①②④번보다 뒤에 있다고 할 수 있다.

둘째, ①②④번 가운데 ②번 빛깔을 갖는 구체적 사물은 고체, 기체, 액체 등 모두 가능하다. ④번 모발이나 식물 주체에서 주체로 선택되는 대상은 고체임을 볼 수 있다. 또, ①번에서 주체로 선택되는 어휘는 액체나 기체 속에 존재하는 어떤 물질이다. 이는 액체, 기체 등에 해당한다. 결국 ①②④번에서 주체가 제한을 가장 적게 받는 것이 ②번이고 가장 많이 받는 것이 ④번이다. 따라서 ②번의 순서는 앞에 있고 ①번은 중간에 있으며, ④번은 뒤에 있다고 할 수 있다.

셋째, 구체적 주체 내부 제한을 가장 적게 받는 것이 물질 주체인 ①번이다. 이는 광선 의미 가운데 농담 의미를 갖는다고 할 수 있다. ②번 빛깔 주체는 광선 의미 가운데 명암 의미를 갖고 있음을 볼 수 있다. 따라서 ①번과 ②번은 공통적으로 광선 특성을 갖고 있어 밀접한 관계를 맺는다. 그러므로 ②번의 순서는 ④번의 앞에 놓일 수 있다.

위 내용을 통해 중국어 '濃'의 단의 순서는 ②①④③로 배열될 수 있고 단의는 다음과 같이 정리된다.

> (80) '濃'의 단의
> ❶ 顔色深((빛깔이) 진하다.)
> ❷ 液體或氣體所含某種成分多((액체나 기체 속에 어떤 물질이) 많이 들어 있어 진하다.)
> ❸ 毛髮植物茂盛((모발이나 식물이) 촘촘하게 자라 있다.)
> ❹ 興趣感情等程度深((취미, 느낌 따위) 그 정도가 보통 정도를 넘다.)

'濃'의 단의 가운데 대표가 되는 원형의미는 출현 제약이나 의미적 환경의 영향을 되도록 적게 받는 구체적 환경에서 실현되는 것으로 결정된다. 그러므로 위에 제시된 단의 가운데에서 가장 기본적인 것은 ❶번에서 찾을 수 있다. 따라서 ❶번은 '濃'의 원형의미로 간주된다.

❶번에서 (빛깔이) 진하다는 것은 빛깔을 나타내는 물질이 많이 들어 있어 보통 정도보다 빛깔이 강하다는 내용을 가리키는 것이다. 따라서 실제 빛깔을 갖는 사물은 고체, 액체, 기체 등 모두 가능하다. ❷번의 주체는 기체와 액체인 경우이고 ❸번의 주체는 고체인 경우이다. 결국 ❷❸번은 모두 ❶번에서 보통 정도를 넘다는 특성에 의해 확장된 은유적 의미라 할 수 있다. ❹번의 주체는 추상적인 취미, 느낌 등이고 보통 정도를 넘다는 것을 의미한다. 따라서 이는 역시 ❶번에서 유사성에 의해 확장된 은유적 의미라 할 수 있다.

이상은 중국어 '濃'의 단의 확장 양상에 관한 기술이다. 표로 정리하면 다음과 같다.

[표 37] 중국어 '濃'의 단의 확장 양상

의미 확장 양상	단의
❷ ← ❶ → ❸ ↓ ❹	❶ 顔色深(빛깔이) 진하다. ❷ 液體或氣體中所含的某種成分多(액체나 기체 속에 어떤 물질이) 많이 들어 있어 진하다. ❸ 毛髮植物茂盛((모발이나 식물이) 촘촘하게 자라 있다.) ❹ 興趣感情等程度深((취미, 느낌 따위) 그 정도가 보통 정도를 넘다.)

앞서 '濃'의 단의 확장 양상을 살펴보았다. 이 단의를 토대로 '濃'의 단의 분포 양상을 아래와 같이 제시할 수 있다.

[그림 18] 중국어 '濃'의 단의 확장 양상

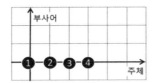

위에서 정리된 '濃'의 단의 분포 양상을 보면 '濃'의 의미 변화에 부사어의 영향을 받지 않고 주체의 영향만 받으며 주체의 추상화에 따라 의미 변화가 일어난 것을 확인할 수 있다.

3.3.1.3. '짙다'와 '濃'의 대조

한국어 '짙다'와 '濃'이 공통적으로 네 가지 단의가 있는 것을 정리하였다. 비교 결과 두 형용사의 네 가지 단의가 모두 대응관계에 있다.

> (81) 가. <u>짙은</u> 가래를 한 번 콱 뱉었다.
> 가'. 吐了一口<u>濃</u>痰.
> 나. <u>짙은</u> 향기가 사람을 취하게 하다.
> 나'. <u>濃</u>香醉人.
> 다. 한 줄기의 <u>짙은</u> 연기.
> 다'. 一股<u>濃</u>煙.
> 라. <u>짙은</u> 눈썹과 부리부리한 눈.
> 라'. <u>濃</u>眉大眼.
> 마. 녹음이 <u>짙다</u>.
> 마'. 綠蔭很<u>濃</u>.
> 바. 화장이 <u>짙고</u> 차림새가 요염하다.
> 바'. <u>濃</u>妝艷抹.
> 사. 색이 <u>짙다</u>.
> 사'. 顏色<u>濃</u>.
> 아. <u>짙은</u> 향수(鄕愁)가 사람을 견디기 힘들게 한다.
> 아'. 鄕愁之<u>濃</u>讓人難以消瘦.
> 자. 그의 이번 소설은 서정적 성격이 <u>짙다</u>.
> 자'. 他這次的小說抒情風格很<u>濃</u>.

위와 같이 공통점으로는 첫째, (81가-다')에서 한국어 '짙다'와 중국어 '濃'은 공통적으로 (액체나 기체 속에 어떤 물질이) 많이 들어 있어 진하다는 원형의미를 갖고 있다. 둘째, (81라–마')의 내용을 보면 (모발이) 촘촘하게 자라 있다는 의미를 나타낼 때 '짙다'와 '濃'은 같은 의미를 가지므로 대응관계에 있다. 셋째, (81바–사')와 같이 (빛깔이) 진하다는 의미 또한 '짙다'와 '濃'에서 모두 확인된다. 넷째, (81아–자')에서 사람의 감정(느낌), 소설의 특징 등에 대해 그 정도가 높다는 내용이 발견되는데, 여기에서도 한국어 '짙다'와 중국어 '濃'이 대응관계에 있다.

다음으로 '짙다'와 '濃'의 확장 양상을 대조해 본다. '짙다'와 '濃'은 주체가 구체 영역에서 추상 영역으로 확장되는 것이 공통적이다. 그리고 구체 영역의 유형물 주체에서 무형물 주체로 확장되고 그 다음으로 추상적인 정도 주체로 확장되는 양상 또한 모두 발견되었다.

이상 한국어 '짙다'와 중국어 '濃'을 대조한 내용을 정리하면 다음과 같다.

[표 38] 한국어 '짙다'와 중국어 '濃'의 단의 확장 양상 및 대응관계

의미 확장 양상	대응관계		
	단의	짙다	濃
②/❷ ← ①/❶ → ③/❸ ↓ ④/❹	(빛깔이) 진하다.	①	❶
	(액체나 기체 속에 어떤 물질이) 많이 들어 있어 진하다.	②	❷
	(모발이) 촘촘하게 자라 있다.	③	❸
	(느낌, 성질 따위가) 그 정도가 보통을 넘다.	④	❹

앞서 한국어 '짙다'와 중국어 '濃'의 단의 확장 양상 및 대응관계를 살펴보았다. 이 단의를 토대로 두 어휘의 단의 분포 양상을 아래와 같이 그릴 수 있다.

[그림 19] 한국어 '짙다'와 중국어 '濃'의 단의 분포 양상

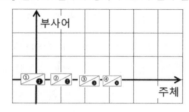

위 그림을 통해 확인할 수 있듯이 한국어 '짙다'와 중국어 '濃'의 단의 들은 모두 일치하고 의미 변화에 공통적으로 주체의 영향만 받아 화살표 방향으로 추상화된 것을 볼 수 있다.

3.3.2. 옅다/淡

3.3.2.1. '옅다'

'옅다'의 뜻풀이는 『표준국어대사전』에서 10개, 『고려대 한국어대사전』 에서 5개, 『금성 국어대사전』에서 3개를 제시하고 있다. 구체적인 내용을 정리하면 다음과 같다.

> (82) '옅다'의 단의 후보(1)
>
> 　가. 『표준』 [1]수면이 밑바닥에 가깝다.¶그 갯벌 밭에는 발등을 겨
> 　　우 묻을 정도로 옅은 바닷물이 괴어 있었다.
> 　　『고려』 [3](호수나 연못이)밑바닥까지의 길이가 짧다.¶집 앞 개
> 　　울이 옅어서 아이들이 놀기 좋다.
> 　　『금성』 [1]수면이 밑바닥에 가깝다.
> 　나. 『표준』 [2]생각이나 지식 따위가 깊지 아니하다.¶옅은 꾀/옅은
> 　　소견/위인이 원체 일가붙이 선산 그늘에나 얹혀 빌어먹게 속이
> 　　옅고 옹졸하다 보니….
> 　　『고려』 [2](심지(心志)나 생각이)깊지 않고 가볍다.¶옅은 꾀로
> 　　빠져나갈 생각은 마라.

『고려』[4](학문이나 지식이)보잘것없고 적다.¶제 식견이 옅음
을 용서하시고 제 말씀을 끝까지 들어주십시오.

『금성』[2]심지나 지식 따위가 깊지 않다.

다. 『표준』[3]높이가 그다지 높지 아니하다.¶옅은 하늘

라. 『표준』[4]빛깔이 보통의 정도보다 흐릿하다.¶옅은 분홍/옅은
화장기.

『고려』[1](사물이나 그 빛깔이)묽고 연하다.¶이 표는 옅음과 짙
음에 따라 색을 나누어 놓았다/누님은 옅은 분홍색의 옷을 즐겨
입는다/봄 햇살에 얼굴이 탈까 봐 미순은 옅게 화장을 하고 나
왔다/몸이 아파서인지 진우가 끊어질 듯 지어 보이는 미소마저
옅다.

『금성』[4]빛깔이 연하다.¶옅은 하늘색.

마. 『표준』[5]안개나 연기 따위가 약간 끼어 있다.¶옅은 안개.

『고려』[5](안개나 연기가)약간 낀 상태에 있다.

바. 『표준』[6]액체에 녹아 있는 물질의 양이 보통보다 적다.¶농도
가 옅다/커피를 옅게 타다.

사. 『표준』[7]냄새가 약하다.¶옅은 크림 냄새가 코끝을 가만히 찔
러 왔다.

아. 『표준』[8]정도가 깊지 아니하다.¶호흡이 옅다/잠이 옅게 들다/
옅은 한숨을 내쉬다.

자. 『표준』[9]소리가 높지 아니하고 작다.¶옅게 혀를 차다/아랫방
에서 아내와 그 남자의, 내 귀에도 들리지 않을 만치 옅은 목소
리로 소곤거리는 기척이 장지 틈으로 전하여 왔던 것이다.

차. 『표준』[10]연한, 날짜, 시간 따위가 얼마 되지 아니하다.¶상감
마마께옵서는 그때 춘추가 옅으시었던 때오라 큰 병환이 나시
었을 것이옵니다.

(82마)에는 안개나 연기 따위가 약간 끼어 있다고 기술되어 있는데, 공
기 중의 안개나 연기 등 물질이 조금 들어 있는 것이라고 할 수 있다. (82
사)에서 냄새가 약하다는 것은 역시 공기 중의 어떤 물질이 조금 들어 있
는 것이라고 할 수 있다. 따라서 (82마, 사)는 하나의 단의로 볼 수 있으며,

기체 속에 어떤 물질이 조금 들어 있다고 기술된다. (82바)에서 액체에 녹아 있는 물질의 양이 보통보다 적다는 의미는 (82마, 사)와 비교하면 어떤 물질이 조금 들어 있다는 의미를 가리키므로 공통적이고 다만 미시적으로 해당 물질이 액체인가 기체인가에 따른 차이만 있다고 할 수 있다. 즉, (82마, 바, 사)는 별개의 단의가 아니라 하나의 의미로 보고 (액체나 기체 속에 어떤 물질이) 조금 들어 있다고 기술된다.

(82나)에서는 생각, 지식, 심지가 깊지 않다는 내용을 제시하고 있다. 이는 생각의 정도가 깊지 않다는 것을 가리킨 것이다. 한편, (82아)에서 정도가 깊지 않다는 내용은 동작의 정도가 깊지 않다는 것을 의미한 것이다. 결국, 주체가 정신 주체인 생각이냐, 행위 주체인 동작이냐에 따라 (82나)와 (82아)는 미시적으로 차이가 존재하지만, 정도가 일정한 수준에 도달하지 않는 상태를 가리키는 점에서 공통적이다. 따라서 (82나)와 (82아)는 하나의 단의로 보아야 한다. '옅다'의 단의 후보를 재정리하면 다음과 같다.

(83) '옅다'의 단의 후보(2)
    ① (호수나 연못이) 밑바닥까지의 길이가 짧다.
    ② (하늘이) 그의 높이가 높지 않다.
    ③ (빛깔이) 연하다.
    ④ (액체나 기체 속에 어떤 물질이) 조금 들어 있다.
    ⑤ (어떤 동작이나 생각의 정도가) 일정한 수준에 도달하지 않는
       상태에 있다.
    ⑥ (소리가) 높지 않고 작다.
    ⑦ (시간 따위가) 얼마 되지 않다.

위 일곱 가지 단의 후보의 논항 특성은 한 가지이다. 즉, 'A가 옅다'는 것이다. A 자리에 있는 각 단의 후보의 주체는 '①번 호수나 연못, ②번 하늘, ③번 빛깔, ④번 물질, ⑤번 정도, ⑥번 소리, ⑦번 시간' 등이다. '⑤번 정도, ⑦번 시간' 주체는 추상 영역에 속하는 반면에 나머지 주체는

구체 영역에 속한다.

구체 영역에서 1번 호수나 연못, 2번 하늘이나 나무, 3번 빛깔, 4번 물질은 형체가 있으므로 유형물에 속하고, 6번 소리는 형체가 없으므로 무형물에 속한다.

[표 39] '옅다'의 단의 분류

논항 특성	주체(A)			단의 후보 번호
A가 옅다	구체	유형물	호수나 연못	1
			하늘	2
			물질	4
			빛깔	3
		무형물	소리	6
	추상		정도	5
			시간	7

각 단의 후보의 순서를 배열하면 첫째, 주체가 구체에서 추상으로 확장된 원리를 고려해 1234⑥번의 순서는 5⑦번보다 앞에 놓인다고 할 수 있다.

둘째, 1234⑥번 가운데 형체가 있는 유형물이 형체가 없는 무형물보다 구체성이 강하므로 구체성의 정도에 따라 1234번은 6번보다 순서가 앞에 있다고 할 수 있다.

셋째, 1234번 가운데 2번에서 주체로 선택되는 어휘는 특정 단어인 하늘이다. 따라서 2번은 134번 보다 제한을 많이 받는다고 할 수 있다. 한편, 1번의 주체는 호수나 연못과 같이 액체이고, 3번 주체는 액체, 기체, 고체이며, 4번의 주체는 액체, 기체이다. 결국 134 가운데 3번의 주체는 제한을 가장 적게 받는다고 할 수 있다. 따라서 123④번의 순서는 주체가 제한을 받는 정도에 따라 3412로 배열할 수 있다.

넷째, ⑤⑦번 가운데 ⑦번은 시간에 관한 내용인데 ⑤번 시간 주체보다 더 추상적인 정도 주체이다. 따라서 ⑦번은 ⑤번보다 순서가 앞에 있다.

위 내용을 통해 한국어 '옅다'의 단의 순서는 ③④①②⑥⑦⑤로 배열될 수 있고 다음과 같이 정리된다.

> (84) '옅다'의 단의
> ① (빛깔이) 연하다.
> ② (액체나 기체 속에 어떤 물질이) 조금 들어 있다.
> ③ (호수나 연못이)밑바닥까지의 길이가 짧다.
> ④ (하늘이) 그의 높이가 높지 않다.
> ⑤ (소리가) 높지 않고 작다.
> ⑥ (시간 따위가) 얼마 되지 않다.
> ⑦ (어떤 동작이나 생각의 정도가) 일정한 수준에 도달하지 않는
>   상태에 있다.

'옅다'의 각 단의 가운데 대표가 되는 원형의미는 출현 제약이나 의미적 환경의 영향을 되도록 적게 받는 구체적 환경에서 실현되는 것으로 결정된다. 그러므로 위에 제시된 단의 가운데에서 가장 기본적인 것은 물질 주체인 ①번에서 찾을 수 있다. 따라서 ①번은 '옅다'의 원형의미로 간주된다.

①번에서 빛깔이 연하다는 의미는 빛깔을 나타내는 물질이 조금 들어 있어 보통 정도보다 빛깔이 약하다는 분량의 적음을 가리키는 것이다. 빛깔을 갖는 사물은 고체, 액체, 기체 등 모두 가능하다. ②번의 주체는 액체나 기체이고 적다는 분량 의미를 표현하고 있으므로 ②번은 유사성에 의해 ①번에서 확장된 은유적 의미라고 할 수 있다. ③번의 주체는 액체인데 공간적인 길이가 일정한 수준에 도달하지 않는 것을 가리킨다. 따라서 ③

번의 길이에 관한 내용은 ①번 분량에 관한 내용에서 유사성에 의해 확장된 은유적 의미라 할 수 있다. ④번의 주체는 하늘인데 역시 공간적인 길이의 의미를 가리킨다. 따라서 ④번은 ③번에서 유사성에 의해 확장된 은유적 의미이다. ⑤번 소리 주체는 청각의 감각 대상이고 음량의 적음에 관한 내용을 가리킨다. 따라서 이는 ①번에서 유사성에 의한 확장이라 할 수 있다. ⑥번의 주체는 시간이고 그 시간의 길이를 가리킨다. 이는 공간적인 길이의 장단에서 유사성에 의해 확장된 은유적 의미이다. 따라서 ⑥번은 ④번에서 확장된다고 할 수 있다. ⑦번의 주체는 동작이나 생각인데 추상적인 주체라 할 수 있고 일정한 수준에 도달하지 않는 것은 추상적인 길이를 의미한다. '공간 → 시간 → 추상'의 은유적인 확장 원리에 따라 ⑦번은 ⑥번에서 확장된다고 할 수 있다.

이상은 한국어 '옅다'의 단의 확장 양상에 관한 기술이다. 표로 정리하면 다음과 같다.

[표 40] 한국어 '옅다'의 단의 확장 양상

의미 확장 양상	단의
⑤ ↑ ② ← ① → ③ → ④ ↓ ⑥ ↓ ⑦	① (빛깔이) 연하다. ② (액체나 기체 속에 어떤 물질이) 조금 들어 있다. ③ (호수나 연못이) 밑바닥까지의 길이가 짧다. ④ (하늘이) 그의 높이가 높지 않다. ⑤ (소리가) 높지 않고 작다. ⑥ (시간 따위가) 얼마 되지 않다. ⑦ (어떤 동작이나 생각의 정도가) 일정 수준에 도달하지 않는 상태에 있다.

앞서 한국어 '옅다'의 확장 양상을 살펴보았다. 이를 토대로 '옅다'의 단의 분포 양상을 아래와 같이 그릴 수 있다.

[그림 20] 한국어 '옅다'의 단의 분포 양상

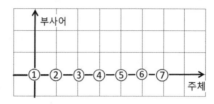

위에서 정리된 '옅다'의 단의 분포 양상을 보면 '옅다'의 의미 변화에 부사어의 영향을 받지 않고 주체의 영향만 받으며 주체의 추상화에 따라 의미 변화가 일어난 것을 확인할 수 있다.

3.3.2.2. '淡'

'淡'의 뜻풀이는 『現代漢語詞典』에서 6개, 『新華字典』에서 4개, 『新編漢語形容詞詞典』에서 5개를 제시하고 있다. 구체적인 내용을 정리하면 다음과 같다.

> (85) '淡'의 단의 후보(1)
>
> 가. 『現代』 [1]液體或氣體中所含的某種成分少, 稀薄.(액체나 기체에 어떤 물질의 성분이 적다. 희박하다.)¶天高云淡(하늘은 높고 구름은 옅다)
> 『新華』 [2]含某種成分少, 稀薄(어떤 성분이 적다. 희박하다.)¶天高云淡(하늘은 높고 구름은 옅다)/淡墨(담묵)
> 『新編』 [1]液體或氣體中所含的某種成分少, 稀薄.(액체나 기체에 어떤 물질의 성분이 적다. 희박하다.)¶天高云淡(하늘은 높고 구름은 옅다)/淡墨(담묵)
>
> 나. 『現代』 [2]味道不濃, 不咸.(맛이 진하지 않고 짜지 않다.)¶菜太淡了, 再放點鹽(국이 너무 싱거우니 소금을 좀 더 넣어라.)
> 『新華』 [1]含的鹽分少(소금의 성분이 적다.)¶這個菜太淡(이 요리는 너무 싱겁다)
> 『新編』 [5]味道不咸, 氣味不濃.(맛이 짜지 않다.)¶

다.『現代』[3]顏色淺.(빛깔이 진하지 않다.)¶淡紫(연자줏빛)

　　『新編』[3]顏色淺.(빛깔이 진하지 않다.)¶顏色淡(색이 옅다)

라.『現代』[4]冷淡, 不熱心.(냉담하다. 열정적이지 않다.)¶

　　『新華』[3]不熱心, 態度冷.(열정적이지 않고 태도가 냉담하다.)¶
態度很淡(태도가 냉담하다)

　　『新編』[6]冷淡, 不熱情.(냉담하다. 열정적이지 않다.)¶態度很淡
(태도가 냉담하다)

마.『現代』[5]營業不旺盛.(영업은 참담하다. 불경기이다.)¶淡季(불경
기 시기)

　　『新華』[4]營業不旺盛.(영업은 참담하다. 불경기이다.)¶生意很淡
(장사가 부진하다)

바.『現代』[6]沒有意義, 無關緊要的.(의미가 없다. 중요하지 않다.)¶
淡事(중요하지 않은 일)

사.『新編』[2]毛髮稀疏.(모발이 적고 성기다.)¶眉毛很淡(눈썹이 진하
지 않다)

　　(85나)에서 맛이 싱겁다는 내용은 요리의 국물에 녹아 있는 소금의 양이 적다는 것을 가리키고, 냄새가 강하지 않다는 것은 공기 중 어떤 기체의 양이 적다는 것을 의미한다. 따라서 (85나)의 내용은 액체나 기체에 어떤 물질의 성분이 적다고 정리할 수 있다. 이는 (85가)와 같은 것을 의미하므로 하나의 단의로 보아야 한다. (85바)에는 의미가 없다는 뜻이 기술되었는데 주체가 무엇인지를 제시하지 않았다. '淡事(무의미한 일)'와 같은 예문을 통해 주체는 일이라고 할 수 있다. '淡'의 사전적 의미를 재정리하면 다음과 같다.

　　(86) '淡'의 단의 후보(2)

　　　　① 液體或氣體所含某種成分少.((액체나 기체 속에 어떤 물질이) 조
　　　　　금 들어 있어 적다.)

　　　　② 顏色淺.((빛깔이) 연하다.)

③ 態度冷淡((태도가) 냉담하다.)
④ 營業不旺盛((영업이) 불경기이다.)
⑤ 事情沒有意義((일이) 무의미하다.)
⑥ 毛髮稀疏((모발이) 촘촘하게 자라 있지 않고 성기다.)

위 여섯 가지 단의 후보의 논항 특성은 모두 '주체(A)+淡'의 구조이다. A자리에 있는 주체는 '①번 물질, ②번 빛깔, ③번 태도, ④번 영업, ⑤번 일, ⑥번 모발'이다. '①번 물질, ②번 빛깔, ⑥번 모발'주체는 구체 영역에 속하고 '③번 태도, ④번 영업, ⑤번 일'은 추상 영역에 속한다.

구체 영역에서 ①번 물질, ②번 빛깔, ⑥번 모발은 형체가 있어 유형물에 속한다. 추상 영역에서 ③번 태도는 사람의 정신 영역에 속하고, ④번 영업은 사람의 행위 영역에 속하며, ⑤번 일은 사건 영역에 속한다. 위 내용을 통해 주체에 따른 '淡'의 단의 분류는 다음과 같다.

[표 41] '淡'의 단의 분류

논항 특성	주체(A)			단의 후보 번호
A+淡	구체	유형물	물질	①
			모발	⑥
			빛깔	②
	추상	행위	영업	④
		정신	태도	③
		사건	'일'	⑤

각 단의 후보의 순서를 배열하면 첫째, 주체가 구체에서 추상으로 확장되는 원리에 따라 ①②⑥번 단의 후보의 순서가 ③④⑤번보다 앞에 놓일 수 있다.

둘째, ①②⑥번 가운데 주체로 선택되는 어휘는 각각 ①번 기체나 액체이고 ②번 고체, 액체, 기체이며, ⑥번 고체임을 볼 수 있다. 따라서 ②

번의 주체는 제한을 가장 적게 받는다고 할 수 있고, ⑥번의 주체는 제한을 많이 받는다고 할 수 있다. 따라서 ②번의 순서는 앞에 있고, ①번은 중간에 있으며, ⑥번은 뒤에 있다고 할 수 있다.

셋째, ③④⑤번 가운데 ⑤번의 주체는 특정 단어 '일'이기 때문에 ③④번보다 제한을 가장 많이 받는다고 할 수 있어 ③④번의 순서는 ⑤번보다 앞에 있다.

넷째, ③④번에서 ③번의 주체는 상태인 반면 ④번의 주체는 동작이다. 따라서 ④번의 순서는 ③번의 앞에 있다.

위 내용을 통해 중국어 '淡'의 단의 순서는 ②①⑥④③⑤로 배열될 수 있고 다음과 같이 정리된다.

(87) '淡'의 단의
　　❶ 顏色淺((빛깔이) 연하다.)
　　❷ 液體或氣體所含某種成分少.((액체나 기체 속에 어떤 물질이) 조금 들어 있어 적다.)
　　❸ 毛髮稀疏((모발이) 촘촘하게 자라 있지 않고 성기다.)
　　❹ 營業不旺盛((영업이) 불경기이다.)
　　❺ 態度冷淡((태도가) 냉담하다.)
　　❻ 事情沒有意義((일이) 무의미하다.)

'淡'의 각 단의 가운데 대표가 되는 원형의미는 출현 제약이나 의미적 환경의 영향을 되도록 적게 받는 구체적 환경에서 실현되는 것으로 결정된다. 그러므로 위에 제시된 단의 가운데에서 가장 기본적인 것은 물질 주체인 ❶번에서 찾을 수 있다. 따라서 ❶번은 '淡'의 원형의미로 간주된다.

❶번에서 (빛깔이) 연하다는 것은 빛깔을 나타내는 물질이 조금 들어 있어 보통 정도보다 빛깔이 약하다는 내용을 가리킨다. 따라서 실제 빛깔을 갖는 사물은 고체, 액체, 기체 등 모두 가능하다. ❷번의 주체는 기체와 액

체인 경우이고 ❸번의 주체는 고체인 경우이다. 결국 ❷❸번은 모두 ❶번에서 보통 정도 넘지 못한다는 특성에 의해 확장된 은유적 의미라 할 수 있다. ❹번 영업 주체는 사람의 추상적 행위에 관한 내용이고 거래의 수액이 일정 정도 넘지 못한다는 것을 가리킨다. ❹번 추상적인 행위 주체는 구체적인 빛깔 주체에서 유사성에 의해 확장된 은유적 의미라 할 수 있다. 또, ❺번 태도 주체는 사람의 추상적인 심리에 관한 내용이고 열정의 정도가 일정 정도보다 넘지 못한다고 할 수 있다. 사람을 기준으로 외재적인 행위인 ❹번은 내재적인 태도인 ❺번과 공간적인 인접성을 갖고 있어 ❺번은 ❹번에서 인접성에 의한 환유적인 확장이라 할 수 있다. ❻번에서 일이 무의미하다는 것은 해당 일의 중요성이 부족해 보통 정도보다 넘지 못한다고 할 수 있다. 따라서 추상적인 일 주체는 구체적인 빛깔 주체에서 유사성에 의해 확장된 것이라 할 수 있다.

이상은 중국어 '淡'의 단의 확장 양상에 관한 기술이다. 표로 정리하면 다음과 같다.

[표 42] 중국어 '淡'의 단의 확장 양상

의미 확장 양상	단의
❷ ← ❶ → ❸ ／ ＼ ❹ ❻ ↓ ❺	❶ 顔色淺((빛깔이) 연하다.) ❷ 液體或氣體所含某種成分少.((액체나 기체 속에 어떤 물질이) 조금 들어 있어 적다.) ❸ 毛髮稀疏((모발이) 촘촘하게 자라 있지 않고 성기다.) ❹ 營業不旺盛((영업이) 불경기이다.) ❺ 態度冷淡((태도가) 냉담하다.) ❻ 事情沒有意義((일이) 무의미하다.)

앞서 중국어 '淡'의 확장 양상을 살펴보았다. 이를 토대로 '淡'의 단의 분포 양상을 아래와 같이 그릴 수 있다.

[그림 21] 중국어 '淡'의 단의 분포 양상

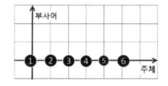

위에서 정리된 '淡'의 단의 분포 양상을 보면 '淡'의 의미 변화에 부사어의 영향을 받지 않고 주체의 영향만 받으며 주체의 추상화에 따라 의미 변화가 일어난 것을 확인할 수 있다.

3.3.2.3. '옅다'와 '淡'의 대조

한국어 '옅다'는 일곱 가지 단의가 있고 중국어 '淡'은 여섯 가지 단의가 있다. 비교 결과 두 형용사 사이에는 두 가지 단의의 대응관계가 확인되고 나머지 단의들은 대응관계가 없는 것이 확인된다. 구체적인 대조 내용은 다음과 같다.

(88) 가. 도로에 안개가 <u>옅게</u> 끼었다.
　　　가'. 道路上瀰漫的煙比較<u>淡</u>.
　　　나.　커피를 <u>옅게</u> 타다.
　　　나'. 泡杯<u>淡</u>咖啡.
　　　다. 공원에 <u>옅은</u> 꽃향기가 풍긴다.
　　　다'. 公園裡散發的花香很<u>淡</u>.
　　　라. 그 여자한테서 화장품 냄새가 <u>옅게</u> 풍겼다.
　　　라'. 從那個女人身上散發的化妝品氣味很<u>淡</u>.
　　　마. 빛깔이 <u>옅다</u>.
　　　마'. 顏色<u>淡</u>.
　　　바. <u>옅은</u> 보랏빛.
　　　바'. <u>淡</u>紫.

'옅다'와 '淡'의 공통점은 첫째, (88가)-(88나)에서 (액체나 기체 속에 어떤 물질이) 조금 들어 있다는 시각적 의미로 사용된다. 또, (88다)-(88라)의 예문에서는 후각적 의미로도 사용된다. 이를 통해 '옅다'와 '淡'이 (액체나 기체 속에 어떤 물질이) 조금 들어 있다는 뜻을 표현하는 것이 공통적이라고 할수 있다. 둘째, (88마)-(88바)와 같이 빛깔이 연하다는 것을 의미할 때에도역시 대응관계가 확인된다.

한편, 차이점은 다음과 같다. 첫째, 한국어의 '옅다'는 하늘, 솔가지 등어휘와 결합해 (하늘이나 나무)의 높이가 높지 않다는 단의를 갖고 있다. 반면 중국어의 '淡'에는 이러한 단의가 없다.

> (89) 가. <u>옅은</u> 하늘.
> 　가'. *<u>淡</u>空.
> 　가''. <u>低</u>空.
> 　나. 낙락장송 높고 <u>옅은</u> 푸른 솔가지.
> 　나'. *巍巍青松高<u>淡</u>錯落的綠色樹枝.
> 　나''. 巍巍青松高<u>低</u>錯落的綠色樹枝.

위 예문에서 볼 수 있듯이 중국어에서는 높이가 높지 않다는 상황에서'淡'을 사용할 수 없고 그 때 공간 형용사인 低를 대신 사용한다.

둘째, (수면이) 밑바닥까지의 길이가 짧다는 의미를 표현함에 있어 한국어의 '옅다'는 호수나 연못과 같은 다양한 어휘와 함께 쓰일 수 있는 반면에 중국어의 '淡'은 그렇지 못하다.

> (90) 가. 개울이 <u>옅다</u>.
> 　가'. *溪水<u>淡</u>.
> 　가''. 溪水<u>淺</u>.
> 　나. 강이 <u>옅다</u>.
> 　나'. *江水<u>淡</u>.
> 　나''. 江水<u>淺</u>.

위와 같이 한국어의 '옅다'가 중국어의 '淡'과 대응할 수 없는 현상을
발견할 수 있다. 이 경우 중국어는 공간 형용사인 '淺'을 사용하여 '옅다'
와 대응관계를 맺을 수 있다.

셋째, 한국어의 '옅다'가 음성 관련 어휘와 결합해 (소리가) 높지 않고 작
다는 단의를 갖고 있는 반면에 중국어의 '淡'이 이러한 의미를 갖고 있지
않다.

> (91) 가. <u>옅은</u> 목소리.
> 　　나. *<u>淡音</u>.
> 　　다. <u>低音</u>.

위 예문에서 중국어의 '淡'은 (소리가) 높지 않고 작다는 단의를 나타낼
때에 사용할 수 없고 이 경우 공간 형용사 '低'를 대신 사용한다.

넷째, 한국어의 '옅다'는 (시간 따위가) 얼마 되지 않다는 단의를 갖고 있
다. 반면에 중국어의 '淡'은 그러한 단의가 없다.

> (92) 가. 춘추가 <u>옅으시다</u>.
> 　　나. *<u>年齡淡</u>.
> 　　다. <u>年齡小</u>.

위 예문에서 한국어의 '옅다'는 '춘추'와 함께 쓰여 연령이 많지 않다는
뜻을 가리킬 수 있으나 이러한 상황에서 중국어의 '淡'은 쓸 수 없고 공간
크기 형용사 '小'를 대신 사용한다.

다섯째, '옅다'는 주체가 정도 영역으로 확장되어 (어떤 동작이나 생각에 대
해 그 정도가) 일정한 수준에 도달하지 않다는 뜻으로 확장된다. 이와 비교
하면 '淡'은 이러한 확장 의미가 없다.

(93) 가. <u>옅은</u> 한숨.

　　가'. *一聲<u>淡</u>嘆.

　　가". 一聲<u>淺</u>嘆.

　　나. <u>옅게</u> 웃다.

　　나'. <u>淡</u>笑.

　　나". <u>淺</u>笑.

　위에서 한국어의 '옅다'가 '한숨, 웃다' 등 동작성을 갖는 어휘와 함께
쓰이는 것이 확인된다. 이러한 상황에서 중국어의 '淡'은 사용될 수 없고
공간 형용사 '淺'을 사용해서 '옅다'와 대응관계를 맺을 수 있다.

　여섯째, (모발이) 촘촘하게 자라 있지 않고 성기다는 의미를 나타낼 때 중
국어의 '淡'을 사용할 수 있는 반면에 한국어의 '옅다'를 사용할 수 없다.

(94) 가. 他的臉盤很大, 眉毛很<u>淡</u>.

　　가'. *그의 얼굴이 크지만 눈썹이 <u>옅다</u>.

　　가". 그의 얼굴이 크지만 눈썹이 <u>성기다</u>.

　　나. 睫毛不濃而<u>淡</u>.

　　나'. *눈썹이 짙지 않고 <u>옅다</u>.

　　나". 눈썹이 짙지 않고 <u>성기다</u>.

　위와 같이 한국어는 (모발이) 촘촘하게 자라 있지 않고 성기다는 의미를
나타낼 때 '성기다'는 어휘를 사용한다.

　일곱째, 중국어 '淡'의 단의는 (영업이) 불경기임을 의미할 수 있는데 이
와 비교하면 한국어의 '옅다'에는 이러한 의미가 없다.

(95) 가. 現在是<u>淡</u>季, 東西不好賣.

　　가'. *지금은 <u>옅은</u> 시기라서 물건이 잘 팔리지 않는다.

　　가". 지금은 <u>불경기</u>라서 물건이 잘 팔리지 않는다.

　　나. 生意很<u>淡</u>.

　　나'. *장사가 <u>옅다</u>.
　　나''. 장사가 <u>부진하다</u>.

　　위 예문에서 '淡'이 영업과 함께 쓰여 불경기인 상태를 나타내고 있다. 한국어의 '옅다'는 이러한 경우에 사용되지 않으며 '불경기이다, 부진하다' 등이 '淡'과 대응관계를 맺는다.

　　여덟째, 중국어 '淡'은 주체가 태도를 의미하는 정신 영역으로 확장되어 (태도가) 냉담하다는 의미를 갖고 있다. 이와 비교하면 한국어의 '옅다'에서는 이러한 의미를 찾을 수 없다.

　　(96) 가. 她待人性子極<u>淡</u>.
　　　　나. *그녀는 사람을 대할 때 태도가 <u>옅다</u>.
　　　　다. 그녀는 사람을 대할 때 태도가 <u>냉담하다</u>.

　　(태도가) 냉담하다는 의미를 나타낼 때 한국어의 '옅다'는 사용되지 않고 '냉담하다'가 대신 사용된다.

　　아홉째, '淡'의 단의 가운데 (어떤 말이나 일이) 무의미하다는 뜻이 있다. 그러나 '옅다'의 단의 가운데 이와 같은 것은 없다.

　　(97) 가. <u>淡</u>話.
　　　　가'. *<u>옅은</u> 말.
　　　　가''. <u>무의미한</u> 말.
　　　　나. <u>淡</u>事.
　　　　나'. *<u>옅은</u> 일.
　　　　나''. <u>무의미한</u> 일.

　　위 상황에서 한국어 '옅다'는 쓰이지 않고, '무의미하다'가 대신 사용된다.

　　다음으로 '옅다'와 '淡'의 확장 양상을 대조해 본다. 첫째, 구체 주체에서 추상 주체로 확장되는 양상은 '옅다'와 '淡'에서 모두 발견된다. 둘째, 구체 영역 내에서도 유형물 주체에서 무형물 주체로 확장되는 것이 공통적으로 발견되었다.

확장 양상의 차이점을 살펴보면, 첫째, 구체 영역의 무형물 주체 내부에서, 한국어의 '옅다'는 시각적인 무형물 주체에서 청각적인 무형물 주체로 확장되는 현상이 발견되었는데 이와 비교하면 중국어 '淡'의 주체는 시각적인 무형물 주체만 있다. 둘째, 한국어 '옅다'는 구체적인 주체에서 추상적인 시간 주체로 확장되지만 중국어 '淡'은 시간 주체로 확장되지 않았다. 셋째, 한국어 '옅다'의 주체는 추상적인 정도 영역으로만 확장되는 반면 중국어 '淡'의 주체는 추상적인 행위, 정신, 내용 등 다양한 영역으로 확장되었다.

이상 한국어 '옅다'와 중국어 '淡'을 대조한 내용을 정리하면 다음과 같다.

[표 43] 한국어 '옅다'와 중국어 '淡'의 단의 확장 양상 및 대응관계

의미 확장 양상	대응관계		
	단의	옅다	淡
⑤/× ×/❸ ②/❷ ← ①/❶ → ③/× → ④/× ×/❹ ×/❻ ⑥/× ×/❺ ⑦/×	(빛깔이) 연하다.	①	❶
	(액체나 기체 속에 어떤 물질이) 조금 들어 있어 적다.	②	❷
	(호수나 연못이)밑바닥까지의 길이가 짧다.	③	×
	(모발이) 촘촘하게 자라 있지 않고 성기다.	×	❸
	(하늘이) 그의 높이가 높지 않다.	④	×
	(소리가) 높지 않고 작다.	⑤	×
	(시간 따위가) 얼마 되지 않다.	⑥	×
	(영업이) 불경기이다.	×	❹
	(태도가) 냉담하다.	×	❺
	(어떤 동작이나 생각의 정도가) 일정한 수준에 도달하지 않는 상태에 있다.	⑦	×
	(일이) 무의미하다.	×	❻

앞서 한국어 '옅다'와 중국어 '淡'의 단의 확장 양상 및 대응관계를 살펴보았다. 이 단의를 토대로 두 어휘의 단의 분포 양상을 그리면 아래와 같다.

[그림 22] 한국어 '옅다'와 중국어 '淡'의 단의 분포 양상 대조

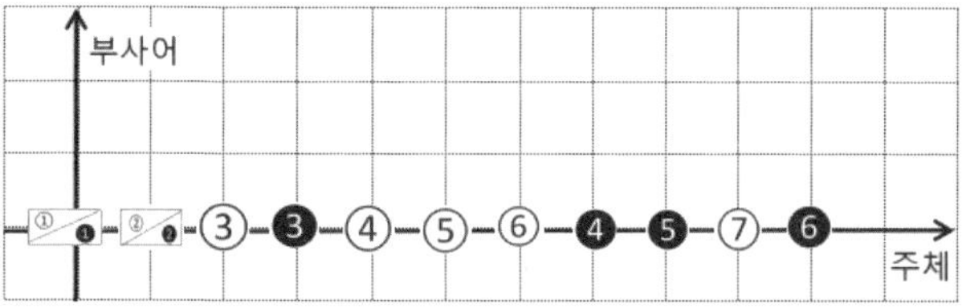

위에서 제시된 한국어 '옅다'와 중국어 '淡'의 단의를 보면 '빛깔이 연하다, 액체나 기체 속에 어떤 물질이 조금 들어 있어 적다'는 의미를 표현할 때 일치하다.

그러나 한국어의 '옅다'는 '길이가 짧다, 하늘이나 소리가 높지 않다, 시간이 얼마 되지 않다, 정도가 일정한 수준에 도달하지 않는 상태에 있다'는 의미를 가지는데 중국어 '淡'은 이와 비슷한 의미를 가지지 않는다. 또한 중국어 '淡'의 주체는 '모발, 영업, 태도, 일' 따위로 확장이 일어나는데 한국어 '옅다'의 주체는 이러한 영역으로 확장이 일어나지 않는다. 또한 한국어 '옅다'와 중국어 '淡'의 의미 분포 양상을 정리하면 의미 변화에 공통적으로 주체의 영향만 받아 화살표 방향으로 추상화된 것을 확인할 수 있다.

3.4. 밝기 형용사 의미 확장 양상의 대조

앞 내용에서 한국어와 중국어의 명암 형용사, 청탁 형용사, 그리고 농담

형용사에 속한 어휘를 대상으로 그들의 확장 양상을 구체적으로 분석하였다. 이 부분에서는 밝기 형용사의 측면에서 의미가 확장될 때 어떤 공통점과 차이점이 있는지를 살펴보고자 한다.

한국어 명암 형용사는 유형물 주체에서 시간, 정신, 환경 등 주체로 확장되고 중국어 명암 형용사는 유형물 주체에서 무형물, 정신 등 주체로 확장된다. 따라서 한중 명암 형용사를 비교하면 유형물 내부에서 확장되거나 정신 영역으로 확장되는 것이 공통점이라 할 수 있고 무형물, 시간, 환경 등 영역으로 확장되는 데에 차이가 있는 것으로 보인다.

한국어 청탁 형용사 가운데 '맑다'는 유형물, 무형물, 정신, 환경 등 영역으로 확장되고 '흐리다'는 유형물, 무형물, 정신, 사건 등 영역으로 확장된다. 반면, 중국어 '清'은 내용, 금전 등 영역으로 확장되고 '渾'은 정신 영역으로 확장된다. 따라서 한국어 청탁 형용사는 유형물, 무형물, 정신, 환경, 사건 영역으로 확장되는 반면 중국어 청탁 형용사는 내용, 금전, 정신 영역으로 확장된다고 할 수 있다. 이를 통해 한중 양국의 청탁 형용사는 정신 영역으로 확장되는 것이 공통적이고 유형물 내부에서 확장되거나 무형물, 환경, 사건, 내용, 금전 등 영역으로 확장되는 데에 차이가 있는 것으로 보인다.

한국어 농담 형용사 가운데 '짙다'는 유형물 영역, 정도 영역으로 확장되고 '옅다'는 유형물, 무형물, 정도, 시간 등 영역으로 확장된다. 반면 중국어 농담 형용사 가운데 '濃'은 유형물 영역, 정도 영역으로 확장되고 '淡'은 유형물, 행위, 정신, 사건 영역으로 확장된다. 따라서 한국어 농담 형용사는 유형물, 무형물, 정도, 시간으로 확장된다고 할 수 있는 반면 중국어 농담형용사는 유형물, 행위, 정신, 사건, 정도 영역으로 확장된다고 할 수 있다. 이를 통해 한중 양국의 농담 형용사는 유형물, 정도 영역으로 확장되는 것이 공통적이고 무형물, 정도, 시간, 사건 영역으로 확장되는 것이 차이점이라고 할 수 있다.

　명암, 청탁, 농담 형용사의 의미 확장 양상을 정리해서 밝기 형용사 전체로 일반화하면, 한국어 밝기 형용사는 유형물, 무형물, 시간, 정신, 환경, 사건, 정도 등의 영역으로 확장되는 반면 중국어 밝기 형용사는 유형물, 무형물, 정신, 내용, 금전, 정도, 행위, 사건 등의 영역으로 확장된다. 이를 통해 한중 양국 밝기 형용사는 유형물, 무형물, 정신, 사건, 정도 영역으로 확장되는 것이 공통점이라 할 수 있지만 행위, 시간, 내용, 금전 영역으로 확장되는지에 따라 차이가 있다.

제4장 한중 색채 형용사의 의미 확장 양상

단일어 색채 형용사는 한국어의 '검다, 노르다, 붉다, 푸르다, 희다', 중국어의 '黑, 黃, 紅, 青, 白'이 있으며 이들을 유형별로 나누면 다음 표와 같다.

[표 44] 한중 색채 형용사 유형별 대응관계

유형	한국어	중국어
흑색	검다	黑
백색	희다	白
황색	누르다	黃
홍색	붉다	紅
청색	푸르다	青

4.1. 무채색(無彩色)

4.1.1. 흑색(黑色)

흑색(黑色)에 관한 색채 형용사는 한국어의 '검다'와 중국어의 '黑'을 대상으로 논의한다.

4.1.1.1. '검다'

'검다'의 뜻풀이는 『표준국어대사전』에서 3개, 『고려대 한국어대사전』과 『금성 국어대사전』에서 2개를 제시하고 있다. 구체적인 내용을 정리하면 다음과 같다.

> (98) '검다'의 단의 후보(1)
>   가. 『표준』 [1]숯이나 먹의 빛깔과 같이 어둡고 짙다.¶색깔이 검다./
>   올해는 검은 옷이 유행이다./햇볕에 살이 검게 탔다.
>   『고려』 [1](사물이나 그 빛이)먹의 빛깔과 같이 어둡다.¶그녀
>   는 눈썹이 유난히 검다/갑자기 남쪽으로부터 불어오는 바람이
>   검은 비구름을 몰아왔다/먹은 검을수록 좋고 벼루는 굵을수록
>   좋다.
>   『금성』 [1]빛이 먹빛 같다.¶검은 눈동자/검은 연기/검은 머리털.
>   나. 『표준』 [2]속이 엉큼하고 흉측하거나 정체를 알기 어렵다.¶검
>   은 속셈을 드러내다.
>   『고려』 [2](마음이)옳지 못하고 엉큼하다.¶김 서방의 너털웃음
>   에는 그의 검은 속셈이 그대로 드러나 보였다/그 녀석 말하는
>   소리를 들어 보니 참으로 뱃속이 검은 놈이로 구나/사람의 속이
>   검다 검다 하되 저리도 검을 수 있을까?
>   『금성』 [2](마음이 바르지 못하여)엉큼하다.¶검은 속셈/뱃속이
>   검다.
>   다. 『표준』 [3]침울하고 암담하다.¶얼굴에 드리워진 검은 그늘/그의
>   앞날에는 검은 어둠만이 있는 듯했다.

『표준』 [1]에서 숯이나 먹의 빛깔과 같다는 내용은 색상에 관한 기술이고 어둡다는 내용은 명도에 관한 기술이며, 짙다는 내용은 채도에 관한 기술이다. 따라서 숯이나 먹의 빛깔과 같이 어둡고 짙다는 것은 '검다'의 색

채 의미에 대한 엄밀한 기술이라고 할 수 있다.[28]

(98다)에서 '검은 그늘', '검은 어둠' 등 예문을 통해 '검다'의 의미는 침울하고 암담하다고 제시하고 있는데 이러한 뜻은 '검다'의 의미가 아니라 '검은 그늘'이나 '검은 어둠'의 뜻이다. '검은 그늘', '검은 어둠'에서 '검다'의 뜻은 (98가)와 마찬가지로 숯이나 먹의 빛깔과 같이 어둡고 짙다고 정리될 수 있다. 따라서 (98다)는 하나의 단의로 볼 수 없고 (98가)와 통합되어야 한다. 위 내용에 따라 '검다'의 단의 후보를 재정리하면 다음과 같다.

(99) '검다'의 단의 후보(2)
  ① (빛깔이) 먹의 빛깔과 같이 어둡고 짙다.
  ② (마음이) 엉큼하고 흉측하다.

위에 두 가지 단의 후보의 실현 환경은 주체로 이루어진다. 즉 단의 후보의 논항 특성은 'A가 검다'로 정리될 수 있다. A자리에 있는 주체는 '①번 빛깔, ②번 마음' 등이다.

'①번 빛깔' 주체는 구체 영역에 속하는 반면, '②번 마음' 주체는 추상 영역에 속한다. '검다'의 단의 분류는 다음과 같다.

[표 45] 한국어 '검다'의 단의 분류

논항 특성	주체(A)		단의 후보 번호
A가 검다	구체	빛깔	①
	추상	마음	②

---

28) 색의 삼 요소는 색상(色相), 명도(明度), 채도(彩度)이며, 색상은 '빨강, 파랑, 노랑, 하양, 깜장' 등 감각으로 구별되는 색의 구분이며, 명도는 색의 밝고 어두운 정도를 말한다. 색의 밝은 정도를 척도화하여 밝은(연한)색은 명도가 높다고 하고 어두운 색은 명도가 낮다고 한다. 따라서 명도가 가장 높은 색은 백색이고, 가장 낮은 색은 흑색이다. 채도는 색의 맑고 탁한 정도를 말한다. 색이 순수해질수록 채도가 높아진다고 하고 탁하거나 흐릴수록 채도가 낮다고 한다. 하나의 순색의 채도를 점점 낮춰 가면 결국 무채색에 가까워지며, 이때 명도는 높아진다(나혜숙 1995 : 10).

두 가지 단의 후보의 주체는 각각 구체 영역, 추상 영역에 속한다. 구체 영역에서 추상 영역으로 확장되는 원리에 따라 ①번의 순서는 ②번의 앞에 놓인다. 따라서 '검다'의 단의는 다음과 같이 정리될 수 있다.

(100) '검다'의 단의
　　① (빛깔이) 먹의 빛깔과 같이 어둡고 짙다.
　　② (마음이) 엉큼하고 흉측하다.

'검다'의 단의 가운데 대표가 되는 원형의미는 출현 제약이나 의미적 환경의 영향을 되도록 적게 받는 구체적 환경에서 실현되는 것으로 결정되므로 위에 제시된 단의 가운데에서 가장 기본적인 것은 구체적인 사물 주체에서 드러나는 ①번에서 찾을 수 있다. 따라서 ①번은 '검다'의 원형의미로 간주된다. ②번에서 (마음이) 엉큼하고 흉측하다는 것은 성격의 '어두움'을 말하는 것인데 이는 흑색과 밀접한 관련성이 있다고 할 수 있다. 따라서 ②번은 ①번에서 유사성에 의해 확장된 은유적인 의미라고 할 수 있다. '검다'의 의미 확장 양상을 정리하면 다음과 같다.

[표 46] 한국어 '검다'의 단의 확장 양상

의미 확장 양상	단의
① ↓ ②	① (빛깔이) 먹의 빛깔과 같이 어둡고 짙다. ② (마음이) 엉큼하고 흉측하다.

앞서 '검다'의 단의 확장 양상을 살펴보았다. 이 단의를 토대로 '검다'의 단의 분포 양상을 그리면 아래와 같다.

[그림 23] 한국어 '검다'의 단의 분포 양상

위에서 정리된 '검다'의 단의 분포 양상을 보면 '검다'의 의미 변화에 부사어의 영향을 받지 않고 주체의 영향만 받으며 주체의 추상화에 따라 의미 변화가 일어난 것을 확인할 수 있다.

4.1.1.2. '黑'

'黑'의 뜻풀이는 『現代』에서 4개, 『新華』과 『新編』에서 3개를 제시하고 있다. 내용을 정리하면 다음과 같다.

(101) '黑'의 단의 후보(1)
　　가. 『現代』 [1]像煤或墨的顔色.(숯이나 먹의 색깔과 같다.)¶黑布(검은 천)烏黑的頭髮(새까만 머리카락)
　　　　『新華』 [1]煤或墨那樣的顔色.(숯이나 먹의 색깔과 같다.)¶黑布(검은 천)/黑皮包(까만 가방)
　　　　『新編』 [1]像墨或煤那樣的顔色.(숯이나 먹의 색깔과 같다.)¶黑布(검은 천)
　　나. 『現代』 [2]黑暗.(어둡다.)¶天黑了(날이 어두워졌다)/屋子里很黑(방안이 몹시 어둡다)
　　　　『新華』[2]暗, 光線不充足.(어둡다, 광선이 부족하다.)¶天黑了(날이 어두워졌다)
　　　　『新編』[2]黑暗,不光明.(어둡고 광명하지 않다.)¶天黑了(날이 어두워졌다)
　　다. 『現代』 [3]坏, 狠毒.(나쁘다, 독하다.)¶黑心(마음이 검다)
　　　　『新華』[3]內心惡毒的.(마음이 독하다.)¶黑心(마음이 검다)

『新編』[3]壞;狠毒. 形容心,心腸和主意.(나쁘다, 독하다.)¶黑心(마
음이 검다)

(101가)에 제시된 내용은 '黑'의 색상 특성에 관한 기술이고 (101나)에
제시된 것은 명도 특성에 관한 내용이다. 두 가지 내용을 합쳐 색채 의미
가 구성된다.29) 위 내용은 재정리하면 다음과 같다.

(102) '黑'의 단의 후보(2)
    ① 顔色像煤或墨深且暗.((빛깔이) 숯이나 먹의 빛깔과 같이 어둡고
      짙다.)
    ② 內心惡毒的.((마음이) 엉큼하고 흉측하다.)

'黑'의 두 가지 단의 후보의 논항 특성은 모두 '주체(A)+黑'의 구조이다.
'주체(A)+黑'에 속한 ①②번 단의 후보의 주체는 '①번 빛깔, ②번 마음'
이다. 여기서 '①번 빛깔' 주체는 구체 영역에 속하고 '②번 마음'주체는
추상 영역에 속한다. '黑'의 단의 분류는 다음과 같다.

[표 47] 중국어 '黑'의 단의 분류

논항 특성	주체(A)		단의 후보 번호
A+黑	구체	빛깔	①
	추상	마음	②

두 가지 단의 후보의 주체는 각각 구체 영역, 추상 영역에 속한다. 구체
영역에서 추상 영역으로 확장되는 원리에 따라 ①번의 순서는 ②번의 앞에
놓인다고 할 수 있다. 따라서 '黑'의 단의는 다음과 같이 정리될 수 있다.

---

29) '黑'의 채도 특성에 관한 기술은 보이지 않지만 그에 관한 실제 사용 현상은 '黑紅, 黑紫,
黑綠' 등을 통해 확인될 수 있다.

(103) '黑'의 단의

    ❶ 顔色像煤或墨深且暗.((빛깔이) 숯이나 먹의 빛깔과 같이 어둡고
      짙다.)

    ❷ 內心惡毒的.((마음이) 엉큼하고 흉측하다.)

'黑'의 각 단의 가운데 대표가 되는 원형의미는 출현 제약이나 의미적
환경의 영향을 되도록 적게 받는 구체적 환경에서 실현되는 것으로 결정
된다. 그러므로 위에 제시된 단의 가운데에서 가장 기본적인 것은 구체적
사물 주체에서 드러나는 ❶번에서 찾을 수 있다. 따라서 ❶번은 '黑'의 원
형의미로 간주된다. ❷번에서 (마음이) 엉큼하고 흉측하다는 것은 성격의
'어두움'을 말하는 것인데 이는 흑색과 밀접한 관련성이 있다고 할 수 있
다. 따라서 ❷번은 ❶번에서 유사성에 의해 확장된 은유적인 의미라고 할
수 있다. '黑'의 의미 확장 양상을 정리하면 다음과 같다.

[표 48] 중국어 '黑'의 단의 확장 양상

의미 확장 양상	단의
❶ ↓ ❷	❶ 顔色像煤或墨深且暗.((빛깔이) 숯이나 먹의 빛깔과 같이 어둡고 짙다.) ❷ 內心惡毒的.((마음이) 엉큼하고 흉측하다.)

앞서 중국어 '黑'의 단의 확장 양상을 살펴보았다. 이 단의를 토대로
'黑'의 단의 분포 양상을 그리면 아래와 같다.

[그림 24] 한국어 '黑'의 단의 분포 양상

위에서 정리된 '黑'의 단의 분포 양상을 보면 '黑'의 의미 변화에 부사어의 영향을 받지 않고 주체의 영향만 받으며 주체의 추상화에 따라 의미 변화가 일어난 것을 확인할 수 있다.

4.1.1.3. '검다'와 '黑'의 대조

한국어 '검다'와 중국어 '黑'이 모두 두 가지 단의가 있는 것을 확인하였다. 이 두 형용사의 두 가지 의미는 모두 대응관계에 있다. 따라서 대응관계와 확장 양상 등 두 가지 측면에서 '검다'와 '黑'은 공통점만 갖고 있고 차이점이 없는 것으로 확인된다. 구체적인 대조 내용은 다음과 같다.

> (104) 가. 색깔이 <u>검다</u>.
> 　　 가'. 顏色<u>黑</u>.
> 　　 나. <u>검은</u> 눈동자.
> 　　 나'. <u>黑</u>眼珠.
> 　　 다. <u>검은</u> 속셈.
> 　　 다'. <u>黑</u>心.
> 　　 라. 그 놈은 마음이 너무나 <u>검다</u>.
> 　　 라'. 那小子心太<u>黑</u>了.

한국어 '검다'와 중국어 '黑'은 첫째, (104가-나')에서 주체가 사물일 때 그 사물의 색채가 먹의 빛깔과 같이 어둡고 짙다는 의미를 공통적으로 가진다. 둘째, (104다-라')에서 주체가 내재적 정신 주체인 마음으로 확장되어 둘 모두 마음이 엉큼하고 흉측하다는 의미를 갖고 있으므로 대응관계를 이룬다.

다음으로 '검다'와 '黑'의 확장 양상을 대조한다. 한국어 '검다'와 중국어 '黑'은 주체가 구체적 주체에서 추상적 주체로 확장되는 양상이 공통적으로 발견되므로 확장 양상이 동일하다.

이상 한국어 '검다'와 중국어 '黑'을 대조한 내용을 정리하면 다음과 같다.

[표 49] 한국어 '검다'와 중국어 '黑'의 단의 확장 양상 및 대응관계

의미 확장 양상	대응관계		
	단의	검다	黑
①/❶ ↓ ②/❷	(빛깔이) 숯이나 먹의 빛깔과 같이 어둡고 짙다.	①	❶
	(마음이) 엉큼하고 흉측하다.	②	❷

앞서 한국어 '검다'와 중국어 '黑'의 단의 확장 양상 및 대응관계, 단의 분포 양상을 살펴보았다. 이를 토대로 두 어휘의 단의 분포 양상을 대조하면 아래와 같다.

[그림 25] 한국어 '검다'와 중국어 '黑'의 단의 분포 양상 대조

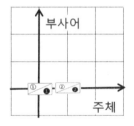

위에서 제시된 결과를 보면 한국어 '검다'와 중국어 '黑'의 단의들은 모두 일치하고 의미 변화에 공통적으로 주체의 영향만 받아 화살표 방향으로 추상화된 것을 확인할 수 있다.

4.1.2. 백색(白色)

백색(白色)에 관한 색채 형용사는 한국어 '희다', 중국어 '白'을 대상으로

논의한다.

4.1.2.1. '희다'

　'희다'의 뜻풀이는 『표준국어대사전』에서 3개, 『고려대 한국어대사전』
과 『금성 국어대사전』에서 2개를 제시하고 있다. 구체적인 내용을 정리하
면 다음과 같다.

> (105) '희다'의 단의 후보(1)
>
> 　　가. 『표준』 [1]눈이나 우유의 빛깔과 같이 밝고 선명하다.¶흰 봉
> 　　　　투/흰 저고리/흰 구름/흰 눈이 쌓인 거리/그녀의 얼굴은 종잇장
> 　　　　처럼 희다.
> 　　　　『고려』 [1](무엇이)색이 눈이나 우유 빛깔과 같이 하얗다.¶반
> 　　　　쯤 드러난 소녀의 이가 유난히 희게 보였다/오랫동안 햇빛을
> 　　　　보지 못해서인지 그녀는 살갗이 하얀 눈처럼 희었다/창밖에는
> 　　　　잘 말려 부풀린 햇솜처럼 희고 탐스러운 함박눈이 펑펑 쏟아
> 　　　　지고 있었다.
> 　　　　『금성』 [1]순수한 눈빛과 같다.
> 　　나. 『고려』 [2](사물이)밝고 깨끗하다.¶백사장이 너무 희어서 눈이
> 　　　　아플 지경이었다/조개껍데기 안쪽에서는 희고 아름다운 광택
> 　　　　이 났다/마당에 있는 장독대에는 차가운 달빛이 더욱 희게 내
> 　　　　려앉아 있었다.
> 　　다. 『표준』 [2]=희떱다.(말이나 행동이 분에 넘치며 버릇이 없
> 　　　　다.)¶두 손 털고 나서는 것을 세상이 다 아는 마당에 변연히
> 　　　　갚지 못할 것을 갚을 듯이 흰 소리만 한다면….
> 　　　　『고려』 [3](사람이나 그 언행이)속은 비어 보잘것없으나 겉은
> 　　　　그럴듯하고 호화롭다.¶이 놈 흰 소리 한다.
> 　　　　『금성』 [3]'희떱다'의 준말.¶엄지가락 장기라구 흰 체하다가
> 　　　　새끼가락 장기가 되면 부끄럽지 않으냐 말이지.
> 　　라. 『표준』 [2]『물리』스펙트럼의 모든 광선이 섞이어 눈에 반사된
> 　　　　빛과 같다.

『고려』[4][물리] (스펙트럼의 광선이)섞이어 눈에 반사된 빛
과 같다.
『금성』[2]『물리』스펙트럼의 모든 광선이 섞이어 눈에 반사된
빛과 같다.

(105나)에서 빛깔이 밝고 깨끗하다는 내용은 '희다'의 명도 특성에 관한
기술이므로 이는 색채 의미에 속한다. 따라서 (105나)의 내용은 (105가)와
통합될 필요가 있다. '희다'의 단의 후보를 재정리하면 다음과 같다.

(106) '희다'의 단의 후보(2)
　　① (빛깔이) 눈이나 우유의 빛깔과 같이 밝고 선명하다.
　　② (언행이) 속은 비어 보잘것없으나 겉은 그럴듯하고 호화롭다.
　　③ 『물리』스펙트럼의 모든 광선이 섞이어 눈에 반사된 빛과
　　　　같다.

위에 세 가지 단의 후보 가운데 ③번은 물리학에서 사용되는 개념으로
이는 가장 제한적인 내용이라 할 수 있다. 따라서 제한성의 정도에 따라
③번의 순서는 ①②번의 뒤에 있다고 할 수 있다, ①②번 단의 후보를
통해 '희다'의 실현 환경 즉, 주체의 실현 환경을 살펴보면 ①②번의 주
체는 '빛깔, 언행'이라 정리될 수 있다. 빛깔 주체는 구체 영역에 속하고
'언행' 주체는 추상 영역에 속함을 말할 수 있다. '희다'의 단의 분류는
다음과 같다.

[표 50] 한국어 '희다'의 단의 분류

논항 특성	주체(A)		단의 후보 번호
A가 희다	구체	빛깔	①
	추상	언행	②

위에 두 가지 단의 후보로 구성된 '희다'는 ①번의 주체는 구체 영역에 속하는 반면, ②번의 주체는 추상 영역에 속한다. 구체에서 추상으로 확장되는 원리에 따라 ①번의 순서는 ②번보다 앞에 있다. 위 내용을 통해 한국어 '희다'의 단의 순서는 ①②③로 배열될 수 있고 다음과 같이 정리된다.

> (107) '희다'의 단의
> ① (빛깔이) 눈이나 우유의 빛깔과 같이 밝고 선명하다.
> ② (언행이) 속은 비어 보잘것없으나 겉은 그럴듯하고 호화롭다.
> ③『물리』스펙트럼의 모든 광선이 섞이어 눈에 반사된 빛과 같다.

'희다'의 각 단의 가운데 대표가 되는 원형의미는 출현 제약이나 의미적 환경의 영향을 되도록 적게 받는 구체적 환경에서 실현되는 것으로 결정된다. 그러므로 위에 제시된 단의 가운데에서 가장 기본적인 것은 사물의 주체에서 드러나는 ①번에서 찾을 수 있다. 따라서 ①번은 '희다'의 원형의미로 간주된다. 흰색은 공백하다, 깨끗하다는 상징적인 의미가 있어 ②번은 흰색의 특성에 의해 ①번에서 확장된 은유적인 의미라 할 수 있다. ③번 색채 의미에 대한 물리학 해석은 ①번 단의와 밀접한 관련성이 있어 ③번 단의는 ①번에서 확장된 것이라 할 수 있다. '희다'의 의미 확장 양상을 정리하면 다음 표와 같다.

[표 51] 한국어 '희다'의 단의 확장 양상

의미 확장 양상	단의
① ╱ ╲ ② ③	① (빛깔이) 눈이나 우유의 빛깔과 같이 밝고 선명하다. ② (언행이) 속은 비어 보잘것없으나 겉은 그럴듯하고 호화롭다. ③『물리』스펙트럼의 모든 광선이 섞이어 눈에 반사된 빛과 같다.

앞서 '희다'의 단의 확장 양상을 살펴보았다. 이 단의를 토대로 '희다'의 단의 분포 양상을 그리면 아래와 같다.

[그림 26] 한국어 '희다'의 단의 분포 양상

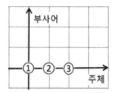

위에서 정리된 '희다'의 단의 분포 양상을 보면 '희다'의 의미 변화에 부사어의 영향을 받지 않고 주체의 영향만 받으며 주체의 추상화에 따라 의미 변화가 일어난 것을 확인할 수 있다.

4.1.2.2. '白'

'白'의 뜻풀이는 『現代』, 『新華』, 『新編』에서 모두 1개를 제시하고 있다. 내용을 정리하면 다음과 같다.

> (108) '白'의 단의 후보(1)
> 　『現代』 [1]像霜或者雪的顔色.(서리나 눈의 색깔과 같다.)¶雪白(눈처럼 희다.)
> 　『新華』 [1]雪或乳汁那樣的顔色.(눈이나 젖의 색깔과 같다.)¶雪白(눈처럼 희다.)
> 　『新編』 [1]像雪那樣的顔色.(눈의 색깔과 같다.)¶白髮(흰 머리털.)

위 내용을 통해 '白'의 사전적 의미를 재정리하면 다음과 같다.

> (109) '白'의 단의 후보(2)
> 　① 顔色像霜或者雪一樣亮.((빛깔이) 서리나 눈의 색깔과 같이 밝고

선명하다.)

'白'의 단의 실현 환경은 주체로 이루어진다. '주체(A)+白'의 논항 특성에서 A자리에 있는 주체가 '빛깔'이라고 정리될 수 있다. 사물 주체는 구체적 주체 영역에 속한다고 할 수 있다. '白'의 단의 분류는 다음과 같다.

[표 52] 한국어 '白'의 단의 분류

논항 특성	주체(A)		단의 후보 번호
A+白	구체	빛깔	①

이에 따라 중국어 '白'의 단의는 다음과 같이 확정된다.

(110) '白'의 단의
❶ 顔色像霜或者雪一樣亮.((빛깔이) 서리나 눈의 색깔과 같이 밝고 선명하다.)

유일한 단의를 갖는 '白'은 구체적인 뜻을 갖고 있고 확장 양상을 보이지는 않는다. 표로 정리하면 다음과 같다.

[표 53] 한국어 '白'의 단의 확장 양상

의미 확장 양상	단의
❶	❶ 顔色像霜或者雪一樣亮.((빛깔이) 서리나 눈의 색깔과 같이 밝고 선명하다.)

앞서 '白'의 단의 확장 양상을 살펴보았다. 이 단의를 토대로 '白'의 단의 분포 양상을 그리면 아래와 같다.

[그림 27] 중국어 '白'의 단의 분포 양상

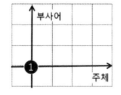

위에서 정리된 '白'의 단의 분포 양상을 보면 '白'의 의미 변화에 부사어의 영향을 받지 않고 주체의 영향만 받으며 주체의 추상화에 따라 의미 변화가 일어난 것을 확인할 수 있다.

4.1.2.3. '희다'와 '白'의 대조

한국어 '희다'는 세 가지 단의가 있고 중국어 '白'는 한 가지 단의가 있다. 두 형용사는 한 가지 의미에서만 대응관계를 보인다고 할 수 있다. 구체적인 대조 내용은 다음과 같다.

(111) 가. 눈처럼 희다.
　　　가'. 雪白.
　　　나. 피부색이 희다.
　　　나'. 皮膚白.

위와 같이 '희다'와 '白'은 주체가 구체적인 사물일 때 그 사물이 눈이나 우유의 빛깔과 같이 밝고 선명하다는 의미를 공통적으로 갖고 있다.
한편, 차이점은 다음과 같다.

(112) 가. 흰소리.
　　　가'. *白話.
　　　가". 大話.
　　　나. 흰소리를 치다.

나'. *說白話.

나". 說大話.

위와 같이 한국어 '희다'의 주체가 추상적인 언행 영역으로 확장되어 언행이 속은 비어 보잘것없으나 겉은 그럴듯하고 호화롭다는 뜻을 가리킬 수 있다. 반면, 중국어 '白'의 단의 중 이와 비슷한 의미가 없고 이러한 상황에서 크기 형용사 '大'를 대신 사용한다.

또, 한국어 '희다'의 단의 가운데 물리학의 전문적인 용법으로 스펙트럼의 모든 광선이 섞이어 눈에 반사된 빛과 같다는 해석이 있는데 이와 비교하면 중국어 '白'에는 이러한 용법이 없다.

다음으로 '희다'와 '白'의 확장 양상을 대조해 본다. 한국어 '희다'와 중국어 '白'의 주체는 사물 주체일 때 공통적으로 색채 의미를 갖고 있음을 볼 수 있다. 그러나 한국어의 '희다'는 구체적인 주체에서 추상적인 주체로 확장되어 즉, 사물 주체에서 언행 주체 영역, 물리학 전문 개념 영역 등으로 확장되는 반면, 중국어의 '白'은 단지 주체적인 주체인 색채 의미만 갖고 있다. '희다'와 '白'에 대한 대조 내용을 정리하면 다음과 같다.

[표 54] 한국어 '희다'와 중국어 '白'의 단의 확장 양상 및 대응관계

의미 확장 양상	대응관계		
	단의	희다	白
①/❶	(빛깔이) 눈이나 우유의 빛깔과 같이 밝고 선명하다.	①	❶
	(언행이) 속은 비어 보잘것없으나 겉은 그럴듯하고 호화롭다.	②	×
②/× ③/×	『물리』 스펙트럼의 모든 광선이 섞이어 눈에 반사된 빛과 같다.	③	×

앞서 한국어 '희다'와 중국어 '白'의 단의 확장 양상 및 대응관계, 단의 분포 양상을 살펴보았다. 이를 토대로 두 어휘의 단의 분포 양상을 대조하면 아래와 같다.

[그림 28] 한국어 '희다'와 중국어 '白'의 단의 분포 양상 대조

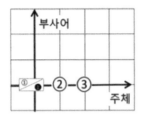

위에 제시한 결과를 보면 '희다'와 '白'은 '빛깔이 눈이나 우유의 빛깔과 같이 밝고 선명하다'는 의미를 표현하는 데에 통일하다. 그러나 한국어 '희다'의 주체는 '언행, 빛'같은 영역까지 확장되는데 중국어 '白'은 이와 비슷한 의미를 가지지 않는다. 또한 한국어 '희다'와 중국어 '白'의 의미 분포 양상을 정리하면 의미 변화에 공통적으로 주체의 영향만 받아 화살표 방향으로 추상화된 것을 확인할 수 있다.

4.2. 유채색(有彩色)

4.2.1. 황색(黃色)

황색(黃色)에 관한 색채 형용사는 한국어 '누르다'와 중국어 '黃'을 대상으로 논의한다.

4.2.1.1. '누르다'

'누르다'의 뜻풀이는 『표준국어대사전』, 『고려대 한국어대사전』, 그리고 『금성 국어대사전』에서 모두 하나만을 제시하고 있다. 구체적인 내용은 다음과 같다.

(113) '누르다'의 단의 후보(1)
『표준』 [1]황금이나 놋쇠의 빛깔과 같이 다소 밝고 탁하다.¶누른
잎/나뭇잎이 누르러 보이니 이제 겨울도 머지않았다./먼 산 가까운
언덕에 누르고 붉게 피어 있는 단풍은 돌 아가는 여름이 선지를
물었다가 흠뻑 내뿜은 듯이 치장하기도 하고….
『고려』 [1](사물이나 그 빛이)황금이나 놋쇠와 같은 빛깔을 띤 상
태에 있다.¶하늘은 푸르고 땅은 누르다.
『금성』 [1]황금·놋쇠 등의 빛깔과 같이 노랗다.¶누른 잎

위 내용을 통해 세 가지 사전 모두 '누르다'를 단의어로 보고 있음이 확
인된다. 단의 후보 또한 하나이다.

(114) '누르다'의 단의 후보(2)
① (빛깔이) 황금이나 놋쇠의 빛깔과 같이 다소 밝고 탁하다.

'누르다'의 단의 실현 환경은 주체로 이루어진다. 'A가 누르다'는 논항
특성에서 A자리에 있는 주체는 '빛깔'이다. 사물 주체는 구체적 주체 영역
에 속한다. '누르다'의 단의 분류는 다음과 같다.

[표 55] 한국어 '누르다'의 단의 분류

논항 특성	주체(A)		단의 후보 번호
A가 누르다	구체	빛깔	①

한국어 '누르다'의 단의는 다음과 같다.

(115) '누르다'의 단의
① (빛깔이) 황금이나 놋쇠의 빛깔과 같이 다소 밝고 탁하다.

유일한 단의를 갖는 '누르다'는 구체적인 뜻을 갖고 있고 확장 의미는 확인되지 않는다. 표로 정리하면 다음과 같다.

[표 56] 한국어 '누르다'의 단의 확장 양상

의미 확장 양상	단의
①	① (빛깔이) 황금이나 놋쇠의 빛깔과 같이 다소 밝고 탁하다.

앞서 '누르다'의 단의 확장 양상을 살펴보았다. 이 단의를 토대로 '누르다'의 단의 분포 양상을 그리면 아래와 같다.

[그림 29] 한국어 '누르다'의 단의 분포 양상

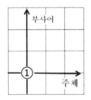

위에서 정리된 '누르다'의 단의 분포 양상을 보면 '누르다'는 하나의 단의를 가지는 어휘로서 부사어의 영향을 받지 않고 주체의 영향만 받는 것을 확인할 수 있다.

4.2.1.2. '黃'

'黃'의 뜻풀이는 『現代』과 『新華』에서 2개, 『新編』에서 1개를 제시하고 있다. 내용을 정리하면 다음과 같다.

(116) '黃'의 단의 후보(1)

　　가. 『現代』 [1]像絲瓜花或向日葵花的顏色.(수세미외 꽃이나 해바라기 꽃과 같은 색깔.)¶黃色(황색)

『新華』[1]像金子或向日葵花的顔色.(금이나 해바라기와 같은 색깔.)¶黃色(황색)

『新編』[1]像向日葵花那樣的顔色.(해바라기와 같은 색깔.)¶黃色(황색)

나. 『現代』[2]內容色情的.(내용이 음란하다.)¶黃書(음란 서적)

『新華』[2]內容腐朽的墮落的. (내용이 부패하고 타락하다.)¶黃書(음란 서적)

'黃'의 사전적 의미를 정리하면 다음과 같다.

(117) '黃'의 단의 후보(2)

① 顔色像絲瓜花或向日葵花一樣.((빛깔이) 수세미와 꽃이나 해바라기 꽃과 같이 다소 밝고 탁하다.)

② 內容色情的.((내용이) 음란하다.)

두 가지 단의 후보의 실현 환경은 주체로 이루어진다. '주체(A)+黃'의 논항 특성에서 A자리에 있는 주체는 '①번 빛깔, ②번 내용'이다. 사물 주체는 구체적 주체 영역에 속하고 내용 주체는 추상 영역에 속한다고 할 수 있다. '黃'의 단의 분류는 다음과 같다.

[표 57] 중국어 '黃'의 단의 분류

논항 특성	주체(A)		단의 후보 번호
A+黃	구체	빛깔	①
	추상	내용	②

두 가지 단의 후보는 각각 구체적 주체와 추상적 주체를 갖고 있다. 구체에서 추상으로 확장되는 원리에 따라 ①번의 순서는 ②번보다 앞에 있다고 할 수 있다. 한국어 '黃'의 단의를 재정리하면 다음과 같다.

(118) '黃'의 단의

    ❶ 顏色像絲瓜花或向日葵花一樣.((빛깔이) 수세미와 꽃이나 해바라
      기 꽃과 같이 다소 밝고 탁하다.)
    ❷ 內容色情的.(내용이 음란하다.)

'黃'의 각 단의 가운데 대표가 되는 원형의미는 출현 제약이나 의미적
환경의 영향을 되도록 적게 받는 구체적 환경에서 실현되는 것으로 결정
되므로 위에 제시된 단의 가운데에서 가장 기본적인 것은 구체적 사물 주
체에서 드러나는 ❶번에서 찾을 수 있다. 따라서 ❶번은 '黃'의 원형의미
로 간주된다. ❷번에서 (내용이) 음란하다는 것은 황색에서 유사성에 의해
확장된 은유적인 의미라고 할 수 있다. '黃'의 의미 확장 양상을 정리하면
다음과 같다.

[표 58] 중국어 '黃'의 단의 확장 양상

의미 확장 양상	단의
❶ ↓ ❷	❶ 顏色像絲瓜花或向日葵花一樣. (빛깔이) 수세미와 꽃이나 해바라기 꽃과 같이 다소 밝고 탁하다.) ❷ 內容色情的.(내용이) 음란하다.)

앞서 중국어 '黃'의 단의 확장 양상을 살펴보았다. 이 단의를 토대로
'黃'의 단의 분포 양상을 그리면 아래와 같다.

[그림 30] 중국어 '黃'의 단의 분포 양상

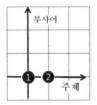

위에서 정리된 '黃'의 단의 분포 양상을 보면 '黃'의 의미 변화에 부사어의 영향을 받지 않고 주체의 영향만 받으며 주체의 추상화에 따라 의미 변화가 일어난 것을 확인할 수 있다.

4.2.1.3. '누르다'와 '黃'의 대조

한국어 '누르다'는 한 가지 단의만 있고 '黃'은 두 가지 단의가 있다. 두 형용사는 한 가지 의미에 있어서만 대응관계가 확인된다. 구체적인 대조 내용은 다음과 같다.

> (119) 가. <u>누른</u> 잎.
> 가'. 黃葉.
> 나. 하늘은 푸르고 땅은 <u>누르다</u>.
> 나'.天藍地黃.

위와 같이 누르다'와 '黃'의 주체가 사물일 때 그 사물의 빛깔이 황금이나 수세미 등과 같이 다소 밝고 탁하다는 의미를 가지는 것이 공통적이다. 한편, 차이점은 다음과 같다.

> (120) 가. 黃書.
> 가'. *<u>누른</u> 서적.
> 가". <u>음란</u> 서적.
> 다. 黃段子.
> 다'. *<u>누른</u> 패설.
> 다". <u>음담패설.

위 예문에서 볼 수 있듯이 중국어 '黃'의 의미가 색정 영역으로 확장되어 내용이 음란하다는 것을 가리킬 수 있는 반면, 한국어 '누르다'에는 이러한 단의가 없고 일반적으로 '음란하다'는 어휘를 대신 사용한다.

다음으로 '누르다'와 '黃'의 확장 양상을 대조한다. 한국어 '누르다'의 주체는 사물 주체만 존재한다. 반면, 중국어 '黃'의 주체는 구체적인 사물 주체에서 추상적인 내용 주체로 확장되는 양상이 발견된다. 즉, '누르다'는 색채에 관한 의미만 갖고 확장 양상은 발견되지 않는 반면, '黃'은 구체적인 색채 의미에서 추상적인 내용 의미로 확장된 것이 확인된다.

이상 한국어 '누르다'와 중국어 '黃'을 대조한 내용을 정리하면 다음과 같다.

[표 59] 한국어 '누르다'와 중국어 '黃'의 단의 확장 양상 및 대응관계

의미 확장 양상	대응관계		
	단의	누르다	黃
①/❶ ↓ ×/❷	(빛깔이) 황금이나 놋쇠의 빛깔과 같이 다소 밝고 탁하다.	①	❶
	(내용이) 음란하다.	×	❷

앞서 한국어 '누르다'와 중국어 '黃'의 단의 확장 양상 및 대응관계, 단의 분포 양상을 살펴보았다. 두 어휘의 단의 분포 양상을 대조하면 아래와 같다.

[그림 31] 한국어 '누르다'와 중국어 '黃'의 단의 분포 양상 대조

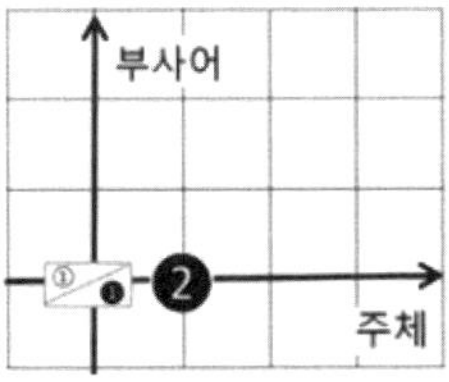

위에 제시한 결과를 보면 한국어 '누르다'와 중국어 '黃'은 '빛깔이 황금이나 놋쇠의 빛깔과 같이 다소 밝고 탁하다'는 의미를 표현할 때 일치한

다. 중국어 '黃'은 '내용이 음란하다'는 의미도 표현할 수 있지만 한국어 '누르다'는 이와 비슷한 의미가 없다. 또한 한국어 '누르다'와 중국어 '黃' 의 의미 분포 양상을 정리하면 의미 변화에 공통적으로 주체의 영향만 받아 화살표 방향으로 추상화된 것을 확인할 수 있다.

4.2.2. 홍색(紅色)

홍색(紅色)에 관한 색채 형용사는 한국어 '붉다'와 중국어 '紅'을 대상으로 논의한다.

4.2.2.1. '붉다'

'붉다'의 뜻풀이는 『표준국어대사전』과 『고려대 한국어대사전』에서 2개, 『금성 국어대사전』에서 1개를 제시하고 있다. 구체적인 내용을 정리하면 다음과 같다.

> (121) '붉다'의 단의 후보(1)
>> 가. 『표준』 [1]빛깔이 핏빛 또는 익은 고추의 빛과 같다.¶붉은 장미/붉은 피를 뚝뚝 흘리다/노을이 붉게 물들다/입술이 붉다./고개 위에 낙조가 붉다./울음을 참느라고 그녀의 두 눈이 붉게 충혈되어 있었다./꽥 소리를 지르며 들어오는 조 씨는 북받쳐 오르는 분노 때문인지 그의 얼굴빛은 단연코 딸기처럼 붉다.
>> 『고려』 [1](물체나 그 빛깔이)핏빛과 같다.¶붉은 태양이 바다 위에 떠 있었다/농부는 술에 취한 듯 얼굴이 붉게 상기되었다/쇠고기는 빛깔이 붉고 선명한 것으로 골라야 한다/서쪽 하늘을 바라보니 노을이 붉게 물들고 있었다/사랑한다는 고백과 함께 그는 나에게 붉은 장미 한 송이를 주었다.
>> 『금성』 [1]빛이 핏빛과 같다.¶붉은 장미/노을이 붉게 지다/붉은 고추

나.『표준』[2]공산주의에 물들어 있다.¶붉은 사상/붉은 세력/사상
이 붉다/붉은 군대는 드디어 파리를 점령하였다.
『고려』[2](사람이나 그의 사상이)공산주의의 경향이 있다.¶그
는 6·25 전쟁 때 붉은 사상에 물들어 단신으로 월북하였다/
반공주의자들은 붉은 세력이 준동하는 것을 막아야 한다고 외
쳐 댔다.

위에 제시된 사전적 의미를 재정리하면 다음과 같다.

(122) '붉다'의 단의 후보(2)
　　① (빛깔이) 핏빛과 같다.
　　② (사상이) 공산주의의 경향이 있다.

두 가지 단의 후보의 실현 환경은 주체로 이루어진다. 다시 말해 단의
후보의 논항 특성은 'A가 붉다'로 정리된다. A자리에 있는 주체는 '①번
빛깔, ②번 사상'이다.

'①번 사물' 주체는 구체 영역에 속하는 반면, '②번 사상' 주체는 추상
영역에 속한다. '붉다'의 단의 분류는 다음과 같다.

[표 60] 한국어 '붉다'의 단의 분류

논항 특성	주체(A)		단의 후보 번호
A가 붉다	구체	빛깔	①
	추상	사상	②

두 가지 단의 후보의 주체는 각각 구체 영역, 추상 영역에 속한다. 구체
영역에서 추상 영역으로 확장되는 원리에 따라 ①번의 순서는 ②번의 앞
에 놓인다고 할 수 있다. 따라서 '붉다'의 단의는 다음과 같이 정리될 수
있다.

(123) '붉다'의 단의
　① (빛깔이) 핏빛과 같다.
　② (사상이) 공산주의의 경향이 있다.

　'붉다'의 단의 가운데 대표가 되는 원형의미는 출현 제약이나 의미적 환경의 영향을 되도록 적게 받는 구체적 환경에서 실현되는 것으로 결정되므로 위에 제시된 단의 가운데에서 가장 기본적인 것은 구체적 사물 주체에서 드러나는 ①번에서 찾을 수 있다. 따라서 ①번은 '붉다'의 원형의미로 간주된다. ②번에서 (사상이) 공산주의의 경향이 있다는 것은 홍색과 밀접한 관련성이 있다. 1917년 옛 소련의 볼셰비키 혁명 과정에서 붉은 깃발을 앞세운 것이 공산주의와 붉은 색을 서로 관련 짓는 계기가 되었다고 알려져 있는데, 이에 따른다면 ②번은 ①번에서 인접성에 의해 확장된 환유적인 의미라고 할 수 있다. '붉다'의 의미 확장 양상을 정리하면 다음과 같다.

[표 61] 한국어 '붉다'의 단의 확장 양상

의미 확장 양상	단의
① ↓ ②	① (빛깔이) 핏빛과 같다. ② (사상이) 공산주의의 경향이 있다.

　앞서 '붉다'의 단의 확장 양상을 살펴보았다. 이 단의를 토대로 '붉다'의 단의 분포 양상을 그리면 아래와 같다.

[그림 32] 한국어 '붉다'의 단의 분포 양상

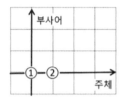

위에서 정리된 '붉다'의 단의 분포 양상을 보면 '붉다'의 의미 변화에 부사어의 영향을 받지 않고 주체의 영향만 받으며 주체의 추상화에 따라 의미 변화가 일어난 것을 확인할 수 있다.

4.2.2.2. '紅'

'紅'의 뜻풀이는『現代』에서 4개,『新華』과『新編』에서 3개를 제시하고 있다. 내용을 정리하면 다음과 같다.

(124) '紅'의 단의 후보(1)

　　가.『現代』[1]像鮮血的顔色.(빛이 선혈과 같다).¶紅辣椒(붉은 고추)

　　　　『新華』[1]像鮮(빛이 선혈과 같다).¶嘴唇紅(입술이 붉다)

　　　　『新編』[1]像鮮血或石榴花那樣的顔色.(빛이 선혈 또는 석류꽃과
　　　　같다).¶紅辣椒(붉은 고추)

　　나.『現代』[2]象征順利,成功或受人重視,歡迎.¶走紅(한창 인기가 있다.)
　　　　(순조롭다, '성공하다 또는 중시를 받다, 인기를 받다'는 것을
　　　　상징한다).

　　　　『新華』[2]象征順利成功幸運.('순조롭다, 성공하다'를 상징한
　　　　다).¶滿堂紅(도처에서 대성황을 이루다.)/紅運(행운)

　　　　『新編』[2]象征順利,成功或受人重視,歡迎.
　　　　('순조롭다, 성공하다 또는 중시를 받다, 인기를 받는 것'을 상
　　　　징한다).¶走紅(한창 인기가 있다.)/紅運(행운)

　　다.『現代』[3]象征革命或政治覺悟高.¶紅歌(붉은 노래)

(혁명을 상징하거나 정치에 관한 자각이 높다는 것을 상징한
다).¶紅歌(붉은 노래)

『新華』[3]象徵革命的, 覺悟高的.

(혁명을 상징하거나 정치에 관한 자각이 높다는 것을 상징한
다). ¶紅軍(홍군)

『新編』[3]象徵革命或政治覺悟高.

(혁명을 상징하거나 정치에 관한 자각이 높다는 것을 상징한
다).¶紅歌(붉은 노래)

위에 '紅'의 사전적 의미를 재정리하면 다음과 같다.

(125) '紅'의 단의 후보(2)

　　① 顏色像鮮血.((빛깔이) 핏빛과 같다.)

　　② 思想充滿共產主義色彩.((사상이) 공산주의의 경향이 있다.)

　　③ 事業順利成功.((일이) 순조롭고 성공하다.)

위에 세 가지 단의 후보의 실현 환경은 주체로 이루어진다. '주체(A)+
紅'의 논항 특성에서 A자리에 있는 주체는 '①번 빛깔, ②번 사상, ③번
일'이다. '①번 빛깔' 주체는 구체적 주체 영역에 속하고 '②번 사상' 주체
와 '③번 일' 주체는 추상성을 갖고 있어 추상 영역에 속한다. '紅'의 단의
분류는 다음과 같다.

[표 62] 중국어 '紅'의 단의 분류

논항 특성	주체(A)		단의 후보 번호
A+紅	구체	빛깔	①
	추상　정신	사상	②
	사건	일	③

세 가지 단의 후보의 순서를 배열하면 첫째, 주체가 구체에서 추상으

로 확장되는 원리에 따라 ①번의 순서는 ②③번보다 앞에 있다고 할 수
있다.

둘째, ②③번 가운데 ②번의 주체는 사상인데 사람의 정신 영역에 관한
내용이라 할 수 있다. 반면 ③번은 일 주체는 사람과 관련성이 없는 것으
로 보인다. 따라서 ②번의 순서는 ③번보다 앞에 있다고 할 수 있다.

위 내용을 통해 중국어 '紅'의 단의 순서는 ①②③로 배열될 수 있고
다음과 같이 정리된다.

(126) '紅'의 단의

    ❶ 顔色像鮮血的.((빛깔이) 핏빛과 같다.)

    ❷ 思想充滿共産主義色彩.((사상이) 공산주의의 경향이 있다.)

    ❸ 事業順利成功.((일이) 순조롭고 성공하다.)

'紅'의 단의 가운데 대표가 되는 원형의미는 출현 제약이나 의미적 환경
의 영향을 되도록 적게 받는 구체적 환경에서 실현되는 것으로 결정되므
로 위에 제시된 단의 가운데에서 가장 기본적인 것은 구체적 사물 주체에
서 드러나는 ❶번에서 찾을 수 있다. 따라서 ❶번은 '紅'의 원형의미로 간
주된다. ❷번 사상 주체와 ❸번번 일 주체는 모두 홍색의 상징 의미와 밀
접한 관련성이 있다. ❷번은 인접성에 의해 확장된 환유적인 의미로, ❸번
은 유사성에 의해 확장된 은유적인 의미라고 할 수 있다. 따라서 '紅'의 의
미 확장 양상을 정리하면 다음과 같다.

[표 63] 중국어 '紅'의 단의 확장 양상

의미 확장 양상	단의
❶ ∧ ❷　❸	❶ 顔色像鮮血的.((빛깔이) 핏빛과 같다.) ❷ 思想充滿共産主義色彩.((사상이) 공산주의의 경향이 있다.) ❸ 事業順利成功.((일이) 순조롭고 성공하다.)

앞서 '紅'의 단의 확장 양상을 살펴보았다. 이 단의를 토대로 '紅'의 단의 분포 양상을 그리면 아래와 같다.

[그림 33] 중국어 '紅'의 단의 분포 양상

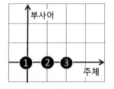

위에서 정리된 '紅'의 단의 분포 양상을 보면 '紅'의 의미 변화에 부사어의 영향을 받지 않고 주체의 영향만 받으며 주체의 추상화에 따라 의미 변화가 일어난 것을 확인할 수 있다.

4.2.2.3. '붉다'와 '紅'의 대조

한국어 '붉다'는 두 가지 단의가 있고 중국어 '紅'은 세 가지 단의가 있다. 이들 두 형용사는 두 가지 의미가 대응관계를 이룬다. 구체적인 대조 내용은 다음과 같다.

(127) 가. 뺨이 <u>붉다</u>.
　　　가′. 臉<u>紅</u>.
　　　나. 입술이 <u>붉다</u>.
　　　나′. 嘴唇<u>紅</u>.
　　　다. <u>붉은</u> 정권.
　　　다′. <u>紅色</u>政權.
　　　라. <u>붉은</u> 군대.
　　　라′. <u>紅</u>軍.

공통점으로는 첫째, (127가-나)에서 한국어 '붉다'와 중국어 '紅'은 주

체가 사물일 때 사물의 색채가 핏빛과 같다는 의미를 표시한다. 둘째, (127
다−라)에서 '붉다'와 '紅'은 사상이 공산주의의 경향이 있다는 의미를 표
시하므로 서로 대응관계에 있다고 할 수 있다.

한편, 차이점은 다음과 같다. 중국어 '紅'은 '일'이 주체가 되어 그 일이
순조롭고 성공하다는 뜻을 가리킬 수 있다. 이와 비교하면 한국어의 '붉
다'는 이러한 용법이 없다.

> (128) 가. 如果年初就開門紅, 全年都會覺得順當.
>   가'. *연초에 모든 일이 <u>붉으면</u> 한 해가 왠지 잘될 것같이 느껴
>   진다.
>   가''. 연초에 모든 일이 <u>잘 되어가다면</u> 한 해가 왠지 잘될 것같이
>   느껴진다.
>   나. 那個女演員在最紅的時候突然宣佈息影.
>   나'. *한창 인기가 <u>붉은</u> 그 여배우가 돌연 은퇴를 선언하고 나
>   섰다.
>   나''. 한창 인기 <u>절정에 있는</u> 그 여배우가 돌연 은퇴를 선언하고
>   나섰다.

(128가)에서 '紅'은 잘 되어간다고 번역되고 일이 잘 된다는 것을 나타
내고, (128나)에서 '紅'은 인기가 절정에 있다고 번역되는데 사업이 성공하
다는 것을 가리킨다. 이러한 상황에서 한국어 '붉다'의 사용은 불가능하고
상황에 따라 '잘 되어가다, 인기 절정' 등 다양한 말을 대신 사용한다.

다음으로 '붉다'와 '紅'의 확장 양상을 대조해 본다. 첫째, '붉다'와 '紅'
의 주체가 구체 영역에서 추상 영역으로 확장되는 것은 공통적이다. 구체
적인 무형물 주체에서 추상적인 정신 주체로 확장되는 양상도 모두 발견
된다. 둘째, 구체적인 주체에서 추상적인 주체로 확장될 때 중국어의 '紅'
은 사물 주체에서 사상, 일 주체로 확장되는 양상이 있는데 이에 비해 한
국어 '붉다'는 사물 주체에서 사상 주체로만 확장되고 일 주체로 확장되지

는 않는다.

이상 한국어 '붉다'와 중국어 '紅'을 대조한 내용을 정리하면 다음과
같다.

[표 64] 한국어 '붉다'와 중국어 '紅'의 단의 확장 양상 및 대응관계

의미 확장 양상	대응관계		
	단의	붉다	紅
①/❶ ↙ ↘ ②/❷ ×/❸	(빛깔이) 핏빛과 같다.	①	❶
	(사상이) 공산주의의 경향이 있다.	②	❷
	(일이) 순조롭고 성공하다.	×	❸

앞서 한국어 '붉다'와 중국어 '紅'의 단의 확장 양상 및 대응관계, 단의
분포 양상을 살펴보았다. 이를 토대로 두 어휘의 단의 분포 양상을 대조하
면 아래와 같다.

[그림 34] 한국어 '붉다'와 중국어 '紅'의 단의 분포 양상 대조

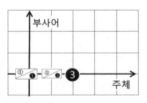

위에 제시한 결과를 보면 한국어 '붉다'와 중국어 '紅'은 '빛깔이 핏빛과
같다, 사상이 공산주의의 경향이 있다'는 의미를 표현할 때 일치하지만 중
국어 '紅'은 '일이 순조롭고 성공하다'는 의미도 가지고 있지만 한국어 '붉
다'는 이와 비슷한 의미를 가지지 않는다. 또한 한국어 '붉다'와 중국어
'紅'의 의미 분포 양상을 정리하면 의미 변화에 공통적으로 주체의 영향만
받아 화살표 방향으로 추상화된 것을 확인할 수 있다.

4.2.3. 청색(靑色)

청색(靑色)에 관한 색채 형용사는 한국어 '푸르다', 중국어 '靑'을 대상으로 논의한다.

4.2.3.1. '푸르다'

'푸르다'의 뜻풀이는 『표준국어대사전』에서 7개, 『고려대 한국어대사전』에서 4개, 『금성 국어대사전』에서 2개를 제시하고 있다. 구체적인 내용을 정리하면 다음과 같다.

> (129) '푸르다'의 단의 후보(1)
>   가. 『표준』 [1]맑은 가을 하늘이나 깊은 바다, 풀의 빛깔과 같이 밝고 선명하다.¶푸른 물결/푸른 가을 하늘/비 온 뒤라 그런지 앞산이 한결 더 푸르러 보인다.
>   『고려』 [1](사물이나 그 빛이)맑은 하늘빛이나 풀빛과 같은 색을 띤 상태에 있다.¶하늘이 높고 푸르다/푸른 물결이 일렁이는 바다를 보고 있으니 가슴이 탁 트이는 것 같았다/한차례 소나기가 퍼붓고 나니 풀과 나무들이 한층 더 푸르러 봄의 기운이 완연하게 느껴졌다.
>   『금성』 [1]하늘빛이나 풀빛이나 쪽빛과 같다.¶푸른 산/푸른 물결/푸른 초원/푸른 하늘/숲이 푸르게 우거지다.
>   나. 『표준』 [2]곡식이나 열매 따위가 아직 덜 익은 상태에 있다.¶푸른 과일/푸른 보리.
>   『고려』 [4](열매가)아직 익지 않은 상태에 있다.¶푸른 보리/대추가 아직 푸르다.
>   다. 『표준』 [3]세력이 당당하다.¶푸른 양반/대왕대비 김씨가 어린 손자 헌종을 도와 발을 드리워 정치에 참예하시니 김씨들의 세도는 더욱더 빛나고 푸르렀다.
>   『금성』 [2]세력이 당당하다.¶서슬이 푸르다.
>   라. 『표준』 [4](비유적으로) 젊음과 생기가 왕성하다.¶한창 푸른

시절을 덧없이 보내다.

『고려』 [3]<비유적으로>(사람이)젊고 건강하다.¶그녀는 40대
이지만 생각만큼은 여전히 푸르다/그는 육체와 정신이 푸른,
무한한 가능성이 있는 20대의 청년이었다.

마. 『표준』 [5](비유적으로) 희망이나 포부 따위가 크고 아름답
다.¶푸른 희망/푸른 꿈.

바. 『표준』 [6]공기 따위가 맑고 신선하다.¶푸른 공기를 들이마
시다.

사. 『표준』 [7]서늘한 느낌이 있다.¶푸른 목소리/푸른 기운이 도는
예리한 검

아. 『고려』 [2](얼굴빛이)추위나 공포로 핏기가 가신 듯 창백하
다.¶추운 날씨에 얼마나 떨었는지 그녀의 얼굴이 푸르게 얼어
있었다/울고 있는 아내의 푸른 낯빛을 보는 순간 나는 아버님
의 병세가 심상치 않다는 것을 직감했다.

　(129사)에서 서늘한 느낌이 있다는 내용은 (129다)에서 세력이 당당하다
는 것의 결과를 가리킨다. 즉, 어떤 기세의 힘이 강해 사람에게 서늘한 느
낌을 준다는 것이다. 결국, (129다)와 (129사)는 하나의 단의를 가리키므로
통합될 필요가 있다. '푸르다'의 단의 후보를 재정리하면 다음과 같다.

　(130) '푸르다'의 단의 후보(2)

　　① (빛깔이) 맑은 가을 하늘이나 깊은 바다, 풀의 빛깔과 같이 밝
고 선명하다.

　　② (식물이) 아직 덜 익은 상태에 있다.

　　③ (세력이) 당당하다.

　　④ (사람이) 젊고 건강하다.

　　⑤ (희망이나 포부 따위가) 크고 아름답다.

　　⑥ (공기 따위가) 맑고 신선하다.

　　⑦ (얼굴이) 추위나 공포로 핏기가 가신 듯 창백하다.

　위에 일곱 가지 단의 후보의 실현 환경은 주체로 이루어진다. 즉, 단의 후보의 논항 특성은 'A가 푸르다'로 정리된다. A자리에 있는 주체는 '①번 빛깔, ②번 식물, ③번 세력, ④번 사람, ⑤번 희망이나 포부, ⑥번 공기, ⑦번 얼굴' 등이다. '①번 빛깔, ②번 식물, ④번 사람, ⑥번 공기, ⑦번 얼굴' 주체는 구체 영역에 속하고, ③번 세력, ⑤번 희망이나 포부는 추상 영역에 속한다.

　구체 주체에서, ①번 빛깔, ②번 식물, ④번 사람, ⑦번 얼굴은 형체가 있어 유형물에 속하고, ⑥번 공기는 형체가 없어 무형물에 속한다. '푸르다'의 단의 분류는 다음과 같다.

[표 65] 한국어 '푸르다'의 단의 분류

논항 특성	주체(A)			단의 후보 번호
A가 푸르다	구체	유형물	빛깔	①
			사람	④
			'얼굴'	⑦
			식물	②
		무형물	'공기'	⑥
	추상	정신	희망이나 포부	⑤
			세력	③

　단의 후보의 순서를 배열하면 첫째, 주체가 구체에서 추상으로 확장되는 원리에 따라 ①②④⑥⑦번의 순서가 ③⑤번보다 앞에 놓인다.

　둘째, ①②④⑥⑦번 가운데 형체가 있는 유형물이 형체가 없는 무형물보다 구체성이 강하므로 ①②④⑦번의 순서는 ⑥번보다 앞에 있다.

　셋째, ①②④⑦번 중 ①번의 주체는 하늘과 같이 공간물일 수도 있고, 눈과 같이 무정물일 수도 있다. 이에 따라 ①번 주체는 ②④⑦번보다 제한성을 가장 적게 받는다. 따라서 ①번의 순서는 ②④⑦번보다 앞에 있다고 할 수 있다.

넷째, ②④⑦번 중 ④⑦번은 사람에 관한 내용이고 ②번은 식물에 관한 내용이다. 사람 주체에서 식물 주체로 확장되는 원리에 따라 ④⑦번의 순서는 ②번의 앞에 있다고 할 수 있다. 한편, ④⑦번에서 ⑦번의 주체는 특정 단어 '얼굴'이기 때문에 제한을 받는다고 할 수 있다. 이는 ④번의 뒤에 있다.

다섯째, ③⑤번에서 세력이 당당하다는 ③번에서 '푸르다'가 사용될 때 일반적으로 '서슬이 푸르다'는 구조가 있어 제한성이 있다고 할 수 있다. 따라서 ③번의 순서는 ⑤번의 뒤에 놓일 수 있다.

위 내용을 통해 한국어 '푸르다'의 단의 순서는 ①④⑦②⑥⑤③로 배열될 수 있고 다음과 같이 정리된다.

(131) '푸르다'의 단의
　　　① (빛깔이) 맑은 가을 하늘이나 깊은 바다, 풀의 빛깔과 같이 밝
　　　　고 선명하다.
　　　② (사람이) 젊고 건강하다.
　　　③ (얼굴이)추위나 공포로 핏기가 가신 듯 창백하다.
　　　④ (식물이) 아직 덜 익은 상태에 있다.
　　　⑤ (공기 따위가) 맑고 신선하다.
　　　⑥ (희망이나 포부 따위가) 크고 아름답다.
　　　⑦ (세력이) 당당하다.

'푸르다'의 단의 가운데 대표가 되는 원형의미는 출현 제약이나 의미적 환경의 영향을 되도록 적게 받는 구체적 환경에서 실현되는 것으로 결정된다. 그러므로 위에 제시된 단의 가운데에서 가장 기본적인 것은 사물의 주체에서 드러나는 ①번에서 찾을 수 있다. 따라서 ①번은 '푸르다'의 원형의미로 간주된다. ①번 단의에서 녹색, 남색 등 두 가지 색채를 갖고 있음을 볼 수 있다.

②번 시각의 감각 대상은 사람이고 몸의 상태를 의미한다. 이는 녹색의 상징 의미인 왕성한 생명력과 밀접한 관계가 있어 ②번은 ①번에서 녹색에 의한 은유적인 확장이라 할 수 있다. ③번에서 시각의 감각 대상은 얼굴이고 얼굴 상태를 의미한다. 얼굴은 사람의 신체부위이기 때문에 ③번은 ②번과 공간적인 인접성을 갖고 있으므로 ③번은 ②번에서 인접성에 의해 확장된 의미라고 할 수 있다. ④번에서 시각의 감각 대상은 식물인데 식물이 덜 익은 상태는 성장 중인 것을 말하는 것이다. 결국 왕성의 생명력을 갖는다고 할 수 있으므로 ④번은 ②번에서 유사성에 의해 확장된 은유적 의미라 할 수 있다. ⑤번 후각의 감각 대상은 공기이고 이는 시각의 감각 대상 ①번에서 녹색에 의해 확장된 은유적 의미라 할 수 있다. ⑥번에서 희망이나 포부가 크고 아름답다는 것이 남색과 밀접한 관련성이 있어 ⑥번은 역시 ①번에서 확장된 은유적인 의미이다. ⑦번 세력이 당당하다는 것이 역시 녹색의 상징 의미인 왕성한 생명력과 밀접한 관계가 있다고 할 수 있다. 세력은 사람이 갖는 것이므로 ⑦번은 ②번에서 유사성에 의해 확장된 은유적인 의미라 할 수 있다. 결국 '푸르다'의 의미 확장 양상을 정리하면 다음과 같다.

[표 66] 한국어 '푸르다'의 단의 확장 양상

의미 확장 양상	단의
④ ↑ ⑤ ← ① → ② → ③ ↓ ↓ ⑥ ⑦	① (빛깔이) 맑은 가을 하늘이나 깊은 바다, 풀의 빛깔과 같이 밝고 선명하다. ② (사람이) 젊고 건강하다. ③ (얼굴이)추위나 공포로 핏기가 가신 듯 창백하다. ④ (식물이) 아직 덜 익은 상태에 있다. ⑤ (공기 따위가) 맑고 신선하다. ⑥ (희망이나 포부 따위가) 크고 아름답다. ⑦ (세력이) 당당하다.

앞서 한국어 '푸르다'의 단의 확장 양상을 살펴보았다. 이 단의를 토대로 '푸르다'의 단의 분포 양상을 그리면 아래와 같다.

[그림 35] 한국어 '푸르다'의 단의 분포 양상

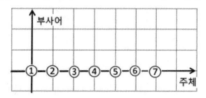

위에서 정리된 '푸르다'의 단의 분포 양상을 보면 '푸르다'의 의미 변화에 부사어의 영향을 받지 않고 주체의 영향만 받으며 주체의 추상화에 따라 의미 변화가 일어난 것을 확인할 수 있다.

4.2.3.2. '靑'

'靑'의 뜻풀이는 『現代』, 『新華』, 『新編』에서 모두 1개를 제시하고 있다. 내용을 정리하면 다음과 같다.

(132) '靑'의 단의 후보(1)
　　『現代』 [1]藍色或綠色的.(남색이나 녹색의 색깔과 같다.)
　　『新華』 [1]綠色的, 藍色的.(녹색, 남색의 색깔과 같다.)
　　『新編』 [1]指綠色的, 藍色的.(녹색, 남색의 색깔과 같은 것을 가리킨다.)

'靑'의 단의 후보를 재정리하면 다음과 같다.

(133) '靑'의 단의 후보(2)
　　① (顔色)呈現藍色或綠色的.
　　((빛깔이) 하늘빛이나 풀빛이나 쪽빛과 같이 밝고 선명하다.)

한 가지 의미를 갖는 '靑'은 그의 주체는 구체적 영역에 있다는 것을 볼 수 있다. '靑'의 단의 분류는 다음과 같다.

[표 67] 중국어 '靑'의 단의 분류

논항 특성	주체(A)		단의 후보 번호
A+靑	구체	빛깔	1

'靑'의 단의는 재정리하면 다음과 같다.

(134) '靑'의 단의
　　　(顏色)呈現藍色或綠色的.
　　　((빛깔이) 하늘빛이나 풀빛이나 쪽빛과 같이 밝고 선명하다.)

유일한 단의를 갖는 '靑'는 구체적인 뜻을 갖고 있으며, 의미 확장은 이루어지지 않는다. 표로 정리하면 다음과 같다.

[표 68] 중국어 '靑'의 단의 확장 양상

의미 확장 양상	단의
❶	❶ (顏色)呈現藍色或綠色的. ((빛깔이) 하늘빛이나 풀빛이나 쪽빛과 같이 밝고 선명하다.)

앞서 '靑'의 단의 확장 양상을 살펴보았다. 이 단의를 토대로 '靑'의 단의 분포 양상을 그리면 아래와 같다.

[그림 36] 중국어 '靑'의 단의 분포 양상

위에서 정리된 '靑'의 단의 분포 양상을 보면 '靑'은 유일한 의미를 갖는 어휘로서 부사어의 영향을 받지 않고 주체의 영향만 받는 것을 확인할 수 있다.

4.2.3.3. '푸르다'와 '靑'의 대조

한국어 '푸르다'가 일곱 가지 단의를 가지고 '靑'이 한 가지 단의를 가지는 것을 정리하였다. 두 형용사 사이에는 한 가지 의미만 대응관계에 있다고 할 수 있다. 구체적인 대조 내용은 다음과 같다.

(135) 가. <u>푸른</u> 하늘의 흰 구름.
　　　가'. <u>靑</u>天白雲.
　　　나. <u>푸른</u> 산과 맑은 물.
　　　나'. <u>靑</u>山綠水.

위와 같이 '푸르다'와 '靑'이 하늘빛이나 풀빛이나 쪽빛과 같다는 의미를 갖고 있어 색채 의미를 나타낼 때 서로 대응관계에 있다고 할 수 있다.

한편, 차이점은 다음과 같다. 첫째, 한국어 '푸르다'의 단의 가운데 주체가 사람이 되어 젊고 건강하다는 뜻을 가리킬 수 있다. 반면, 중국어 '靑'의 단의 중 이와 비슷한 의미가 없다.

(136) 가. 그녀는 40대이지만 생각만큼은 여전히 <u>푸르다</u>.
　　　가'. *她雖然40歲幾年紀, 但和想象中的一樣<u>靑</u>.

가'. 她雖然40歲幾年紀, 但和想象中的一樣年輕有活力.

나. 그는 육체와 정신이 푸른 20대의 청년이었다.

나'. *他是在肉體和精神上處於靑的二十歲靑年.

나". 他是在肉體和精神上處於年輕有活力的二十歲靑年.

위와 같이 중국어 '靑'을 사용할 수 없고, 한국어의 '푸르다'와 대응하지 않는다. 이러한 상황에서 중국어에 年輕有活力(젊고 활력이 있다)는 말을 대신 사용한다.

둘째, '푸르다'의 주체가 얼굴로 확장될 때 얼굴이 창백하다는 뜻을 갖고 있음을 볼 수 있다. 반면, 중국어 '靑'의 단의에서 이와 비슷한 의미를 찾을 수 없다.

> (137) 가. 추운 날씨에 얼마나 떨었는지 그녀의 얼굴이 푸르게 얼어 있
>   었다.
>   나. *她被寒冷的天氣凍得臉色靑.
>   다. 她被寒冷的天氣凍得臉色蒼白.

주체가 얼굴로 확장되는 상황에서 중국어의 '靑'을 사용할 수 없고 '蒼白'이라는 형용사를 대신 사용한다.

셋째, '푸르다'의 주체는 식물 영역으로 확장되어 식물이 아직 덜 익은 상태를 가리킨다. 이와 비교하면 '靑'의 주체는 식물 영역으로 확장되는 양상은 발견되지 않는다.

> (138) 가. 대추가 아직 푸르다.
>   나. *大棗還靑.
>   다. 大棗還沒熟.

위와 같은 상황에서 '靑'은 '푸르다'처럼 식물의 익지 않은 상태를 의미

할 수 없고 이때는 '沒熟(익지 않다)'는 부정 표현을 사용한다.

넷째, '푸르다'의 주체가 특정 단어인 공기일 때 공기가 맑고 신선하다는 의미를 표현할 수 있다. 이와 비교하면 '靑'은 이러한 의미를 표현할 수 없다.

(139) 가. 공원에서 <u>푸른</u> 공기를 만드는 나무와 꽃을 많이 재배하였다.
　　　 나. *公園中種植了大量製造<u>靑</u>空氣的樹和花.
　　　 다. 公園中種植了大量製造<u>新鮮</u>空氣的樹和花.

위 예문을 통해 '푸르다'가 공기가 맑고 신선하다는 뜻을 나타낼 때 중국어에서는 '靑'이 쓰이지 않고 복합형용사 '新鮮'이 사용된다.

다섯째, 한국어 '푸르다'의 단의 가운데 (희망이나 포부 따위가) 크고 아름답다는 의미를 가리키는 경우가 있다. 이와 비교하면 중국어 '靑'에는 이러한 용법이 없다.

(140) 가. 그는 <u>푸른</u> 희망을 가지고 있다.
　　　 나. *他懷揣著<u>靑</u>的理想.
　　　 다. 他懷揣著<u>遠大</u>的理想.

위와 같이 한국어 '푸르다'의 주체가 추상적인 이상 주체로 화장될 때 중국어 '靑'은 쓰이지 않고 이러한 상황에서 '遠大(원대하다)'라는 복합형용사가 대신 사용된다.

여섯째, '푸르다'의 주체가 세력으로 확장되어 그 세력이 당당하다는 의미를 갖고 있음을 볼 수 있다. 이와 비교하면 중국어 '靑'에는 이러한 의미가 없다.

(141) 가. 서슬이 <u>푸른</u> 칼날.
　　　 나. *<u>靑</u>的刀刃.
　　　 다. <u>鋒利</u>的刀刃.

위와 같이 세력이 당당하다는 의미에서 '푸르다'가 '서슬이'와 결합해 '서슬이 푸르다'는 구조로 사용된 양상이 확인된다. 그러나 중국어의 '靑'을 사용할 수 없고 상황에 따라 다양한 어휘가 대신 사용된다. 아래와 같은 예문에서도 확인될 수 있다.

(142) 가. 서슬이 <u>푸른</u> 권세가.
　　　나. *<u>靑</u>的權勢人物.
　　　다. <u>盛氣凌人</u>的權勢人物.

다음으로 '푸르다'와 '靑'의 확장 양상을 대조해 본다. 한국어의 '푸르다'와 중국어 '靑'은 공통적으로 사물 주체를 갖고 있으나 '푸르다'는 사물 주체에서 다양한 구체적인 주체와 추상적인 주체로 확장되는 반면 중국어 '靑'은 사물 주체에 대해서만 사용된다. 따라서 전체적인 확장 양상을 말하면 '푸르다'는 구체적 주체에서 추상적 주체로 확장되는 반면 '靑'은 구체적 주체 내부에만 머물러 있다고 할 수 있다.

이상 한국어 '푸르다'와 중국어 '靑'을 대조한 내용을 정리하면 다음과 같다.

[표 69] 한국어 '푸르다'와 중국어 '靑'의 단의 확장 양상 및 대응관계

의미 확장 양상	대응관계		
	단의	푸르다	靑
④/× ↑ ⑤/× ← ①/❶ → ②/× → ③/× ↓　　↓ ⑥/×　⑦/×	(빛깔이) 맑은 가을 하늘이나 깊은 바다, 풀의 빛깔과 같이 밝고 선명하다.	①	❶
	(사람이) 젊고 건강하다.	②	×
	(얼굴이) 추위나 공포로 핏기가 가신 듯 창백하다.	③	×
	(식물이) 아직 덜 익은 상태에 있다.	④	×
	(공기 따위가) 맑고 신선하다.	⑤	×
	(희망이나 포부 따위가) 크고 아름답다.	⑥	×
	(세력이) 당당하다.	⑦	×

앞서 한국어 '누르다'와 중국어 '靑'의 단의 확장 양상 및 대응관계, 단의 분포 양상을 살펴보았다. 이를 토대로 두 어휘의 단의 분포 양상을 대조하면 아래와 같다.

[그림 37] 한국어 '푸르다'와 중국어 '靑'의 단의 분포 양상 대조

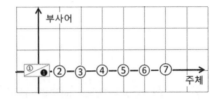

위에 제시한 결과를 보면 '푸르다'와 '靑'은 색깔을 의미할 때 통일하다. 그러나 한국어 '푸르다'의 주체는 '사람, 얼굴, 식물, 공기, 희망, 세력' 따위까지 확장이 일어나는데 중국어 '靑'은 이러한 영역에서 의미 확장이 일어나지 않는다. 또한 한국어 '푸르다'와 중국어 '靑'의 의미 분포 양상을 정리하면 의미 변화에 공통적으로 주체의 영향만 받아 화살표 방향으로 추상화된 것을 확인할 수 있다.

4.3. 색채 형용사 의미 확장 양상의 대조

색채 형용사의 의미 확장 양상을 정리하면 다음과 같다. 흑색 형용사인 '검다'와 '黑'은 모두 정신 영역으로 확장됨을 볼 수 있다. 황색 형용사 중 '누르다'는 단의어로 의미 확장의 양상을 볼 수 없는 반면 중국어 '黃'은 내용 영역으로 확장된다. 홍색 형용사 중 '붉다'는 정신 영역으로 확장된 반면 '紅'은 사건 영역으로 확장된다. 청색 형용사 가운데 '푸르다'는 유형물 주체 내부, 무형물 주체, 정신 주체 영역으로 확장되지만 '靑'은 단의어

로 확장 양상을 볼 수 없다. 마지막 백색 형용사는 행위 영역으로 확장되는 반면 '白'은 역시 단의어로 확장 양상은 없는 것으로 보인다.

이를 통해 한국어 색채 형용사는 구체적 영역인 유형물, 무형물, 추상적 영역인 정신 영역으로 확장되지만 중국어 색채 형용사는 추상적 영역인 정신, 내용, 사건 등 영역으로 확장된다. 따라서 비교를 하면 한중 색채 형용사는 정신 영역으로 확장되는 것이 공통적이고 무형물, 행위, 정신, 사건, 내용 등 영역으로 확장되느냐에 따라 차이가 있다.

제5장 <u>제5장</u> 한중 크기 형용사의 의미 확장 양상

크기 형용사는 공간적인 관계 가운데 크기를 나타내는 형용사들을 가리킨다. 크기 형용사에는 사물의 길이, 높이, 너비, 깊이, 부피, 두께, 굵기, 크기, 거리 등을 표현하는 어휘가 포함된다. 본 서에서는 장단(長短), 고저(高低), 광협(廣狹), 심천(深淺), 후박(厚薄), 조세(粗細), 대소(大小) 형용사 등으로 나누어 구체적으로 논의하고자 한다.

크기 형용사는 해당 사물의 차원성(次元性)에 따라 선(線)과 관련된 크기, 면(面)과 관련된 크기, 입체(立體) 즉, 부피와 관련된 크기로 구분될 수 있다. 선, 면, 부피와 관련된 크기 형용사는 수학적인 용어로 표현하면 각각 일차원 크기 형용사, 이차원 크기 형용사, 삼차원 크기 형용사라고 할 수 있다.

크기 형용사는 한국어 '길다, 짧다, 높다, 낮다, 넓다, 너르다, 솔다, 좁다, 깊다, 얕다, 두껍다, 얇다, 엷다, 굵다, 가늘다, 크다, 작다', 그리고 중국어 '長, 短, 高, 矮, 低, 敞, 廣, 寬, 窄, 深, 淺, 厚, 薄, 粗, 細, 大, 小'를 대상으로 논의한다. 유형별로 나누면 다음 표에 제시된 내용과 같다.

[표 70] 한중 공간 크기 형용사 유형별 대응관계

차원	유형	한국어	중국어
일차원	장단(長短)	길다	長
		짧다	短
	고저(高低)	높다	高
		낮다	低
	심천(深淺)	깊다	深
		얕다	淺
이차원	광협(廣狹)	넓다, 너르다	寬
		좁다, 솔다	窄
삼차원	조세(粗細)	굵다	粗
		가늘다	細
	후박(厚薄)	두껍다	厚
		얇다, 엷다	薄
	대소(大小)	크다	大
		작다	小

5.1. 장단(長短)

장단(長短)에 관한 크기 형용사는 한국어 '길다'와 '짧다', 중국어 '長'과 '短'을 대상으로 논의한다.

5.1.1. 길다/長

5.1.1.1. '길다'

'길다'의 뜻풀이는 『표준국어대사전』과 『고려대 한국어대사전』에서 4개, 『금성 국어대사전』에서 2개를 제시하고 있다. 구체적인 내용을 정리하면 다음과 같다.

(143) '길다'의 단의 후보(1)

　　가. 『표준』[1]잇닿아 있는 물체의 두 끝이 서로 멀다.¶해안선이
　　　　길다/다리가 길다/머리가 길다/치마 길이가 길다.
　　　　『고려』[1](물체가)이어져 있는 두 끝 사이가 보통보다 멀다.¶
　　　　현미는 눈시울이 길고, 귀티가 있었다/사감은 긴 복도를 지나
　　　　며 방문을 일일이 두드려 사생들을 깨웠다/홀에서는 머리카락
　　　　이 긴 남자가 기타를 연주하고 있었다.
　　　　『금성』[1]잇닿은 문체의 두 끝이 서로 멀다.¶긴 담뱃대.

　　나. 『표준』[2]이어지는 시간상의 한 때에서 다른 때까지의 동안
　　　　이 오래다.¶긴 세월/밤이 가장 긴 동짓날/수명이 길다/대기 시
　　　　간이 길다/역사가 길다/해가 길다/여름에는 낮이 밤보다 길다.
　　　　『고려』[3](일이나 기간이)한 시점에서 다른 시점까지의 동안
　　　　이 오래다.¶온천과 스키장이 있어서 캄차카 사람들은 긴 겨울
　　　　을 그리 지루하지 않게 보낼 수 있다/사랑은짧지만 그리움은
　　　　길고, 이별은 짧지만 그 추억은 긴 것 같다.
　　　　『금성』[2]한 때에서 다른 때까지의 동안이 오래다.¶긴 시간/
　　　　낮이 길다/연설이 길다.

　　다. 『표준』[3]글이나 말 따위의 분량이 많다.¶긴 말씀/긴 글과 짧
　　　　은 글/그 설명을 하자면 얘기가 복잡하고 길어./그 사람은 말
　　　　이 길어서 듣는 사람을 지루하게 한다./이 시는 너무 길어서
　　　　인용할 수가 없다.
　　　　『고려』[4](글이나 말이)분량이나 내용이 많다.¶그 사람은 말
　　　　이 너무 길어서 지루해/한때는 만연체가 공연히 멋있어 보여
　　　　긴 문장을 써 보려고 애쓰기도 했지요.

　　라. 『표준』[4]소리, 한숨 따위가 오래 계속되다.¶길게 한숨을 내
　　　　쉬다/담배 연기를 길게 내뿜다/무슨 노래인지는 몰라도 별다
　　　　른 높낮이의 변화 없이 긴 호흡으로 이어지는 담담한 곡조였
　　　　다/소리가 길다.

　　마. 『고려』[2](물체가)굵기나 넓이에 비해 길이가 상대적으로 크

다.¶좁고 긴 타원형 궤도를 그리며 운동하는 주기 혜성/무대
의 한편에 가느다랗고 긴 나무 한 그루가 놓여 있었다.

(143마)에는 입체(立體) 사물이나 평면(平面) 사물의 형상(形狀)으로 국한하
여 기술하고 있다. 그러나 실제 물체 양단 사이가 서로 멀다는 공간적인
뜻을 가리키는 것에는 [1]번과 다름이 없다. 따라서 (143가)와 (143마)는 하
나의 단의로 간주되어야 한다. 한편 (143라)에서 시간이 오래다는 내용을
표현할 때 그의 주체는 동작임을 볼 수 있다. 이는 (143나)에서 제시된 시
간적 의미와 비교하면 주체가 동작인지, 상태인지에 차이가 있지만 지속
적인 시간이 오래다는 의미가 다르지 않다. 따라서 (143나)와 (143라)는 하
나의 단의로 간주되어야 한다. '길다'의 단의 후보를 재정리하면 다음과
같다.

> (144) '길다'의 단의 후보(2)
> ① (사물이) 이어져 있는 두 끝이 서로 멀다.
> ② (시간이) 한 때에서 다른 때까지 오래다.
> ③ (글이나 말이) 분량이 많다.

위 세 가지 단의 후보의 실현 환경은 주체로 이루어진다. 단의 후보의
논항 특성은 'A가 길다'로 정리될 수 있다. A자리에 있는 주체는 '①번 사
물, ②번 시간, ③번 말, 글' 등이다. ①번 사물은 구체 영역에 속하고, '②
번 시간, ③번 말, 글'은 추상 영역에 속한다. 따라서 '길다'의 단의 분류는
다음과 같다.

[표 71] 한국어 '길다'의 단의 분류

논항 특성	주체(A)			단의 후보 번호
A가 길다	구체		사물	①
	추상	관계	시간	②
		분량	말, 글	③

세 가지 단의 가운데 ①번은 구체적인 공간 의미이고, ②번은 추상적인 시간 의미이며, ③번은 추상적인 분량의미임을 볼 수 있다. '공간 → 시간 → 추상'이라는 확장원리에 따라 '길다'의 ①번 단의 후보는 앞에 있고 ② 번은 중간에 있으며, ③번은 뒤에 있다고 할 수 있다.

위 내용을 통해 한국어 '길다'의 단의 순서는 ①②③로 배열될 수 있고 그 단의는 다음과 같이 정리된다.

(145) '길다'의 단의 후보(2)
① (사물이) 이어져 있는 두 끝이 서로 멀다.
② (시간이) 한 때에서 다른 때까지 오래다.
③ (글이나 말이) 분량이 많다.

'길다'의 각 단의 가운데 대표가 되는 원형의미는 출현 제약이나 의미적 환경의 영향을 되도록 적게 받는 구체적 환경에서 실현되는 것으로 결정된다. 그러므로 위에 제시된 단의 가운데에서 가장 기본적인 것은 사물의 주체에서 드러나는 ①번에서 찾을 수 있다. 따라서 ①번은 '길다'의 원형의미로 간주된다.

①번에서 시각의 감각 대상은 사물이고 그 사물의 두 끝이 서로 멀다는 공간적 '장단'을 가리킨다. ②번의 주체는 추상적인 시간인데 이는 시간적인 '장단'을 가리키므로 공간적인 '장단'에서 유사성에 의해 확장된 은유적인 의미라 할 수 있다. ③번의 주체는 추상적인 글이나 말인데 분량이

많다는 것은 글이나 말이 시작하는 데부터 끝나는 데까지 즉, 두 끝 사이
의 '분량'이 크다는 것을 의미한다. 따라서 ③번도 역시 ①번에서 유사성
에 의해 확장된 은유적 의미라 할 수 있다. 한국어 '길다'의 단의 확장 양
상은 다음과 같다.

[표 72] 한국어 '길다'의 단의 확장 양상

의미 확장 양상	단의
① ↙ ↘ ② ③	① (사물이) 이어져 있는 두 끝이 서로 멀다. ② (시간이) 한 때에서 다른 때까지 오래다. ③ (글이나 말이) 분량이 많다.

앞서 '길다'의 단의 확장 양상을 살펴보았다. 이 단의를 토대로 '길다'의
단의 분포 양상을 그리면 아래와 같다.

[그림 38] 한국어 '길다'의 단의 분포 양상

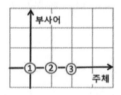

위에서 정리된 '길다'의 단의 분포 양상을 보면 '길다'의 의미 변화에
부사어의 영향을 받지 않고 주체의 영향만 받으며 주체의 추상화에 따라
의미 변화가 일어난 것을 확인할 수 있다.

5.1.1.2. '長'

'長'의 뜻풀이는 『現代漢語詞典』, 『新編漢語形容詞詞典』에서 모두 2개를
제시하고 있다. 구체적인 내용을 정리하면 다음과 같다.

(146) '長'의 단의 후보(1)

  가. 『現代』 [1]兩端之間的距離大. a. 指空間. b. 指時間(두 끝이 서
    로 멀다. 1. 공간을 가리킨다. 2. 시간을 가리킨다.)¶大橋很長.
    (다리가 길다.)/白晝長.(낮이 길다)

    『新華』 [1]長度大.1. 指空間. 2. 指時間.(두 끝이 서로 멀다. 1.
    공간을 가리킨다. 2.시간을 가리킨다.)¶大橋很長.(다리가 길다.)
    白晝長.(낮이 길다)

    『新編』 [1]兩點之間的距離大.(두 끝이 서로 멀다.)¶隧道很長.(터
    널이 길다.)/光照時間長.(일조 시간이 길다.)

  나. 『現代』 [2]對某事做的特別好.(어떤 일에 대해 뛰어나다.)¶長於
    書法(서예에 뛰어나다.)

    『新華』 [2]對某事做的特別好.(어떤 일에 대해 뛰어나다.)¶長於
    度曲(작곡에 뛰어나다.)

  다. 『新編』 [3]分量多(분량이 많다.)¶長篇小說(장편 소설)

(146가)에서 공간적인 의미와 시간적인 의미가 구별되지 않고 하나의
단의로 제시된 것을 볼 수 있다. 그러나 공간 의미와 시간 의미는 별개의
단의여서 쪼갤 필요가 있다. 위 내용을 재정리하면 다음과 같다.

(147) '長'의 단의 후보(2)

  ① 兩端之間的距離大.((사물이) 이어져 있는 두 끝이 서로 멀다.)
  ② 時間久.((시간이) 한 때에서 다른 때까지 오래다.)
  ③ 內容分量多((분량이) 많다.)
  ④ 對某事做的特別好.((어떤 일에 대해 능력이) 뛰어나다.)

위 네 가지 단의 후보의 논항 특성은 모두 '주체(A)+長'의 구조이다. 단
의 후보의 주체는 '①번 사물, ②번 시간, ③번 말이나 글, ④번 능력' 등
이다. ①번 사물 주체는 구체 영역에 속하고 ②③④번 주체는 추상 영역
에 속한다.

[표 73] 중국어 '長'의 단의 분류

논항 특성	주체(A)			단의 후보 번호
A+長	구체		사물	1
	추상	관계	시간	2
		정신	능력	4
		분량	말, 글	3

각 단의 후보의 순서를 배열하면 첫째, '공간 → 시간 → 추상'이라는 확장원리에 따라 '長'의 1번 단의 후보는 앞에 있고 2번은 중간에 있으며, 3 4번은 뒤에 있다고 할 수 있다.

둘째, 3 4번에서 4번의 주체는 능력인데 이는 사람에 관한 내용인 반면 3번은 사람과 관련이 없는 분량 내용이다. 따라서 4번의 순서는 3번의 앞에 놓인다.

위 내용을 통해 중국어 '長'의 단의 순서는 1 2 4 3로 배열될 수 있고 그 단의는 다음과 같이 정리된다.

(148) '長'의 단의 후보(2)
    ❶ 兩端之間的距離大.((사물이) 이어져 있는 두 끝이 서로 멀다.)
    ❷ 時間久.((시간이) 한 때에서 다른 때까지 오래다.)
    ❸ 對某事做的特別好.((어떤 일에 대해 능력이) 뛰어나다.)
    ❹ 內容分量多((말이나 글이) 분량이 많다.)

'長'의 각 단의 가운데 대표가 되는 원형의미는 출현 제약이나 의미적 환경의 영향을 되도록 적게 받는 구체적 환경에서 실현되는 것으로 결정된다. 그러므로 위에 제시된 단의 가운데에서 가장 기본적인 것은 사물의 주체에서 드러나는 ❶번에서 찾을 수 있다. 따라서 ❶번은 '長'의 원형의미로 간주된다.

❶번에서 시각의 감각 대상은 사물이고 그 사물의 두 끝이 서로 멀다는

공간적인 '장단'을 가리킨다. ❷번의 주체는 추상적인 시간인데 이는 시간적인 '장단'을 가리키므로 공간적인 '장단'에서 유사성에 의해 확장된 은유적인 의미라 할 수 있다. ❸번 능력이 뛰어나다는 것은 능력의 수준(길이)이 보통정도를 넘어 길다는 것을 가리킨다. 즉, 수준의 '장단'을 의미한다. 결국 ❸번은 ❶번에서 유사성에 의해 확장된 은유적 의미라 할 수 있다. ❹번의 주체는 추상적인 글이나 말인데 분량이 많다는 것은 글이나 말이 시작하는 데부터 끝나는 데까지 즉, 두 끝 사이의 '분량'이 크다는 것을 의미한다. 따라서 ❹번도 역시 ❶번에서 유사성에 의해 확장된 은유적 의미라 할 수 있다. 중국어 '長'의 단의 확장 양상은 다음과 같다.

[표 74] 중국어 '長'의 단의 확장 양상

의미 확장 양상	단의
❶ ↙ ↓ ↘ ❷ ❸ ❹	❶ 兩端之間的距離大.((사물이 이어져 있는 두 끝이 서로 멀다.)) ❷ 時間久.((시간이) 한 때에서 다른 때까지 오래다.) ❸ 對某事做的特別好.((어떤 일에 대해 능력이) 뛰어나다.) ❹ 內容分量多.((분량이) 많다.)

앞서 '長'의 단의 확장 양상을 살펴보았다. 이 단의를 토대로 '長'의 단의 분포 양상을 그리면 아래와 같다.

[그림 39] 중국어 '長'의 단의 분포 양상

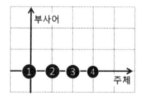

위에서 정리된 '長'의 단의 분포 양상을 보면 '長'의 의미 변화에 부사어

의 영향을 받지 않고 주체의 영향만 받으며 주체의 추상화에 따라 의미 변화가 일어난 것을 확인할 수 있다.

5.1.1.3. '길다'와 '長'의 대조

한국어 '길다'가 세 가지 단의가 있고 '長'이 네 가지 단의가 있는 것을 정리하였다. 비교 결과 두 형용사 사이에는 세 가지 의미가 대응관계가 확인된다. 구체적인 대조 내용은 다음과 같다.

> (149) 가. 목이 <u>길다</u>.
> 　　가'. 脖子<u>長</u>.
> 　　나. 해안선이 <u>길다</u>.
> 　　나'. 海岸線<u>長</u>.
> 　　다. 봄이 오자 낮이 갈수록 <u>길어진다</u>.
> 　　다'. 春天到來, 白晝<u>越來越長</u>了.
> 　　라. 그는 한숨을 <u>길게</u> 내쉬었다.
> 　　라'. 他<u>長</u>歎了一口氣.
> 　　마. 양국 대통령의 담화 내용이 <u>길다</u>.
> 　　마'. 兩國總統的談話內容很<u>長</u>.
> 　　바. 이 편지는 상당히 <u>길다</u>.
> 　　바'. 這封信件很<u>長</u>.

첫째, (149가–나')에서 한국어의 '길다'와 중국어 '長'은 주체가 사물일 때 그 사물의 이어져 있는 두 끝이 서로 멀다는 의미를 공통적으로 갖고 있다. 둘째, (149다–라')에서 주체가 시간 영역으로 확장되어 '길다'와 '長'이 모두 (시간이) 한 때에서 다른 때까지 오래다는 의미를 갖고 있다. 셋째, (149마–바')와 같이 '길다'와 '長'은 (분량이) 많다는 의미를 표현하는 점에서도 공통적이다.

한편, 차이점은 다음과 같다. 중국어 '長'의 주체가 능력 영역으로 확장되어 (어떤 일에 대해 능력이) 뛰어나다는 뜻을 가리킬 수 있다. 이와 비교하면 한국어 '길다'에는 이러한 뜻이 없다.

> (150) 가. 她長於辯論.
>   가'. *그녀는 변론에 <u>길다</u>.
>   가". 그녀는 변론에 <u>뛰어나다</u>.
>   나. 他長於研究, 短於敎學.
>   나'. *그는 연구에 <u>길지만</u> 학생을 가르침에 부족하다.
>   나". 그는 연구에 <u>뛰어나지만</u> 학생을 가르침에 부족하다.

위와 같은 상황에서 한국어는 '길다'를 사용하지 않고 '뛰어나다'는 단어를 대신 사용한다.

다음으로 '길다'와 '長'의 확장 양상을 대조해 본다. 공통적인 점을 보면 '길다'와 '長'은 구체적인 주체에서 추상적인 주체로 확장되는 양상이 공통적이다. 구체적인 유형물 주체에서 추상적인 시간, 분량 영역으로 확장되는 양상이 모두 확인된다.

확장 양상의 차이점을 살펴보면, 추상적인 주체 내부, 중국어의 '長'은 시간 영역에서 능력 영역과 분량 영역 등 두 가지 영역으로 확장되는 반면, 한국어의 '길다'는 단지 분량 영역으로 확장되는 양상이 발견된다. 즉 한국어 '길다'는 능력 영역으로 확장되지 않는다.

이상 한국어 '길다'와 중국어 '長'을 대조한 내용을 정리하면 다음과 같다.

[표 75] 한국어 '길다'와 중국어 '長'의 단의 확장 양상 및 대응관계

의미 확장 양상	대응관계		
	단의	길다	長
①/❶ ②/❷ ×/❸ ③/❹	(사물이) 이어져 있는 두 끝이 서로 멀다.	①	❶
	(시간이) 한 때에서 다른 때까지 오래다.	②	❷
	(어떤 일에 대해 능력이) 뛰어나다.	×	❸
	(글이나 말의 분량이) 많다.	③	❹

앞서 한국어 '길다'와 중국어 '長'의 단의 확장 양상 및 대응관계, 단의 분포 양상을 살펴보았다. 이를 토대로 두 어휘의 단의 분포 양상을 대조하면 아래와 같다.

[그림 40] 한국어 '길다'와 중국어 '長'의 단의 분포 양상 대조

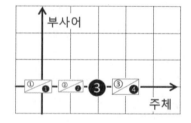

위에 제시한 결과를 보면 '길다'와 '長'은 '사물이 이어져 있는 두 끝이 서로 멀다, 시간이 한 때에서 다른 때까지 오래다, 글이나 말의 불량이 많다'는 의미를 표현할 때 통일하지만 한국어 '길다'의 주체는 추상적인 '능력' 따위까지 확장이 일어나는데 중국어 '長'은 이와 비슷한 의미를 가지지 않는다. 또한 한국어 '길다'와 중국어 '長'의 의미 분포 양상을 정리하면 의미 변화에 공통적으로 주체의 영향만 받아 화살표 방향으로 추상화된 것을 확인할 수 있다.

5.1.2. 짧다/短

5.1.2.1. '짧다'

'짧다'의 뜻풀이는 『표준국어대사전』에서 4개, 『고려대 한국어대사전』에서 3개, 『금성 국어대사전』에서 5개를 제시하고 있다. 구체적인 내용을 정리하면 다음과 같다.

(151) '짧다'의 단의 후보(1)

　　가. 『표준』 [1]잇닿아 있는 공간이나 물체의 두 끝의 사이가 가깝다.¶짧은 다리/짧게 깎은 머리/짧게 타들어 간 담배/이 바지는 통은 넓고 기장은 짧아 껑뚱해 보인다./그는 혀가 짧아 발음이 부정확하다./토끼는 뒷발이 길고 앞발이 짧다.

　　　　『고려』 [1](사물이)한쪽 끝에서 다른 쪽 끝까지의 사이가 가깝다.¶다리가 짧다/짧은 치마를 입다/머리를 짧게 깎다.

　　　　『금성』 [1](한쪽 끝에서 다른 쪽 끝까지의) 사이가 가깝다.¶짧은 바지/길이가 짧다.

　　나. 『표준』 [2]이어지는 시간상의 한 때에서 다른 때까지의 동안이 오래지 않다.¶짧은 기간/짧은 생애/아주 짧은 순간에 일어난 일/이곳 여름은 밤이 짧고 낮이 길다./이건 전지는 다른 건전지보다 수명이 짧아 자주 갈아 주어야 한다./나는 재직한 기간이 짧아 퇴직금이 얼마 안 된다./산골의 하루는 짧아 어느새 해가 지고 있었다.

　　　　『고려』 [2](어떤 일이나 그 시간의 경과가)길지 않다.¶짧은 순간/채린은 동진이에게 이별의 말을 짧게 전하고 손을 내밀었다/그는 중년에 들어서자 인생은 참으로 짧고 순간적이라고 생각했다.

　　　　『금성』 [2]시간의 경과가 길지 않다.¶인생은 짧고, 예술은 길다/수해 지역의 복구 공사를 짧은 기간에 끝마치다.

　　다. 『표준』 [3]글이나 말 따위의 길이가 얼마 안 되다. 또는 행동을 빠르게 하다.¶짧은 연설/짧게 대답하다/짧게 웃다/짧게 한숨

을 내쉬다/문장에 자신이 없으면 구절을 짧게 끊는 것이 좋다./
시는 보통 산문보다 길이가 짧다./그는 문에 짧은 노크를 한
후 곧 문을 밀었다.

라. 『표준』[4]자본이나 생각, 실력 따위가 어느 정도나 수준에 미
치지 못한 상태이다.¶짧은 지식/짧은 안목/우리는 사업 자본이
짧아 은행에서 융자를 받아야 한다./그는 영어 실력이 짧아서
그 외국인의 질문을 알아듣지 못했다.
『고려』[3](무엇이)어느 정도나 수준에 미치지 못하여 부족하
다.¶생각이 짧다/짧은 지식/사업 밑천이 짧다.
『금성』[3]범위·정도에 미치지 못하여 모자라다.¶짧은 지식.
[4]밑천·자본이 적거나 모자라다.¶사업 밑천이 짧다.

마. 『금성』[5]식성이 까다로워 적게 먹거나 가리는 음식이 많다.¶
입이 짧다.

(151라)에서 자본, 생각, 실력 따위가 어느 정도나 수준에 미치지 못한
상태를 나타낸다고 기술하였는데, 여기서 자본이 일정한 수준에 미치지
못한다는 것은 자본의 분량이 많지 않다는 것을 가리킨다. 한편, 생각, 실
력이 일정한 수준에 미치지 못한다는 것은 능력이 부족하다는 뜻을 의미
한다. 따라서 자본 주체인 경우는 (151다)와 통합되고 생각, 실력 주체는
능력이 일정한 수준에 미치지 못하여 부족하다고 기술된다. '짧다'의 단의
후보는 재정리하면 다음과 같다.

(152) '짧다'의 단의 후보(2)
　① (사물이) 한쪽 끝에서 다른 쪽 끝까지의 사이가 가깝다.
　② (시간이) 한 때에서 다른 때까지 오래지 않다.
　③ (글, 말, 자본 따위가) 분량이 많지 않다.
　④ (생각, 실력 따위가) 능력이 일정한 수준에 미치지 못하여 부
　　족하다.
　⑤ (식성이) 까다로워 적게 먹거나 가리는 음식이 많다.

위 다섯 가지 단의 후보의 실현 환경은 주체로 이루어진다. 단의 후보의 논항 특성은 'A가 짧다'로 정리될 수 있다. A자리에 있는 주체는 ①번 사물, ②번 시간, ③번 말, 글, 자본, ④번 능력, ⑤번 식성 등이다. ①번 사물 주체는 구체 영역에 속하는 반면, 나머지 주체는 추상 영역에 속한다고 할 수 있다. '짧다'의 단의 분류는 다음과 같다.

[표 76] 한국어 '짧다'의 단의 분류

논항 특성 땡땡	주체(A)		단의 후보 번호
A가 짧다	구체	사물	①
	추상 관계	시간	②
	정신	능력	④
		식성	⑤
	분량	말, 글, 자본	③

각 단의 후보의 순서를 배열하면 첫째, '공간 → 시간 → 추상'이라는 확장원리에 따라 '짧다'의 ①번 단의 후보는 앞에 있고 ②번은 중간에 있으며, ③④⑤번은 뒤에 있다고 할 수 있다.

둘째, ③④⑤번 가운데 ④⑤번은 각각 능력과 성격에 관한 내용이므로 사람에 관한 내용이라 할 수 있다. 반면 ③번 분량 주체는 그렇지 않다. 따라서 ④⑤번의 주체는 ③번보다 앞에 있다고 할 수 있다.

셋째, ④⑤번 가운데 식성 주체인 ⑤번은 '입이 짧다'는 관용표현에서만 실현된다. 즉, 주체로 선택되는 단어는 입에 국한되고 구조도 제한을 받는다고 할 수 있다. 따라서 관용성을 갖는 ⑤번은 비유성을 갖는 ④번보다 제한을 많이 받는다고 할 수 있다. 따라서 ④번의 순서는 ⑤번 앞에 있다고 할 수 있다.

위 내용을 통해 한국어 '짧다'의 단의 순서는 ①②④⑤③로 배열될 수 있고 그 단의는 다음과 같이 정리된다.

(153) '짧다'의 단의 후보(2)

　① (사물이) 한쪽 끝에서 다른 쪽 끝까지의 사이가 가깝다.

　② (시간이) 한 때에서 다른 때까지 오래지 않다.

　③ (생각, 실력 따위가) 능력이 일정한 수준에 미치지 못하여 부족
　　하다.

　④ (식성이) 까다로워 적게 먹거나 가리는 음식이 많다.

　⑤ (글, 말, 자본 따위가) 분량이 많지 않다.

　'짧다'의 각 단의 가운데 대표가 되는 원형의미는 출현 제약이나 의미적 환경의 영향을 되도록 적게 받는 구체적 환경에서 실현되는 것으로 결정된다. 그러므로 위에 제시된 단의 가운데에서 가장 기본적인 것은 사물의 주체에서 드러나는 ①번에서 찾을 수 있다. 따라서 ①번은 '짧다'의 원형의미로 간주된다.

　①번에서 시각의 감각 대상은 사물이고 그 사물의 두 끝이 서로 가깝다는 공간적인 '장단'을 가리킨다. ②번의 주체는 추상적인 시간인데 이는 시간적인 '장단'을 가리키므로 공간적인 '장단'에서 유사성에 의해 확장된 은유적인 의미라 할 수 있다. ③번 능력이 부족하다는 것은 능력의 수준(길이)이 보통정도를 넘지 못해 짧다는 것을 가리킨다. 즉, 수준의 '장단'을 의미한다. 결국 ③번은 ①번에서 유사성에 의해 확장된 은유적 의미라 할 수 있다. ④번의 주체는 추상적인 식성인데 이는 사람의 내재적 성격에 관한 내용이라 할 수 있다. ③번의 능력 주체와 모두 내재적인 면에 관한 내용이므로 공간적인 인접성이 있는 것으로 보인다. 따라서 ④번은 ③번에서 인접성에 의해 확장된 환유적인 의미라고 할 수 있다. ⑤번의 주체는 추상적인 글이나 말인데 분량이 적다는 것은 글이나 말이 시작하는 데부터 끝나는 데까지 즉, 두 끝 사이의 '분량'이 적다는 것을 의미한다. 따라서 ⑤번도 역시 ①번에서 유사성에 의해 확장된 은유적 의미라 할 수 있다. '짧다'의 의미 확장 양상을 정리하면 다음 표와 같다.

[표 77] 한국어 '짧다'의 단의 확장 양상

의미 확장 양상	단의
① ／ ↓ ＼ ② ③ ⑤ ↓ ④	① (사물이) 한쪽 끝에서 다른 쪽 끝까지의 사이가 가깝다. ② (시간이) 한 때에서 다른 때까지 오래지 않다. ③ (어떤 능력이) 일정한 수준에 미치지 못하여 부족하다. ④ (식성이) 까다로워 적게 먹거나 가리는 음식이 많다. ⑤ (글이나 말 따위가) 분량이 많지 않다.

앞서 '짧다'의 단의 확장 양상을 살펴보았다. 이 단의를 토대로 '짧다'의 단의 분포 양상을 그리면 아래와 같다.

[그림 41] 한국어 '짧다'의 단의 분포 양상

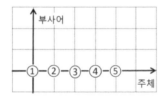

위에서 정리된 '짧다'의 단의 분포 양상을 보면 '짧다'의 의미 변화에 부사어의 영향을 받지 않고 주체의 영향만 받으며 주체의 추상화에 따라 의미 변화가 일어난 것을 확인할 수 있다.

5.1.2.2. '短'

'短'의 뜻풀이는 『現代漢語詞典』에서 1개, 『新編漢語形容詞詞典』에서 3개를 제시하고 있다. 구체적인 내용을 정리하면 다음과 같다.

(154) '短'의 단의 후보(1)

　　가. 『現代』 [1]兩點之間的距離小. a. 指空間. b. 指時間.(두 끝이 서로 멀지 않다. 1. 공간을 가리킨다. 2. 시간을 가리킨다.)¶腿短.

(다리가 짧다.)/白晝短.(해가 짧다.)

『新華』[1]長度小.a. 指空間. b. 指時間.(두 끝이 서로 멀지 않다. 1. 공간을 가리킨다. 2. 시간을 가리킨다.)¶袖子短.(소매가 짧다.)/冬天白天短.(겨울에는 해가 짧다.)

『新編』[1]距離小, 用於空間和時間.(공간과 시간상 거리가 멀지 않다.)¶穿短裙.(짧은 치마를 입다.)/冬天白天短.(겨울에는 해가 짧다.)

나. 『新編』[2]短淺, 用於見識.(식견이 일정한 수준에 미치지 못한다.)¶見識短(견식이 짧다.)

다. 『新編』[3]分量少.(분량이 많지 않다.)¶短篇小說(단편소설)

(154가)에서 기술된 공간 의미와 시간 의미는 별개의 단의이므로 구분되어야 한다. (154나)의 주체는 특정 단어인 식견인데 이는 능력에 속한다고 할 수 있다. 따라서 '短'의 사전적 의미는 재정리하면 다음과 같다.

(155) '短'의 단의 후보(2)

① 物體兩端之間的距離小.(사물이) 한쪽 끝에서 다른 쪽 끝까지의 사이가 가깝다.)

② 時間短.((시간이) 한 때에서 다른 때까지 오래지 않다.)

③ 某種能力短淺.((어떤 능력이) 일정한 수준에 미치지 못하여 부족하다.)

④ 文章, 說話等分量少.((글, 말 따위가) 분량이 많지 않다.)

위에 네 가지 단의 후보의 논항 특성은 모두 '주체(A)+短'의 구조이다. A 자리에 있는 각 주체는 ①번 사물, ②번 시간, ③번 능력, ④번 글, 말, 자본 등이다. ①번 사물 주체는 구체 영역에 속하는 반면, 나머지 주체는 추상 영역에 속한다. 주체에 따른 '短'의 단의 분류는 다음과 같다.

[표 78] 중국어 '短'의 단의 분류

논항 특성	주체(A)			단의 후보 번호
A+短	구체		사물	①
	추상	관계	시간	②
		정신	능력	③
		분량	글, 말, 자본	④

단의 후보의 순서를 배열하면 첫째, '공간 → 시간 → 추상'이라는 확장 원리에 따라 '短'의 ①번 단의 후보는 앞에 있고 ②번은 중간에 있으며, ③④번은 뒤에 있다고 할 수 있다.

둘째, ③④번 가운데 ③번은 능력에 관한 내용이므로 사람에 관한 내용이라 할 수 있다. 반면 ④번 분량 주체는 그렇지 않다. 따라서 ③번의 주체는 ④번보다 앞에 있다고 할 수 있다.

위 내용을 통해 한국어 '短'의 단의 순서는 ①②③④로 배열될 수 있고 그 단의는 다음과 같이 정리된다.

(156) '短'의 단의 후보(2)
❶ 物體兩端之間的距離小.((사물이) 한쪽 끝에서 다른 쪽 끝까지의 사이가 가깝다.)
❷ 時間短.((시간이) 한 때에서 다른 때까지 오래지 않다.)
❸ 某種能力短淺.((어떤 능력이) 일정한 수준에 미치지 못하여 부족하다.)
❹ 文章, 說話等分量少.((글, 말 따위가) 분량이 많지 않다.)

'短'의 각 단의 가운데 대표가 되는 원형의미는 출현 제약이나 의미적 환경의 영향을 되도록 적게 받는 구체적 환경에서 실현되는 것으로 결정된다. 그러므로 위에 제시된 단의 가운데에서 가장 기본적인 것은 사물의 주체에서 드러나는 ❶번에서 찾을 수 있다. 따라서 ❶번은 '短'의 원형의미로 간주된다.

❶번에서 시각의 감각 대상은 사물이고 그 사물의 두 끝이 서로 가깝다는 공간적인 '장단'을 가리킨다. ❷번의 주체는 추상적인 시간인데 이는 시간적인 '장단'을 가리키므로 공간적인 '장단'에서 유사성에 의해 확장된 은유적인 의미라 할 수 있다. ❸번 능력이 부족하다는 것은 능력의 수준(길이)이 보통정도를 넘지 못해 짧다는 것을 가리킨다. 즉, 수준의 '장단'을 의미한다. 결국 ❸번은 ❶번에서 유사성에 의해 확장된 은유적 의미라 할 수 있다. ❹번의 주체는 추상적인 글이나 말인데 분량이 적다는 것은 글이나 말이 시작하는 데부터 끝나는 데까지 즉, 두 끝 사이의 '분량'이 적다는 것을 의미한다. 따라서 ❹번도 역시 ❶번에서 유사성에 의해 확장된 은유적 의미라 할 수 있다. '短'의 의미 확장 양상을 정리하면 다음 표와 같다.

[표 79] 한국어 '短'의 단의 확장 양상

의미 확장 양상	단의
❶ ／ ↓ ＼ ❷ ❹ ❸	❶ 物體兩端之間的距離小.((사물이) 한쪽 끝에서 다른 쪽 끝까지의 사이가 가깝다.) ❷ 時間短.((시간이) 한 때에서 다른 때까지 오래지 않다.) ❸ 某種能力短淺.((어떤 능력이) 일정한 수준에 미치지 못하여 부족하다.) ❹ 文章, 說話等分量少.((글, 말 따위가) 분량이 많지 않다.)

앞서 '短'의 단의 확장 양상을 살펴보았다. 이 단의를 토대로 '短'의 단의 분포 양상을 그리면 아래와 같다.

[그림 42] 중국어 '短'의 단의 분포 양상

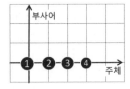

위에서 정리된 '短'의 단의 분포 양상을 보면 '短'의 의미 변화에 부사어의 영향을 받지 않고 주체의 영향만 받으며 주체의 추상화에 따라 의미 변화가 일어난 것을 확인할 수 있다.

5.1.2.3. '짧다'와 '短'의 대조

한국어 '짧다'는 다섯 가지 단의가 있고 중국어 '短'은 네 가지 단의가 있다. 두 형용사는 네 가지 의미에서 대응관계가 확인된다. 구체적인 대조 내용은 다음과 같다.

> (157) 가. 腿<u>短</u>.
> 　　　가'. 다리가 <u>짧다</u>.
> 　　　나. 穿<u>短</u>裙.
> 　　　나'. <u>짧은</u> <u>치마</u>를 입다.
> 　　　다. 수명이 <u>짧다</u>.
> 　　　다'. 壽命<u>短</u>.
> 　　　라. 호흡 간헐 시간이 너무 <u>짧다</u>.
> 　　　라'. 呼吸間隔很<u>短</u>.
> 　　　마. 담화가 <u>짧다</u>.
> 　　　마'. 談話<u>短</u>.
> 　　　바. <u>짧은</u> 문자 메시지.
> 　　　바'. <u>短</u>信.
> 　　　사. 견식이 <u>짧다</u>.
> 　　　사'. 見識<u>短</u>.

'짧다'와 '短'의 공통점은 다음과 같다. 첫째, (157가-나')에서 주체가 사물일 때 그 사물이 한쪽 끝에서 다른 쪽 끝까지의 사이가 가깝다는 의미를 공통된다. 둘째, (157다-라')에서 주체가 시간 영역으로 확장되어 시간이 한 때에서 다른 때까지 오래지 않다는 의미를 갖고 있다. 셋째, (157마-바')

와 같이 글이나 말의 분량이 많지 않다는 의미를 가진다. 넷째, (157사-사)
와 같이 주체가 내재적인 능력 영역으로 확장되어 어떤 능력이 일정한 수
준에 미치지 못하여 부족하다는 뜻을 갖고 있다.

한편, 차이점은 다음과 같다. 첫째, '짧다'와 '短'의 주체가 내재적인 능
력 영역으로 확장되어 어떤 능력이 일정한 수준에 미치지 못하여 부족하
다는 뜻을 갖고 있음을 볼 수 있으나 미시적으로 주체로 선택되는 특정 단
어가 무엇인지에 따라 차이가 있는 것으로 보인다.

(158) 가. 식견이 <u>짧다</u>.
　　　가'. 見識<u>短</u>淺.
　　　나. 지식이 <u>짧다</u>.
　　　나'. *知識<u>短</u>.
　　　나". 知識<u>不足</u>.
　　　다. 자본이 <u>짧다</u>.
　　　다'. *資本<u>短</u>.
　　　다". 資本<u>不足</u>.

주체가 식견일 때 '짧다'와 '短'이 모두 '식견'이라는 말과 결합할 수 있
어 대응관계에 있는 것이 확인된다. 그러나 주체가 지식, 자본 등일 때 중
국어의 '短'을 사용할 수 없고 이러한 상황에서 '不足(부족하다)'을 대신 사
용한다.

둘째, 한국어 '짧다'는 주체가 식성으로 확장되어 (식성이) 까다로워 적게
먹거나 가리는 음식이 많다는 뜻을 갖고 있다. 이와 비교하면 중국어 '短'
은 이와 비슷한 의미를 찾을 수 없다.

(159) 가. 입이 <u>짧다</u>.
　　　나. *嘴<u>短</u>.
　　　다. <u>挑食</u>(음식을 가리다).

한국어의 '입이 짧다'는 내용을 그대로 직역하면 중국어에 '嘴短'이라는 말과 대응할 수 있다. 그러나 '嘴短'이라는 말은 혀 두 끝의 사이가 가깝다는 공간 의미만 갖고 음식을 가린다는 추상 의미를 가지지는 않는다. 따라서 음식에 관한 성미를 나타낼 때 한국어의 '짧다'와 중국어의 '短'은 대응되지 않고 중국어에서는 '挑食'이라는 구를 대신 사용한다.

다음으로 '짧다'와 '短'의 확장 양상을 대조해 본다. 공통점은 첫째, '짧다'와 '短'의 주체가 구체 영역에서 추상 영역으로 확장된다. 둘째, 추상적인 영역에서 시간 주체, 능력 주체, 분량 주체로 확장된다.

확장 양상의 차이점을 살펴보면, 시간 주체에서 사람과 관련된 추상적 주체로 확장될 때 한국어 '짧다'가 능력 주체와 성격 주체로 확장되는 반면, 중국어 '短'은 시간 주체에서 능력 주체로만 확장되고 성격 주체로는 확장되지 않는다.

이상 한국어 '짧다'와 중국어 '短'을 대조한 내용을 정리하면 다음과 같다.

[표 80] 한국어 '짧다'와 중국어 '短'의 단의 확장 양상 및 대응관계

의미 확장 양상	대응관계		
	단의	짧다	短
①❶ ↙ ↓ ↘ ②❷ ③❸ ⑤❹ ↓ ④/×	(사물이) 한쪽 끝에서 다른 쪽 끝까지의 사이가 가깝다.	①	❶
	(시간이) 한 때에서 다른 때까지 오래지 않다.	②	❷
	(어떤 능력이) 일정한 수준에 미치지 못하여 부족하다.	③	❸
	(식성이) 까다로워 적게 먹거나 가리는 음식이 많다.	④	×
	(글이나 말 따위가) 분량이 많지 않다.	⑤	❹

앞서 한국어 '짧다'와 중국어 '短'의 단의 확장 양상 및 대응관계, 단의 분포 양상을 살펴보았다. 이를 토대로 두 어휘의 단의 분포 양상을 대조하면 아래와 같다.

[그림 43] 한국어 '짧다'와 중국어 '短'의 단의 분포 양상 대조

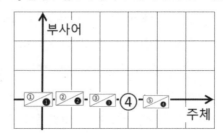

위에 제시한 결과를 보면 '짧다'와 '短'은 주체는 '사물, 시간, 능력, 글이나 문장'이 될 때 의미가 통일하지만 한국어 '짧다'의 단의 가운데 '(식성이) 까다로워 적게 먹거나 가리는 음식이 많다'는 의미도 표현할 수 있지만 중국어 '短'은 이와 비슷한 의미를 가지지 않는다. 또한 한국어 '짧다'와 중국어 '短'의 의미 분포 양상을 정리하면 의미 변화에 공통적으로 주체의 영향만 받아 화살표 방향으로 추상화된 것을 확인할 수 있다.

5.2. 고저(高低)

고저(高低)에 관한 크기 형용사는 한국어 '높다'와 '낮다', 중국어 '高'와 '低'를 대상으로 논의한다.

5.2.1. 높다/高

5.2.1.1. '높다'

'높다'의 뜻풀이는 『표준』에서 12개, 『고려』에서 11개, 『금성』에서 7개를 제시하고 있다. 구체적인 내용을 정리하면 다음과 같다.

(160) '높다'의 단의 후보(1)

　가.『표준』[1]아래에서 위까지의 길이가 길다.¶굽이 높은 구두/산
　　이 높다/서울에는 높은 고층 빌딩들이 즐비하다.
　　[2]아래에서부터 위까지 벌어진 사이가 크다.¶천장이 높다/가
　　을에는 하늘이 높다.
　　『고려』[1](무엇이)아래에서 위까지의 길이가 길다.¶담이 너무
　　높다/백두산은 한반도 산중에서 제일 높다.
　　[2](무엇이)바닥에서 떨어진 사이가 크다.¶천장이 높다/그녀는
　　높은 가을 하늘을 좋아한다.
　　『금성』[1]위로 길게 솟아 있다. 또는, 위로 멀다.¶ 높은 산/높
　　은 하늘/천장이 높다/굽이 높은 구두.

　나.『표준』[3]수치로 나타낼 수 있는 온도, 습도, 압력 따위가 기
　　준치보다 위에 있다.¶높은 기온/압력이 높다/그는 혈압이 높
　　다./장마철에는 습도가 높다./이 지역은 수압이 높아서 물의 공
　　급이 원활하다.
　　[4]품질, 수준, 능력, 가치 따위가 보통보다 위에 있다.¶품질이
　　높은 가구/안목이 높다/소득이 높다/성적이 높다/그의 소설은
　　문학적 가치가 높다./독자들의 수준이 매우 높다./어떤 동물은
　　사람보다 높은 시력을 갖고 있다.
　　『고려』[3](수치나 정도가)일정한 기준이나 보통을 넘는 상태
　　에 있다.¶기온이 높다/국제도시 중에서 동경의 물가가 가장 높
　　다/그 제도는 시행될 가능성이 높을 것으로 예측되었다.
　　『금성』[3]수준이 뛰어나다.¶식견이 높다/단수가 높다/학덕이
　　높다.
　　[5](도수·정도 따위를 나타내는 수치가)보통보다 크다.¶높은
　　명중률/높은 물가/연세가 높다/체온이 높다/습도가 높다/사망률
　　이 높다.

　다.『표준』[6]지위나 신분 따위가 보통보다 위에 있다.¶지체 높
　　은 양반/계급이 높다/신분이 높다/지위가 높을수록 책임도 커
　　진다.
　　『고려』[4](계급이나 수준이)일정한 기준이나 보통보다 위에
　　있다.¶한국인의 지적 수준이 높다/그는 초년에 높은 자리에 올

랐다.

『금성』[2](신분이나 지위가)남보다 위에 있다.¶높은 자리/높은 계급/높은 사람.

라. 『표준』[5]값이나 비율 따위가 보통보다 위에 있다.¶높은 이 자율/높은 합격률/가격이 높은 물건/난치병이라도 조기 진단할 경우 완치율이 높다./우리나라는 목재의 수입 의존도가 높다.

마. 『표준』[7]소리가 음계에서 위쪽에 있거나 진동수가 큰 상태 에 있다.¶음성이 높은 소프라노 가수.

『고려』[5](소리가)세기가 강하거나 음계에서 위쪽에 있다.¶이 노래는 음이 너무 높다/그는 변성기가 지난 후부터 높은 소리 가 나지 않는다.

『금성』[6]소리의 진동수가 많다.¶높은 소리.

바. 『표준』[8]이름이나 명성 따위가 널리 알려진 상태에 있다.¶ 명성이 높은 학자/악명이 높다/제주 감귤은 세계적으로 이름이 높다.

『고려』[6](이름이나 명성이)널리 알려져 있다.¶그녀는 국어학 분야에서 이름이 높다/그는 외국에서 명성이 더 높았던 한국 인 최초의 지휘자이다.

『금성』[4]널리 알려져 있다.¶이름이 높다/성가가 높다.

사. 『표준』[9]기세 따위가 힘차고 대단한 상태에 있다.¶그는 투 지가 높다./군사들의 사기가 높다 못해 하늘을 찌를 듯 하였다.

『고려』[7](기세 따위가)강하거나 힘차다.¶군의 사기는 높았다/ 그는 싸움에서 외세배척의 기세가 높은 동학도를 이용하려고 했다.

『금성』[7](기세가) 힘차다.¶사기가 높다.

아. 『표준』[10]어떤 의견이 다른 의견보다 많고 우세하다.¶비난 의 소리가 높다./양심수를 석방하라는 목소리가 높다./형식적인 환경 정책에 비판적인 여론이 높다.

『고려』[8](의견이나 여론이)많고 우세하다.¶전쟁 반대의 소리 가 높다/그 법을 반드시 개혁해야 된다는 여론이 높았다.

자. 『표준』[11]꿈이나 이상 따위가 크고 원대하다.¶젊은이여, 높 은 이상을 가져라.

　　『고려』 [9](꿈이나 이상, 지조가)크고 원대하다.¶그는 이상이
　　높고 뛰어나 속세에서 살기 싫어했다/그는 지조가 높은 선비
　　였다.
차. 『고려』 [11](땅이)주위보다 위에 있다.¶이 마을은 지대가 높아
　　서 홍수 걱정은 없어요.
카. 『표준』 [12]소리의 강도가 세다.¶소리를 높여 외치다.
타. 『표준』 [13](('가능성' 따위의 말과 함께 쓰여))일어날 확률이
　　다른 것보다 크다.¶내년에는 불황이 닥칠 가능성이 높다./그
　　회사는 성장 가능성이 높다고 평가되었다.
파. 『고려』 [10](어른이)나이가 많다.¶할아버님의 연세가 높으셔서
　　건강이 걱정된다.

　　(160가)에서 아래에서 위까지의 길이가 길다는 뜻은 한 물체의 길이를
뜻하는 내용인 반면, 바닥에서 떨어진 사이가 크다는 뜻이 물체와 바닥 즉,
두 가지 사물 사이의 공간을 뜻하는 내용이다. 공간적인 의미를 공통적으
로 가리키지만 별개의 의미를 갖는다. 따라서 별개의 단의로 보아야 한다.
(160차)에서 (땅이) 주위보다 위에 있다는 뜻은 땅과 주변 사물 사이의 거리
를 뜻하는 내용이므로 바닥에서 떨어진 사이가 크다는 뜻과 같은 내용을
가리키는 것으로 보인다. 이를 통해 (160차)는 하나의 단의로 간주되지 않
고 (160가)와 통합된다.
　　(160나)에서 수치로 나타낼 수 있는 온도, 습도, 압력, (160파)에서 나이,
(160라)에서 값이나 비율, (160카)에서 가능성이 기준보다 위에 있다는 것
은 실제 무엇에 관한 정도가 기준점을 넘다는 의미를 가리킨다. 결국 (160
나, 라, 카, 파)는 하나로 통합되어 의미 기술은 (무엇에 관한 정도가) 일정한
기준보다 위에 있다고 정리된다.
　　(160마)에서 (소리가) 세기가 강하거나 음계에서 위쪽에 있다는 뜻을 제
시하고 있다. 실제 내용을 보면 소리가 강하다는 것이 음량의 대소를 가리
키는 것이고 소리가 음계에서 위쪽에 있다는 것이 음의 고저를 뜻하는 것

이다. 두 가지 내용은 별개의 의미이므로 구별할 필요가 있다. 위 내용을
통해 '높다'의 단의 후보는 재정리하면 다음과 같다.

> (161) '높다'의 단의 후보(2)
> ① (사물이) 아래에서 위까지의 길이가 길다.
> ② (사물과 바닥 사이의 공간이) 크다.
> ③ (신분이) 남보다 귀하다.
> ④ (소리가) 강하다.
> ⑤ (소리가) 음계에서 위쪽에 있다.
> ⑥ (명성이) 널리 알려져 있다.
> ⑦ (기세가) 힘차고 대단한 상태에 있다.
> ⑧ (의견이) 많고 우세하다.
> ⑨ (꿈이) 원대하다.
> ⑩ (수치, 수준 따위) 그 정도가 일정한 기준을 넘는 상태에 있다.

위에 열 가지 단의 후보의 실현 환경은 주체로 이루어진다. 단의 후보의
논항 특성은 'A가 높다'로 정리된다. A자리에 있는 주체는 ①번 사물, ②
번 공간물, ③번 신분, ④⑤번 소리, ⑥번 명성, ⑦번 기세, ⑧번 의견, ⑨
번 꿈, ⑩번 수치나 수준 등이다. 그 가운데 ①번 사물, ②번 공간물, ④⑤
번 소리는 구체 영역에 속하는 반면 나머지 주체는 추상 영역에 속한다.

구체 영역 내부, ①②번의 주체는 형체가 있어 유형물에 속하고 ④⑤
번의 주체는 형체가 없어 무형물이라 할 수 있다. 추상 영역에서 '③번 신
분은 사람과 사람의 지위 관계를 나타내고, ⑥번 명성은 다른 사람에게서
받는 평가이므로 모두 외재적 관계에 속한다. ⑦번 기세 주체는 기운 차는
모양이므로 외재적 모습이라 할 수 있다. ⑧번 의견, ⑨번 꿈은 사람의 내
재적 정신에 속하고 ⑩번 수치나 수준 주체는 내재적 속성에 관한 내용이
므로 내재적 정도에 속한다. 위 내용을 통해 '높다'의 단의 분류는 다음과
같다.

[표 81] 한국어 '높다'의 단의 분류

논항 특성	주체(A)			단의 후보 번호
A가 높다	구체	유형물	사물	1
			공간물	2
		무형물	소리	5
				4
	추상	외재적	관계	신분	3
				명성	6
			모습	기세	7
		내재적	정신	의견	8
				꿈	9
			정도	수치나 수준	10

각 단의 후보의 순서를 배열하면 첫째, 주체가 구체 영역에서 추상 영역으로 확장되는 원리에 따라 1 2 4 5 번의 순서는 3 6 7 8 9 10 번보다 앞에 있다고 할 수 있다.

둘째, 1 2 4 5 번 가운데 형체가 있는 유형물이 형체가 없는 무형물보다 구체의 정도가 강하므로 1 2 번의 순서는 4 5 번보다 앞에 있다고 할 수 있다. 또, 1 2 번에서 1 번의 주체는 사물인 반면 2 번의 주체는 공간물이다. 2 번은 1 번보다 제한을 받는다고 할 수 있다. 따라서 1 번의 순서는 2 번의 앞에 놓일 수 있다.

셋째, 4 5 번의 주체는 모두 무형물인 소리이다. 4 번 소리가 강하다는 의미는 소리의 음량이 많다는 내용을 가리킨 반면 5 번 소리가 음계에서 위쪽에 있다는 뜻은 음색의 고저 위치를 가리키는 것이다. 결국 4 번은 분량 특성을 갖는 반면, 5 번은 공간적 차원 특성을 갖는다고 할 수 있다. 따라서 5 번의 순서는 4 번보다 앞에 있다.

넷째, 3 6 7 8 9 10 번 가운데 3 번 신분 주체는 사람과 다른 사람의 지위를 비교해서 나타내는 내용이고 6 번 명성 주체는 어떤 사람이 다른 사람에게서 받는 평가이므로 ③⑥번은 공통적으로 사람과 사람의 외재적 관계에 관한 내용이다. ⑦번 기세는 기운이 차는 모양인데 이는 역시 외재적 모습이라 할 수 있다. 결국 ③⑥⑦번은 외재적 특성을 공통적으로 갖고 있음을 말할 수 있다. 반면, ⑧⑨⑩번에서 ⑧⑨번은 내재적 생각에 관한 내용이고, ⑩번은 내재적 능력에 관한 내용이므로 결국 ⑧⑨⑩번은 공통적으로 내재적 특성을 갖는다고 할 수 있다. 위 내용을 통해 외재적 특성을 갖는 ③⑥⑦번은 내재적 특성을 갖는 ⑧⑨⑩번보다 순서가 앞에 있다고 할 수 있다.

다섯째, ③⑥⑦번 가운데 ③번 신분 주체에서 지위의 고저는 상하관계 즉, 선(線)에 관한 특성이므로 1차원 특성을 갖는다. ⑥번 명성 주체에서 다른 사람에게서 받는 평가의 수량이 많으면 명성이 널리 알려진다고 할 수 있다. 즉, ⑥번 명성 주체는 분량 특성을 갖는다. ⑦번 기세 주체에서 기운 차는 모양인데 기운이 많이 차면 기세가 당당하다고 할 수 있다. 즉, ⑦번 기세 주체는 역시 분량 특성을 갖는다. 따라서 1차원 특성을 갖는 ③번의 순서는 분량 주체를 갖는 ⑥⑦번보다 앞에 있다고 할 수 있다.

여섯째, ⑥⑦번에서 ⑦번 기세는 하나의 대상이 가지는 특성인 반면, ⑥번은 명성은 다른 사람에게서 받는 평가이므로 대상과 대상 사이의 특성이다. 따라서 ⑦번의 순서는 ⑥번보다 앞에 있다고 할 수 있다.

일곱째, ⑧⑨⑩번 가운데 사람과 관련성이 깊은 정신 주체는 그렇지 않은 정도 주체보다 순서가 앞에 있다고 할 수 있다. 따라서 ⑧⑨번의 순서는 ⑩번의 앞에 있다.

여덟째, ⑧⑨번에서 ⑧번 의견 주체는 어떤 대상이 가지는 생각인데 의견이 많다는 내용은 의견의 수량이 많다는 의미이다. 따라서 ⑧번은 분량 특성을 갖는다. ⑨번 꿈 주체에서 꿈이 원대하다는 것이 꿈의 규모가 크다는 것을 가리킨 것이다. 즉, 부피에 관한 특성이므로 3차원 특성을 갖는다. 따라서 3차원 특성을 갖는 ⑨번의 순서는 분량 특성을 갖는 ⑧번보다 순서가 앞에 있다고 할 수 있다.

위 내용을 통해 한국어 '높다'의 단의 순서는 ①②⑤④③⑦⑥⑨⑧⑩로 배열될 수 있고 그 단의는 다음과 같이 정리된다.

> (162) '높다'의 단의
> ① (사물이) 아래에서 위까지의 길이가 길다.
> ② (사물과 바닥 사이의 공간이) 크다.
> ③ (소리가) 음계에서 위쪽에 있다.
> ④ (소리가) 강하다.
> ⑤ (신분이) 남보다 귀하다.
> ⑥ (기세가) 힘차고 대단한 상태에 있다.
> ⑦ (명성이) 널리 알려져 있다.
> ⑧ (꿈이) 원대하다.
> ⑨ (의견이) 많고 우세하다.
> ⑩ (수치, 수준 따위가) 그 정도가 일정한 기준을 넘는 상태에 있다.

'높다'의 각 단의 가운데 대표가 되는 원형의미는 출현 제약이나 의미적 환경의 영향을 되도록 적게 받는 구체적 환경에서 실현되는 것으로 결정되므로 위에 제시된 단의 가운데에서 가장 기본적인 것은 사물의 주체에서 드러나는 ①번에서 찾을 수 있다. 따라서 ①번은 '높다'의 원형의미로 간주된다.

①번에서 사물의 길이가 기준이 되는 것보다 넘어 길다는 내용을 가리킨다. ②번에서 사물과 바닥 사이의 공간이 길다는 내용을 표현하므로 ①번에서 인접성에 의해 확장된 환유적인 의미라 할 수 있다. ③번에서 청각의 감각 대상은 소리인데 대상 소리와 기준이 되는 소리의 위치를 넘어 위에 있다는 것을 말한다. 따라서 ③번은 시각의 감각 대상인 ①번에서 유사성에 의해 확장된 것이라 할 수 있다. ④번에서 시각의 감각 대상은 소리

이고 해당 소리의 음량이 일정한 기준을 넘어 강하다는 것을 의미한다. 따라서 ④번은 ③번에서 유사성에 의한 확장이라 할 수 있다. ⑤번의 주체는 추상적이 신분인데 신분이 남보다 귀하다는 것이 해당 사람이 기준이 되는 사람과 그 사이의 '공간(길이)'이 길다는 것을 말한다. 따라서 ⑤번은 ①번에서 유사성에 의해 확장된 은유적 의미라고 할 수 있다. ⑥번 기세가 힘차고 대단한 상태에 있다는 것은 해당 기세의 '분량이' 일정한 기준을 넘어 강하다는 것을 의미한다. 따라서 ⑥번은 사람에 관한 ⑤번에서 유사성에 의해 확장된 은유적 의미라고 할 수 있다. ⑦번 명성이 널리 알려져 있다는 것은 명성의 정도 즉, 그 이름을 아는 '분량(인원수)'은 일정한 기준을 넘는다는 것을 뜻한다. 결국 ⑦번은 ⑥번에서 유사성에 의해 확장된 은유적 의미라고 할 수 있다. ⑧번에서 꿈이 원대하다는 내용은 해당 꿈의 위치가 기준점을 넘어 그 기준의 위에 있다는 것을 가리키므로 공간적인 '길이'를 의미한다. 따라서 내재적인 ⑧번은 외재적인 ⑤번과 인접성을 갖고 있어 ⑧번은 ⑤번에서 확장된 환유적인 의미라 할 수 있다. ⑨번에서 (의견이) 많다는 것은 해당 의견의 '분량'이 일정한 기준을 넘다는 것을 가리키므로 외재적인 ⑦번에서 인접성에 의해 확장된 환유적인 의미라 할 수 있다. ⑩번에서 수치, 수준의 정도가 일정한 기준을 넘다는 것을 가리키므로 역시 '분량'이 넘다는 것을 말한다. 따라서 ⑩번은 ⑦번에서 유사성에 의해 확장된 은유적인 의미라 할 수 있다. '높다'의 의미 확장 양상을 정리하면 다음 표와 같다.

[표 82] 한국어 '높다'의 단의 확장 양상

의미 확장 양상	단의
② ← ① → ③ → ④ ↓ ⑤ ↙　↘ ⑥　　⑧ ↓ ⑦ ↙　↘ ⑨　　⑩	① (사물이) 아래에서 위까지의 길이가 길다. ② (사물과 바닥 사이의 공간이) 크다. ③ (소리가) 음계에서 위쪽에 있다. ④ (소리가) 강하다. ⑤ (신분이) 남보다 귀하다. ⑥ (기세가) 힘차고 대단한 상태에 있다. ⑦ (명성이) 널리 알려져 있다. ⑧ (꿈이) 원대하다. ⑨ (의견이) 많고 우세하다. ⑩ (수치, 수준 따위가) 그 정도가 일정한 기준을 넘는 상태에 있다.

　앞서 '높다'의 단의 확장 양상을 살펴보았다. 이 단의를 토대로 '높다'의 단의 분포 양상을 그리면 아래와 같다.

[그림 44] 한국어 '높다'의 단의 분포 양상

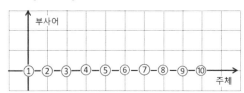

　위에서 정리된 '높다'의 단의 분포 양상을 보면 '높다'의 의미 변화에 부사어의 영향을 받지 않고 주체의 영향만 받으며 주체의 추상화에 따라 의미 변화가 일어난 것을 확인할 수 있다.

5.2.1.2. '高'

　'高'의 뜻풀이는 『現代漢語詞典』에서 4개, 『新華字典』에서 4개, 『新編漢語形容詞詞典』에서 6개를 제시하고 있다. 구체적인 내용을 정리하면 다음과 같다.

(163) '高'의 단의 후보(1)

가. 『現代』[1]從下向上距離大; 離地面遠(아래에서 위까지 거리가 길다. 무엇이 바닥에서 떨어진 사이가 크다.)¶高樓大廈(높은 빌딩)

『新華』[1]由下到上距離遠的(아래에서 위까지 거리가 길다.)¶山高水深(산은 높고 물은 깊다)

『新編』[1]從下向上距離大或離地面遠(아래에서 위까지 거리가 길거나 무엇이 바닥에서 떨어진 사이가 크다.)¶山高路險(산은 높고 길은 험하다)

나. 『現代』[2]在一般標準或平均程度之上的(일반적인 기준이나 평균 정도보다 위에 있다.)¶質量高(품질이 좋다)

『新華』[3]在一般標準或平均程度之上的(일반적인 기준이나 평균 정도보다 위에 있다.)¶高見(견해가 남보다 뛰어나다)

『新編』[4]超過一般標準或平均程度(일반적인 기준이나 평균 정도보다 넘는 상태에 있다.)¶貨色高(품질이 좋다)

다. 『現代』[3]等級在上的(보통 계급보다 위에 있다.)¶高級轎車(고급 자가용)

『新華』[2]等級在上的(보통 계급보다 위에 있다.)¶高官顯貴(고관과 유명한 사람)

라. 『新華』[4]聲音響亮的(소리가 크다.)¶嗓門高(목소리가 높다)

『新編』[2]聲音響亮或尖銳(소리가 크거나 소리가 높다.)¶高音(고음)/嗓門高(목소리가 높다)

마. 『新編』[3]年數大(나이가 많다.)¶高壽(장수)

바. 『新編』[5]某種想法比重大(어떤 의견이 다른 의견보다 많고 우세하다.)¶呼聲高(목소리가 높다)

사. 『新編』[6]名聲大(명성이 널리 알려져 있다.)¶名聲頗高(명성이 너무 높다.)

아. 『現代』[4]气勢强((기세가) 힘차고 대단한 상태에 있다.)¶气勢高(기세가 높다)/士气高(사기가 높다.)

(163가)에서 아래에서 위까지의 길이가 길다는 것은 한 물체의 길이를 뜻하는 것인 반면, 바닥에서 떨어진 사이가 크다는 뜻은 물체와 바닥 즉, 두 가지 사물 사이의 공간을 뜻하는 것이다. 공간적인 의미는 공통적이지만 별개의 의미라고 할 수 있으므로 두 가지 단의로 보아야 한다.

(163마)에서 (소리가)세기가 강하거나 음계에서 위쪽에 있다는 뜻을 제시하고 있다. 그런데 소리가 강하다는 것은 음량의 대소를 가리키는 것이고 소리가 음계에서 위쪽에 있다는 것은 음의 고저를 가리키는 것이다. 이 두 가지는 별개의 의미이므로 구별할 필요가 있다.

(163바)에서 나이가 많다는 것은 연령의 정도가 일정 기준을 넘다는 것을 가리키므로 이는 (163나)와 통합되어야 한다. 위 내용을 고려하여 '高'의 단의 후보를 재정리하면 다음과 같다.

(164) '高'의 단의 후보(2)
　　① 事物從下到上的距離長((사물이) 아래에서 위까지의 길이가 길다.)
　　② 事物和地面的距離大((사물과 바닥 사이의 공간이) 크다.)
　　③ 數值水準等程度超過一般((수치, 수준 따위) 그 정도가 일정한 기준을 넘는 상태에 있다.)
　　④ 身份高貴((신분이) 남보다 귀하다.)
　　⑤ 聲音響((소리가) 강하다.)
　　⑥ 聲音尖銳((소리가) 음계에서 위쪽에 있다.)
　　⑦ 某種觀點多而强勢((의견이) 많고 우세하다.)
　　⑧ 名聲大((명성이) 널리 알려져 있다.)
　　⑨ 气勢强((기세가) 힘차고 대단한 상태에 있다.)

위에 아홉 가지 단의 후보의 논항 특성은 모두 '주체(A)+高'의 구조이다. A 자리에 있는 각 주체는 '①번 사물, ②번 공간물, ③번 수치, 수준, ④번 신분, ⑤⑥번 소리, ⑦번 의견, ⑧번 명성, ⑨번 기세' 등이다. '①번 사물, ②번 공간물, ⑤⑥번 소리' 주체는 구체 영역에 속하는 반면, 나머지 주체는 추상 영역에 속한다.

구체 영역에서 ①②번의 주체는 형체가 있으므로 유형물에 속하고 ⑤⑥번의 주체는 형체가 없으므로 무형물이라 할 수 있다. 추상 영역에서 ④번 신분은 사람과 사람의 지위 관계를 나타내고 ⑧번 명성은 다른 사람에게서 받는 평가이므로 모두 외재적 관계에 속하고 ⑦번 기세 주체는 기운차는 모양이므로 외재적 모습이라 할 수 있다. ⑦번 의견은 사람의 내재적 정신에 관한 내용이고 ③번 정도는 내재적 속성에 관한 내용이므로 내재적 주체에 속한다. 위 내용을 고려한 '高'의 단의 분류는 다음과 같다.

[표 83] 중국어 '高'의 단의 분류

논항 특성	주체(A)			단의 후보 번호
A+高	구체	유형물	사물	①
			공간물	②
		무형물	소리	⑥
				⑤
	추상	외재적	관계	신분	④
			명성	⑧
		모습	기세	⑨
		내재적	정신	의견	⑦
		정도	수치, 수준	③

단의 후보의 순서를 배열하면 첫째, 주체가 구체 영역에서 추상 영역으로 확장되는 원리에 따라 ①②⑤⑥번의 순서는 ③④⑦⑧⑨번보다 앞에 있다고 할 수 있다.

둘째, ①②⑤⑥번 가운데 형체가 있는 유형물이 형체가 없는 무형물보다 구체성의 정도가 강하므로 ①②번의 순서는 ⑤⑥번보다 앞에 있다. 또, ①②번에서 ①번의 주체는 사물인 반면 ②번의 주체는 공간물이다.

2번은 1번보다 제한을 받는다고 할 수 있다. 따라서 1번의 순서는 2번의 앞에 놓일 수 있다.

셋째, 5 6번의 주체는 모두 무형물인 소리이다. 5번 소리가 강하다는 의미는 소리의 음량이 만하는 내용을 가리킨 반면 6번 소리가 음계에서 위쪽에 있다는 뜻은 음색의 고저 위치를 가리키는 것이다. 결국 5번은 분량에 관한 내용인 반면, 6번은 선에 관한 일차원 내용이라 할 수 있고 6번은 5번보다 간단하다고 할 수 있다. 따라서 6번의 순서는 5번보다 앞에 있다.

넷째, 3 4 7 8 9번 가운데 4 8 9번 주체는 외재적 관계에 관한 내용인 반면 3 7번은 내재적 정신, 정도에 관한 내용이다. 따라서 외재적 특성을 갖는 4 8번은 내재적 특성을 갖는 3 7번보다 순서가 앞에 있다고 할 수 있다.

다섯째, 4 8 9번에서 4번 신분 주체에서 지위의 고저는 상하관계 즉, 선(線)에 관한 특성이므로 1차원 특성을 갖는다. 8번 명성 주체에서 다른 사람에게서 받는 평가의 수량이 많으면 명성이 널리 알려진다고 할 수 있다. 즉, 8번 명성 주체는 분량 특성을 갖는다. 9번 기세 주체에서 기운차는 모양인데 기운이 많이 차면 기세가 당당하다고 할 수 있다. 즉, 9번 기세 주체는 역시 분량 특성을 갖는다. 따라서 1차원 특성을 갖는 4번의 순서는 분량 특성을 갖는 8 9번보다 앞에 있다고 할 수 있다.

여섯째, 3 7번 가운데 사람과 관련성이 깊은 정신 주체는 그렇지 않은 정도 주체보다 순서가 앞에 있다고 할 수 있다. 7번의 순서는 3번보다 앞에 놓인다.

일곱째, 8 9번에서 9번 기세는 하나의 대상이 가지는 특성인 반면, 8번은 명성은 다른 사람에게서 받는 평가이므로 대상과 대상 사이의 특성이다. 따라서 9번의 순서는 8번보다 앞에 있다고 할 수 있다.

위 내용을 통해 중국어 '高'의 단의 순서는 1 2 6 5 4 9 8 7 3 로 배열될 수 있고 그 단의는 다음과 같이 정리된다.

> (165) '高'의 단의
> ❶ 事物從下到上的距離長((사물이) 아래에서 위까지의 길이가 길다.)
> ❷ 事物和地面的距離大((사물과 바닥 사이의 공간이) 크다.)
> ❸ 聲音尖銳((소리가) 음계에서 위쪽에 있다.)
> ❹ 聲音響((소리가) 강하다.)
> ❺ 身份高貴((신분이) 남보다 귀하다.)
> ❻ 气勢强((기세가) 힘차고 대단한 상태에 있다.)
> ❼ 名聲大((명성이) 널리 알려져 있다.)
> ❽ 某種觀點多而强勢((의견이) 많고 우세하다.)
> ❾ 數值水準等程度超過一般
>   ((수치, 수준 따위) 그 정도가 일정한 기준을 넘는 상태에 있다.)

'高'의 단의 가운데 대표가 되는 원형의미는 출현 제약이나 의미적 환경의 영향을 되도록 적게 받는 구체적 환경에서 실현되는 것으로 결정되므로 위에 제시된 단의 가운데에서 가장 기본적인 것은 사물의 주체에서 드러나는 ❶번에서 찾을 수 있다. 따라서 ❶번은 '高'의 원형의미로 간주된다.

❶번에서 사물의 길이 기준이 되는 것보다 넘어 길다는 내용을 가리킨다. ❷번에서 사물과 바닥 사이의 공간이 길다는 내용을 표현하므로 ❶번에서 인접성에 의해 확장된 환유적인 의미라 할 수 있다. ❸번에서 청각의 감각 대상은 소리인데 대상 소리와 기준이 되는 소리의 위치를 넘어 위에 있다는 것을 말한다. 따라서 ❸번은 시각의 감각 대상인 ❶번에서 유사성에 의해 확장된 것이라 할 수 있다. ❹번에서 감각 대상은 소리이고 해당 소리의 음량이 일정한 기준을 넘어 강하다는 것을 의미한다. 따라서 ❹번은 ❸번에서 유사성에 의한 확장이라 할 수 있다. ❺번의 주체는 추상적인 신분인데 신분이 남보다 귀하다는 것이 해당 사람이 기준이 되는 사람과

그 사이의 '공간(길이)'이 길다는 것을 말한다. 따라서 ❺번은 ❶번에서 유
사성에 의해 확장된 은유적 의미라고 할 수 있다. ❻번 기세가 힘차고 대
단한 상태에 있다는 것은 해당 기세의 '분량이' 일정한 기준을 넘어 강하
다는 것을 의미한다. 따라서 ❻번은 사람에 관한 ❺번에서 유사성에 의해
확장된 은유적 의미라고 할 수 있다. ❼번 명성이 널리 알려져 있다는 것
은 명성의 정도 즉, 그 이름을 아는 '분량(인원수)'이 일정한 기준을 넘는다
는 것을 뜻한다. 결국 ❼번은 ❻번에서 유사성에 의해 확장된 은유적 의미
라고 할 수 있다. ❽번에서 (의견이) 많다는 것은 해당 의견의 '분량'이 일
정한 기준을 넘다는 것을 가리키므로 외재적인 ❼번에서 인접성에 의해
확장된 환유적인 의미라 할 수 있다. ❾번에서 수치, 수준의 정도가 일정
한 기준을 넘다는 것을 가리키므로 역시 '분량'이 넘다는 것을 말한다. 따
라서 ❾번은 ❼번에서 유사성에 의해 확장된 은유적인 의미라 할 수 있다.
'高'의 의미 확장 양상을 정리하면 다음 표와 같다.

[표 84] 중국어 '高'의 단의 확장 양상

의미 확장 양상	단의
❷ ← ❶ → ❸ → ❹ ↓ ❺ ↓ ❻ ↓ ❼ ↙ ↘ ❽　❾	❶ 事物從下到上的距離長((사물이) 아래에서 위까지의 길이가 길다.) ❷ 事物和地面的距離大((사물과 바닥 사이의 공간이) 크다.) ❸ 聲音尖銳((소리가) 음계에서 위쪽에 있다.) ❹ 聲音響((소리가) 강하다.) ❺ 身份高貴((신분이) 남보다 귀하다.) ❻ 气勢强((기세가) 힘차고 대단한 상태에 있다.) ❼ 名聲大((명성이) 널리 알려져 있다.) ❽ 某種觀點多而强勢((의견이) 많고 우세하다.) ❾ 數值水準等程度超過一般((수치, 수준 따위) 그 정도가 일정한 기준을 넘는 상태에 있다.)

앞서 '高'의 단의 확장 양상을 살펴보았다. 이 단의를 토대로 '高'의 단

의 분포 양상을 그리면 아래와 같다.

[그림 45] 중국어 '高'의 단의 분포 양상

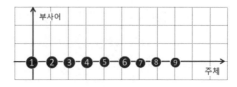

위에서 정리된 '高'의 단의 분포 양상을 보면 '高'의 의미 변화에 부사어의 영향을 받지 않고 주체의 영향만 받으며 주체의 추상화에 따라 의미 변화가 일어난 것을 확인할 수 있다.

5.2.1.3. '높다'와 '高'의 대조

한국어 '높다'는 열 가지 단의가 있고 '高'는 아홉 가지 단의가 있는 것을 정리하였다. 비교 결과 두 형용사 사이에는 아홉 가지 의미가 대응관계를 이루는 것이 확인된다. 구체적인 대조 내용은 다음과 같다.

  (166) 가. 산이 <u>높고</u> 물이 깊다.
    가′. 山<u>高</u>水深.
    나. 서북쪽에 <u>높은</u> 빌딩이 있다.
    나′. 西北有<u>高</u>樓.
    다. 천장이 <u>높다</u>.
    다′. 屋頂很<u>高</u>.
    라. 매 한 마리가 <u>높은</u> 하늘에서 선회하고 있다.
    라′. 一只雄鷹在<u>高</u>空中翱翔.
    마. 이 음은 반도가 더 <u>높다</u>.
    마′. 這個音<u>高</u>半度.
    바. <u>높은</u> 음과 낮은 음을 구분해서 불러야 합니다.
    바′. 唱的時候應當區分<u>高</u>音和低音.

사. 高歌.

사'. 소리 <u>높여</u> 노래 부른다.

아. 高唱國歌.

아'. 국가를 <u>높이</u> 부르다.

자. 그녀는 자기보다 신분이 <u>높은</u> 사람과 결혼했다.

자'. 這個女人和比她地位<u>高</u>的人結了婚.

차. 지위가 매우 <u>높다</u>.

차'. 地位<u>高</u>的人.

카. 연임하는 목소리가 <u>높다</u>.

카'. 連任的呼聲<u>高</u>.

타. 반대하는 목소리가 <u>높다</u>.

타'. 反對聲<u>高</u>.

파. 오늘 기온은 예년에 비해 5도 가량 <u>높다</u>.

파'. 今天氣溫和往年同期相比<u>高</u>了5度左右.

하. <u>높은</u> 품질.

하'. <u>高</u>品質.

거. 명성이 너무 높다.

거'. 名聲頗<u>高</u>.

너. <u>높은</u> 명성이 널리 알려져 있다.

너'. <u>高</u>名遠揚

더. 사기가 <u>높다</u>.

더'. 士氣很<u>高</u>.

‘높다’와 ‘高’의 공통점은 다음과 같다. 첫째, (166가-나')에서 주체가 사물일 때 그 사물이 아래에서 위까지의 길이가 길다는 의미가 공통적이다. 둘째, (166다-라')에서 공간물 주체일 때 사물과 바닥 사이의 공간이 크다는 뜻이 공통적이다. 셋째, (166마-아')와 같이 주체가 청각 영역으로 확장되어 소리가 음계에서 위쪽에 있다는 의미와 소리가 강하다는 의미를 공히 표시한다. 넷째, (166자-차')와 같이 ‘높다’와 ‘高’는 신분이 남보다 귀하다는 의미를 표현한다. 다섯째, (166카-타')와 같이 주체가 내재적인 정신 영역으로 확장되어 의견이 많고 우세하다는 뜻을 갖고 있다. 여섯째, (166 파-하')에 제시된 것처럼 수치의 정도, 품질의 정도 등 무엇에 관한 정도가 일정한 기준을 넘는 상태에 있다는 뜻을 공통적으로 갖고 있다. 일곱째, (166거-너')와 같이 주체가 명성 영역으로 확장되어 명성이 널리 알려져 있다는 의미를 갖고 있다. 여덟째, (166더-더')와 같이 주체가 기세 영역으로 확장되어 (기세가) 힘차고 대단한 상태에 있다는 의미를 갖고 있다.

한편, 차이점은 다음과 같다. 첫째, '높다'의 단의 가운데 주체가 꿈이 되어 그 꿈이 원대하다는 뜻을 가리킬 수 있다. 반면, 중국어 '高'의 단의 중 이와 비슷한 의미가 없다.

> (167) 가. 이상이 <u>높다</u>.
> 　　　가'. *理想<u>高</u>.
> 　　　가". 理想<u>遠大</u>.
> 　　　나. <u>높은</u> 꿈.
> 　　　나'. *<u>高</u>的夢想.
> 　　　나". <u>遠大</u>的夢想.

둘째, (사물이) 아래에서 위까지의 길이가 길다는 공간 의미를 나타낼 때 '높다'와 '高'는 공통적인 뜻을 갖고 있지만 미시적으로 사람의 '키'가 주체가 될 때 '높다'와 '高'에 차이가 있는 것으로 보인다.

> (168) 가. 他個子<u>高</u>也很帥
> 　　　가'. *그는 키도 <u>높고</u> 얼굴도 잘생겼대.
> 　　　가". 그는 키도 <u>크고</u> 얼굴도 잘생겼대.
> 　　　나. 左邊那個<u>高</u>個子的是他嗎?
> 　　　나'. *왼쪽의 그 키가 <u>높은</u> 사람이 그입니까?
> 　　　나". 왼쪽의 그 키가 <u>큰</u> 사람이 그입니까?

위와 같이 주체가 '키'가 될 때 중국어 '高'의 사용이 가능하지만 한국어 '높다'의 사용이 불가능하다. 이러한 상황에서 '높다'를 대신 크기 형용사 '크다'를 사용한다.

다음으로, '높다'와 '高'의 확장 양상을 대조해 본다. 공통적인 점을 보면 첫째, '높다'와 '高'의 주체가 구체 영역에서 추상 영역으로 확장되는 양상이 공통적이다. 둘째, 구체적인 주체 내부, 유형물 주체에서 무형물 주체로 확장되는 양상은 '높다'와 '高'에서 모두 확인된다. 셋째, 추상적인 주체 내부, '높다'와 '高'의 주체는 외재적인 관계 주체, 내재적인 정신, 정도 주체로 확장되는 양상이 모두 확인된다.

확장 양상의 차이점을 살펴보면 추상적 주체에서 '높다'는 외재적 모습 주체와 내재적 꿈 주체로 확장되는 양상이 있는데 '高'는 이와 비슷한 확장 양상이 발견되지 않았다.

이상 한국어 '높다'와 중국어 '高'을 대조한 내용을 정리하면 다음과 같다.

[표 85] 한국어 '높다'와 중국어 '高'의 단의 확장 양상 및 대응관계

의미 확장 양상	대응관계		
	단의	높다	高
②/❷ ← ①/❶ → ③/❸ → ④/❹ ↓ ⑤/❺ ↙ ↘ ⑥/❻ ⑧/× ↓ ⑦/❼ ↙ ↘ ⑨/❽ ⑩/❾	(사물이) 아래에서 위까지의 길이가 길다.	①	❶
	(사물과 바닥 사이의 공간이) 크다.	②	❷
	(소리가) 음계에서 위쪽에 있다.	③	❸
	(소리가) 강하다.	④	❹
	(신분이) 남보다 귀하다.	⑤	❺
	(기세가) 힘차고 대단한 상태에 있다.	⑥	❻
	(명성이) 널리 알려져 있다.	⑦	❼
	(꿈이) 원대하다.	⑧	×
	(의견이) 많고 우세하다.	⑨	❽
	(수치, 수준 따위) 그 정도가 일정한 기준을 넘는 상태에 있다.	⑩	❾

앞서 한국어 '높다'와 중국어 '高'의 단의 확장 양상 및 대응관계, 단의 분포 양상을 살펴보았다. 이를 토대로 두 어휘의 단의 분포 양상을 대조하면 아래와 같다.

[그림 46] 한국어 '높다'와 중국어 '高'의 단의 분포 양상 대조

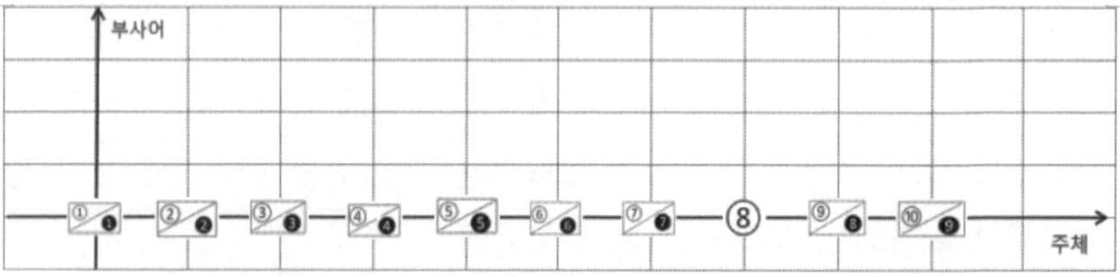

위에 제시한 결과를 보면 한국어 '높다'와 중국어 '高'의 주체는 '사물의 길이, 공간, 소리, 신분, 기세, 명성, 의견, 수치나 수준' 따위로 확장이 나갈 때 통일하지만 한국어 '높다'는 '꿈이 원대하다'는 의미도 가지고 있지만 중국어 '高'는 이와 비슷한 의미를 가지지 않는다. 또한 한국어 '높다'와 중국어 '高'의 의미 분포 양상을 정리하면 의미 변화에 공통적으로 주체의 영향만 받아 화살표 방향으로 추상화된 것을 확인할 수 있다.

5.2.2. 낮다/低

5.2.2.1. '낮다'

'낮다'의 뜻풀이는 『표준국어대사전』에서 5개, 『고려대 한국어대사전』에서 6개, 『금성 국어대사전』에서 7개를 제시하고 있다. 구체적인 내용을 정리하면 다음과 같다.

(169) '낮다'의 단의 후보(1)

　　가. 『표준』 [1]아래에서 위까지의 높이가 기준이 되는 대상이나

보통 정도에 미치지 못하는 상태에 있다.¶저 산은 낮지만 험하
다./책상이 낮고 작아서 불편하다./하늘에 낮게 깔린 먹구름이
금방 비를 퍼부을 것 같다./이 구두는 굽이 낮다./마당이 낮아
서 비만 오면 마당이 진창이 된다./물은 낮은 곳으로 흐른다.
『고려』 [4](무엇이)아래에서 위까지의 길이가 짧다.¶주위에는
낮고 완만한 산들이 계속 이어졌다/그는 둥그런 얼굴과 낮은
코를 가진 전형적인 한국 사람이다.

[3](무엇이)수면이나 지면에 가까이 있다.¶반지하인 그 방은 천
장이 낮아 불편하다/목적지에 다다르자 비행기는 낮게 날기
시작했다.

『금성』 [1]높이가 작다.¶낮은 언덕.

나. 『표준』 [2]높낮이로 잴 수 있는 수치나 정도가 기준이 되는
대상이나 보통 정도에 미치지 못하는 상태에 있다.¶온도가 낮
다/기압이 낮다/습도가 낮다/혈압이 낮다/임금이 낮다/인구 밀
도가 낮다/수압이 낮아서 수돗물이 나오지 않는다./이 물질은
끓는 점이 물보다 낮다./관동 지방은 산지가 많아서 경지율이
낮다./우리나라는 경쟁국보다 생산성이 낮은 것으로 드러났다./
새 정부는 세금을 낮게 매겼다./이번 선거는 투표율이 예년보
다 낮을 것으로 보인다.

『고려』 [1](수치나 정도가)일정한 기준이나 보통에 미치지 못
하는 상태에 있다.¶이것은 끓는점이 낮은 물질이다/습도가 낮
으면 호흡기가 건조해져 불편하다.

『금성』 [5](온도·습도 따위가)높지 않다.¶기온이 낮다/체온이
낮다.

다. 『표준』 [3]품위, 능력, 품질 따위가 바라는 기준보다 못하거나
보통 정도에 미치지 못하는 상태에 있다.¶질이 낮은 물건/교육
수준이 낮다/환경에 대한 관심도가 아직도 낮은 편이다.

『금성』 [4]정도·지위·수준 따위가 어떤 기준이나 상대의 아
래에 있다.¶질이 낮은 제품/계급이 낮다/성적이 낮다/임금이 낮
다/문화 수준이 낮다.

라. 『표준』 [4]지위나 계급 따위가 기준이 되는 대상이나 보통 정
도에 미치지 못하는 상태에 있다.¶소령은 대령보다 계급이 낮

다./누가 높고 누가 낮으며 누가 높았고 누가 낮았으면 어떻단 말인가?/계급은 제일 낮아도 난 이 캠프 안에서 외람되게 깍듯이 선배 대접을 받고 있소.

『고려』 [5](계급이나 수준이)일정한 기준이나 보통보다 아래에 있다.¶중령은 대령보다 계급이 낮다/그런 수준이 낮은 물건은 살 수 없어요.

마. 『표준』 [5]소리가 음계에서 아래쪽이거나 진동수가 작은 상태에 있다.¶콘트라베이스의 낮은 선율이 흘렀다./그의 목소리는 낮으면서도 단호했다./적장의 코 고는 소리는 높았다 낮았다 가락을 지었다.

『고려』 [2](소리가)세기가 약하거나 음계에서 아래쪽에 있다.¶진우는 낮게 속삭이면서 말했다/감기로 목이 잠겼는지 그의 목소리가 낮았다.

『금성』 [3]소리 · 압력 · 강도 따위가 약하다.¶낮은 음/낮은 목소리.

바. 『고려』 [6](땅이)주위보다 얕다.¶이 마을은 지대가 낮아 홍수 때만 되면 침수되곤 한다.

『금성』 [2]주위보다 얕다.¶이 마을은 지대가 낮아 홍수 때만 되면 침수되곤 한다.

(169가)에서 아래에서 위까지의 높이가 짧다는 뜻은 한 물체의 길이를 뜻하는 내용인 반면, 사물과 수면이나 지면 사이의 공간이 가깝다는 뜻은 사물과 지면이나 수면 즉, 두 가지 사물 사이의 공간을 뜻하는 내용이다. 이 둘은 공간적인 의미를 공통적으로 가리키지만 별개의 단의로 보아야 한다.

(169나)에서 수치, (169다)에서 품위, 능력, 품질이 일정한 기준보다 미치지 못하는 것이 해당 수치, 품위, 능력, 품질의 정도가 그 기준보다 미치지 못한다는 것을 가리킨다. 무엇에 대한 정도 즉, 주체가 무엇인지에 따라 차이가 있기는 하지만 실상 모두 공통되는 것이다. 따라서 (169나)와 (169

다)는 별개의 단의가 아니라 하나의 단의로 간주되어야 한다.

(169마)에서 (소리가) 세기가 약하거나 음계에서 아래쪽에 있다는 뜻을 제시하고 있다. 그런데 소리가 약하다는 것은 음량의 대소를 가리키는 것이고 소리가 음계에서 아래쪽에 있다는 것은 음의 고저를 뜻하는 것이다. 두 가지 내용은 별개의 의미이므로 구별할 필요가 있다.

(169바)에서 주위보다 얕다는 내용은 해당 사물과 지면 사이의 공간이 가깝다는 뜻을 가리키므로 (169가)에 제시된 공간적 의미와 통합될 필요가 있다. '낮다'의 사전적 의미를 재정리하면 다음과 같다.

> (170) '낮다'의 단의 후보(2)
> ① (사물이) 아래에서 위까지의 길이가 짧다.
> ② (사물과 수면, 지면 사이의 공간이) 가깝다.
> ③ (수치, 수준 따위) 그 정도가 일정한 기준에 미치지 못하는 상태에 있다.
> ④ (신분이) 남보다 천하다.
> ⑤ (소리가) 음계에서 아래쪽에 있다.
> ⑥ (소리가) 약하다.

위 일곱 가지 단의 후보의 실현 환경은 주체로 이루어진다. 단의 후보의 논항 특성은 'A가 낮다'로 정리될 수 있다. A자리에 있는 주체는 '①번 사물, ②번 공간물, ③번 정도, ④번 신분, ⑤⑥번 소리' 등이다. ①번 사물, ②번 공간, ⑤⑥번 소리는 구체 영역에 속하는 반면, ③번 정도, ④번 신분은 추상 영역에 속한다.

[표 86] 한국어 '낮다'의 단의 분류

논항 특성	주체(A)			단의 후보 번호
A가 낮다	구체	유형물	사물	1
			공간물	2
		무형물	소리	5
				6
	추상	관계	신분	4
		정도	수치나 수준	3

단의 후보의 순서를 배열하면 첫째, 주체가 구체에서 추상으로 확장되는 원리에 따라 1256번의 순서가 34번보다 앞에 있다고 할 수 있다.

둘째, 1256번 가운데 형체가 있는 유형물이 형체가 없는 무형물보다 구체성이 강하므로 12번의 순서는 56번보다 앞에 있다고 할 수 있다.

셋째, 12번에서 1번의 주체는 2번보다 제한을 적게 받는다고 할 수 있다. 따라서 1번의 순서는 2번보다 앞에 놓인다.

넷째, 56번의 주체는 모두 무형물인 소리이다. 6번 소리가 약하다는 의미는 소리의 음량이 적다는 내용을 가리키는 반면 5번 소리가 음계에서 아래쪽에 있다는 뜻은 음색의 고저 위치를 가리키는 것이다. 결국 6번은 분량 특성을 가지고 5번은 선에 관한 일차원 특성을 가진다. 따라서 일차원 공간 특성을 갖는 5번의 순서는 분량 특성을 갖는 6번보다 앞에 있다.

다섯째, 34번 가운데 사람과 관련성이 깊은 관계 주체는 그렇지 않은 정도 주체보다 순서가 앞에 있다고 할 수 있다. 4번의 순서는 3번보다 앞에 있다고 할 수 있다.

위 내용을 통해 한국어 '낮다'의 단의 순서는 125643로 배열될 수 있고 단의는 다음과 같이 정리된다.

> (171) '낮다'의 단의
> ① (사물이) 아래에서 위까지의 길이가 짧다.
> ② (사물과 수면, 지면 사이의 공간이) 가깝다.
> ③ (소리가) 음계에서 아래쪽에 있다.
> ④ (소리가) 약하다.
> ⑤ (신분이) 남보다 천하다.
> ⑥ (수치, 수준 따위) 그 정도가 일정한 기준에 미치지 못하는 상
>   태에 있다.

'낮다'의 각 단의 가운데 대표가 되는 원형의미는 출현 제약이나 의미적 환경의 영향을 되도록 적게 받는 구체적 환경에서 실현되는 것으로 결정된다. 그러므로 위에 제시된 단의 가운데에서 가장 기본적인 것은 사물의 주체에서 드러나는 ①번에서 찾을 수 있다. 따라서 ①번은 '낮다'의 원형의미로 간주된다.

①번에서 사물의 길이 기준이 되는 것보다 짧다는 내용을 가리킨다. ②번에서 사물과 바닥 사이의 공간이 가깝다는 내용을 표현하므로 ①번에서 인접성에 의해 확장된 환유적인 의미라 할 수 있다. ③번에서 청각의 감각 대상은 소리인데 대상 소리와 기준이 되는 소리의 위치를 넘지 못해 아래에 있다는 것을 말한다. 따라서 ③번은 시각의 감각 대상인 ①번에서 유사성에 의해 확장된 것이라 할 수 있다. ④번에서 감각 대상은 소리이고 해당 소리의 음량이 일정한 기준을 넘지 못해 약하다는 것을 의미한다. 따라서 ④번은 ③번에서 유사성에 의한 확장이라 할 수 있다. ⑤번의 주체는 추상적인 신분인데 신분이 남보다 천하다는 것이 해당 사람이 기준이 되는 사람과 그 사이의 '공간(길이)'이 짧다는 것을 말한다. 따라서 ⑤번은 ①번에서 유사성에 의해 확장된 은유적 의미라고 할 수 있다. ⑥번에서 수

치, 수준의 정도가 일정한 기준을 넘지 못한다는 것을 가리키므로 역시 '분량'이 넘지 못한다는 것을 말한다. 따라서 ⑥번은 추상적인 영역에 속한 ⑤번에서 유사성에 의해 확장된 은유적인 의미라 할 수 있다. '높다'의 의미 확장 양상을 정리하면 다음 표와 같다.

[표 87] 한국어 '낮다'의 단의 확장 양상

의미 확장 양상	단의
②←①→③→④ ↓ ⑤ ↓ ⑥	① (사물이) 아래에서 위까지의 길이가 짧다. ② (사물과 수면, 지면 사이의 공간이) 가깝다. ③ (소리가) 음계에서 아래쪽에 있다. ④ (소리가) 약하다. ⑤ (신분이) 남보다 천하다. ⑥ (수치, 수준 따위가) 정도가 일정한 기준에 미치지 못하는 상태에 있다.

앞서 '낮다'의 단의 확장 양상을 살펴보았다. 이 단의를 토대로 '낮다'의 단의 분포 양상을 그리면 아래와 같다.

[그림 47] 한국어 '낮다'의 단의 분포 양상

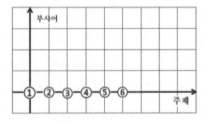

위에서 정리된 '낮다'의 단의 분포 양상을 보면 '낮다'의 의미 변화에 부사어의 영향을 받지 않고 주체의 영향만 받으며 주체의 추상화에 따라 의미 변화가 일어난 것을 확인할 수 있다.

5.2.2.2. '低'

'低'의 뜻풀이는『現代漢語詞典』과『新編漢語形容詞詞典』에서 3개,『新華字典』에서 5개를 제시하고 있다. 구체적인 내용을 정리하면 다음과 같다.

(172) '低'의 단의 후보(1)

　가.『現代』[1]從下向上距離小; 離地面近(아래에서 위까지 거리가 짧다. 무엇이 바닥에서 떨어진 사이가 가깝다.)¶椅子低(의자가 낮다.)

　　『新華』[1]矮.(낮다.)¶椅子低(의자가 낮다.)

　　『新編』[1]從下向上的距離小或離地面近(아래에서 위까지 거리가 짧거나 무엇이 바닥에서 떨어진 사이가 가깝다.)¶椅子低(의자가 낮다.)

　나.『現代』[2]在一般標準或平均程度之下(일반적인 기준이나 평균 정도보다 아래에 있다.)¶水平低(수준이 낮다.)

　　『新華』[4]程度差.(정도가 나쁘다.)¶水平低(수준이 낮다.)

　　『新編』[3]在一般標準或平均程度之下的(일반적인 기준이나 평균 정도보다 아래에 있다.)¶價格低(가격이 낮다.)

　다.『現代』[3]等級在下的(보통 계급보다 아래에 있다.)¶身份低.(신분이 낮다.)

　　『新華』[3]等級在下的(보통 계급보다 아래에 있다.)¶身份低.(신분이 낮다.)

　라.『新華』[3]聲音不響亮或聲音不尖銳(음성이 약하거나 낮다.)¶聲音低(소리가 낮다)低音(저음)

　　『新編』[2]聲音不響亮或聲音不尖銳(음성이 약하거나 낮다.)¶聲音低(소리가 낮다)低音(저음)

　마.『新華』[2]地勢洼下((땅이)주위보다 얕다.)¶低地(저지)

(172가)에서 사물이 아래에서 위까지의 길이가 짧다는 것과, 사물과 수면, 지면 사이의 공간이 가깝다는 것은 별개의 단의로 보아야 한다.

(172라)에서 (소리가) 세기가 약하거나 음계에서 아래쪽에 있다는 뜻을

제시하고 있다. 소리가 약하다는 것은 음량의 대소를 가리키는 것이고 소리가 음계에서 아래쪽에 있다는 것은 음의 고저를 뜻하는 것이다. 두 가지 내용은 별개의 단의로 구별할 필요가 있다.

(172마)에서 주위보다 얕다는 내용은 해당 사물과 지면 사이의 공간이 가깝다는 뜻을 가리키므로 (172가)에 제시된 공간적 의미와 통합될 필요가 있다. '低'의 사전적 의미를 재정리하면 다음과 같다.

> (173) '低'의 단의 후보(2)
>
> 　① 事物從下到上的距離短((사물이) 아래에서 위까지의 길이가 길다.)
> 　② 事物和地面的距離小((사물과 수면, 지면 사이의 공간이) 크다.)
> 　③ 數值水準等程度低於一般.((수치, 수준 따위) 그 정도가 일정한
> 　　　기준에 미치지 못하는 상태에 있다.)
> 　④ 身份卑微((신분이) 남보다 귀하다.)
> 　⑤ 聲音弱((소리가) 강하다.)
> 　⑥ 聲音不尖銳((소리가) 음계에서 위쪽에 있다.)

위에 여섯 가지 단의 후보의 논항 특성은 모두 '주체(A)+低'의 구조이다. A 자리에 있는 각 주체는 ①번 사물, ②번 공간물, ③번 수치, 수준, ④번 신분, ⑤⑥번 소리 등이다. ①번 사물, ②번 공간물, ⑤⑥번 소리 주체는 구체 영역에 속하는 반면, 나머지 주체는 추상 영역에 속한다.

구체 영역에서, ①②번의 주체는 형체가 있으므로 유형물에 속하고 ⑤⑥번의 주체는 형체가 없으므로 무형물이라 할 수 있다. 위 내용을 통해 '低'의 단의 분류는 다음과 같다.

[표 88] 중국어 '低'의 단의 분류

논항 특성	주체(A)			단의 후보 번호
A+低	구체	유형물	사물	①
			공간물	②
		무형물	소리	⑥
				⑤
	추상	관계	신분	④
		정도	수치, 수준	③

각 단의 후보의 순서를 배열하면 첫째, 주체가 구체에서 추상으로 확장되는 원리에 따라 ①②⑤⑥번의 순서가 ③④번보다 앞에 있다고 할 수 있다.

둘째, ①②⑤⑥번 가운데 형체가 있는 유형물이 형체가 없는 무형물보다 구체성이 강하므로 ①②번의 순서는 ⑤⑥번보다 앞에 있다고 할 수 있다.

셋째, ①②번에서 ①번의 주체는 ②번보다 제한을 적게 받는다고 할 수 있다. 따라서 ①번의 순서는 ②번보다 앞에 있다고 할 수 있다.

넷째, ⑤⑥번의 주체는 모두 무형물인 소리이다. ⑥번 소리가 약하다는 의미는 소리의 음량이 적다는 내용을 가리키는 반면 ⑤번 소리가 음계에서 아래쪽에 있다는 뜻은 음색의 고저 위치를 가리키는 것이다. 결국 ⑥번은 분량 특성을 가지고 ⑤번은 선에 관한 일차원 특성을 가진다. 따라서 일차원 공간 특성을 갖는 ⑤번의 순서는 분량 특성을 갖는 ⑥번보다 앞에 있다.

다섯째, ③④번 가운데 사람과 관련성이 깊은 관계 주체는 그렇지 않은 정도 주체보다 순서가 앞에 있다고 할 수 있다. ④번의 순서는 ③번보다 앞에 놓인다.

위 내용을 통해 중국어 '低'의 단의의 순서는 ①②⑥⑤④③로 배열될 수 있고 다음과 같이 정리된다.

> (174) '低'의 단의 후보(2)
> ❶ 事物從下到上的距離短((사물이) 아래에서 위까지의 길이가
>   짧다.)
> ❷ 事物和地面的距離小((사물과 수면, 지면 사이의 공간이) 작다.)
> ❸ 聲音不尖銳((소리가) 음계에서 아래쪽에 있다.)
> ❹ 聲音弱((소리가) 약하다.)
> ❺ 身份卑微((신분이) 남보다 천하다.)
> ❻ 數值水準等程度低於一般((수치, 수준 따위) 그 정도가 일정한
>   기준에 미치지 못하는 상태에 있다.)

'低'의 단의 가운데 대표가 되는 원형의미는 출현 제약이나 의미적 환경
의 영향을 되도록 적게 받는 구체적 환경에서 실현되는 것으로 결정된다.
그러므로 위에 제시된 단의 가운데에서 가장 기본적인 것은 사물의 주체
에서 드러나는 ❶번에서 찾을 수 있다. 따라서 ❶번은 '低'의 원형의미로
간주된다.

❶번에서 사물의 길이 기준이 되는 것보다 넘지 못해 짧다는 내용을 가
리킨다. ❷번에서 사물과 바닥 사이의 공간이 가깝다는 내용을 표현하므
로 ❶번에서 인접성에 의해 확장된 환유적인 의미라 할 수 있다. ❸번에서
청각의 감각 대상은 소리인데 대상 소리와 기준이 되는 소리의 위치를 넘
지 못해 아래에 있다는 것을 말한다. 따라서 ❸번은 시각의 감각 대상인
❶번에서 유사성에 의해 확장된 것이라 할 수 있다. ❹번에서 시각의 감각
대상은 소리이고 해당 소리의 음량이 일정한 기준을 넘지 못해 약하다는
것을 의미한다. 따라서 ❹번은 ❸번에서 유사성에 의한 확장이라 할 수 있
다. ❺번의 주체는 추상적이 신분인데 신분이 남보다 천하다는 것이 해당
사람이 기준이 되는 사람과 그 사이의 '공간(길이)'이 짧다는 것을 말한다.
따라서 ❺번은 ❶번에서 유사성에 의해 확장된 은유적 의미라고 할 수 있

다. ❻번에서 수치, 수준의 정도가 일정한 기준을 넘지 못한다는 것을 가리키므로 역시 '분량'이 넘지 못한다는 것을 말한다. 따라서 ❻번은 추상적인 영역에 속한 ❺번에서 유사성에 의해 확장된 은유적인 의미라 할 수 있다. '低'의 의미 확장 양상을 정리하면 다음 표와 같다.

[표 89] 중국어 '低'의 단의 확장 양상

의미 확장 양상	단의
❷ ← ❶ → ❸ → ❹ ↓ ❺ ↓ ❻	❶ 事物從下到上的距離短((사물이) 아래에서 위까지의 길이가 짧다.) ❷ 事物和地面的距離小((사물과 수면, 지면 사이의 공간이) 작다.) ❸ 聲音不尖銳((소리가) 음계에서 아래쪽에 있다.) ❹ 聲音弱((소리가) 약하다.) ❺ 身份卑微((신분이) 남보다 천하다.) ❻ 數值水準等程度低於一般((수치, 수준 따위) 그 정도가 일정한 기준에 미치지 못하는 상태에 있다.)

앞서 중국어 '低'의 단의 확장 양상을 살펴보았다. 이 단의를 토대로 '低'의 단의 분포 양상을 그리면 아래와 같다.

[그림 48] 중국어 '低'의 단의 분포 양상

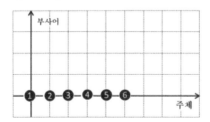

위에서 정리된 '低'의 단의 분포 양상을 보면 '低'의 의미 변화에 부사어의 영향을 받지 않고 주체의 영향만 받으며 주체의 추상화에 따라 의미 변화가 일어난 것을 확인할 수 있다.

5.2.2.3. '낮다'와 '低'의 대조

한국어 '낮다'와 '低'가 공통적으로 여섯 가지 단의가 있는 것을 정리하였다. 비교 결과 두 형용사의 여섯 가지 의미는 모두 대응관계에 있어서, 완전히 대응한다고 할 수 있다. 구체적인 대조 내용은 다음과 같다.

(175) 가. 의자가 약간 낮다.

　　　가′. 椅子有點低.

　　　나. 낮은 담을 뛰어넘었다.

　　　나′. 越過低墙.

　　　다. 날씨가 흐리면 제비는 낮게 날아다닙니다.

　　　다′. 說是陰天的時候燕子飛的低.

　　　라. 천장이 낮아서 답답하다.

　　　라′. 房頂很低, 讓人很壓抑.

　　　마. 그녀의 말소리는 이전부터 매우 낮았다.

　　　마′. 她說話聲音歷來很低.

　　　바. 그 가수는 마지못해 낮은 소리를 불렀다.

　　　바′. 那位歌手勉强唱出低音.

　　　사. 낮은 소리로 밀담하다.

　　　사′. 低音密語.

　　　아. 낮은 소리로 노래 부르다.

　　　아′. 低聲吟唱.

　　　자. 신분이 낮다.

　　　자′. 身份低.

　　　차. 회사에서 과장은 부장보다 지위가 낮다.

　　　차′. 公司中課長比部長職位低.

　　　카. 능력이 낮다.

　　　카′. 能力低.

　　　타. 품질이 낮다.

　　　타′. 品質低.

한국어의 '낮다'와 중국어 '低'는, 첫째, (175가-나')에서 주체가 사물일 때 그 사물이 아래에서 위까지의 길이가 짧다는 의미를 공통적이다. 둘째, (175다-라')에서 공간물 주체일 때 사물과 지면, 수면 사이의 공간이 작다는 뜻을 가진다. 셋째, (175마-아')와 같이 주체가 청각 영역으로 확장되어 소리가 음계에서 아래쪽에 있다는 의미와 소리가 약하다는 의미를 가진다. 넷째, (175자-차')와 같이 신분이 남보다 천하다는 의미를 표현할 수 있다. 다섯째, (175카-타')와 같이 '낮다'와 '低'의 주체가 능력, 품질에 관한 정도 영역으로 확장되어 그 정도가 일정한 기준을 넘는 상태에 있다는 뜻을 갖고 있다.

다음으로 '낮다'와 '低'의 확장 양상을 대조해 본다. 첫째, '낮다'와 '低'의 주체가 구체 영역에서 추상 영역으로 확장되는 양상은 공통적이다. 둘째, 구체적인 주체의 유형물 주체에서 무형물 주체로 확장되는 양상은 '낮다'와 '低'에서 모두 확인된다. 셋째, 추상적인 신분 주체와 정도 주체로 확장되는 양상이 모두 확인된다.

이상 한국어 '낮다'와 중국어 '低'를 대조한 내용을 정리하면 다음과 같다.

[표 90] 한국어 '낮다'와 중국어 '低'의 단의 확장 양상 및 대응관계

의미 확장 양상	대응관계		
	단의	낮다	低
②/❷ ← ①/❶ → ③/❸ → ④/❹ ↓ ⑤/❺ ↓ ⑥/❻	(사물이) 아래에서 위까지의 길이가 짧다.	①	❶
	(사물과 수면, 지면 사이의 공간이) 가깝다.	②	❷
	(소리가) 음계에서 아래쪽에 있다.	③	❸
	(소리가) 약하다.	④	❹
	(신분이) 남보다 천하다.	⑤	❺
	(수치, 수준 따위) 그 정도가 일정한 기준에 미치지 못하는 상태에 있다.	⑥	❻

앞서 한국어 '낮다'와 중국어 '低'의 단의 확장 양상 및 대응관계, 단의 분포 양상을 살펴보았다. 이를 토대로 두 어휘의 단의 분포 양상을 대조하면 아래와 같다.

[그림 49] 한국어 '낮다'와 중국어 '低' 단의 분포 양상 대조

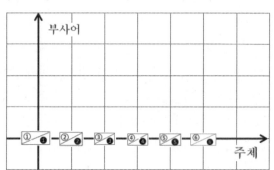

위에 제시한 결과를 보면 한국어 '낮다'와 중국어 '低'의 주체는 모두 '사물, 공간, 소리, 신분, 수치' 따위로 확장이 일어난 것을 확인할 수 있다. 또한 한국어 '낮다'와 중국어 '低'의 의미 분포 양상을 정리하면 의미 변화에 공통적으로 주체의 영향만 받아 화살표 방향으로 추상화된 것을 확인할 수 있다.

5.3. 심천(深淺)

심천(深淺) 형용사에 대해서는 한국어 '깊다, 얕다'와 중국어 '深, 淺'을 대상으로 논의한다.

5.3.1. 깊다/深

5.3.1.1. '깊다'

'깊다'의 뜻풀이는 『표준』에서 5개, 『고려』에서 8개, 『금성』에서 5개를 제시하고 있다. 구체적인 내용을 정리하면 다음과 같다.

> (176) '깊다'의 단의 후보(1)
>> 가. 『표준』[1]겉에서 속까지의 거리가 멀다.¶높은 산과 깊은 골짜기/깊은 산속/뿌리 깊은 나무/바닥이 깊고 기름진 논/깊은 산골에 한 나무꾼이 살았다./그 우물은 매우 깊었다.
>> 『고려』[1](무엇이)위에서 밑까지의 길이가 길다.¶바다가 깊다/샘이 깊은 물은 가물에 그치지 않는다/나무가 고정되도록 못을 깊게 박으십시오
>> [2](무엇이)겉에서 속에 이르는 거리가 멀다.¶산이 깊다/비를 피해 들어간 곳은 깊은 동굴이었다.
>> 『금성』[1]위에서 밑바닥까지, 또는 가에서 안쪽까지의 거리가 멀다.¶깊은 연못/깊은 산골
>> 나. 『표준』[2]생각이 듬쑥하고 신중하다.¶사려가 깊다/주의가 깊다/마누라는 아무 배움이 없었지만 속이 깊었고 심성이 착했다.
>> 『고려』[8](마음이나 생각이)듬직하고 신중하다.¶영호는 속이 깊다/동하는 학교 성적은 별로 좋지 않았지만 생각이 깊었다.
>> 『금성』[2](마음이나 생각이) 듬쑥하고 신중하다.¶생각이 깊은 사람
>> 다. 『표준』[3]수준이 높거나 정도가 심하다.¶깊은 잠/깊은 관계/깊은 한/인상 깊은 곳/감명 깊게 읽은 책/병이 깊다/학문이 깊다/애정이 깊다/인연이 깊다/그녀는 그림에 조예가 깊다./그와는 깊은 정이 들었다./그녀에게 이별의 상처는 매우 깊었다./표현은 간결하지만 의미는 깊다.
>> 『고려』[5](지식이나 경험이)수준이나 정도가 높다.¶병술이는 도자기에 대한 안목이 무척 깊다/학문이 깊으신 스승님 밑에

서 공부하게 된 것을 영광으로 생각하고 있습니다.

『금성』 [5]수준이나 정도가 높거나 심하다.¶학문이 깊다/음악
에 조예가 깊다/깊은 의혹을 품다.

라.『표준』 [4]시간이 오래다.¶밤이 깊다/역사가 깊다/전통이 깊다/
그곳은 유서 깊은 고장이다./겨울이 깊어 간다.

『고려』 [6](기간이)꽤 되어 오래다.¶밤이 깊다/역사가 깊은 건
물이야.

『금성』 [4]어떠한 상태가 시간의 흐름으로 정도가 더하다.¶깊
어 가는 가을 밤/깊은 잠에 빠지다.

마.『표준』 [5]어둠이나 안개 따위가 자욱하고 빡빡하다.¶안개 깊
은 새벽/어둠이 깊다/그늘이 깊게 드리워졌다.

『고려』 [7](안개나 그늘이)자욱하거나 짙다.¶깊은 안개 속을
헤매다/울창한 숲속은 그늘이 깊어 한낮에도 꽤 어두웠다.

바.『고려』 [3](정이나 사귐이)두텁고 가깝다.¶정이 깊다/그는 그
녀에게서 깊은 연민의 정을 느끼기 시작했다.

『금성』 [3](정이나 사귐이)두텁다.¶깊은 정을 느끼다/그와 그녀
는 깊은 관계이다.

사.『고려』 [4](무엇이)정도나 상태가 심하다.¶깊은 잠에 빠지다/
몇 년 만에 집에 돌아오니 아버지는 깊은 병에 시달리고 계
셨다.

(176가)에서 공간적인 의미는 두 가지로 제시되었다. 위에서 밑까지의
길이가 길다는 의미는 수직적인 공간 의미를 가리키는 반면, 겉에서 속까
지의 거리가 멀다는 의미는 수평적인 공간 의미를 가리키는 것이다. 두 가
지 의미는 미시적으로 방향성에 차이가 있으나 겉에서 속까지의 거리가
멀다는 뜻을 가리키는 데에는 차이가 없다. 따라서 별개의 단의라고 할 수
는 없고 하나의 단의로서 (사물이) 겉에서 속까지의 거리가 멀다고 기술될
수 있다.

(176다)에서『고려』 [5]번의 의미와 (176사)에서『고려』 [4]번의 의미를

보면 정도 의미를 기술할 때 주체가 무엇인지에 따라 미시적으로 차이가 있는 것으로 보이지만 정도가 일정한 기준을 넘는 상태를 기술하는 점에서는 차이가 없다. 따라서 (176다)와 (176사)의 의미는 별개의 의미가 아닌 하나의 단의로 보고 (지식, 경험 따위의 정도가) 일정한 기준을 넘는 상태에 있다고 기술된다.

(176나)에서 생각이나 마음이 듬쑥하고 신중하다는 것이 해당 능력이 일반적인 정도를 넘다는 것을 가리킨 것이다. 따라서 (176나)는 (176다)와 (176사)의 의미와 통합되어야 한다. '깊다'의 단의 후보는 재정리하면 다음과 같다.

> (177) '깊다'의 단의 후보(2)
>   ① (사물이) 겉에서 속까지의 거리가 멀다.
>   ② (시간이) 오래다.
>   ③ (안개, 그늘, 어둠이) 자욱하거나 짙다.
>   ④ (인간관계가) 두텁고 가깝다.
>   ⑤ (경험, 지식, 능력 따위) 그 정도가 일정한 기준을 넘는 상태에
>   있다.

위 다섯 가지 단의 후보의 실현 환경은 주체로 이루어진다. 다시 말해 각 단의 후보의 논항 특성은 'A가 깊다'로 정리될 수 있다. A자리에 있는 주체는 ①번 사물, ②번 시간, ③번 안개, 그늘, 어둠, ④번 인간관계, ⑤번 경험, 지식, 능력 등이다. '①번 사물, ③번 안개, 그늘, 어둠'은 구체 영역에 속하는 반면, 나머지 주체는 추상 영역에 속한다.

구체 영역 내부는, 형체 여부에 따라 다시 유형물과 무형물로 구분된다. ①번의 주체는 형체가 있어 유형물에 속하는 반면 ③번의 주체는 형체가 없어 무형물에 속한다. 추상 영역 내부는 시간 주체와 인간관계는 관계 영역에 속하고 마음, 경험, 지식, 능력 주체는 정신 영역에 속한다. '깊다'의

단의 분류는 다음과 같다.

[표 91] 한국어 '깊다'의 단의 분류

논항 특성	주체(A)			단의 후보 번호
A가 깊다	구체	유형물	사물	①
			안개, 그늘, 어둠	③
	추상	관계	시간	②
			인간관계	④
		정신	경험, 지식, 능력	⑤

각 단의 후보의 순서를 배열하면 첫째, '공간 → 시간 → 추상'으로 확장되는 원리에 따라 ①③번의 순서는 앞에 있고 ②번의 순서는 중간에 있으며, ④⑤번의 순서는 뒤에 있다고 할 수 있다.

둘째, 구체적인 주체인 ①③번에서 ③번의 주체는 안개, 그늘, 어둠에 국한되어 제한을 받는 반면 ①번의 주체는 사물이므로 ③번보다 제한을 적게 받는다고 할 수 있다. 따라서 ①번의 순서는 ③번보다 앞에 있다고 할 수 있다.

셋째, ④⑤번 가운데 인간관계는 사람과 사람 사이의 관련에 관한 내용이므로 외재적 특성을 갖는다고 할 수 있는 반면 정신 영역에 속한 주체들이 내재적인 생각에 관한 내용이므로 내재적 특성을 갖는다고 할 수 있다. 따라서 ④번의 순서는 ⑤번보다 앞에 있다고 할 수 있다.

따라서 한국어 '깊다'의 단의 순서는 ①③②④⑤로 배열될 수 있고 그 단의는 다음과 같이 정리된다.

(178) '깊다'의 단의
    ① (사물이) 겉에서 속까지의 거리가 멀다.
    ② (안개, 그늘, 어둠이) 자욱하거나 짙다.

③ (시간이) 오래다.
④ (인간관계가) 두텁고 가깝다.
⑤ (경험, 지식, 능력 따위) 그 정도가 일정한 기준을 넘는 상태에
　있다.

'깊다'의 각 단의 가운데 대표가 되는 원형의미는 출현 제약이나 의미적 환경의 영향을 되도록 적게 받는 구체적 환경에서 실현되는 것으로 결정된다. 그러므로 위에 제시된 단의 가운데에서 가장 기본적인 것은 사물의 주체에서 드러나는 ①번에서 찾을 수 있다. 따라서 ①번은 '깊다'의 원형의미로 간주된다.

　①번에서 겉에서 속까지의 거리가 멀다는 것은 대상 사물이 일정 정도보다 길다는 것을 의미한다. ②번에서 시각적 감각 대상은 안개, 그늘, 어둠인데 이들은 일정 정도보다 '분량'이 많다는 것을 뜻한다. 따라서 ②번은 ①번에서 유사성에 의해 확장된 은유적인 의미라 할 수 있다. ③번의 주체는 시간인데 시간이 오래다는 것은 두 시간점 사이의 길이가 일정 정도보다 긴 것이라고 할 수 있다. 따라서 ③번은 역시 ①번에서 유사성에 의해 확장된 은유적인 의미이다. ④번의 주체는 추상적인 인간관계인데 관계가 가깝다는 것은 두 사람 사이의 거리(공간적인 길이)가 넘지 못한다는 것을 가리키지만 실제 '길이'에 관해 의미한다고 말할 수 있다. 결국 ④번도 '길이'에 의해 유사성에 따라 ①번에서 확장된 은유적 의미라고 할 수 있다. ⑤번의 주체는 추상적인 경험, 지식, 능력에 관한 내용인데 그러한 '분량'이 일정한 정도보다 넘는다고 할 수 있다. 그리고 경험, 지식, 능력은 사람의 내면세계에 관한 내용이므로 외면 세계에 관한 ④번과 인접성이 있어 ⑤번은 ④번에서 확장된 의미라 할 수 있다. '깊다'의 의미 확장 양상을 정리하면 다음 표와 같다.

[표 92] 한국어 '깊다'의 단의 확장 양상

의미 확장 양상	단의
① → ② ↓ ③ ↓ ④ ↓ ⑤	① (사물이) 겉에서 속까지의 거리가 멀다. ② (안개, 그늘, 어둠이) 자욱하거나 짙다. ③ (시간이) 오래다. ④ (인간관계가) 두텁고 가깝다. ⑤ (경험, 지식, 능력 따위) 그 정도가 일정한 기준을 넘는 상태에 있다.

앞서 '깊다'의 단의 확장 양상을 살펴보았다. 이 단의를 토대로 '깊다'의 단의 분포 양상을 그리면 아래와 같다.

[그림 50] 한국어 '깊다'의 단의 분포 양상

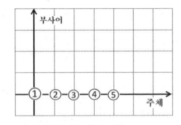

위에서 정리된 '깊다'의 단의 분포 양상을 보면 '깊다'의 의미 변화에 부사어의 영향을 받지 않고 주체의 영향만 받으며 주체의 추상화에 따라 의미 변화가 일어난 것을 확인할 수 있다.

5.3.1.2. '深'

'深'의 뜻풀이는 『現代漢語詞典』에서 6개, 『新華字典』에서 4개, 『新編漢語形容詞詞典』에서 8개를 제시하고 있다. 구체적인 내용을 정리하면 다음과 같다.

(179) '深'의 단의 후보(1)

가. 『現代』[1]從上到下或從外到里的距離大(위에서 밑까지나 겉에
　　서 속까지의 길이가 길다.)¶深坑.(깊은 구렁.)/深井(깊은 우물)
　　『新華』[1]從表面到底或從外面到裡面的距離大(위에서 밑까지나
　　겉에서 속까지의 길이가 길다.)¶深井(깊은 우물)/深山(깊은 산)
　　『新編』[1]從上到下或從外到里的距離大(위에서 밑까지나 겉에
　　서 속까지의 길이가 길다.)¶深井(깊은 우물)/深山(깊은 산)

나. 『現代』[2]深奧.(심오하다.)¶高深莫測(그 정도를 헤아릴 수
　　없다.)
　　『新編』[3]深奧, 難.(심오하고 어렵다.)¶高深莫測(그 정도를 헤
　　아릴 수 없다.)

다. 『現代』[3]深刻.(심각하다.)¶深思熟慮(심사숙고)
　　『新編』[4]愼重深刻.(신중하고 심각하다.)¶深思熟慮(심사숙고)

라. 『新華』[3]程度高的.(정도가 높다.)¶深度睡眠(심도 수면)
　　『新編』[2]程度高, 嚴重.(정도가 높고 심하다.)¶深度睡眠(심도
　　수면)

마. 『現代』[5]顔色濃.(색채가 짙다.)¶顔色深(색깔이 진하다.)
　　『新華』[4]顔色重.(색채가 짙다.)¶顔色深(색깔이 진하다.)
　　『新編』[7]濃.(짙다.)¶顔色深(색깔이 진하다.)

바. 『現代』[6]距離開始的時間很久.(시간이 오래다.)¶夜深了(밤이 깊
　　었다.)
　　『新華』[2]時間久.(시간이 오래다.)¶夜深了(밤이 깊었다.)
　　『新編』[8]距離開始的時間很久.(시간이 오래다.)¶夜深了(밤이 깊
　　었다.)

사. 『新編』[5]精深, 不淺薄.(능력이 높고 뛰어나다.)¶學問深(학문이
　　깊다.)

아. 『現代』[4]感情厚, 關係密切.(정이나 관계가 가깝고 밀접하다.)¶
　　交情深.(교정이 깊다.)
　　『新編』[6]深厚, 密切.(정이나 관계가 가깝고 밀접하다)¶感情
　　深.(감정이 깊다.)

(179가)에서 위에서 밑까지의 길이가 길다는 의미와 겉에서 속까지의 거리가 멀다는 의미를 하나의 단의로 기술하고 있다. 미시적으로 방향이 수평적이냐 수직적이냐에 차이가 있지만 겉에서 속까지의 거리가 멀다는 공간적인 의미를 가리키는 데에는 차이가 없는 것으로 보인다. (179나)에서 심오하고 어렵다는 의미는 난이도(難易度)를 뜻하는 내용이므로 정도 의미에 속한다고 할 수 있고, (179사)에서 능력이 높고 뛰어나다는 뜻도 능력의 정도가 높다는 뜻을 가리킨다. 결국 공기 어휘가 무엇인지에 차이가 존재하지만 정도 의미를 가리키는 것은 공통적이다. 따라서 (179나, 사)는 (179라)와 통합하여 무엇에 대한 정도가 일정한 기준을 넘는 상태에 있다고 기술할 수 있다. 위 내용을 통해 중국어 '深'의 단의 후보를 재정리하면 다음과 같다.

(180) '深'의 단의 후보(2)
　　　① 物體從外到里的距離大((사물이) 겉에서 속까지의 거리가 멀다.)
　　　② 顔色濃((색채가) 짙다.)
　　　③ 時間久((시간이) 오래다.)
　　　④ 關係深厚, 密切((인간관계가) 두텁고 가깝다.)
　　　⑤ 經驗知識能力等種程度超出一般.((경험, 지식, 능력 따위) 그 정도가 일정한 기준을 넘는 상태에 있다.)

위에 다섯 가지 단의 후보의 논항 특성은 모두 '주체(A)+深'의 구조이다. A 자리에 있는 각 주체는 '①번 사물, ②번 색채, ③번 시간, ④번 관계, ⑤번 경험, 지식, 능력' 등이다. '①번 사물, ②번 색채'는 구체 영역에 속하는 반면, 나머지 주체는 추상 영역에 속한다. 위 내용을 통한 '深'의 단의 분류는 다음과 같다.

[표 93] 중국어 '深'의 단의 분류

논항 특성	주체(A)			단의 후보 번호
A+深	구체	유형물	사물	①
			색채	②
	추상	관계	시간	③
			인간관계	④
		정신	경험, 지식, 능력	⑤

각 단의 후보의 순서를 배열하면 첫째, '공간 → 시간 → 추상'의 확장 원리에 따라 구체적인 주체인 ①②번의 순서는 앞에 있고 시간 주체인 ③번은 중간에 있으며, 추상적인 주체인 ④⑤번은 뒤에 있다고 배열될 수 있다.

둘째, 구체적인 주체인 ①②번은 모두 형체가 있는 유형물이지만 ①번은 선에 관한 1차원 특성을 갖고 있어 공간적 특성을 갖는다고 할 수 있다. 반면, ②번은 (색채)가 짙다는 것이 색채의 분량이 많다는 것을 가리키므로 분량 특성을 갖는다고 할 수 있다. ①번의 순서는 ②번의 앞에 있다고 할 수 있다.

셋째, ④⑤번 가운데 인간관계는 사람과 사람 사이의 관련에 관한 내용이므로 외재적 특성을 갖는다고 할 수 있는 반면 정신 영역에 속한 주체들이 내재적인 생각에 관한 내용이므로 내재적 특성을 갖는다고 할 수 있다. 따라서 ④번의 순서는 ⑤번보다 앞에 있다고 할 수 있다.

따라서 중국어 '深'의 단의 순서는 ①②③④⑤로 배열될 수 있고 그 단의는 다음과 같이 정리된다.

(181) '深'의 단의
 ❶ 物體從外到里的距離大((사물이) 겉에서 속까지의 거리가 멀다.)
 ❷ 顏色濃((색채가) 짙다.)

❸ 時間久.((시간이) 오래다.)
❹ 關係深厚, 密切.((인간관계가) 두텁고 가깝다.)
❺ 經驗知識能力等種程度超出一般.((경험, 지식, 능력 따위) 그 정도
　가 일정한 기준을 넘는 상태에 있다.)

'深'의 각 단의 가운데 대표가 되는 원형의미는 출현 제약이나 의미적 환경의 영향을 되도록 적게 받는 구체적 환경에서 실현되는 것으로 결정된다. 그러므로 위에 제시된 단의 가운데에서 가장 기본적인 것은 무정물의 주체에서 드러나는 ❶번에서 찾을 수 있다. 따라서 ❶번은 '深'의 원형의미로 간주된다.

❶번에서 겉에서 속까지의 거리가 멀다는 것이 대상 사물이 일정 정도보다 '길이'가 넘는다는 것을 의미한다. ❷번에서 시각적 감각 대상은 색채인데 빛깔이 일정 정도보다 '분량'이 넘는다는 것을 뜻한다. 따라서 ❷번은 ❶번에서 유사성에 의해 확장된 은유적인 의미라 할 수 있다. ❸번의 주체는 시간인데 시간이 오래다는 것은 두 시간점 사이의 길이가 일정 정도보다 넘는다고 할 수 있다. 따라서 ❸번은 역시 ❶번에서 유사성에 의해 확장된 은유적인 의미이다. ❹번의 주체는 추상적인 인간관계인데 관계가 가깝다는 것은 두 사람 사이의 거리(공간적인 길이)가 넘지 못한다는 것을 가리키지만 실제 '길이'에 관해 의미한다고 말할 수 있다. 결국 ❹번도 '길이'에 의해 유사성에 따라 ❶번에서 확장된 은유적 의미라고 할 수 있다. ❺번의 주체는 추상적인 경험, 지식, 능력에 관한 내용인데 그러한 '분량'이 일정한 정도를 넘는다고 할 수 있다. 그리고 경험, 지식, 능력은 사람의 내면세계에 관한 내용이므로 외면 세계에 관한 ❹번과 인접성이 있어 ❺번은 ❹번에서 확장된 의미라 할 수 있다. '深'의 의미 확장 양상을 정리하면 다음 표와 같다.

[표 94] 중국어 '深'의 단의 확장 양상

의미 확장 양상	단의
❶ → ❷ ↓ ❸ ↓ ❹ ↓ ❺	❶ 物體從外到里的距離大((사물이) 겉에서 속까지의 거리가 멀다.) ❷ 顔色濃((색채가) 짙다.) ❸ 時間久((시간이) 오래다.) ❹ 關係深厚, 密切(인간관계가) 두텁고 가깝다.) ❺ 經驗知識能力等種程度超出一般((경험, 지식, 능력 따위) 그 정도가 일정한 　기준을 넘는 상태에 있다.)

앞서 중국어 '深'의 단의 확장 양상을 살펴보았다. 이 단의를 토대로 '深'의 단의 분포 양상을 그리면 아래와 같다.

[그림 51] 중국어 '深'의 단의 분포 양상

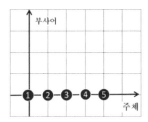

위에서 정리된 '深'의 단의 분포 양상을 보면 '深'의 의미 변화에 부사어의 영향을 받지 않고 주체의 영향만 받으며 주체의 추상화에 따라 의미 변화가 일어난 것을 확인할 수 있다.

5.3.1.3. '깊다'와 '深'의 대조

한국어 '깊다'와 중국어 '深'이 모두 다섯 가지 단의가 있음을 확인하였다. 비교 결과 네 가지 의미에서 대응관계가 확인된다. 구체적인 대조 내용은 다음과 같다.

(182) 가. 깊은 바다처럼 <u>깊다</u>.

　　 가'. <u>深</u>如淵海.

　　 나. 산이 <u>깊다</u>.

　　 나'. <u>深</u>山.

　　 다. 밤이 <u>깊다</u>.

　　 다'. 夜<u>深</u>.

　　 라. <u>깊은</u> 가을.

　　 라'. <u>深</u>秋.

　　 마. 그 두 사람은 우정이 매우 <u>깊어</u> 정이 마치 아교와 옻칠과 같다.

　　 마'. 他們倆人的交情很<u>深</u>, 情同膠漆.

　　 바. 그와 그 여자는 <u>깊은</u> 관계이다.

　　 바'. 他和她的關係很<u>深</u>.

　　 사. 심도 수면.

　　 사'. <u>深</u>度睡眠.

　　 아. 조예/학문이 깊다.

　　 아'. 造詣/學問<u>深</u>.

　'깊다'와 '深'의 공통점은 다음과 같다. 첫째, (182가-나')에서 주체가 사물일 때 그 사물이 수직적이나 수평적으로 겉에서 속까지의 거리가 멀다는 의미를 가진다. 둘째, (182다-라')에서 주체가 시간 영역으로 확장되어 시간이 오래다는 의미를 갖고 있다. 셋째, (182마-바')와 같이 인간관계가 두텁고 가깝다는 의미를 표현한다. 넷째, (182사-아')에 제시된 것처럼 죄의 정도, 감기의 정도가 심하지 않다는 것을 의미하여 (무엇에 대한 정도가) 일정한 기준을 넘는 상태에 있다는 뜻을 공통적으로 갖고 있다.

　한편, 차이점은 다음과 같다. 첫째, 한국어 '깊다'의 단의 가운데 주체가 그늘, 안개 등 무형물로 확장되어 안개나 그늘이 자욱하거나 짙다는 뜻을 가리킬 수 있다. 반면, 중국어 '深'의 단의 중 이와 비슷한 의미가 없다.

　(183) 가. <u>깊은</u> 그늘.

　　가. *深蔭.
　　가″. 濃蔭.
　　나. 깊은 안개.
　　나′. *深霧.
　　나″. 濃霧.

　위와 같은 상황에서 '深'을 사용할 수 없고 '깊다'와 대응하지 않는다. 주체가 무형물로 확장될 때 중국어에서는 농담 의미를 나타내는 형용사 '濃'을 대신 사용한다.

　둘째, '深'의 주체가 색채로 확장되어 색채가 짙다는 뜻을 가지는 반면, 한국어 '깊다'는 색채로 확장되지 않는다.

　(184) 가. 顔色深.
　　　　가′. *색채가 깊다.
　　　　가″. 색채가 짙다.
　　　　나. 深綠.
　　　　나′. *깊은 녹색.
　　　　나″. 짙은 녹색.

　다음으로 '깊다'와 '深'의 확장 양상을 대조해 본다. 공통적인 점을 보면 첫째, '깊다'와 '深'의 주체가 구체 영역에서 시간 영역으로 확장된 다음에 추상 영역으로 확장되는 양상이 공통적이다. 둘째, 구체적인 주체인 유형물 주체에서 무형물 주체로 확장되는 양상은 '깊다'와 '深'에서 모두 확인된다. 셋째, 추상적인 주체에서 사람의 외재 관계 주체로, 내재 정신 주체로, 그리고 정도 주체로 확장되는 양상은 '깊다'와 '深'에서 모두 발견된다.

　확장 양상의 차이점을 살펴보면, 구체적인 무형물 영역에서 한국어 '깊다'는 안개, 그늘, 어둠 주체로 확장된 반면, 중국어 '深'은 색채 주체로 확장된다. '깊다'의 안개, 그늘, 어둠 주체와 '深'의 색채 주체는 비록 모두 무형물 주체이지만 각각 농담 영역, 색채 영역에 속하기 때문에 확장 양상이 다르다고 할 수 있다.

이상 한국어 '깊다'와 중국어 '深'의 대조 내용을 정리하면 다음과 같다.

[표 95] 한국어 '깊다'와 중국어 '深'의 단의 확장 양상 및 대응관계

의미 확장 양상	대응관계		
	단의	깊다	深
②/× ← ①/❶ →×/❷	(사물이) 겉에서 속까지의 거리가 멀다.	①	❶
↓	(안개, 그늘, 어둠이) 자욱하거나 짙다.	②	×
③/❸	(색채가) 짙다.	×	❷
↓	(시간이) 오래다.	③	❸
④/❹	(인간관계가) 두텁고 가깝다.	④	❹
↓	(경험, 지식, 능력 따위) 그 정도가 일정한 기준을 넘는 상태에 있다.	⑤	❺
⑤/❺			

앞서 한국어 '깊다'와 중국어 '深'의 단의 확장 양상 및 대응관계, 단의 분포 양상을 살펴보았다. 이를 토대로 두 어휘의 단의 분포 양상을 대조하면 아래와 같다.

[그림 52] 한국어 '깊다'와 중국어 '深'의 단의 분포 양상 대조

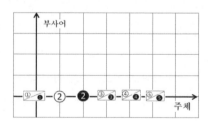

위에 제시한 결과를 보면 한국어 '깊다'와 중국어 '深'은 주체가 '수물, 시간, 인간관계, 경험이나 지식'일 경우 의미가 같지만 한국어 '깊다'는

'안개, 그늘, 어둠이 자욱하거나 짙다'는 의미를 가지고 있지만 중국어 '深' 은 이와 대응될 수 있는 단의가 없다. 또한 중국어 '深'은 '색채가 짙다'는 의미를 표현할 수 있지만 한국어 '깊다'는 이러한 의미를 가지지 않는다. 또한 한국어 '깊다'와 중국어 '深'의 의미 분포 양상을 정리하면 의미 변화 에 공통적으로 주체의 영향만 받아 화살표 방향으로 추상화된 것을 확인 할 수 있다.

5.3.2. 얕다/淺

5.3.2.1. '얕다'

'얕다'의 뜻풀이는 『표준국어대사전』에서 4개, 『고려대 한국어대사전』 에서 7개, 『금성 국어대사전』에서 3개를 제시하고 있다. 구체적인 내용을 정리하면 다음과 같다.

(185) '얕다'의 단의 후보(1)

　　가. 『표준』 [1]겉에서 속, 또는 밑에서 위까지의 길이가 짧다.¶얕 은 물/얕은 산/천장이 얕다/구덩이를 얕게 파다/움막 가까운 산기슭 풀밭을 얕게 파고 삽, 괭이를 묻었다.

　　　　『고려』 [1](사물이)일정한 기준에 가깝게 높이가 낮다.¶전투 기들이 얕게 날고 있었다/얼핏 보기에는 산이 얕아 보인다/그 곳은 천장이 너무 얕아서 우리 모두 고개를 숙이고 들어가야 했다.

　　　　『고려』 [2](무엇이)위에서 밑바닥까지의 길이가 짧다.¶수심이 얕다/그곳은 물이 얕아서 배를 대기 힘들다/아이들에게 깊은 곳으로 가지 말고, 얕은 물에서만 놀도록 주의를 주었다.

　　　　『고려』 [3](무엇이)겉에서 속까지의 사이가 가깝다.¶동굴이 얕 다/나무를 심기에는 구덩이가 얕았다.

　　　　『금성』 [1]겉에서 속, 밑에서 위까지의 길이가 짧다.¶얕은 개울/천장이 얕다.

나.『표준』[2]생각이 일정한 정도에 미치지 못하거나 마음 쓰는 것이 너그럽지 못하다.¶얕은 마음/속이 얕다/생각이 얕다/처음 엔 유력한 경쟁 상대가 하나 저절로 제거된 걸 은근히 기뻐한 게 여란이의 얕은 소견이었다.

『고려』[4](마음이나 생각 따위가)진중하지 못하고 가볍다.¶제 얕은 생각으로는 두 번째 방안이 좋은 것 같습니다/그녀는 속이 얕아서 조그만 일에도 금방 토라지고 만다.

『금성』[2]생각·심지(心志)가 깊지 안하.¶생각이 얕다/속이 얕다.

다.『표준』[3]수준이 낮거나 정도가 약하다.¶얕은 잠/얕은 재주/믿음이 얕다/그의 얕은 지식과 상상력으로는 그녀의 모습이 천사라고만 떠올렸다./내 나이 아직 삼십 미만에 배운 것이 얕고 학식이 넓지 못하여 백성을 다스리기 극히 어렵소/교양이 얕으면 얕을수록 사람은 그 나이를 남에게 드러내는 법입니다.

『고려』[5](지식이나 경험, 학문 따위가)수준이나 정도가 부족하다.¶저의 얕은 지식으로는 그의 사상을 이렇게 해석했습니다/아직 사회 경험이 얕아서 이럴 때 어떻게 하면 좋을지 모르겠다.

『금성』[3]학문이나 지식이 적다.¶얕은 지식.

라.『표준』[4]시간이 오래지 않다.¶저자와 나와 알게 된 것은 일자가 비교적 얕다고 하겠다.

『고려』[6](기간이)얼마 되지 않아 짧다.¶그 건물은 연조(年條)가 얕다/우리나라의 지방 자치제는 그 역사가 얕은 편이다.

마.『고려』[7](무엇이)정도나 상태가 가볍고 약하다.¶그녀는 눈을 감고서 숨을 얕게 내쉬었다/할머니는 얕은 잠을 잤는지 눈을 자꾸 비비고 계셨다.

(185가)의 내용을 보면 겉에서 속까지 거리가 가깝다는 내용과 밑에서 위까지 거리가 짧다는 내용 등 두 가지를 제시하고 있다. 두 가지 내용은

별개의 단의로 보아야 한다.

(185다)의 주체는 지식이나 능력이고 (185마)의 주체는 동작이다. 주체가 무엇인지에 차이가 있으나 그 주체의 정도가 약하다는 것을 가리키는데에는 차이가 없다. 따라서 (185다)와 (185마)는 하나의 단의로 보고 사람의 동작, 능력, 지식 따위의 정도가 약하다고 기술된다.

(185나)에서 생각이나 마음이 진중하지 못하고 가볍다는 것은 해당 능력이 일반적인 정도를 넘지 못한다는 것을 가리킨 것이다. 따라서 (185나)는 (185다)와 (185마)의 의미와 통합되어야 한다. '얕다'의 사전적 의미를 재정리하면 다음과 같다.

> (186) '얕다'의 단의 후보(2)
> ① (사물이) 겉에서 속까지의 거리가 가깝다.
> ② (사람의 동작, 능력, 지식 따위) 그 정도가 약하다.
> ③ (시간이) 오래지 않다.
> ④ (밑에서 위로 사물과 수면, 지면 사이의 공간이) 가깝다.

위에 네 가지 단의 후보의 실현 환경은 주체로 이루어진다. 다시 말해 단의 후보의 논항 특성은 'A가 얕다'로 정리될 수 있다. A자리에 있는 주체는 '①번 사물, ②번 동작, 능력, 지식, ③번 시간, ④번 공간' 등이다. ①번 사물 주체, ④번 공간 주체는 구체 영역에 속하는 반면, 나머지 주체는 추상 영역에 속한다. '얕다'의 단의 분류는 다음과 같다.

[표 96] 한국어 '얕다'의 단의 분류

논항 특성	주체(A)			단의 후보 번호
A가 얕다	구체		사물	①
			공간	④
	추상	관계	시간	③
		행위 · 정신	동작, 능력, 지식	②

각 단의 후보의 순서를 배열하면 첫째, '공간 → 시간 → 추상'의 확장 원리에 따라 구체적인 주체인 ①④번의 순서는 앞에 있고 시간 주체인 ③번은 중간에 있으며, 추상적인 주체인 ②번은 뒤에 있다고 배열될 수 있다.

둘째, ①④번에서 ①번의 주체는 사물인 반면 ④번의 주체는 공간이다. 구체의 정도를 고려해 ①번의 정도가 더 강하므로 그의 순서는 ⑤번보다 앞에 놓일 수 있다.

따라서 한국어 '얕다'의 단의 순서는 ①④③②로 배열될 수 있고 그 단의는 다음과 같이 정리된다.

> (187) '얕다'의 단의
> ① (사물이) 겉에서 속까지의 거리가 가깝다.
> ② (밑에서 위로 사물과 수면, 지면 사이의 공간이) 가깝다
> ③ (시간이) 오래지 않다.
> ④ (사람의 동작, 능력, 지식 따위) 그 정도가 약하다.

'얕다'의 단의 가운데 대표가 되는 원형의미는 출현 제약이나 의미적 환경의 영향을 되도록 적게 받는 구체적 환경에서 실현되는 것으로 결정된다. 그러므로 위에 제시된 단의 가운데에서 가장 기본적인 것은 무정물의 주체에서 드러나는 ①번에서 찾을 수 있다. 따라서 ①번은 '얕다'의 원형의미로 간주된다.

①번에서 겉에서 속까지의 거리가 가깝다는 것은 대상 사물이 일정 정도보다 길지 않다는 것을 의미한다. ②번에서 시각적 감각 대상은 사물과 수면, 지면의 공간인데 그 공간이 가깝다는 것을 가리킨다. 따라서 ②번은 ①번에서 인접성에 의해 확장된 환유적인 의미라 할 수 있다. ③번의 주체는 시간인데 시간이 오래지 않다는 것은 두 시간점 사이의 길이가 일정 정도보다 짧다는 것을 나타낸다. 따라서 ③번은 역시 ①번에서 유사성에 의

해 확장된 은유적인 의미이다. ④번의 주체는 추상적인 경험, 지식, 능력에 관한 내용인데 그러한 '분량'이 일정한 정도보다 적다고 할 수 있다. 따라서 ④번은 ①번에서 확장된 의미라 할 수 있다. '얕다'의 의미 확장 양상을 정리하면 다음 표와 같다.

[표 97] 한국어 '얕다'의 단의 확장 양상

의미 확장 양상	단의
① → ② ↓ ③ ↓ ④	① (사물이) 겉에서 속까지의 거리가 가깝다. ② (밑에서 위로 사물과 수면, 지면 사이의 공간이) 가깝다 ③ (시간이) 오래지 않다. ④ (사람의 동작, 능력, 지식 따위) 그 정도가 약하다.

앞서 한국어 '얕다'의 단의 확장 양상을 살펴보았다. 이 단의를 토대로 '얕다'의 단의 분포 양상을 그리면 아래와 같다.

[그림 53] 한국어 '얕다'의 단의 분포 양상

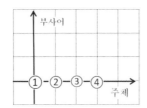

위에서 정리된 '얕다'의 단의 분포 양상을 보면 '얕다'의 의미 변화에 부사어의 영향을 받지 않고 주체의 영향만 받으며 주체의 추상화에 따라 의미 변화가 일어난 것을 확인할 수 있다.

5.3.2.2. '淺'

'淺'의 뜻풀이는 『現代漢語詞典』에서 7개, 『新華字典』에서 4개, 『新編漢語形容詞詞典』에서 6개를 제시하고 있다. 구체적인 내용을 정리하면 다음과 같다.

(188) '淺'의 단의 후보(1)

　　가. 『現代』 [1]從上到下或從外到里的距離小(위에서 밑까지나 겉에서 속까지의 길이가 짧다.)¶池水淺(연못의 물이 얕다.)/院子淺(뜰이 좁다)

　　　　『新華』 [1]從表面到底或從外面到裡面距離小(위에서 밑까지나 겉에서 속까지의 길이가 짧다.)¶池水淺(연못의 물이 얕다.)/院子淺(뜰이 좁다)

　　　　『新編』 [1]從上到下或從外到里的距離小(위에서 밑까지나 겉에서 속까지의 길이가 짧다.)¶池水淺(연못의 물이 얕다.)/院子淺(뜰이 좁다)

　　나. 『現代』 [2]淺顯.(간단하다.)¶淺而易懂(평이하여 쉽게 이해할 수 있다)

　　　　『新編』 [2]淺顯.(간단하다.)¶淺而易懂(평이하여 쉽게 이해할 수 있다)

　　다. 『現代』 [3]淺薄.(천박하다.)¶心機很淺(속이 얕다.)

　　　　『新編』 [3]淺薄,輕浮.(천박하고 가볍다)¶心機很淺(속이 얕다.)

　　라. 『現代』 [4]感情不深厚.(감정이 두텁지 않다.)¶交情淺(서로 간의 교분이 깊지 않다.)

　　　　『新編』 [4]不深厚.(감정이 두텁지 않다.)¶交情淺(서로 간의 교분이 깊지 않다.)

　　마. 『現代』 [5]顏色淺.(색채가 진하지 않다.)¶淺色(연한 색채)

　　　　『新華』 [4]顏色淺薄.(색채가 연하다.)¶味淡色淺(맛은 싱겁고 색깔은 옅다.)

　　　　『新編』 [5]顏色淡.(색채가 연하다.)¶淺色(연한 색채)

　　바. 『現代』 [6]時間短.(시간이 오래지 않다.)¶年份淺(햇수가 짧다)

『新華』 [2]時間短.(시간이 오래지 않다.)¶年份淺(햇수가 짧다)
『新編』 [6]時間短.(시간이 오래지 않다.)¶年份淺(햇수가 짧다)

사.『現代』 [7]程度輕.(정도가 낮다.)¶害人不淺(남에게 해를 입힌 것이 적지 않다.)

『新華』 [3]程度不深的.(정도가 높지 않다.)¶害人不淺(남에게 해를 입힌 것이 적지 않다.)

(188나)에서 간단하다는 뜻은 내용의 난이도에 관한 것이고, (188다)에서 천박하다는 뜻은 능력의 고저에 관한 것이며, (188라)에서 감정이 두텁지 않다는 의미는 감정의 정도가 낮다는 내용이라 할 수 있다. 따라서 (188나, 다, 라)는 무엇에 관한 정도가 다르지만 실제 정도가 약하다는 내용을 가리키는 데에 차이가 없는 것으로 보인다. 따라서 (188나, 다, 라)는 하나의 단의로 보고 (188사)와 통합한다. '淺'의 사전적 의미를 재정리하면 다음과 같다.

(189) '淺'의 단의 후보(2)
  □ 事物從上到下或從外到里的距離小.((사물이) 겉에서 속까지의 거리가 가깝다.)
  □ 動作能力知識等程度輕.((사람의 동작, 능력, 지식 따위) 그 정도가 약하다.)
  □ 顏色淺.((색채가) 진하지 않다.)
  □ 時間短.((시간이) 오래지 않다.)

위 네 가지 단의 후보의 논항 특성은 모두 '주체(A)+淺'의 구조이다. A자리에 있는 각 주체는 □번 사물, □번 동작, 능력, 지식, □번 색채, □번 시간 등이다. □번 사물, □번 색채는 구체 영역에 속하는 반면, 나머지 주체는 추상 영역에 속한다. 주체에 따른 '淺'의 단의 분류는 다음과 같다.

[표 98] 중국어 '淺'의 단의 분류

논항 특성	주체(A)			단의 후보 번호
A+淺	구체	유형물	사물	①
			색채	③
	추상	관계	시간	④
		행위·정신	동작, 능력, 지식	②

단의 후보의 순서를 배열하면 첫째, '공간 → 시간 → 추상'의 확장 원리에 따라 구체적인 주체인 ①③번의 순서는 앞에 있고 시간 주체인 ④번은 중간에 있으며, 추상적인 주체인 ②번은 뒤에 있다고 배열될 수 있다.

둘째, ①③번은 공통적으로 유형물 주체이지만 고유적인 특성을 고려하면 ①번은 1차원 공간적 특성을 갖는 반면 ③번은 추상적인 분량 특성을 갖는다. 따라서 ①번의 순서는 ③번보다 앞에 있다고 할 수 있다.

따라서 중국어 '淺'의 단의 순서는 ①③④②로 배열될 수 있고 그 단의는 다음과 같이 정리된다.

(190) '淺'의 단의
> ❶ 事物從上到下或從外到里的距離小.((사물이) 겉에서 속까지의 거리가 가깝다.)
> ❷ 顔色淺.((색채가) 진하지 않다.)
> ❸ 時間短.((시간이) 오래지 않다.)
> ❹ 動作能力知識等程度輕.((사람의 동작, 능력, 지식 따위) 그 정도가 약하다.)

'淺'의 단의 가운데 대표가 되는 원형의미는 출현 제약이나 의미적 환경의 영향을 되도록 적게 받는 구체적 환경에서 실현되는 것으로 결정된다. 그러므로 위에 제시된 단의 가운데에서 가장 기본적인 것은 사물의 주체에서 드러나는 ❶번에서 찾을 수 있다. 따라서 ❶번은 '淺'의 원형의미로 간주된다.

❶번에서 겉에서 속까지의 거리가 가깝다는 것이 대상 사물이 일정 정도보다 '길이'가 넘지 못한다는 것을 의미한다. ❷번에서 시각적 감각 대상은 색채인데 빛깔을 나타내는 사물이 일정 정도보다 '분량'이 넘지 못한다는 것을 뜻한다. 따라서 ❷번은 ❶번에서 유사성에 의해 확장된 은유적인 의미라 할 수 있다. ❸번의 주체는 시간인데 시간이 오래지 않다는 것은 두 시간점 사이의 길이가 일정 정도보다 넘지 못한다고 할 수 있다. 따라서 ❸번은 역시 ❶번에서 유사성에 의해 확장된 은유적인 의미이다. ❹번의 주체는 추상적인 경험, 지식, 능력에 관한 내용인데 그러한 '분량'을 일정한 정도보다 넘지 못한다고 할 수 있다. 따라서 ❹번은 ❶번에서 확장된 의미라 할 수 있다. '淺'의 의미 확장 양상을 정리하면 다음 표와 같다.

[표 99] 중국어 '淺'의 단의 확장 양상

의미 확장 양상	단의
❶ → ❷ ↓ ❸ ↓ ❹	❶ 事物從上到下或從外到里的距離小.((사물이) 겉에서 속까지의 거리가 가깝다.) ❷ 顏色淺.((색채가) 진하지 않다.) ❸ 時間短.((시간이) 오래지 않다.) ❹ 動作能力知識等程度輕.((사람의 동작, 능력, 지식 따위) 그 정도가 약하다.)

앞서 중국어 '淺'의 단의 확장 양상을 살펴보았다. 이 단의를 토대로 '淺'의 단의 분포 양상을 그리면 아래와 같다.

[그림 54] 중국어 '淺'의 단의 분포 양상

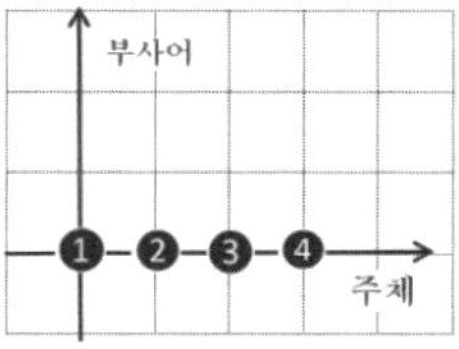

위에서 정리된 '淺'의 단의 분포 양상을 보면 '淺'의 의미 변화에 부사어의 영향을 받지 않고 주체의 영향만 받으며 주체의 추상화에 따라 의미 변화가 일어난 것을 확인할 수 있다.

5.3.2.3. '얕다'와 '淺'의 대조

한국어 '얕다'와 중국어 '淺'은 둘 다 네 가지 단의를 가지고 있다. 비교 결과 세 가지 의미에서 대응관계가 확인된다. 구체적인 대조 내용은 다음과 같다.

> (191) 가. 연못의 물이 얕다.
> 가'. 연못의 물이 얕다.
> 나. 동굴이 얕다.
> 나'. 洞窟淺.
> 다. 함께 일한 시일이 짧다.
> 다'. 公事的日子淺.
> 라. 그는 여기에 온 지 얼마 안 되어, 상황을 잘 모른다.
> 라'. 他來這里的日子還淺, 情況了解不多.
> 마. 견식이 얕다.
> 마'. 淺見.
> 바. 잠이 옅다.
> 바'. 睡眠淺.

'얕다'와 '淺'의 공통점은 다음과 같다. 첫째, (191가-나)에서 주체가 사물일 때 겉에서 속까지의 거리가 가깝다는 의미를 공통적으로 가진다. 둘째, (191다-라)에서 주체가 시간 영역으로 확장되어 (시간이) 오래지 않다는 의미를 공통적으로 가진다. 셋째, (191마-바)에 제시된 것처럼 견해의 정도, 동작의 정도가 약하다는 내용을 공히 표현할 수 있다.

한편, 차이점은 다음과 같다. 첫째, 한국어 '얕다'의 단의 가운데 (밑에서 위까지 사물과 수면, 지면 사이의 공간이) 가깝다는 뜻을 가리킬 수 있다. 반면, 중국어 '淺'의 단의 중 이와 비슷한 의미가 없다.

(192) 가. 전투기들이 얕게 날고 있었다.
　　　가'. *戰鬪機飛得淺.
　　　가". 戰鬪機飛得低.
　　　나. 천장이 너무 얕다.
　　　나'. *屋頂淺.
　　　나". 屋頂低.

　위와 같은 상황에서는 '淺'을 사용할 수 없고 '얕다'와 대응하지 않는다. 주체가 구체적인 공간이 될 때 중국어에서는 '低'라는 공간 크기 형용사를 사용한다.

　둘째, '淺'의 주체가 색채로 확장될 때 (색채가) 진하지 않다는 뜻을 갖고 있는 반면 '얕다'는 색채 의미가 없다.

(193) 가. 淺綠色.
　　　가'. 옅은 녹색
　　　나. 淺藍色.
　　　나'. 옅은 파란색

　주체가 색채로 확장되는 상황에서 한국어의 '얕다'를 사용되지 않고 농담 의미를 나타내는 '옅다'가 대신 사용된다.

　다음으로 '얕다'와 '淺'의 확장 양상을 대조해 본다. 첫째, '얕다'와 '淺'의 주체가 구체 영역에서 추상 영역으로 확장되는 양상이 공통적이다. 둘째, 추상적인 주체에서 '얕다'와 '淺'의 주체는 시간 주체, 행위, 정신 주체로 확장되는 양상이 모두 확인된다.

　확장 양상의 차이점을 살펴보면, 구체 영역에서, 한국어 '얕다'의 주체는 구체적인 사물에서 구체적인 공간으로 확장되는 양상이 발견되는 반면, 중국어 '淺'의 주체는 구체적인 사물에서 구체적인 색채로 확장되었다. 다시 말해 의미가 공통적으로 사물 주체에서 파생되지만 한국어 '얕다'는 유형물 주체 내부에서 확장되는 반면, 중국어 '淺'은 유형물에서 무형물로 확장되었다고 할 수 있다.

이상 한국어 '얕다'와 중국어 '淺'을 대조한 내용을 정리하면 다음과 같다.

[표 100] 한국어 '얕다'와 중국어 '淺'의 단의 확장 양상 및 대응관계

의미 확장 양상	대응관계		
	단의	얕다	淺
②/× ← ①❶ → ×/❷	(사물이) 겉에서 속까지의 거리가 가깝다.	①	❶
↓	(밑에서 위로 사물과 수면, 지면 사이의 공간이) 가깝다.	②	×
③❸	(색채가) 진하지 않다.	×	❷
↓	(시간이) 오래지 않다.	③	❸
④❹	(사람의 동작, 능력, 지식 따위) 그 정도가 약하다.	④	❹

앞서 한국어 '얕다'와 중국어 '淺'의 단의 확장 양상 및 대응관계, 단의 분포 양상을 살펴보았다. 이를 토대로 두 어휘의 단의 분포 양상을 대조하면 아래와 같다.

[그림 55] 한국어 '얕다'와 중국어 '淺'의 단의 분포 양상 대조

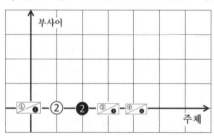

위에 제시한 결과를 보면 한국어 '얕다'와 중국어 '淺'은 주체가 '사물, 시간, 사람의 동작이나 능력, 지식'일 경우 의미가 일치한다. 그러나 한국어 '얕다'의 주체는 '공간이 가깝다'는 의미도 표현할 수 있지만 중국어 '淺'의 단의 가운데 이와 비슷한 의미를 가지지 않는다. 중국어 '淺'은 '색채가 진하지 않다'는 의미도 표현할 수 있지만 한국어 '얕다'는 이러한 의미를 표현할 수 없다. 또한 한국어 '얕다'와 중국어 '淺'의 의미 분포 양상을 정리하면 의미 변화에 공통적으로 주체의 영향만 받아 화살표 방향으로 추상화된 것을 확인할 수 있다.

5.4. 광협(廣狹)

광협(廣狹) 형용사는 한국어 '넓다, 너르다, 솔다, 좁다', 중국어 '寬, 窄'을 대상으로 논의한다.

5.4.1. 넓다, 너르다/寬

5.4.1.1. '넓다'

'넓다'의 뜻풀이는 『표준국어대사전』, 『고려대 한국어대사전』, 『금성국어대사전』에서 모두 4개를 제시하고 있다. 구체적인 내용을 정리하면 다음과 같다.

(194) '넓다'의 단의 후보(1)
　　가. 『표준』 [1]면이나 바닥 따위의 면적이 크다.¶넓고 기름진 평야/넓고 넓은 푸른 바다/넓고 반듯한 이마/방이 넓다.
　　　　『고려』 [1](무엇이)면이나 바닥의 면적이 크다.¶집이 넓다/우리

집 마당은 꽤 넓다/잠실야 구장도 꽤 넓어.

『금성』 [1]넓이가 크다.¶집이 넓다.

나. 『표준』 [2]너비가 크다.¶넓은 길/통이 넓고 긴 바지/두 팔을 넓게 벌리다.

『고려』 [2](무엇이)폭의 길이가 길다.¶새 도로는 폭이 넓어 다니기에 아주 좋다.

마을 입구에 넓은 길이 뚫렸다.

『금성』 [2]폭의 길이가 길다.¶넓은 길.

다. 『표준』 [3]마음 쓰는 것이 크고 너그럽다.¶마음이 넓다/넓은 아량으로 용서하다/그는 도량이 넓고 앞을 내다보는 눈이 밝다 해서 당대에 이름 높은 재상이었다.

『고려』 [3](마음이)크고 너그럽다.¶그는 다른 사람에 비해 매우 마음이 넓다/그는 도량이 넓은 선비가 되고자 애를 썼다.

『금성』 [3]마음 쓰는 것이 크고 너그럽다.¶마음이 넓다/도량이 넓다.

라. 『표준』 [4]내용이나 범위 따위가 널리 미치다.¶넓은 식견/넓고 깊은 교양/지식이 넓다/친구를 두루 넓게 사귀다/그가 했던 민족의 발견이라는 말이 떠올랐다. 꽤는 그 의의가 그 의미가 넓고 깊은 말이라 싶었다.

『고려』 [4](내용이나 범위가)널리 미치는 듯하다.¶식견이 넓다.

『금성』 [4](내용이) 널리 미치다.¶식견이 넓다/교제가 넓다.

'넓다'의 사전적 의미를 재정리하면 다음과 같다.

(195) '넓다'의 단의 후보(2)

　　　① (사물이) 면적이 크다.

　　　② (사물이) 폭의 길이가 길다.

　　　③ (마음이) 너그럽다.

　　　④ (내용이나 범위가)널리 미치다.

네 가지 단의 후보의 실현 환경은 주체로 이루어진다. 각 단의 후보의 논항 특성은 'A가 넓다'로 정리될 수 있다. A자리에 있는 주체는 ①②번 사물, ③번 마음, ④번 내용이나 범위 등이다. ①②번 사물 주체는 구체 영역에 속하는 반면 ③번 마음, ④번 내용이나 범위 주체는 추상 영역에 속한다. '넓다'의 단의 분류는 다음과 같다.

[표 101] 한국어 '넓다'의 단의 분류

논항 특성	주체(A)			단의 후보 번호
A가 넓다	구체		사물	①
				②
	추상	정신	마음	③
		내용	내용이나 범위	④

단의 후보의 순서를 배열하면 첫째, 주체가 구체에서 추상으로 확장되는 원리에 따라 ①②번의 순서가 ③④번보다 앞에 있다고 할 수 있다.

둘째, ①②번에서 주체가 모두 사물이지만 ①번 의미에서 사물의 2차원 공간 의미 즉, 면에 관한 의미를 가리키는 반면 ②번 의미에서 사물의 1차원 공간 의미 즉, 선에 관한 의미를 가리킨다. 따라서 ②번의 순서는 ①번의 앞에 놓인다.

셋째, ③④번에서 ③번의 주체는 마음인데 사람과 관련성이 있는 반면 ④번 내용이나 범위 주체는 그렇지 않다. 따라서 사람과 관련이 있는 ③번은 ④번보다 앞에 있다고 할 수 있다.

위 내용을 통해 한국어 '넓다'의 단의 순서는 ②①③④로 배열될 수 있고 다음과 같이 정리된다.

(196) '넓다'의 단의
① (사물이) 폭의 길이가 길다.
② (사물이) 면적이 크다.

③ (마음이) 너그럽다.
④ (내용이나 범위가) 널리 미치다.

　'넓다'의 단의 가운데 대표가 되는 원형의미는 출현 제약이나 의미적 환경의 영향을 되도록 적게 받는 구체적 환경에서 실현되는 것으로 결정되므로 위에 제시된 단의 가운데에서 가장 기본적인 것은 사물의 주체에서 드러나는 ①번에서 찾을 수 있다. 따라서 ①번은 '넓다'의 원형의미로 간주된다.

　①번에서 시각의 감각 대상은 사물이고 그 폭의 길이가 길다는 의미를 표현한다. ②번에서 시각의 감각 대상은 역시 사물이고 그 면적이 크다는 내용을 가리킨다. ②번의 '면적'은 2차원에 관한 내용이고 ①번의 '길이'은 1차원에 관한 것이다. 따라서 ②번은 ①번에서 공간적인 인접성에 의해 확장된 환유적인 의미라 할 수 있다. ③번의 주체는 추상적인 마음이고 그 마음이 너그럽다는 내용은 해당 3차원 '입체' 공간이 크다는 것을 의미한다. 따라서 ③번의 추상적인 주체는 ①번 구체적인 주체에서 유사성에 의해 확장된 은유적인 의미라고 할 수 있다. ④번의 주체는 추상적인 내용이나 범위인데 범위가 널리 미친다는 것이 해당 범위 내에 내용이 많이 채워져 있다는 것을 의미한다. 결국 ④번 단의는 분량에 관한 것이라 할 수 있다. 이는 역시 ①번에서 유사성에 의해 장단 영역에서 다소 영역으로 확장된 은유적인 의미라 할 수 있다. '넓다'의 의미 확장 양상을 정리하면 다음 표와 같다.

[표 102] 한국어 '넓다'의 단의 확장 양상

의미 확장 양상	단의
① → ② ↙ ↘ ③ ④	① (사물이) 폭의 길이가 길다. ② (사물이) 면적이 크다. ③ (마음이) 크고 너그럽다. ④ (내용이나 범위가) 널리 미치다.

앞서 한국어 '넓다'의 단의 확장 양상을 살펴보았다. 이 단의를 토대로 '넓다'의 단의 분포 양상을 그리면 아래와 같다.

[그림 56] 한국어 '넓다'의 단의 분포 양상

위에서 정리된 '넓다'의 단의 분포 양상을 보면 '넓다'의 의미 변화에 부사어의 영향을 받지 않고 주체의 영향만 받으며 주체의 추상화에 따라 의미 변화가 일어난 것을 확인할 수 있다.

5.4.1.2. '너르다'

'너르다'의 뜻풀이는 『표준국어대사전』과 『고려대 한국어대사전』에서 2개, 『금성 국어대사전』에서 1개를 제시하고 있다. 구체적인 내용을 정리하면 다음과 같다.

(197) '너르다'의 단의 후보(1)

가. 『표준』 [1]공간이 두루 다 넓다.¶너른 마당/너른 들판/우리 집

은 안방보다 대청마루가 훨씬 너르다./저쪽 사무실이 오글오글
한 데 비해 꽤 너르고 시원한 방이었다.

『고려』 [1](공간이)넓고 크다.¶소년은 겨울 내내 손등이 추위
로 갈라질 정도로 너른 언덕과 들판을 누비며 연을 날렸다./그
의 집 너른 뜰에는 가을이면 감나무가 빨갛게 익어갔다.

『금성』 [1]이리저리 다 넓고 크다.¶너른 대청 마루/너른 벌판/
치마폭이 너르다.

나. 『표준』 [2]마음을 쓰는 것이나 생각하는 것이 너그럽고 크다.¶
너른 마음씨/소견이 너르다.

『고려』 [2](마음 씀씀이가)너그럽고 폭이 크다.¶마음이 너른
사람.

(197가)에서 공간적인 의미를 가리킬 때 '치마폭이 너르다'처럼 너르다
는 너비를 의미할 수도 있고, '너른 마당'처럼 넓이를 뜻할 수도 있다. 따
라서 '너르다'는 (사물이) 폭의 길이가 길다는 의미와 (사물이) 그 면이나 바
닥 따위의 면적이 크다는 의미 등 두 가지 내용을 갖는다. 두 가지 내용은
별개의 단의로 구별될 필요가 있다. '너르다'의 사전적 의미를 재정리하면
다음과 같다.

    (198) '너르다'의 단의 후보(2)
       1 (사물이) 폭의 길이가 길다.
       2 (사물이) 면적이 크다.
       3 (마음이) 너그럽다.

위에 세 가지 단의 후보의 실현 환경은 주체로 이루어진다. 다시 말해
단의 후보의 논항 특성은 'A가 너르다'로 정리될 수 있다. A자리에 있는
주체는 12번 사물, 3번 마음 등이다. 12번 사물 주체는 구체 영역에
속하는 반면 3번 마음 주체는 추상 영역에 속한다. '너르다'의 단의 분류
는 다음과 같다.

[표 103] 한국어 '너르다'의 단의 분류

논항 특성	주체(A)		단의 후보 번호
A가 너르다	구체	사물	①
			②
	추상	마음	③

각 단의 후보의 순서를 배열하면 첫째, 주체가 구체에서 추상으로 확장되는 원리에 따라 ①②번의 순서가 ③번보다 앞에 있다고 할 수 있다.

둘째, ①②번에서 주체가 모두 사물이지만 ①번 의미는 사물의 1차원 공간 의미 즉, 선에 관한 의미를 가리키고 ②번 의미는 사물의 2차원 공간 의미 즉, 면에 관한 의미를 가리킨다. 따라서 ①번의 순서는 ②번의 앞에 놓인다.

위 내용을 통해 한국어 '너르다'의 단의 순서는 ①②③으로 배열될 수 있고 그 단의는 다음과 같이 정리된다.

(199) '너르다'의 단의
① (사물이) 폭의 길이가 길다.
② (사물이) 면적이 크다.
③ (마음이) 너그럽다.

'너르다'의 각 단의 가운데 대표가 되는 원형의미는 출현 제약이나 의미적 환경의 영향을 되도록 적게 받는 구체적 환경에서 실현되는 것으로 결정되므로 위에 제시된 단의 가운데에서 가장 기본적인 것은 사물의 주체에서 드러나는 ①번에서 찾을 수 있다. 따라서 ①번은 '너르다'의 원형의미로 간주된다.

①번에서 시각의 감각 대상은 사물이고 그 폭의 길이가 길다는 의미를 표현한다. ②번에서 시각의 감각 대상은 역시 사물이고 그 면적이 크다는

내용을 가리킨다. ②번의 '면적'은 2차원에 관한 내용이고 ①번의 '길이'
은 1차원에 관한 것이다. 따라서 ②번은 ①번에서 공간적인 인접성에 의
해 확장된 환유적인 의미라 할 수 있다. ③번의 주체는 추상적인 마음이고
그 마음이 너그럽다는 내용은 해당 3차원 '입체' 공간이 크다는 것을 의미
한다. 따라서 ③번의 추상적인 주체는 ①번 구체적인 주체에서 유사성에
의해 확장된 은유적인 의미라고 할 수 있다. '너르다'의 의미 확장 양상을
정리하면 다음 표와 같다.

[표 104] 한국어 '너르다'의 단의 확장 양상

의미 확장 양상	단의
① → ②	① (사물이) 폭의 길이가 길다.
↓	② (사물이) 면적이 크다.
③	③ (마음이) 너그럽다.

앞서 한국어 '너르다'의 단의 확장 양상을 살펴보았다. 이 단의를 토대
로 '너르다'의 단의 분포 양상을 그리면 아래와 같다.

[그림 57] 한국어 '너르다'의 단의 분포 양상

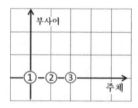

위에서 정리된 '너르다'의 단의 분포 양상을 보면 '너르다'의 의미 변화
에 부사어의 영향을 받지 않고 주체의 영향만 받으며 주체의 추상화에 따
라 의미 변화가 일어난 것을 확인할 수 있다.

5.4.1.3. '寬'

'寬'의 뜻풀이는 『現代漢語詞典』에서 3개, 『新華字典』에서 2개, 『新編漢語形容詞詞典』에서 4개를 제시하고 있다. 구체적인 내용을 정리하면 다음과 같다.

> (200) '寬'의 단의 후보(1)
>
> 　가. 『現代』 [1]橫的距離大.範圍廣(가로의 거리가 길다. 범위가 크다.)¶馬路寬.(길이 넓다.)
>
> 　　　『新華』 [2]物體橫的方面的距離長.範圍廣(물체가 가로의 거리가 길다. 범위가 크다.)¶馬路寬.(길이 넓다.)
>
> 　　　『新編』 [1]橫的距離大.(가로의 거리가 길다.)¶馬路寬.(길이 넓다.)
>
> 　나. 『現代』 [2]寬大, 不嚴厲.(관대하고 엄격하지 않다.)¶從寬處理(관대하게 처벌하다.)
>
> 　　　『新編』 [1]不嚴厲.(엄격하지 않다.)¶從寬處理(관대하게 처벌하다.)
>
> 　다. 『現代』 [3]寬裕, 寬綽.(부유하다.)¶現在的日子比過去寬多了.(지금 생활이 이전보다 훨씬 부유해졌다.)
>
> 　　　『新華』 [3]寬裕, 富裕.(부유하다.)¶如果手頭比較寬的話能不能借給我十萬韓元?(여유가 되면 돈 십만 원만 빌려줄 수 있니?)
>
> 　　　『新編』 [3]寬裕.(부유하다.)¶日子寬(생활이 부유해졌다.)
>
> 　라. 『新編』 [2]心胸開闊, 不狹窄.(마음이 크고 너그럽다.)¶心寬(마음이 너그럽다.)

(200가)에서 평면 사물의 가로로 건너지른 가리가 길다는 공간 의미와 어떤 내용이 많다는 뜻은 별개의 의미이므로 구별할 필요가 있다. (200나)에서 (마음이) 관대하다다는 뜻은 마음이 너그럽다는 것을 가리키므로 (200라)와 같은 뜻이다. 따라서 (200나, 라)는 하나의 단의로 보아야 한다. '寬'의 사전적 의미를 재정리하면 다음과 같다.

(201) '寬'의 단의 후보(2)

    1 物體橫的方面的距離長((사물이) 폭의 길이가 길다.)

    2 心胸開闊((마음이) 너그럽다.)

    3 生活富裕((생활이) 부유하다.)

    4 內容,範圍廣((내용이) 널리 미치다.)

  '寬'의 네 가지 단의 후보의 논항 특성은 모두 '주체(A)+寬'의 구조이다. '주체(A)+寬'에 속한 1234번 단의 후보의 주체는 '1번 사물, 2번 마음, 3번 생활, 4번 내용' 등이다. 1번 사물 주체는 구체 영역에 속하는 반면, 234번은 추상 영역에 속한다. 주체에 따른 '寬'의 단의 분류는 다음과 같다.

[표 105] 중국어 '寬'의 단의 분류

논항 특성	주체(A)			단의 후보 번호
A+寬	구체		사물	1
	추상	행위	생활	3
		정신	마음	2
		내용	내용	4

  각 단의 후보의 순서를 배열하면 첫째, 주체가 구체에서 추상으로 확장되는 원리에 따라 1번의 순서는 234번보다 앞에 있다고 할 수 있다.

  둘째, 23번의 주체는 사람에 관한 내용인 반면, 4번은 그렇지 않다. 따라서 사람과 관련성이 있는 23번의 순서는 4번보다 앞에 있다고 할 수 있다.

  셋째, 사람과 관련되는 23번 주체는 각각 생활, 마음인데 생활 주체는 생계나 살림을 꾸려 나가는 것이므로 사람의 행위라고 할 수 있는 반면 마음 주체는 사람의 내재적인 성격, 품성, 태도 등이라 할 수 있다. 따라서 동작 주체인 ③번은 정신 주체인 ②번보다 순서가 앞에 있다고 할 수 있다.

위 내용을 통해 중국어 '寬'의 단의 순서는 ①③②④로 배열될 수 있고 그 단의는 다음과 같이 정리된다.

> (202) '寬'의 단의
> ❶ 物體橫的方面的距離長((사물이) 폭의 길이가 길다.)
> ❷ 生活富裕((생활이) 부유하다.)
> ❸ 心胸開闊((마음이) 너그럽다.)
> ❹ 內容,範圍廣((내용이) 널리 미치다.)

'寬'의 각 단의 가운데 대표가 되는 원형의미는 출현 제약이나 의미적 환경의 영향을 되도록 적게 받는 구체적 환경에서 실현되는 것으로 결정되므로 위에 제시된 단의 가운데에서 가장 기본적인 것은 사물의 주체에서 드러나는 ❶번에서 찾을 수 있다. 따라서 ❶번은 '寬'의 원형의미로 간주된다.

❶번에서 시각의 감각 대상은 사물이고 그 폭의 길이가 길다는 의미를 표현한다. ❷번의 주체는 추상적인 생활인데 부유하다는 의미를 표현한다. 부유하다는 것은 직관적으로 경제를 통해 확인되므로 즉 돈이 많은지에 따라 확인된다. 결국 ❷번 단의는 '다소'에 관한 분량 의미를 표현한다. 따라서 다소에 관한 ❷번은 장단에 관한 ❶번에서 유사성에 의해 확장된 은유적인 의미라 할 수 있다. ❸번의 주체는 추상적인 마음이고 그 마음이 너그럽다는 내용은 해당 3차원 '입체' 공간이 크다는 것을 의미한다. 따라서 ❸번의 추상적인 주체는 ❶번 구체적인 주체에서 유사성에 의해 확장된 은유적인 의미라고 할 수 있다. ❹번의 주체는 추상적인 내용이나 범위인데 범위가 널리 미친다는 것이 해당 범위 내에 내용이 많이 채워져 있다는 뜻을 의미한다. 결국 ❹번 단의는 분량의 다소에 관한 것이라 할 수 있

다. 이는 역시 ❶번에서 유사성에 의해 장단 영역에서 다소 영역으로 확장
된 은유적인 의미라 할 수 있다. '寬'의 의미 확장 양상을 정리하면 다음
표와 같다.

[표 106] 중국어 '寬'의 단의 확장 양상

의미 확장 양상	단의
❶ ↙ ↓ ↘ ❷ ❸ ❹	❶ 物體橫的方面的距離長((사물이) 폭의 길이가 길다.) ❷ 生活富裕((생활이) 부유하다.) ❸ 心胸開闊((마음이) 너그럽다.) ❹ 內容,範圍廣((내용이) 널리 미치다.)

앞서 중국어 '寬'의 단의 확장 양상을 살펴보았다. 이 단의를 토대로
'寬'의 단의 분포 양상을 그리면 아래와 같다.

[그림 58] 중국어 '寬'의 단의 분포 양상

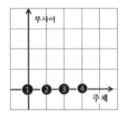

위에서 정리된 '寬'의 단의 분포 양상을 보면 '寬'의 의미 변화에 부사어
의 영향을 받지 않고 주체의 영향만 받으며 주체의 추상화에 따라 의미 변
화가 일어난 것을 확인할 수 있다.

5.4.1.4. '넓다', '너르다'와 '寬'의 대조

한국어 '넓다'가 네 가지 단의가 있고 '너르다'가 세 가지 단의가 있으

며, '寬'이 네 가지 단의가 있는 것을 정리하였다. '너르다'의 단의는 '넓다'에서 모두 찾을 수 있어 이 부분에서는 '넓다'와 '寬'에 대해 대조하고자 한다. '넓다'와 '寬'는 세 가지 단의가 대응관계에 있다. 구체적인 대조 내용은 다음과 같다.

(203) 가. 길이 매우 <u>넓다</u>/<u>너르다</u>.
　　　가′. 馬路很寬.
　　　나. 이 길이 저 길보다 3m 더 <u>넓다</u>/<u>너르다</u>.
　　　나′. 這條路比那條寬3米.
　　　다. 마음이 <u>넓은</u>/<u>너른</u> 사람.
　　　다′. 心寬的人.
　　　라. 그녀가 마음을 <u>넓게</u>/<u>너르게</u> 가질 수 있길 바란다.
　　　라′. 希望她能寬心些.
　　　마. 시야가 <u>넓다</u>.
　　　마′. 視野寬.
　　　바. 지식이 <u>넓다</u>.
　　　바′. 他的知識面很寬.

한국어의 '넓다'와 중국어 '寬'은 첫째, (203가-나)에서 주체가 사물일 때 폭의 길이가 길다는 의미를 공통적으로 갖고 있다. 둘째, (203다-라)에서 주체가 마음 주체로 확장되어 (마음이) 너그럽다는 의미를 공통적으로 갖고 있다. 셋째, (203마-바)와 같이 (내용이나 범위가) 널리 미친다는 의미를 공통적으로 갖고 있다.

한편, 차이점은 다음과 같다. 첫째, 한국어 '넓다'는 주체가 사물일 때 그 사물의 면적이 크다는 뜻을 가리킬 수 있다. 반면, 중국어 '寬'는 이와 비슷한 의미가 없다.

(204) 가. 경기장의 면적이 <u>넓다</u>/<u>너르다</u>.
　　　가′. *競技場的面積很寬.

가". 競技場的面積很廣.
나. 뜰이 넓다/너르다.
나'. *院子寬.
나". 院子大.

위와 같은 상황에서는 '寬'을 사용할 수 없고 '넓다'와 대응하지 않는다. 주체가 사물이 될 때 중국어에서는 상황에 따라 '廣, 大' 등 형용사를 사용한다.

둘째, '寬'은 주체가 행위 주체로 확장될 때 생활이 부유하다는 뜻을 갖고 있다. 반면, '넓다'의 이와 비슷한 의미가 없다.

(205) 가. 日子越過越寬.
가'. *날이 갈수록 살림살이가 넓어진다.
가". 날이 갈수록 살림살이가 부유해진다.
나. 現在日子過得比過去寬多了.
나'. *지금 생활이 이전보다 훨씬 넓어졌다.
나". 지금 생활이 이전보다 훨씬 부유해졌다.

주체가 행위 주체로 확장될 때 한국어의 '넓다'는 사용할 수 없고 '부유하다'는 형용사를 대신 사용한다.

다음으로 '넓다'와 '寬'의 확장 양상을 대조해 본다. 공통점은 첫째, '넓다'와 '寬'의 주체가 구체 영역에서 추상 영역으로 확장되는 양상이 공통적이다. 둘째, 추상적인 주체에서 '넓다'와 '寬' 모두 마음 주체, 내용이나 범위 주체로 확장된다.

확장 양상의 차이점을 살펴보면, 첫째, 구체적인 주체에서, '넓다'는 1차원 공간 의미에서 2차원 공간 의미로 확장되는 양상이 있다. 반면, 중국어 '寬'은 이러한 확장 양상이 발견되지 않고 1차원 공간 의미만 존재한다. 둘째, 구체적인 주체에서 추상적인 주체로 확장될 때 '넓다'와 '寬'은 모두 사람과 관련된 주체로 확장되지만 '寬'은 먼저 행위 주체로 확장된 다음에 정신 주체로 확장된 양상이 발견되지만 한국어 '넓다'는 행위 주체로 확장되지 않고 바로 정신 주체로 확장된 양상이 발견되었다.

　이상 한국어 '넓다'와 중국어 '寬'을 대조한 내용을 정리하면 다음과 같다.

[표 107] 한국어 '넓다'와 중국어 '寬'의 단의 확장 양상 및 대응관계

의미 확장 양상	대응관계			
	단의	넓다	너르다	寬
①/㊀/❶ → ②/㊁/× ↙　　↓　　↘ ×/×/❷　③/㊂/❸　④/×/❹	(사물이) 폭의 길이가 길다.	①	㊀	❶
	(사물이) 면적이 크다.	②	㊁	×
	(생활이) 부유하다.	×	×	❷
	(마음이) 크고 너그럽다.	③	㊂	❸
	(내용이) 널리 미치다.	④	×	❹

　앞서 한국어 '넓다', '너르다'와 중국어 '寬'의 단의 확장 양상 및 대응관계, 단의 분포 양상을 살펴보았다. 이를 토대로 이들의 단의 분포 양상을 대조하면 아래와 같다.

[그림 59] 한국어 '넓다', '너르다'와 중국어 '寬'의 단의 분포 양상 대조

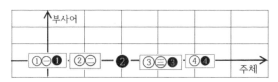

　위에 제시한 결과를 보면 한국어 '넓다', '너르다'와 중국어 '寬'은 '사물이 폭의 길이가 길다, 마음이 크고 너그럽다'라는 의미를 표현할 때 일치하다. 한국어 '넓다, 너르다'는 '사물이 면적이 크다'는 의미도 가지는데

중국어 '寬'의 단의 가운데 이와 비슷한 의미가 없다. 그리고 중국어 '寬'은 '생활이 부유하다'는 의미를 가지고 있는데 한국어 '넓다, 너르다'는 이러한 의미가 없다. '너르다'의 주체는 '내용' 영역으로 확장이 일어나는데 '넓다'와 '寬'은 이와 비슷한 의미를 가지지 않는다. 또한 한국어 '넓다', '너르다'와 중국어 '寬'의 의미 분포 양상을 정리하면 의미 변화에 공통적으로 주체의 영향만 받아 화살표 방향으로 추상화된 것을 확인할 수 있다.

5.4.2. 좁다, 솔다/窄

5.4.2.1. '좁다'

'좁다'의 뜻풀이는 『표준국어대사전』과 『고려대 한국어대사전』에서 4개, 『금성 국어대사전』에서 3개를 제시하고 있다. 구체적인 내용을 정리하면 다음과 같다.

> (209) '좁다'의 단의 후보(1)
> 가. 『표준』 [1]면이나 바닥 따위의 면적이 작다.¶좁은 골목길/이
> 윗도리는 품이 좁아서 불편하다./좁고 긴 복도는 아이들로 혼
> 잡스러웠다.
> [2]너비가 작다.¶ 넓고도 좁은 세상/방이 너무 좁다.
> 『고려』 [2](공간이나 면적이)조그맣고 작다.¶방이 좁더라도 하
> 룻밤 묵고 가라/그 집은 다섯 식구가 살기에는 너무 좁다.
> [1](너비나 폭이)작고 짧다.¶우리집 대문은 너무 좁다/좁은 길
> 에 차를 세워놓아 통행이 불편하다/그 길은 아주 좁아서 겨우
> 사람 하나가 지나갈 만하였다/유행에 따라 바지통은 좁기도
> 하고 넓기도 하다.
> 『금성』 [1](너비나 공간이)작다.¶좁은 길/좁은 문.
> 나. 『표준』 [3]마음 쓰는 것이 너그럽지 못하다.¶좁은 소견/마음이
> 좁다/속이 그렇게 좁아서 어디다 써먹을래?

『고려』 [4](마음이나 생각이)너그럽지 못하고 옹졸하다.¶속이
좁다/그 사람처럼 좁은 소견으로 세상을 살아가서는 안 된다/
그렇게 마음이 좁아서야 어찌 사회생활을 하겠느냐.

『금성』 [3](도량이나 소견)이 옹졸하다.¶속이 좁다/마음이
좁다.

다.『표준』[4]내용이나 범위 따위가 널리 미치지 아니한 데가 있
다.¶좁은 의미/판매 지역이 좁다./시험 범위가 좁다.

『고려』 [3](활동 내용이나 범위가)널리 미치지 아니하는 듯하
다.¶활동 범위가 좁다/상품의 판로(販路)가 좁아서 생산량을 더
늘리는 것은 무리입니다/남극은 좁은 의미로는 남위(南緯) 90
도의 지점만을 말한다/좁은 취업문을 뚫고 취직을 하려면 공
부를 열심히 해야 한다.

『금성』 [2](범위나 규모가)작다.¶좁은 의미/활동 범위가 좁다.

(209가)에서 평면 사물의 가로로 건너지른 거리가 길다는 것과 면적이
크다는 것 두 가지 공간적 의미는 별개의 단의로 보아야 한다. '좁다'의 사
전적 의미를 재정리하면 다음과 같다.

(210) '좁다'의 단의 후보(2)
① (사물이) 면적이 작다.
② (사물이) 너비가 짧다.
③ (마음이) 너그럽지 못하고 옹졸하다.
④ (내용이) 널리 미치지 않은 상태에 있다.

위의 네 가지 단의 후보의 실현 환경은 주체로 이루어진다. 단의 후보의
논항 특성은 'A가 좁다'로 정리될 수 있다. A자리에 있는 주체는 ①②번
사물, ③번 마음, ④번 내용 등이다. ①②번 사물 주체는 구체 영역에 속
하는 반면 ③번 마음, ④번 내용 주체는 추상 영역에 속한다. '좁다'의 단
의 분류는 다음과 같다.

[표 108] 한국어 '좁다'의 단의 분류

논항 특성	주체(A)		단의 후보 번호
A가 좁다	구체	사물	①
			②
	추상	마음	③
		내용	④

각 단의 후보의 순서를 배열하면 첫째, 주체가 구체에서 추상으로 확장되는 원리에 따라 ①②번의 순서가 ③④번보다 앞에 있다고 할 수 있다.

둘째, ①②번에서 주체가 모두 사물이지만 ①번 의미에서 사물의 2차원 공간 의미 즉, 면에 관한 의미를 가리키는 반면 ②번 의미에서 사물의 1차원 공간 의미 즉, 선에 관한 의미를 가리킨다. 따라서 ②번의 순서는 ①번의 앞에 놓인다.

셋째, ③④번에서 ③번의 주체는 마음인데 사람과 관련성이 있는 반면 ④번 내용이라 범위 주체는 그렇지 않다. 따라서 사람과 관련이 있는 ③번의 순서는 ④번보다 앞에 있다고 할 수 있다.

위 내용을 통해 한국어 '좁다'의 단의 순서는 ②①③④로 배열될 수 있고 그 단의는 다음과 같이 정리된다.

> (211) '좁다'의 단의
> ① (사물이) 너비가 짧다.
> ② (사물이) 면적이 작다.
> ③ (마음이) 너그럽지 못하고 옹졸하다.
> ④ (내용이) 널리 미치지 않은 상태에 있다.

'좁다'의 단의 가운데 대표가 되는 원형의미는 출현 제약이나 의미적 환경의 영향을 되도록 적게 받는 구체적 환경에서 실현되는 것으로 결정되므로 위에 제시된 단의 가운데에서 가장 기본적인 것은 사물의 주체에서 드러나는 ①번에서 찾을 수 있다. 따라서 ①번은 '좁다'의 원형의미로 간주된다.

①번에서 시각의 감각 대상은 사물이고 그 폭의 길이가 짧다는 의미를 표현한다. ②번에서 시각의 감각 대상은 역시 사물이고 그 면적이 작다는 내용을 가리킨다. ②번의 '면적'은 2차원에 관한 내용이고 ①번의 '길이'은 1차원에 관한 것이다. 따라서 ②번은 ①번에서 공간적인 인접성에 의해 확장된 환유적인 의미라 할 수 있다. ③번의 주체는 추상적인 마음이고 그 마음이 너그럽지 못하다는 내용은 해당 3차원 '입체' 공간이 작다는 것을 의미한다. 따라서 ③번의 추상적인 주체는 ①번 구체적인 주체에서 유사성에 의해 확장된 은유적인 의미라고 할 수 있다. ④번의 주체는 추상적인 내용이나 범위인데 범위가 널리 미치지 않는다는 것이 해당 범위 내에 내용을 조금만 채워있다는 뜻을 의미한다. 결국 ④번 단의는 분량의 다소에 관한 것이라 할 수 있다. 이는 역시 ①번에서 유사성에 의해 장단 영역에서 다소 영역으로 확장된 은유적인 의미라 할 수 있다. '좁다'의 의미 확장 양상을 정리하면 다음 표와 같다.

[표 109] 한국어 '좁다'의 단의 확장 양상

의미 확장 양상	단의
① → ② ↙ ↘ ③　　④	① (사물이) 폭의 길이가 짧다. ② (사물이) 면적이 작다. ③ (마음이) 크고 너그럽지 못하고 옹졸하다. ④ (내용이) 널리 미치지 않은 상태에 있다.

앞서 한국어 '좁다'의 단의 확장 양상을 살펴보았다. 이 단의를 토대로 '좁다'의 단의 분포 양상을 그리면 아래와 같다.

[그림 60] 한국어 '좁다'의 단의 분포 양상

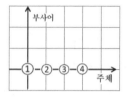

위에서 정리된 '좁다'의 단의 분포 양상을 보면 '좁다'의 의미 변화에 부사어의 영향을 받지 않고 주체의 영향만 받으며 주체의 추상화에 따라 의미 변화가 일어난 것을 확인할 수 있다.

5.4.2.2. '솔다'

'솔다'의 뜻풀이는 『표준국어대사전』, 『고려대 한국어대사전』, 『금성 국어대사전』에서 모두 1개를 제시하고 있다. 구체적인 내용을 정리하면 다음과 같다.

> (206) '솔다'의 단의 후보(1)
> 『표준』 [1]공간이 좁다.¶살이 쪄서 저고리의 품이 솔다./요즘 유행 하는 옷들은 소매도 솔고 바짓가랑이도 솔아서 우리 같은 사람은 입을 수가 없다./이렇게 솔아 빠진 방에서 어떻게 다섯 식구가 잘 수 있겠나?
> 『고려』 [1](길이나 넓이가)치수에 비해 작거나 좁다.¶바지 길이가 솔아서 수선집에서 밑단을 내었다/어머니가 내게는 품이 약간 솔 것 같은 저고리를 동생에게 주었다.
> 『금성』 [1]넓이나 폭이 좁다.¶바지의 품이 너무 솔다.

위와 같이 세 가지 사전에서 '솔다'의 의미는 한 가지로 제시되고 있다. '방이 솔다'에서 '솔다'의 의미는 넓이가 좁다 즉, 면적에 관한 내용을 가 리키고 '바지의 품이 솔다'에서 '솔다'의 의미는 폭이 좁다 즉, 너비에 관한 내용을 가리킨다. 따라서 '솔다'는 두 가지 공간적 의미를 갖고 있다고 할 수 있다. '솔다'의 사전적 의미를 재정리하면 다음과 같다.

> (207) '솔다'의 단의 후보(2)
> ① (사물이) 폭의 길이가 짧다.
> ② (사물이) 면적이 작다.

위에 두 가지 단의 후보의 실현 환경은 주체로 이루어진다. 다시 말해 각 단의 후보의 논항 특성은 'A가 솔다'로 정리될 수 있다. ①②번에서 A 자리에 있는 주체는 모두 사물이다. '솔다'의 단의 분류는 다음과 같다.

[표 110] 한국어 '솔다'의 단의 분류

논항 특성	주체(A)		단의 후보 번호
A가 솔다	구체	사물	①
			②

①②번에서 주체가 모두 사물이지만 ②번 의미에서 사물의 2차원 공간 의미 즉, 면에 관한 의미를 가리키는 반면 ①번 의미에서 사물의 1차원 공간 의미 즉, 선에 관한 의미를 가리킨다. 따라서 ①번의 순서는 ②번의 앞에 놓인다.

위 내용을 통해 한국어 '솔다'의 단의 순서는 ①②로 배열될 수 있고 그 단의는 다음과 같이 정리된다.

> (208) '솔다'의 단의
> ① (사물이) 폭의 길이가 짧다.
> ② (사물이) 면적이 작다.

'솔다'의 단의 가운데 대표가 되는 원형의미는 출현 제약이나 의미적 환경의 영향을 되도록 적게 받는 구체적 환경에서 실현되는 것으로 결정되므로 위에 제시된 단의 가운데에서 가장 기본적인 것은 사물의 주체에서 드러나는 ①번에서 찾을 수 있다. 따라서 ①번은 '솔다'의 원형의미로 간주된다.

①번에서 시각의 감각 대상은 사물이고 그 폭의 길이가 짧다는 의미를 표현한다. ②번에서 시각의 감각 대상은 역시 사물이고 그 면적이 작다는 내용을 가리킨다. ②번의 '면적'은 2차원에 관한 내용이고 ①번의 '길이'은 1차원에 관한 것이다. 따라서 ②번은 ①번에서 공간적인 인접성에 의해 확장된 환유적인 의미라 할 수 있다. '솔다'의 의미 확장 양상을 정리하면 다음 표와 같다.

[표 111] 한국어 '솔다'의 단의 확장 양상

의미 확장 양상	단의
① → ②	① (사물이) 폭의 길이가 짧다. ② (사물이) 면적이 작다.

앞서 한국어 '솔다'의 단의 확장 양상을 살펴보았다. 이 단의를 토대로 '솔다'의 단의 분포 양상을 그리면 아래와 같다.

[그림 61] 한국어 '솔다'의 단의 분포 양상

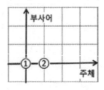

위에서 정리된 '솔다'의 단의 분포 양상을 보면 '솔다'의 의미 변화에 부사어의 영향을 받지 않고 주체의 영향만 받으며 주체의 추상화에 따라

의미 변화가 일어난 것을 확인할 수 있다.

5.4.2.3. '窄'

'窄'의 뜻풀이는 『現代漢語詞典』과 『新華字典』에서 3개, 『新編漢語形容詞詞典』에서 2개를 제시하고 있다. 구체적인 내용을 정리하면 다음과 같다.

> (212) '窄'의 단의 후보(1)
>
> 　가. 『現代』[1]橫的距離小.(폭의 길이가 짧다.)¶路太窄(길이 좁다.)
>
> 　　　『新華』[1]狹, 寬度小.(너비가 짧다.)¶巷子窄(골목이 좁다.)
>
> 　　　『新編』[1]橫的距離小.(폭의 길이가 짧다.)¶路太窄(길이 좁다.)
>
> 　나. 『現代』[2]心胸不開朗.(마음이 너그럽지 못하고 옹졸하다.)¶心眼窄(속이 좁다.)
>
> 　　　『新華』[2]氣量小.(도량이 좁다.)¶心胸很窄(마음이 좁다.)
>
> 　　　『新編』[2]心胸不開朗或氣量小.(마음이 너그럽지 못하고 옹졸하다거나 도량이 좁다.)¶氣量窄(도량이 좁다.)
>
> 　다. 『現代』[3]生活不寬裕.(생활이 가난하다.)¶日子過得挺窄(생활이 가난하다.)
>
> 　　　『新華』[3]生活不寬裕.(생활이 가난하다.)¶日子過得挺窄(생활이 가난하다.)

'窄'의 사전적 의미를 재정리하면 다음과 같다.

> (213) '窄'의 단의 후보(2)
>
> 　① 物體橫的方面的距離短((사물이) 폭의 길이가 짧다.)
>
> 　② 心胸不開闊((마음이) 너그럽지 못하고 옹졸하다.)
>
> 　③ 生活不富裕((생활이) 가난하다.)

'窄'의 세 가지 단의 후보의 논항 특성은 모두 '주체(A)+窄'의 구조이다.

'주체(A)+窄'에 속한 ①②③번 단의 후보의 주체는 '①번 사물, ②번 마음, ③번 생활' 등이다. ①번 사물 주체는 구체 영역에 속하는 반면, ②③번은 추상 영역에 속한다. 주체에 따른 '窄'의 단의 분류는 다음과 같다.

[표 112] 중국어 '窄'의 단의 분류

논항 특성	주체(A)			단의 후보 번호
A+窄	구체		사물	①
	추상	행위	생활	③
		정신	마음	②

단의 후보의 순서를 배열하면 첫째, 주체가 구체에서 추상으로 확장되는 원리에 따라 ①번의 순서는 ②③번보다 앞에 있다고 할 수 있다.

둘째, 사람과 관련되는 ②③번 주체는 각각 생활, 마음인데 생활 주체는 생계나 살림을 꾸려 나가는 것이므로 사람의 행위라고 할 수 있는 반면 마음 주체는 사람의 내재적인 성격, 품성, 태도 등이라 할 수 있다. 따라서 동작 주체인 ③번은 정신 주체인 ②번보다 순서가 앞에 있다고 할 수 있다.

위 내용을 통해 중국어 '窄'의 단의 순서는 ①③②로 배열될 수 있고 그 단의는 다음과 같이 정리된다.

(214) '窄'의 단의
❶ 物體橫的方面的距離短((사물이) 폭의 길이가 짧다.)
❷ 生活不富裕((생활이) 가난하다.)
❸ 心胸不開闊((마음이) 너그럽지 못하고 옹졸하다.)

'窄'의 각 단의 가운데 대표가 되는 원형의미는 출현 제약이나 의미적 환경의 영향을 되도록 적게 받는 구체적 환경에서 실현되는 것으로 결정되므로 위에 제시된 단의 가운데에서 가장 기본적인 것은 사물의 주체에서 드러나는 ❶번에서 찾을 수 있다. 따라서 ❶번은 '窄'의 원형의미로 간주된다.

❶번에서 시각의 감각 대상은 사물이고 그 폭의 길이가 짧다는 의미를 표현한다. ❷번의 주체는 추상적인 생활인데 가난하다는 의미를 표현한다. 가난하다는 것은 직관적으로 경제를 통해 확인되므로 즉 돈이 많은지에 따라 확인된다. 결국 ❷번 단의는 '다소'에 관한 분량 의미를 표현한다. 따라서 다소에 관한 ❷번은 장단에 관한 ❶번에서 유사성에 의해 확장된 은유적인 의미라 할 수 있다. ❸번의 주체는 추상적인 마음이고 그 마음이 너그럽지 않다는 내용은 해당 3차원 '입체' 공간이 작다는 것을 의미한다. 따라서 ❸번의 추상적인 주체는 ❶번 구체적인 주체에서 유사성에 의해 확장된 은유적인 의미라고 할 수 있다. '窄'의 의미 확장 양상을 정리하면 다음 표와 같다.

[표 113] 중국어 '窄'의 단의 확장 양상

의미 확장 양상	단의
❶ ↙ ↘ ❷　　❸	❶ 物體橫的方面的距離短((사물이) 폭의 길이가 짧다.) ❷ 生活不富裕(생활이) 가난하다.) ❸ 心胸不開闊((마음이) 너그럽지 못하고 옹졸하다.)

앞서 중국어 '窄'의 단의 확장 양상을 살펴보았다. 이 단의를 토대로 '窄'의 단의 분포 양상을 그리면 아래와 같다.

[그림 62] 중국어 '窄'의 단의 분포 양상

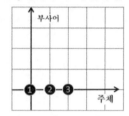

위에서 정리된 '窄'의 단의 분포 양상을 보면 '窄'의 의미 변화에 부사어의 영향을 받지 않고 주체의 영향만 받으며 주체의 추상화에 따라 의미 변화가 일어난 것을 확인할 수 있다.

5.4.2.4. '좁다', '솔다'와 '窄'의 대조

한국어 '솔다'가 두 가지 단의가 있고 '좁다'가 네 가지 단의가 있으며, 중국어 '窄'가 세 가지 단의가 있는 것을 정리하였다. '솔다'의 단의는 '좁다'에서 모두 찾을 수 있으므로 여기서는 '좁다'와 '窄'에 대해 대조하고자 한다. '좁다'와 '窄'은 두 가지 단의에서 대응관계가 확인된다. 구체적인 대조 내용은 다음과 같다.

    (215) 가. 바지통이 너무 <u>좁다</u>/솔다.

        가'. 褲子太<u>窄</u>.

        나. 소매가 <u>좁다</u>/솔다.

        나'. 袖子太<u>窄</u>.

        다. 마음이 너무 좁은 사람.

        다'. 心胸極<u>窄</u>的人.

        라. 도량이 좁다.

        라'. 度量<u>窄</u>.

'좁다'와 '窄'은 첫째, (215가-나)에서 주체가 사물일 때 폭의 길이가 짧다는 의미를 공통적으로 갖고 있다. 둘째, (215다-라')에서 주체가 마음 주체로 확장되어 (마음이) 너그럽지 못하고 옹졸하다는 의미를 공통적으로 갖고 있다.

한편, 차이점은 다음과 같다. 첫째, 한국어 '좁다'의 단의 가운데 주체가 사물일 때 그 사물의 면적이 작다는 뜻을 가리킬 수 있다. 반면, 중국어 '窄'의 단의 중 이와 비슷한 의미가 없다.

(216) 가. 경기장의 면적이 좁다/솔다.
　　　가'. *競技場的面積很窄.
　　　가". 競技場的面積很小.
　　　나. 이 방의 면적이 너무 좁다/솔다.
　　　나'. *這個房間的面積很窄.
　　　나". 這個房間的面積很小.

위와 같은 상황에서 '窄'을 사용할 수 없고 '좁다'와 대응하지 않는다. 주체가 사물일 때 중국어에서는 크기 형용사인 '小'를 사용한다.

둘째, '좁다'의 주체는 내용이나 범위 영역으로 확장되어 그 내용이나 범위가 널리 미치지 않은 상태를 의미할 수 있다. 이와 비교하면 '窄'의 주체는 내용이나 범위 영역으로 확장되는 양상이 발견되지 못하였다.

(217) 가. 범위가 좁다.
　　　가'. *範圍窄.
　　　가". 範圍小.
　　　나. 좁은 의미.
　　　나'. *窄義.
　　　나". 狹義.

위와 같은 상황에서 '窄'은 '좁다'와 같이 내용이나 범위가 널리 미치지 않은 상태를 표현할 수 없고 상황에 따라 '小, 狹' 등의 다른 형용사를 대신 사용한다.

셋째, '窄'은 주체가 행위 주체로 확장될 때 생활이 가난하다는 뜻을 갖고 있는 반면, 한국어 '좁다'는 이와 비슷한 의미가 없다.

> (218) 가. 日子過得窄.
> 　　　가'. *좁게 생활하고 있다.
> 　　　가". 가난하게 생활하고 있다.
> 　　　나. 別看現在好了, 過去他家的日子過得挺窄.
> 　　　나'. *지금은 사정이 좋아졌지만, 지난 시절 그의 집은 째어지게 좁았다.
> 　　　나". 지금은 사정이 좋아졌지만, 지난 시절 그의 집은 째어지게 가난했다.

주체가 행위 주체로 확장되는 상황에서 한국어는 '좁다'가 아닌 '가난하다'는 형용사를 대신 사용한다.

다음으로 '좁다'와 '窄'의 확장 양상을 대조한다. 공통점은 첫째, '좁다'와 '窄'의 주체가 구체 영역에서 추상 영역으로 확장된다. 둘째, 추상적인 주체에서 마음 주체로 확장되는 것 또한 공통적이다.

확장 양상의 차이점을 살펴보면, 첫째, 구체적인 주체에서 '좁다'는 1차원 공간 의미에서 2차원 공간 의미로 확장되는 양상이 있다. 반면, 중국어 '窄'은 이러한 확장 양상이 발견되지 않고 1차원 공간 의미만 존재한다. 둘째, 구체적인 주체에서 추상적인 주체로 확장될 때 '좁다'와 '窄'은 모두 사람과 관련된 주체로 확장되지만 '窄'은 먼저 행위 주체로 확장된 다음에 정신 주체로 확장되지만 한국어 '좁다'는 행위 주체로 확장되지 않고 바로 정신 주체로 확장된다. 한편, 한국어의 '좁다'는 사람과 관련된 주체를 넘어 내용이나 범위 주체로 확장되는 현상이 발견되지만 중국어 '窄'은 사람과 관련된 영역 내부로만 확장되었다.

이상 한국어 '좁다', '솔다'와 중국어 '窄'을 대조한 내용을 정리하면 다음과 같다.

[표 114] 한국어 '좁다, 솔다'와 중국어 '窄'의 단의 확장 양상 및 대응관계

의미 확장 양상	대응관계			
	단의	좁다	솔다	窄
①/⊖/❶ → ②/⊖/× ×/×/❷ ③/×/❸ ④/×/×	(사물이) 폭의 길이가 짧다.	①	⊖	❶
	(사물이) 면적이 작다.	②	⊖	×
	(생활이) 가난하다.	×	×	❷
	(마음이) 너그럽지 못하고 옹졸하다	③	×	❸
	(내용이) 널리 미치지 않은 상태에 있다.	④	×	×

앞서 한국어 '좁다, 솔다'와 중국어 '窄'의 단의 확장 양상 및 대응관계, 단의 분포 양상을 살펴보았다. 이를 토대로 두 어휘의 단의 분포 양상을 그리면 아래와 같다.

[그림 63] 한국어 '좁다, 솔다'와 중국어 '窄'의 단의 분포 양상 대조

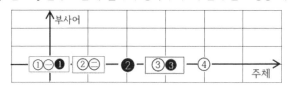

위에 제시한 결과를 보면 한국어 '좁다, 솔다'와 중국어 '窄'은 '사물이 폭의 길이가 짧다'는 의미를 표현할 때 일치하다. 한국어 '좁다, 솔다'의 주체는 '사물의 면적, 마음, 내용' 영역까지 의미 확장이 일어나는데 중국어 '窄'은 이와 비슷한 의미가 없다. 중국어 '窄'은 '생활이 가난하다'는 의미를 표현할 수 있는데 한국어 '좁다, 솔다'는 이와 비슷한 의미가 없다.

또한 한국어 '좁다, 솔다'와 중국어 '窄'의 의미 분포 양상을 정리하면 의미 변화에 공통적으로 주체의 영향만 받아 화살표 방향으로 추상화된 것을 확인할 수 있다.

5.5. 조세(粗細)

조세(粗細)를 의미하는 크기 형용사는 한국어 '굵다'와 '가늘다', 중국어 '粗'과 '細'를 대상으로 논의한다.

5.5.1. 굵다/粗

5.5.1.1. '굵다'

'굵다'의 뜻풀이는 『표준국어대사전』과 『고려대 한국어대사전』에서 8개, 『금성 국어대사전』에서 4개를 제시하고 있다. 구체적인 내용을 정리하면 다음과 같다.

> (219) '굵다'의 단의 후보(1)
>
> 　　가. 『표준』[1]물체의 지름이 보통의 경우를 넘어 길다.¶굵은 팔뚝/손가락이 굵다/선을 굵게 그리다/손마디가 굵어서 반지가 들어가지 않는다./갈대는 손가락만큼이나 굵고 허리까지 찰 정도로 길었다.
> 　　　　『고려』[1](기다란 물체가)몸통의 둘레나 너비가 크고 넓다.¶국거리로 쓰는 멸치는 적당히 굵어야 한다/책 여기저기에 빨간 밑줄이 굵게 그어져 있었다/숙희는 팔뚝이 굵은데도 민소매 옷이 잘 어울린다/아버지는 연통이 기울지 않게 굵은 철사로 양쪽을 고정시켰다/산밑에는 우물 정자 모양으로 통나무를

굵게 맞추어 지은 귀틀집이 한 채 있었다.

『금성』 [1](긴 물건이) 몸피가 크다.¶굵은 기둥/팔이 굵다.

나. 『표준』 [2]밤, 대추, 알 따위가 보통의 것보다 부피가 크다.¶굵은 감자/알이 굵다/올해는 농사가 잘되어서 이삭이 굵게 여물었다.

『고려』 [2](둥그런 물체가)부피가 크다.¶대추가 알이 굵고 실하다/누나가 밭에서 캐온 감자는 무척 굵었다/어머니는 배추에 굵은 소금을 뿌려 놓으셨다/순이는 제법 굵은 돌멩이들을 따로 골라내었다.

『금성』 [2](알 모양의 물건이)부피가 크다.¶굵은 밤알/감자가 굵다.

다. 『표준』 [3]빗방울 따위의 부피가 크다.¶굵은 땀방울/바람은 지날 적마다 냉기와 함께 굵은 빗발을 몸에 들이친다/열린 문 사이로 굵게 날리는 눈송이가 보였다.

『고려』 [3](눈이나 액체가)방울진 부피나 흘러내리는 너비가 넓다.¶굵게 날리는 눈을 보며 나와 동생은 탄성을 질렀다/빗발이 굵으니 오늘밤은 여기서 자고 내일 아침에 떠나라/아버지의 이마에서는 굵은 땀방울이 흘러내리고 있었다

라. 『표준』 [4]글씨의 획이 더 뚜렷하고 크다.¶글씨가 굵고 시원시원한 게 보기 좋다.

『고려』 [7](글씨가)뚜렷하게 크고 획이 두껍다.¶아이는 종이에다 제 이름을 굵고 또박또박하게 써 보였다/칠판의 글씨가 제법 굵은데도 안 보인다니 안경을 써야겠구나.

마. 『표준』 [5]생각, 행동 따위의 폭이 넓고 크다.¶할아버지는 일제 시대에 만주를 오가며 굵게 장사를 하셨다/신이 오르면 넉살 좋게 목을 뽑고…천대에 대항하여 사내같이 굵게 놀던 월선네하고는 달리 말이 없고 또 말재주라고는 없던 월선이가…

『고려』 [5][주로 '굵게'의 꼴로 쓰여](사람의 생각이나 행동이)시원스럽고 대범하다.¶나는 짧고 굵게 살다 가고 싶다/어머니는 웬만한 사내들보다도 일 처리를 굵게 하셨다.

바. 『표준』 [6]소리의 울림이 크다.¶굵은 목소리/변성기를 겪은 아이는 목소리가 굵다./멜로디는 가늘게 굵게 낮게 흐르고 그 여음은 온 우주의 공간을 채우는 듯….

『고려』[4](목소리가)저음(低音)의 울림이 크다.¶상수의 목소리
는 굵고 부드러워 바리톤에 알맞다/주인을 부르는 사내의 굵
은 음성이 문밖에서부터 들렸다.

『금성』[3](목소리가) 우렁우렁 울려 크다.¶굵은 바리톤 음성.

사.『표준』[7]가늘지 아니한 실 따위로 짜서 천의 바탕이 거칠고
투박하다.¶굵은 삼베옷/굵게 짠 돗자리/그는 허름한 점퍼에 올
이 굵은 코르덴 바지를 입고 문 앞에 서있었다.

『금성』[7](피륙의 바탕이)거칠고 투박하다.¶저 삼베는 올이
너무 굵다.

아.『표준』[8](주로 '구멍'을 주어로 하여) 사이가 넓고 성기다.¶
어레미는 체보다 구멍이 굵다.

『고려』[6](피륙이나 그물이)올이 곱지 않아 사이가 넓고 거칠
다.¶이 옷은 올이 너무 굵어서 입을 때마다 목둘레가 빨갛게
일어난다.

자.『고려』[6](일이나 사건이)차지하는 중요성이 크다.¶뭐 굵은
특종 하나 없을까?

(219나, 다)에서는 부피가 크다는 공간적 의미를 나타낼 때 주체가 밤,
대추, 알 따위와 빗방울 등 두 가지로 나뉘어 기술되고 있다. 주체가 다르
지만 부피가 크다는 의미를 가리키는 데에는 차이가 없다. 또, 빗방울의
모양과 밤, 대추, 알 따위는 모두 둥글다는 공통점이 있다. 결국 (219나,
다)는 통합하여 (둥그런 사물이) 부피가 크다로 기술될 수 있다.

(219라)에서 (글씨의 획이) 뚜렷하고 크다는 내용은 글씨에 잉크를 많이
써서 색채가 진하게 보인다는 내용을 가리킨다. 따라서 (219라)의 내용은
글씨의 획이 진하고 뚜렷하다고 기술될 수 있다. 위 내용을 통해 '굵다'의
단의 후보는 재정리하면 다음과 같다.

(220) '굵다'의 단의 후보(2)

　　① (기다란 사물의 몸통의 둘레나 폭이) 크고 넓다.

2 (둥그런 사물의 부피가) 크다.

3 (글씨의 획이) 진하고 뚜렷하다.

4 (생각이나 행동의 폭이) 크고 넓다.

5 (소리의 울림이) 강하다.

6 (피륙의 바탕이) 거칠다.

7 (사건의 중요성이) 크다.

8 (구멍의 사이가) 넓다.

위에 여덟 가지 단의 후보의 실현 환경은 주체로 이루어진다. 단의 후보의 논항 특성은 'A가 굵다'로 정리될 수 있다. A자리에 있는 주체는 '1 2번 사물, 3번 글씨, 4번 생각이나 행동, 5번 목소리, 6번 피륙, 7번 사건, 8번 구멍' 등이다. '1 2번 사물, 3번 글씨, 5번 소리, 6번 피륙, 8번 구멍' 주체는 구체 영역에 속하는 반면, '4번 생각이나 행동, 7번 사건' 주체는 추상 영역에 속한다.

구체적 주체 내부, '1 2번 사물, 3번 글씨, 6번 피륙, 8번 구멍' 주체는 형체가 있으므로 유형물에 속하고 5번 목소리 주체는 형체가 없으므로 무형물에 속한다. 주체에 따른 '굵다'의 단의 분류는 다음과 같다.

[표 115] 한국어 '굵다'의 단의 분류

논항 특성	주체(A)			단의 후보 번호
A가 굵다	구체	유형물	사물	1
				2
			글씨	3
			'구멍'	8
			피륙	6
		무형물	소리	5
	추상		생각이나 행동	4
			사건	7

각 단의 후보의 순서를 배열하면 첫째, 주체가 구체에서 추상으로 확장
되는 원리에 따라 ①②③⑤⑥⑧번의 순서는 ④⑦번보다 앞에 있다고 할
수 있다.

둘째, ①②③⑤⑥⑧번 가운데 형체가 있는 유형물이 형체가 없는 무형
물보다 구체성이 강하므로 ①②③⑥⑧번의 순서는 ⑤번의 앞에 있다고
할 수 있다.

셋째, ①②③⑥⑧번의 주체는 모두 유형물에 속하는데 제한을 받는 정
도를 보면 ①②번 사물 주체는 제한을 가장 적게 받고 특정 단어 '구멍'이
된 ⑧번은 제한을 가장 많이 받으며, 나머지 글씨 주체, 피륙 주체는 중간
에 있다. 따라서 제한을 받는 정도에 따라 ①②번의 순서가 앞에 있고 ③
⑥번은 중간에 있으며, ⑧번은 뒤에 있다.

넷째, ①②번에서 주체는 모두 사물이지만 의미를 보면 ①번의 의미는
둘레나 너비에 관한 내용이므로 1차원 특성에 관한 의미라고 할 수 있다.
반면, ②번 부피가 크다는 의미는 3차원 특성에 관한 것이라 할 수 있다.
따라서 ①번의 순서는 ②번보다 앞에 놓인다.

다섯째, ③⑥번 가운데 ③번에서 진하고 뚜렷하다는 글씨가 눈을 통해
즉, 시각적으로 확인되는 반면, ⑥번 거친 피륙이 시각과 촉각을 통해 확
인된다. 따라서 ③번은 ⑥번보다 직관적이어서 ③번의 순서는 ⑥번보다
앞에 놓일 수 있다.

여섯째, ④⑦번 가운데 ④번 생각이나 행동 주체는 사람에 관한 내용인
반면, ⑦번의 주체는 그렇지 않다. 따라서 ④번의 순서는 ⑦번의 앞에 있
다고 할 수 있다.

위 내용을 통해 한국어 '굵다'의 단의 순서는 ①②③⑥⑧⑤④⑦로 배
열될 수 있고 다음과 같이 정리된다.

(221) '굵다'의 단의

　　① (기다란 사물의 몸통의 둘레나 폭이) 크고 넓다.

　　② (둥그런 사물의 부피가) 크다.

　　③ (글씨의 획이) 진하고 뚜렷하다.

　　④ (피륙의 바탕이) 거칠다.

　　⑤ (구멍의 사이가) 넓다.

　　⑥ (소리의 울림이) 강하다.

　　⑦ (생각이나 행동의 폭이) 크고 넓다.

　　⑧ (사건의 중요성이) 크다.

　'굵다'의 단의 가운데 대표가 되는 원형의미는 출현 제약이나 의미적 환경의 영향을 되도록 적게 받는 구체적 환경에서 실현되는 것으로 결정되므로 위에 제시된 단의 가운데에서 가장 기본적인 것은 사물의 주체에서 드러나는 ①번에서 찾을 수 있다. 따라서 ①번은 '굵다'의 원형의미로 간주된다.

　①번 원형의미에서 감각의 대상은 구체적 사물의 둘레나 폭인데 이는 1차원 특성을 갖는다. ②번에서 감각의 대상은 구체적 사물의 부피인데 이는 3차원 특성을 갖는다. 따라서 ②번은 ①번에서 차원 특성에 관한 공간적인 인접성에 의해 확장된 환유적인 의미라고 할 수 있다. ③번에서 감각의 대상은 글씨 획의 폭인데 이는 역시 ①번에서 폭에 관한 유사성에 의해 확장된 은유적인 의미라고 할 수 있다. ④번에서 감각의 대상은 피륙의 바탕인데 피륙이 거칠다는 것이 실제 그 바탕의 둘레가 크다는 것을 가리킨다. 따라서 ④번은 ①번에서 둘레에 관한 유사성에 의해 확장된 은유적인 의미라고 할 수 있다. ⑤번에서 감각의 대상은 구멍의 사이인데 구멍과 구멍의 사이에 비어있는 공간은 구멍과 구멍 간의 공백을 말하는 것이므로 ⑤번은 ③번에서 공백에 관한 유사성에 의해 확장된 은유적인 의미라 할 수 있다. ⑥번에서 감각의 대상은 청각 대상인 소리인데 울림이 강하다

는 뜻은 진동의 폭이 크다는 것을 의미한다. 결국 ⑥번도 ①번에서 유사성에 의해 확장된 은유적인 의미라 할 수 있다. ⑦번에서 감각의 대상은 추상적인 생각이나 행동의 폭인데 이는 내재적인 동작이라 하면 ⑥번에서 진동의 폭은 외재적인 동작이라 할 수 있다. 따라서 ⑦번은 ⑥번에서 유사성에 의해 확장된 은유적인 확장이라 할 수 있다. ⑧번에서 감각의 대상은 추상성을 갖는 사건의 중요성인데 이는 생각의 폭이 넓다는 것과 관계를 맺을 수 있어 ⑧번은 ⑦번에서 인접성에 의해 확장된 환유적인 의미라 할 수 있다. '굵다'의 의미 확장 양상을 정리하면 다음 표와 같다.

[표 116] 한국어 '굵다'의 단의 확장 양상

의미 확장 양상	단의
② ③ → ⑤ ↖ ↗ ④ ← ① → ⑥ ↓ ⑦ ↓ ⑧	① (기다란 사물의 몸통의 둘레나 폭이) 크고 넓다. ② (둥그런 사물의 부피가) 크다. ③ (글씨의 획이) 진하고 뚜렷하다. ④ (피륙의 바탕이) 거칠다. ⑤ (구멍의 사이가) 넓다. ⑥ (소리의 울림이) 강하다. ⑦ (생각이나 행동의 폭이) 크고 넓다. ⑧ (사건의 중요성이) 크다.

앞서 '굵다'의 단의 확장 양상을 살펴보았다. 이 단의를 토대로 '굵다'의 단의 분포 양상을 그리면 아래와 같다.

[그림 64] 한국어 '굵다'의 단의 분포 양상

위에서 정리된 '굵다'의 단의 분포 양상을 보면 '굵다'의 의미 변화에 부사어의 영향을 받지 않고 주체의 영향만 받으며 주체의 추상화에 따라 의미 변화가 일어난 것을 확인할 수 있다.

5.5.1.2. '粗'

'粗'의 뜻풀이는 『現代漢語詞典』과 『新編漢語形容詞詞典』에서 7개, 『新華字典』에서 6개를 제시하고 있다. 구체적인 내용을 정리하면 다음과 같다.

(222) '粗'의 단의 후보(1)
　　가. 『現代』[1]條狀物體的橫剖面大.(기다란 물체의 단면에 크다.)¶腿粗(다리가 굵다)
　　　　『新編』[1]條狀物體的橫剖面大.(기다란 물체의 단면에 크다.)¶這樹眞粗(이 나무는 정말 굵다)
　　나. 『現代』[2]長條形兩長邊的距離大.(긴 물건의 두께나 너비가 길다.)¶粗眉大眼(굵은 눈썹과 큰 눈)
　　　　『新華』[2]長條東西直徑大.(긴 물체의 지름이 보통 정도보다 길다.)¶眉毛粗(눈썹이 굴 굵다.)
　　　　『新編』[2]長條形兩長邊的距離大.(긴 물건의 두께나 너비가 길다.)¶眉毛粗(눈썹이 굴 굵다.)
　　다. 『現代』[3]顆粒大.(알 모양의 물건이 부피가 크다.)¶粗沙(굵은 모래)/粗鹽(굵은 소금)
　　　　『新華』[1]顆粒大.(알 모양의 물건이 부피가 크다.)¶粗沙(굵은 모래)
　　　　『新編』[3]顆粒大.(알 모양의 물건이 부피가 크다.)¶粗沙(굵은 모래)
　　라. 『新編』[3]筆畫大而明顯(획이 크고 뚜렷하다.)¶字体粗(글씨가 굵다)
　　마. 『現代』[4]聲音大.(소리의 울림이 크다.)¶粗嗓音(굵은 목소리)
　　　　『新華』[4]聲音低而大.(목소리가 저음(低音)의 울림이 크다.)¶粗嗓音(굵은 목소리)

『新編』 [5]聲音低而大.(목소리가 저음(低音)의 울림이 크다.)¶粗
嗓音(굵은 목소리)

바. 『現代』 [5]粗糙.(거칠다.)¶皮膚粗(피부가 거칠다)/粗陶器(질그릇)

『新華』 [3]毛糙, 不精緻.(거칠고 정교하지 않다.)¶粗陶器(피부가
거칠다)

『新編』 [4]粗糙.(거칠다.)¶粗陶器(피부가 거칠다)

사. 『現代』 [6]疏忽, 不周密.(소홀하다. 세밀하지 못하다.)¶粗心(세
심하지 못하다)

『新華』 [5]疏忽, 不周密.(소홀하다. 세밀하지 못하다.)¶粗心(세심
하지 못하다)

『新編』 [6]不周密.(세밀하지 못하다.)¶粗心(세심하지 못하다)

아. 『現代』 [7]魯莽, 粗野.(상스럽다, 야만적이다)¶粗話(상소리)

『新華』 [6]魯莽.(야만적이다)¶粗人(예의 없는 사람)

『新編』 [7]粗魯, 魯莽.(상스럽다, 야만적이다)¶粗話(상소리)

(222가, 나)에서 주체는 기다란 사물이 공통적이지만 모양은 원통형인지
방형인지에 따라 구별되어 기술되고 있다. 실제 의미상 1차원 특성 즉, 선
에 관한 의미를 가리키는 데에는 차이가 없는 것으로 보인다. 따라서 (222
가, 나)는 하나의 단의로 보고 (기다란 사물의 몸통의 둘레나 너비가) 크고 넓다
고 기술된다.

(222라)에서 (글씨의 획이) 뚜렷하고 크다는 내용은 실제 글씨에 잉크를
많이 써서 색채가 진하게 보인다는 내용을 가리킨 것이다. 따라서 (222라)
의 내용은 글씨의 획이 진하고 뚜렷하다고 기술될 수 있다. '粗'의 사전적
의미를 재정리하면 다음과 같다.

(223) '粗'의 단의 후보(2)

① 長條狀物體周長或寬度大((기다란 사물의 몸통의 둘레나 너비가)
크고 넓다.)

② 顆粒物體積大((둥그런 사물의 부피가) 크다.)

③ 字的筆畫大且淸晰((글씨의 획이) 진하고 뚜렷하다.)
④ 聲音低而强((소리가) 저음의 울림이 강하다.)
⑤ 布匹, 瓷器等粗糙((피륙, 도자기 따위가) 거칠다.)
⑥ 心思不周密((마음이) 세심하지 않다.)
⑦ 性格野蠻((성격이) 야만적이다.)

위에 일곱 가지 단의 후보의 논항 특성은 모두 '주체(A)+粗'의 구조이다. A 자리에 있는 각 단의 후보의 주체는 '①②⑤번 사물, ③번 글씨, ④번 소리, ⑥번 마음, ⑦번 성격' 등이다. ①-⑤번의 주체는 구체 영역에 속하는 반면, ⑥⑦번 주체는 추상 영역에 속한다.

구체적 주체 내부, '①②⑤번 사물, ③번 글씨' 주체는 형체가 있으므로 유형물에 속하고 ④번 소리 주체는 형체가 없으므로 무형물에 속한다. 주체에 따른 '粗'의 단의 분류는 다음과 같다.

[표 117] 중국어 '粗'의 단의 분류

논항 특성	주체(A)			단의 후보 번호
A+粗	구체	유형물	사물	①
				②
			글씨	③
			피륙, 도자기	⑤
		무형물	소리	④
	추상	정신	성격	⑦
			'마음'	⑥

단의 후보의 순서를 배열하면 첫째, 주체가 구체에서 추상으로 확장되는 원리에 따라 ①②③④⑤번의 순서는 ⑥⑦번보다 앞에 있다고 할 수 있다.

둘째, ①②③④⑤번 가운데 형체가 있는 유형물이 형체가 없는 무형물보다 구체성이 강하므로 ①②③⑤번의 순서는 ④번의 앞에 있다고 할 수 있다.

셋째, ①②③⑤번 가운데 ①②번의 주체는 사물인 반면 ③⑤번의 주체는 제한된 글씨와 피륙, 도자기이다. 따라서 ①②번의 순서는 ③⑤번보다 앞에 있다고 할 수 있다.

넷째, ①②번에서 ①번의 의미는 둘레나 너비에 관한 내용이므로 1차원 특성에 관한 의미라고 할 수 있고 ②번은 부피에 관한 내용이므로 3차원 특성에 관한 것이라 할 수 있다. 따라서 ①번의 순서는 ②번보다 앞에 있다.

다섯째, ③⑤번에서 글씨의 뚜렷함을 눈을 통해 즉, 시각적으로 확인되는 반면 ⑤번에서 거친 사물은 시각과 촉각을 통해 확인된다. 따라서 ③번의 순서는 ⑤번의 앞에 놓인다.

여섯째, ⑥⑦번의 주체는 각각 성격, 마음인데 모두 정신 영역에 속한다고 할 수 있다. ⑥번의 주체는 특정 단어인 '心(마음)'이기 때문에 '粗'의 공기 어휘가 제한을 많이 받는다고 할 수 있다. 따라서 ⑦번의 순서는 ⑥번 앞에 놓일 수 있다.

위 내용을 통해 한국어 '粗'의 단의 순서는 ①②③⑤④⑦⑥로 배열될 수 있고 다음과 같이 정리된다.

(224) '粗'의 단의
 ❶ 長條狀物體周長或寬度大((기다란 사물의 몸통의 둘레나 너비가) 크고 넓다.)
 ❷ 顆粒物體積大((둥그런 사물의 부피가) 크다.)
 ❸ 字的筆畫大且淸晰((글씨의 획이) 진하고 뚜렷하다.)
 ❹ 布匹, 瓷器等粗糙((피륙, 도자기 따위의 바탕이) 거칠다.)
 ❺ 聲音低而强((소리의 울림이) 강하다.)

❻ 性格野蠻((성격이) 야만적이다.)

❼ 心思不周密((마음이) 세심하지 않다.)

'粗'의 단의 가운데 대표가 되는 원형의미는 출현 제약이나 의미적 환경의 영향을 되도록 적게 받는 구체적 환경에서 실현되는 것으로 결정되므로 위에 제시된 단의 가운데에서 가장 기본적인 것은 사물의 주체에서 드러나는 ❶번에서 찾을 수 있다. 따라서 ❶번은 '粗'의 원형의미로 간주된다.

❶번 원형의미에서 감각의 대상은 구체적 사물의 둘레나 폭인데 이는 1차원 특성을 갖는다. ❷번에서 감각의 대상은 구체적 사물의 부피인데 이는 3차원 특성을 갖는다. 따라서 ❷번은 ❶번에서 차원 특성에 관한 공간적인 인접성에 의해 확장된 환유적인 의미라고 할 수 있다. ❸번에서 감각의 대상은 글씨 획의 폭인데 이는 역시 ❶번에서 폭에 관한 유사성에 의해 확장된 은유적인 의미라고 할 수 있다. ❹번에서 감각의 대상은 피륙이나 도자기의 바탕인데 피륙이나 도자기가 거칠다는 것이 실제 그 바탕의 둘레가 크다는 것을 가리킨다. 따라서 ❹번은 ❶번에서 둘레에 관한 유사성에 의해 확장된 은유적인 의미라고 할 수 있다. ❺번에서 감각의 대상은 청각 대상인 소리인데 울림이 강하다는 뜻은 진동의 폭이 크다는 것을 의미한다. 결국 ❺번도 ❶번에서 유사성에 의해 확장된 은유적인 의미라 할 수 있다. ❻번에서 감각의 대상은 추상적인 성격인데 성격의 폭이 크다는 것을 의미한다. 따라서 내재적인 특성을 갖는 ❻번은 외재적인 특성을 갖는 ❺번과 유사한 특성을 갖고 있으므로 ❻번은 ❺번에서 확장된 은유적인 의미라고 할 수 있다. 마지막으로 ❼번에서 감각의 대상은 추상적인 심리 주체인 마음인데 마음의 폭이 좁으면 성격이나 행동이 거칠거나 야만적일 수 있다. 결국 ❻❼번은 인과관계(因果關係)를 맺을 수 있어 ❼번은 ❻번에서 인접성에 의해 확장된 환유적인 의미라 할 수 있다. '粗'의 의미 확

장 양상을 정리하면 다음 표와 같다.

[표 118] 중국어 '粗'의 단의 확장 양상

의미 확장 양상	단의

❷　　❸
  ↖↗
❹←❶→❺
     ↓
     ❻
     ↓
     ❼
	❶ 長條狀物體周長或寬度大((기다란 사물의 몸통의 둘레나 너비가) 크고 넓다.)
	❷ 顆粒物體積大((둥그런 사물의 부피가) 크다.)
	❸ 字的筆畫大且淸晰((글씨의 획이) 진하고 뚜렷하다.)
	❹ 布匹, 瓷器等粗糙((피륙, 도자기 따위의 바탕이) 거칠다.)
	❺ 聲音低而强((소리의 울림이) 강하다.)
	❻ 性格野蠻((성격이) 야만적이다.)
	❼ 心思不周密((마음이) 세심하지 않다.)

앞서 중국어 '粗'의 단의 확장 양상을 살펴보았다. 이 단의를 토대로 '粗'의 단의 분포 양상을 그리면 아래와 같다.

[그림 65] 중국어 '粗'의 단의 분포 양상

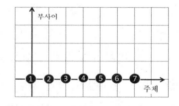

위에서 정리된 '粗'의 단의 분포 양상을 보면 '粗'의 의미 변화에 부사어의 영향을 받지 않고 주체의 영향만 받으며 주체의 추상화에 따라 의미 변화가 일어난 것을 확인할 수 있다.

5.5.1.3. '굵다'와 '粗'의 대조

한국어 '굵다'는 여덟 가지 단의가 있고, 중국어 '粗'는 일곱 가지 단의

가 있는 것을 정리하였다. 비교 결과 두 형용사는 다섯 가지 의미에서 대
응관계가 확인된다. 구체적인 대조 내용은 다음과 같다.

(225) 가. 다리가 <u>굵다</u>.
　　　 가'. 腿<u>粗</u>.
　　　 나. 이 나무는 정말 <u>굵다</u>.
　　　 나'. 這樹眞<u>粗</u>.
　　　 다. <u>굵은</u> 모래.
　　　 다'. <u>粗</u>沙.
　　　 라. 알이 <u>굵은</u> 소금.
　　　 라'. <u>粗</u>顆粒的鹽.
　　　 마. 글씨가 <u>굵다</u>.
　　　 마'. 字体<u>粗</u>.
　　　 바. <u>굵은</u> 글씨.
　　　 바'. <u>粗</u>體.
　　　 사. <u>굵은</u> 삼베옷.
　　　 사'. <u>粗</u>麻衣.
　　　 아. 올이 <u>굵다</u>.
　　　 아'. 線<u>粗</u>.
　　　 자. <u>굵은</u> 목소리.
　　　 자'. <u>粗</u>嗓音.
　　　 차. 음이 <u>굵다</u>.
　　　 차'. 音<u>粗</u>.

　‘굵다’와 ‘粗’의 공통점은 첫째, (225가-나)에서 주체가 사물일 때 그 사
물의 몸통의 둘레나 너비가 크고 넓다는 의미를 표시한다. 둘째, (225다-
라)에서 모두 둥그런 사물의 부피가 크다는 의미를 갖고 있다. 셋째, (225
마-바)와 같이 주체가 글씨 영역으로 확장되어 글씨의 획이 진하고 뚜렷
하다는 뜻을 갖고 있다. 넷째, (225사-아)와 같이 사물이 거칠다는 의미를
갖고 있다. 다섯째, (225자-차')에 제시된 것처럼 주체가 소리 영역으로 확

장되어 소리가 저음의 울림이 강하다는 내용을 표현한다.

한편, 차이점은 다음과 같다. 첫째, 한국어 '굵다'는 생각이나 행동의 폭이 넓고 크다는 뜻을 가리킬 수 있다. 반면, 중국어 '粗'는 이와 비슷한 의미가 없다.

> (226) 가. 할아버지는 장사를 <u>굵게</u> 하셨다.
>   가'. *爺爺以前生意做得很<u>粗</u>.
>   가''. 爺爺以前生意做得很<u>大</u>.
>   나. 영희는 사내같이 굵게 놀았다.
>   나'. *英姬像男子漢一樣爲人<u>粗</u>.
>   나''. 英姬像男子漢一樣爲人<u>大方</u>.

위와 같은 상황에서 '粗'는 사용할 수 없고 '굵다'와 대응되지 않는다. 주체가 생각이나 행동이 될 때 중국어에서는 상황에 따라 크기 형용사 '大'를 사용하거나 '大方(대범하다)'을 대신 사용한다.

둘째, '굵다'는 주체가 사건으로 확장될 때 (사건이) 중요하다는 뜻을 가지는 반면, 중국어 '粗'는 이와 비슷한 의미가 없다.

> (227) 가. <u>굵은</u> 특종 기사.
>   나. *<u>粗</u>頭條.
>   다. <u>大</u>頭條.

주체가 사건으로 확장되는 상황에서 중국어의 '粗'는 사용되지 않고 크기 형용사 '大'가 대신 사용된다.

셋째, '粗'의 주체는 성격 영역으로 확장되어 (성격이) 야만적이라는 의미를 갖고 있다. 이에 비해 '굵다'의 주체는 성격 영역으로 확장되지 않는다.

(228) 가. <u>粗</u>話.

　　　가'. *<u>굵은</u> 소리.

　　　가". <u>상소리</u>.

　　　나. <u>粗</u>人.

　　　나'. *<u>굵은</u> 사람.

　　　나". <u>예의 없는</u> 사람.

위와 같이 '굵다'는 '粗'와 같이 (성격이) 야만적이라는 단의를 가지지 않
으며 상황에 따라 다른 표현들이 사용된다.

　넷째, '粗'의 주체가 마음 영역으로 확장되어 (마음이) 세심하지 않다는
의미를 표현할 수 있다. 반면 '굵다'는 이러한 의미를 표현할 수 없다.

(229) 가. 我比你<u>粗</u>心多了

　　　가'. *나는 너보다 많이 <u>굵다</u>.

　　　가". 나는 너보다 많이 <u>부주의하다</u>.

　　　나. 對不起, 我太<u>粗</u>心了

　　　나'. *죄송해요. 제가 너무 <u>굵었어요</u>.

　　　나". 죄송해요. 제가 너무 <u>경솔했어요</u>

　　　다. 他不但埋怨別人, 也埋怨自己太<u>粗</u>心

　　　다'. *그는 남을 원망할 뿐만 아니라, 자기 자신도 너무 <u>굵었다</u>고
　　　　　원망하고 있다.

　　　다". 그는 남을 원망할 뿐만 아니라, 자기 자신도 너무 <u>소홀했다</u>고
　　　　　원망하고 있다.

위 예문을 통해 '粗'가 (마음이) 세심하지 않다는 뜻을 나타낼 때 한국어
에서는 '굵다'를 쓰지 않고 상황에 따라 다양한 표현을 사용한다.

　다섯째, '굵다'의 주체는 피륙의 구멍으로 확장될 때 (피륙의 구멍이) 넓다
는 뜻을 갖고 있는 반면, 중국어 '粗'는 이와 비슷한 의미가 없다.

(230) 가. 체의 구멍이 굵다.
　　나. *篩子的孔粗.
　　다. 篩子的孔大.

주체가 구멍으로 확장될 때 중국어의 '粗'를 사용할 수 없고 크기 형용사 '大'를 대신 사용한다.

여섯째, 한국어 '굵다'와 중국어 '粗'는 공통적으로 거칠다는 의미를 갖고 있다. 그러나 주체로 선택되는 단어에는 미시적인 차이가 있다.

(231) 가. 粗麻衣.
　　가'. 굵은 삼베옷.
　　나. 線粗.
　　나'. 올이 굵다.
　　다. 這木工活做的太粗.
　　다'. 이 목수는 일을 너무 엉성하게 한다.
　　라. 皮膚粗.
　　라'. 피부가 거칠다.
　　마. 粗劣的粗陶器.
　　마'. 투박한 질그릇.

위와 같이 주체가 피륙일 때 한국어 '굵다'와 중국어 '粗' 사이에 차이가 없다고 할 수 있으나 (231나~마)에 제시된 내용을 보면 중국어 '粗'의 주체가 물건, 피부, 도자기 등일 때 모두 '粗'를 사용할 수 있는 반면 이러한 상황에서 한국어 '굵다'를 사용할 수 없는 것을 확인할 수 있다. 따라서 거칠다는 의미를 나타낼 때 '굵다'와 '粗'는 같은 의미를 갖고 있으나 미시적으로 주체로 선택되는 단어에는 차이가 있다.

다음으로 '굵다'와 '粗'의 확장 양상을 대조해 본다. 공통점은 첫째, '굵다'와 '粗'의 주체가 구체 영역에서 추상 영역으로 확장되는 양상이 공통적이다. 둘째, 유형물 주체에서 무형물 주체로 확장되는 양상은 '굵다'와 '粗'에서 모두 확인된다.

확장 양상의 차이점으로는, 한국어 '굵다'의 주체는 추상적인 주체 내부로 확장될 때 먼저 사람의 정신이나 행동 주체로 확장되고 그 다음에 사건 주체로 확장된다. 반면 중국어 '粗'의 주체는 성격, '마음' 주체에 국한된다. 즉, 정신 주체 내부에서만 확장된다.

이상 한국어 '굵다'와 중국어 '粗'를 대조한 내용을 정리하면 다음과 같다.

[표 119] 한국어 '굵다'와 중국어 '粗'의 단의 확장 양상 및 대응관계

의미 확장 양상	대응관계		
	단의	굵다	粗
②/❷　　③/❸ → ⑤/× 　　↖　↗ ④/❹ ← ①/❶ → ⑥/❺ 　　　　↙　↘ 　　⑦/×　×/❻ 　　↓　　↓ 　　⑧/×　×/❼	(기다란 사물의 몸통의 둘레나 너비가) 크고 넓다.	①	❶
	(둥그런 사물의 부피가) 크다.	②	❷
	(글씨의 획이) 뚜렷하고 크다.	③	❸
	(피류의 바탕이) 거칠다.	④	❹
	(구멍의 사이가) 넓다.	⑤	×
	(소리의 울림이) 강하다.	⑥	❺
	(생각이나 행동의 폭이) 넓고 크다.	⑦	×
	(성격이) 야만적이다.	×	❻
	(마음이) 세심하지 않다.	×	❼
	(사건의 중요성이) 크다.	⑧	×

앞서 한국어 '굵다'와 중국어 '粗'의 단의 확장 양상 및 대응관계, 단의 분포 양상을 살펴보았다. 이를 토대로 두 어휘의 단의 분포 양상을 대조하면 아래와 같다.

[그림 66] 한국어 '굵다'와 중국어 '粗'의 단의 분포 양상 대조

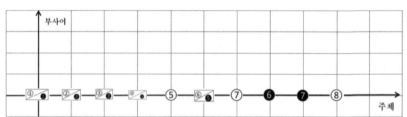

위에 제시한 결과를 보면 '굵다'와 '粗'의 주체는 '사물의 둘레나 너비, 부피, 글씨의 획, 바탕, 소리의 울림' 영역으로 확장이 일어나지만 중국어 '粗'의 주체는 이러한 영역으로 확장이 일어나지 않는다. 한국어 '굵다'는 '구멍의 사이, 폭이 넓고 크다, 사건의 중요성이 크다'의 의미를 표현할 수 있지만 중국어 '粗'은 이러한 의미를 표현할 수 없다. 또한 중국어 '粗'은 '성격이 야만적이다, 마음이 세심하지 않다'는 의미도 갖고 있지만 한국어 '굵다'의 단의 가운데 이와 비슷한 의미를 찾을 수 없다. 또한 한국어 '굵다'와 중국어 '粗'의 의미 분포 양상을 정리하면 의미 변화에 공통적으로 주체의 영향만 받아 화살표 방향으로 추상화된 것을 확인할 수 있다.

5.5.2. 가늘다/細

5.5.2.1. '가늘다'

'가늘다'의 뜻풀이는 『표준국어대사전』에서 7개, 『고려대 한국어대사전』과 『금성 국어대사전』에서 6개를 제시하고 있다. 구체적인 내용을 정리하면 다음과 같다.

　　(232) '가늘다'의 단의 후보(1)
　　　　가. 『표준』 [1]물체의 지름이 보통의 경우에 미치지 못하고 짧다.¶

실이 머리칼보다도 가늘다./허리가 개미처럼 가늘어서 무슨 힘
을 쓰겠어./가는 빗줄기가 종일 내린다./아기가 가늘게 눈을 뜨
고 곤한 잠에서 깨어난다.

『고려』[1](사물이나 신체 부위가)길이에 비해 너비가 좁거나
둘레의 굵기가 작다.¶그녀는 허리가 너무 가늘어서 몸이 허약
해 보인다/제과점 진열장에 놓인 길고 가는 빵은 그의 식욕을
자극했다/규리는 손가락이 가늘어 반지도 가장 작은 호수를
낀다.

『금성』[1]길이에 비하여 둘레가 작다.¶가는 철사/가는 실.
[2](선의)너비가 좁다.¶눈을 가늘게 뜨고 웃다.

나. 『표준』[2]소리의 울림이 보통에 미치지 못하고 약하다.¶가는
숨소리/모깃소리같이 가는 목소리/산 계곡 아래에서 밤 열차의
기적 소리가 아주 가늘게 들려왔다./글 읽는 소리가 나더니 꺼
져 가는 촛불처럼 차츰차츰 소리가 가늘어 간다.

『고려』[2](소리가)울리는 정도가 약하다.¶그녀의 노랫소리는
너무 가늘어서 잘 들리지 않았다/당장이라도 끊어질 듯이 이
어지는 어머니의 목소리는 모깃소리처럼 가늘었다.

『금성』[3](소리의)울림이 약하다.¶가는 신음 소리/목소리가 가
늘다.

다. 『표준』[3]물체의 굵기가 보통에 미치지 못하고 잘다.¶가는
모래/밀가루를 가늘게 빻았다.

『고려』[6](알갱이가)아주 잘다.¶가늘게 빻아 놓은 밀가루가
금방이라도 바람에 날릴 것처럼 보인다.

『금성』[4](낟알 따위가) 아주 잘다.¶가는 모래.

라. 『표준』[4]빛이나 연기 따위가 희미하고 약하다.¶담배 연기가
가늘게 피어오르고 있다./문틈으로 가는 햇살이 들어왔다.

『고려』[5](빛이나 연기가)잘 알아볼 수 없을 정도로 희미하고
약하다.¶꽉 막힌 담 사이로 가는 햇살이 들어왔다.

마. 『표준』[5]표정이 얼굴에 나타날 듯 말 듯 약하다.¶어머니의
얼굴에는 가늘게 미소가 떠올랐다.

바. 『표준』[6]사이가 좁고 촘촘하다.¶구멍이 가는 체를 구하다.

『고려』[4](올이)사이가 아주 좁다.¶할머니의 삼베옷은 아주

곱고 올이 가늘어서 정성이 많이 들어간 것 같았다.
『금성』[6](직물 따위의 짜임새가)촘촘하다.¶가는 모시.
사. 『표준』[7]움직이는 정도가 아주 약하다.¶숨을 쉴 때마다 어
깨가 가늘게 들먹인다./그는 분노로 손을 가늘게 떨었다./촛불
이 약한 바람에도 가늘게 떨며 흔들린다./논개의 가늘게 뛰던
맥박이 불끈불끈 고동을 친다./감고 있는 눈꺼풀이 어떤 시련
에 견디는 듯 가늘게 경련을 일으키고 있었다.
『고려』[3]정도가 쉽게 알아챌 수 없을 만큼 약하다.¶편지를
받아 쥔 영혜의 손길은 가늘게 떨리고 있었다.
『금성』[7](흔들리는 정도가)아주 약하다.¶그녀는 어깨를 가늘
게 떨며 소리 없이 울고 있었다.

　(232마)에서 표정이 얼굴에 나타날 듯 말 듯 약하다는 내용은 웃음이 가
늘다는 것을 가리킨다. 이는 (232사)와 같이 모두 행위 주체의 정도가 약하
다는 의미를 뜻한다. 따라서 (232마, 사)는 하나의 단의로 통합하여 (어떤 행
위의 정도가) 아주 약하다고 기술할 수 있다. '가늘다'의 사전적 의미를 재정
리하면 다음과 같다.

　　(233) '가늘다'의 단의 후보(2)
　　　　① (기다란 사물의 몸통의 둘레나 너비가) 짧고 좁다.
　　　　② (소리의 울림이) 약하다.
　　　　③ (둥그런 사물의 부피가) 작다.
　　　　④ (빛이나 연기 따위가) 희미하고 약하다.
　　　　⑤ (구멍의 사이가) 아주 좁다.
　　　　⑥ (어떤 행위의 정도가) 아주 약하다.

　위의 여섯 가지 단의 후보의 실현 환경은 주체로 이루어진다. 단의 후보
의 논항 특성은 'A가 가늘다'로 정리될 수 있다. A자리에 있는 주체는 '①
③번 사물, ②번 소리, ④번 빛이나 연기, ⑤번 구멍, ⑥번 행위' 등이다.

'①③번 사물, ②번 소리, ④번 빛이나 연기, ⑤번 구멍,' 주체는 구체 영역에 속하는 반면, '⑥번 행위' 주체는 추상 영역에 속한다.

구체적 주체에서, '①③번 사물, ④번 빛이나 연기, ⑤번 구멍' 주체는 형체가 있어 유형물에 속하고 '②번 소리' 주체는 형체가 없어 무형물에 속한다. 주체에 따른 '가늘다'의 단의 분류는 다음과 같다.

[표 120] 한국어 '가늘다'의 단의 분류

논항 특성	주체(A)			단의 후보 번호
A가 가늘다	구체	유형물	사물	①
				③
			'구멍'	⑤
			빛이나 연기	④
		무형물	소리	②
	추상		행위	⑥

단의 후보의 순서를 배열하면 첫째, 주체가 구체에서 추상으로 확장되는 원리에 따라 ①②③④⑤번의 순서는 ⑥번보다 앞에 놓인다.

둘째, ①②③④⑤번 가운데 형체가 있는 유형물이 형체가 없는 무형물보다 구체성이 강하므로 ①③④⑤번의 순서는 ②번의 앞에 놓는다.

셋째, ①③④⑤번 가운데 ①③번 사물 주체는 제한을 가장 적게 받는다고 할 수 있고, ⑤번의 주체는 특정 단어 '구멍'으로 제한되어 이는 제한을 가장 많이 받는다고 할 수 있다. 결국 ①③번의 순서는 앞에 있고, ④번의 순서는 중간에 있으며, ⑤번의 순서는 뒤에 있다고 할 수 있다.

넷째, ①③번에서 주체는 모두 사물이지만 의미를 보면 ①번의 의미는 둘레나 너비에 관한 내용이므로 1차원 특성에 관한 의미라고 할 수 있다. 반면, ③번 부피가 작다는 의미는 3차원 특성에 관한 것이라 할 수 있다.

따라서 ①번의 순서는 ③번보다 앞에 놓인다.

위 내용을 통해 한국어 '가늘다'의 단의 순서는 ①③④⑤②⑥로 배열될 수 있고 그 단의는 다음과 같이 정리된다.

> (234) '가늘다'의 단의
> ① (기다란 사물의 몸통의 둘레나 너비가) 짧고 좁다.
> ② (둥그런 사물의 부피가) 작다.
> ③ (빛이나 연기 따위가) 희미하고 약하다.
> ④ (구멍의 사이가) 아주 좁다.
> ⑤ (소리의 울림이) 약하다.
> ⑥ (어떤 행위의 정도가) 아주 약하다.

'가늘다'의 각 단의 가운데 대표가 되는 원형의미는 출현 제약이나 의미적 환경의 영향을 되도록 적게 받는 구체적 환경에서 실현되는 것으로 결정된다. 그러므로 위에 제시된 단의 가운데에서 가장 기본적인 것은 사물의 주체에서 드러나는 ①번에서 찾을 수 있다. 따라서 ①번은 '가늘다'의 원형의미로 간주된다.

①번 원형의미에서 감각의 대상은 구체적 사물의 둘레나 폭인데 이는 1차원 특성을 갖는다. ②번에서 감각의 대상은 구체적 사물의 부피인데 이는 3차원 특성을 갖는다. 따라서 ②번은 ①번에서 차원 특성에 관한 공간적인 인접성에 의해 확장된 환유적인 의미라고 할 수 있다. ③번에서 감각의 대상은 빛이나 연기인데 희미하고 약하다는 뜻을 표현한다. 따라서 빛이나 연기의 분량이 적다는 즉 다소에 관한 내용을 가리킨 것이다. 결국 ③번은 ①번에서 유사성에 의해 확장된 은유적 의미라 할 수 있다. ④번에서 감각의 대상은 구멍의 사이인데 구멍과 구멍의 사이에 비어있는 공간은 구멍과 구멍 간의 너비(길이)를 말하는 것이므로 ④번은 역시 ①번에서 유사성에 의해 확장된 은유적인 의미라 할 수 있다. ⑤번에서 감각 대

상은 청각 대상인 소리이다. 소리의 울림이 약하다는 것이 소리의 진동 폭이 좁다는 것을 가리킨다. 결국 ⑤번도 ①번에서 확장된 은유적 의미라고 할 수 있다. ⑥번의 주체는 추상적인 행위의 정도인데 그 행동의 폭이 약하다는 의미를 표현한다. ⑥번은 ⑤번과 공통적으로 동작성을 갖고 있으므로 ⑥번은 ⑤번에서 유사성에 의해 확장된 은유적인 의미라고 할 수 있다. '가늘다'의 의미 확장 양상을 정리하면 다음 표와 같다.

[표 121] 한국어 '가늘다'의 단의 확장 양상

의미 확장 양상	단의
②　　　③ ↖　↗ ④ ← ① → ⑤ ↓ ⑥	① (기다란 사물의 몸통의 둘레나 너비가) 짧고 좁다. ② (둥그런 사물의 부피가) 작다. ③ (빛이나 연기 따위가) 희미하고 약하다. ④ (구멍의 사이가) 아주 좁다. ⑤ (소리의 울림이) 약하다. ⑥ (어떤 행위의 정도가) 아주 약하다.

앞서 한국어 '가늘다'의 단의 확장 양상을 살펴보았다. 이 단의를 토대로 '가늘다'의 단의 분포 양상을 그리면 아래와 같다.

[그림 67] 한국어 '가늘다'의 단의 분포 양상

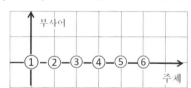

위에서 정리된 '가늘다'의 단의 분포 양상을 보면 '가늘다'의 의미 변화에 부사어의 영향을 받지 않고 주체의 영향만 받으며 주체의 추상화에 따라 의미 변화가 일어난 것을 확인할 수 있다.

5.5.2.2. '細'

'細'의 뜻풀이는 『現代漢語詞典』과 『新編漢語形容詞詞典』에서 6개, 『新華字典』에서 5개를 제시하고 있다. 구체적인 내용을 정리하면 다음과 같다.

(235) '細'의 단의 후보(1)

　　가. 『現代』 [1]條狀物橫剖面小.(기다란 물체의 단면에 작다.)¶細鐵絲(가는 철사)

　　　　『新華』 [2]長條東西直徑小.(기다란 물체의 지름이 작다.)¶細鐵絲(가는 철사)

　　　　『新編』 [1]橫剖面小.(단면에 작다.)¶細鐵絲(가는 철사)

　　나. 『現代』 [2]長條形兩邊的距離近.(긴 물건의 두께나 너비가 길다.)¶細眉毛(가는 눈썹.)

　　　　『新編』 [2]兩邊的距離近.(긴 물건의 두께나 너비가 길다.)¶細眉毛(가는 눈썹.)

　　다. 『現代』 [3]顆粒小.(알 모양의 물건이 부피가 크다.)¶細土.(부드러운 흙.)/細沙.(고운 모래.)

　　　　『新華』 [1]顆粒小.(알 모양의 물건이 부피가 크다.)¶細土.(부드러운 흙.)

　　　　『新編』 [3]顆粒小.(알 모양의 물건이 부피가 크다.)¶細土.(부드러운 흙.)

　　라. 『現代』 [4]聲音小.(소리의 울림이 작다.)¶輕聲細語.(작고 낮은 소리로 말하다.)

　　　　『新華』 [4]聲音小.(소리의 울림이 작다.)¶輕聲細語.(작고 낮은 소리로 말하다.)

　　　　『新編』 [4]聲音小.(소리의 울림이 작다.)¶細聲細氣(가늘고 약한 목소리)

　　마. 『現代』 [5]精細.(거칠지 않고 정교하다.)¶做工細(가공 기술이 정교하다)

　　　　『新華』 [3]做工精緻的.(거칠지 않고 정교하다.)¶這種布的質地眞細呀.(이 천은 정말 곱군요.)

　　『新編』[5]精細.(거칠지 않고 정교하다.)¶手藝很細(솜씨가 매우
　　찬찬하다)
바.『現代』[6]仔細, 詳細, 周密.(상세하고 세밀하다.)¶精打細算.(꼼
　　꼼하게 따지고 세밀하게 계산하다.)
　　『新華』[5]周密.(세밀하다.)¶精打細算.(꼼꼼하게 따지고 세밀하
　　게 계산하다.)
　　『新編』[6]仔細, 詳細.(상세하고 세밀하다.)¶膽大心細.(대담하지
　　만 생각은 주도면밀하다.)

　(235가, 나)에서 주체는 기다란 사물이 공통적이지만 모양은 원통형인지
방형인지에 따라 구별되어 기술되고 있다. 그러나 1차원 특성 즉, 선에 관
한 의미를 가리키는 데에는 차이가 없는 것으로 보인다. 따라서 (235가,
나)는 하나의 단의로 보고 (기다란 사물의 몸통의 둘레나 너비가) 짧고 좁다고
기술한다. '細'의 사전적 의미를 재정리하면 다음과 같다.

　(236) '細'의 단의 후보(2)
　　　① 長條狀物體周長或寬度小((기다란 사물의 몸통의 둘레나 너비가)
　　　　짧고 좁다.)
　　　② 顆粒物體積小((둥그런 사물의 부피가) 작다.)
　　　③ 聲音弱((소리의 울림이) 약하다.)
　　　④ 布匹, 瓷器等精細((피륙, 도자기 따위의 바탕이) 거칠지 않고 정
　　　　교하다.)
　　　⑤ 心思周密((마음이) 세심하다.)

　위에 다섯 가지 단의 후보의 논항 특성은 모두 '주체(A)+細'의 구조이
다. A 자리에 있는 각 단의 후보의 주체는 '①②번 사물, ③번 소리, ④번
피륙이나 도자기, ⑤번 마음' 등이다. ①-④번의 주체는 구체 영역에 속
하는 반면, ⑤번 주체는 추상 영역에 속한다.
　구체적 주체 내부, '①②번 사물, ④번 피륙이나 도자기' 주체는 형체가

있으므로 유형물에 속하고 ③번 소리 주체는 형체가 없으므로 무형물에
속한다. 주체에 따른 '細'의 단의 분류는 다음과 같다.

[표 122] 한국어 '細'의 단의 분류

논항 특성	주체(A)			단의 후보 번호
A+細	구체	유형물	사물	①
				②
			피륙, 도자기	④
		무형물	소리	③
	추상		마음	⑤

각 단의 후보의 순서를 배열하면 첫째, 주체가 구체에서 추상으로 확장
되는 원리에 따라 ①②③④번의 순서는 ⑤번보다 앞에 놓인다.

둘째, ①②③④번 가운데 형체가 있는 유형물이 형체가 없는 무형물보
다 구체성이 강하므로 ①②④번의 순서는 ③번의 앞에 놓인다.

셋째, ①②④번 가운데 ①②번의 주체는 사물인 반면 ④번의 주체는
피륙, 도자기에 국한되어 ④번의 주체는 ①②번보다 제한을 많이 받는다
고 할 수 있다. 따라서 ①②번의 순서는 ④번의 앞에 놓인다.

넷째, ①②번에서 주체는 모두 사물이지만 의미를 보면 ①번의 의미는
둘레나 너비에 관한 내용이므로 1차원 특성에 관한 의미라고 할 수 있고
②번은 부피에 관한 내용이므로 3차원 특성에 관한 것이라 할 수 있다. 따
라서 ①번의 순서는 앞에 있고 ②번은 뒤에 있다고 할 수 있다.

위 내용을 통해 한국어 '細'의 단의 순서는 ①②④③⑤로 배열될 수 있
고 다음과 같이 정리된다.

(237) '細'의 단의
　　❶ 長條狀物體周長或寬度小((기다란 사물의 몸통의 둘레나 너비가)

　　짧고 좁다.)
❷ 顆粒物體積小((둥그런 사물의 부피가) 작다.)
❸ 布匹, 瓷器等精細((피륙, 도자기 따위의 바탕이) 거칠지 않고 정
　　교하다.)
❹ 聲音弱((소리의 울림이) 약하다.)
❺ 心思周密((마음이) 세심하다.)

　　'細'의 단의 가운데 대표가 되는 원형의미는 출현 제약이나 의미적 환경의 영향을 되도록 적게 받는 구체적 환경에서 실현되는 것으로 결정되므로 위에 제시된 단의 가운데에서 가장 기본적인 것은 사물의 주체에서 드러나는 ❶번에서 찾을 수 있다. 따라서 ❶번은 '細'의 원형의미로 간주된다.

　　❶번 원형의미에서 감각의 대상은 구체적 사물의 둘레나 폭인데 이는 1차원 특성을 갖는다. ❷번에서 감각의 대상은 구체적 사물의 부피인데 이는 3차원 특성을 갖는다. 따라서 ❷번은 ❶번에서 차원 특성에 관한 공간적인 인접성에 의해 확장된 환유적인 의미라고 할 수 있다. ❸번에서 감각의 대상은 피류, 도자기의 바탕인데 피류이나 도자기가 거칠지 않고 정교하다는 것은 실제 그 바탕의 둘레가 작다는 것을 가리킨다. 따라서 ❸번도 ❶번에서 확장된 은유적인 의미라고 할 수 있다. ❹번에서 감각 대상은 청각 대상인 소리이다. 소리의 울림이 약하다는 것이 소리의 진동 폭이 좁다는 것을 가리킨다. 결국 ❹번도 ❶번에서 확장된 은유적 의미라고 할 수 있다. ❺번의 주체는 추상적인 심리(마음)인데 그 심리활동의 폭이 약하다는 의미를 표현한다. ❺번은 ❹번에서 유사성에 의해 확장된 은유적인 의미라고 할 수 있다. '細'의 의미 확장 양상을 정리하면 다음 표와 같다.

[표 123] 중국어 '細'의 단의 확장 양상

의미 확장 양상	단의
❷ ↑ ❸ ← ❶ → ❹ ↓ ❺	❶ 長條狀物體周長或寬度小((기다란 사물의 몸통의 둘레나 너비가) 짧고 좁다.) ❷ 顆粒物體積小((둥그런 사물의 부피가) 작다.) ❸ 布匹, 瓷器等精細((피륙, 도자기 따위의 바탕이) 거칠지 않고 정교하다.) ❹ 聲音弱((소리의 울림이) 약하다.) ❺ 心思周密((마음이) 세심하다.)

앞서 중국어 '細'의 단의 확장 양상을 살펴보았다. 이 단의를 토대로 '細'의 단의 분포 양상을 그리면 아래와 같다.

[그림 68] 중국어 '細'의 단의 분포 양상

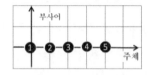

위에서 정리된 '細'의 단의 분포 양상을 보면 '細'의 의미 변화에 부사어의 영향을 받지 않고 주체의 영향만 받으며 주체의 추상화에 따라 의미 변화가 일어난 것을 확인할 수 있다.

5.5.2.3. '가늘다'와 '細'의 대조

한국어 '가늘다'는 여섯 가지 단의가 있고 '細'는 다섯 가지 단의가 있는 것을 정리하였다. 비교 결과 두 형용사는 세 가지 의미에서 대응관계가 확인된다. 구체적인 대조 내용은 다음과 같다.

(238) 가. 눈썹이 <u>가늘다</u>.
　　　가'. 眉毛<u>細</u>.

　　나. <u>가는</u> 다리.

　　나'. <u>細</u>腿.

　　다. <u>가는</u> 모래.

　　다'. <u>細</u>沙.

　　라. 밀가루를 <u>가늘게</u> 빻았다.

　　라'. 麵粉磨得<u>細</u>.

　　마. 낮고 <u>가는</u> 소리.

　　마'. 輕聲<u>細</u>語.

　　바. <u>가늘고</u> 약한 목소리.

　　바'. <u>細</u>聲細氣.

　‘가늘다’와 ‘細’의 공통점은 첫째, (238가–나)에서 주체가 사물일 때 몸통의 둘레나 너비가 짧고 좁다는 의미를 가진다. 둘째, (238다–라)와 같이 (둥그런 사물의 부피가) 작다는 의미를 가진다. 셋째, (238마–바)에서 주체가 청각 영역으로 확장되어 (소리가) 울림이 약하다는 의미를 가진다.

　한편, 차이점은 다음과 같다. 첫째, 한국어 ‘가늘다’는 피륙이 주체가 되어 그 피륙의 구멍이 아주 좁다는 뜻을 나타낼 수 있다. 반면, 중국어 ‘細’는 이와 비슷한 의미가 없다.

　　(239) 가. 체의 구멍이 <u>가늘다</u>.

　　　　　나. *篩子的孔<u>細</u>.

　　　　　다. 篩子的孔<u>小</u>.

　위와 같은 상황에서 ‘細’는 사용할 수 없고 ‘가늘다’와 대응하지 않는다. 주체가 피륙이 될 때 중국어에서는 크기 형용사 ‘小’를 대신 사용한다.

　둘째, ‘가늘다’의 주체가 빛이나 연기 따위로 확장될 때 (빛이나 연기가) 희미하고 약하다는 뜻을 가진다. 그런데 ‘細’는 이와 비슷한 의미가 없다.

　　(240) 가. 연기가 <u>가늘게</u> 피어오르고 있다.

> 가'. *升起細輕煙.
> 가". 升起淡淡輕煙.
> 나. 가는 햇살.
> 나'. *細的陽光.
> 나". 微弱的陽光.

　　주체가 빛이나 연기 따위로 확장되는 상황에서 중국어의 '細'는 사용할 수 없고 상황에 따라 농담 의미인 '淡'과 약하다는 의미인 '微弱'을 대신 사용한다.

　　셋째, '가늘다'의 주체는 행위 영역으로 확장되어 (어떤 행위의 정도가) 아주 약하다는 의미를 가진다. 이에 비해 '細'의 주체는 행위 영역으로 확장되지 않는다.

> (241) 가. 미소가 가늘게 떠올랐다.
> 　　　가'. *微笑細現.
> 　　　가". 微笑淺現.
> 　　　나. 그는 가늘게 떨리는 손을 쳐들었다.
> 　　　나'. *他擧起了細細顫動的手.
> 　　　나". 他擧起了微顫的手.

　　위와 같은 상황에서 '細'는 '가늘다'와 같이 행위의 정도가 아주 약하다는 단의를 표현할 수 없고 '淺(얕다), 微(경미하다)'가 대신 사용된다.

　　넷째, '細'의 주체가 사물일 때 사물이 거칠지 않고 정교하다는 의미를 표현할 수 있다. 그런데 '가늘다'는 이러한 의미를 표현할 수 없다.

> (242) 가. 做工細.
> 　　　가'. *가공 기술이 가늘다.
> 　　　가". 가공 기술이 정교하다.
> 　　　나. 質地細.

나'. *천이 <u>가늘다</u>.

나". 천이 <u>곱다</u>.

다. 皮膚細.

다'. *피부가 가늘다.

다". 피부가 곱다.

위 예문을 통해 '細'가 사물이 거칠지 않고 정교하다는 뜻을 나타낼 때 한국어에서는 '가늘다'를 사용할 수 없고 '정교하다, 곱다' 등을 대신 사용한다.

다섯째, 중국어 '細'의 단의 가운데 (마음이) 세심하다는 의미가 있다. 한국어 '가늘다'에는 이러한 의미가 없다.

(243) 가. 精打細算.

가'. *꼼꼼하게 따지고 <u>가늘게</u> 계산하다.

가". 꼼꼼하게 따지고 <u>세밀하게</u> 계산하다.

나. 膽大心細.

나'. *대담하지만 생각은 <u>가늘다</u>.

나". 대담하지만 생각은 <u>세심하다</u>.

위와 같은 상황에서 '가늘다'는 '細'와 같이 (마음이) 세심하다는 단의를 표현할 수 없고 '세심하다'가 대신 사용된다.

다음으로 '가늘다'와 '細'의 확장 양상을 대조해 본다. 공통점은 첫째, '가늘다'와 '細'의 주체가 구체 영역에서 추상 영역으로 확장되는 양상이 공통적이다. 둘째, 구체적인 유형물 주체에서 무형물 주체로 확장되는 양상이 '가늘다'와 '細'에서 모두 확인된다. 셋째, 추상적인 주체로 확장될 때, '가늘다'는 행위 주체로, '細'는 정신(마음) 주체로 확장되므로 둘 다 공통적으로 인간 영역과 관련된 주체로 확장된다.

확장 양상의 차이점을 살펴보면, 한국어의 '가늘다'는 사물 주체에서 빛이나 연기, 구멍 주체로 확장되는 양상이 있다. 반면, 중국어 '細'는 이러한 확장 양상이 발견되지 않고 사물 주체에서 피륙이나 도자기 주체로 확장되는 양상만 확인된다.

이상 한국어 '가늘다'와 중국어 '細'를 대조한 내용을 정리하면 다음과 같다.

[표 124] 한국어 '가늘다'와 중국어 '細'의 단의 확장 양상 및 대응관계

의미 확장 양상	대응관계		
	단의	가늘다	細
③/×　　④/×　　　②/❷←①❶→×/❸　　　⑤/❹　　　⑥/×　　×/❺	(기다란 사물의 몸통의 둘레나 너비가) 짧고 좁다.	①	❶
	(둥그런 사물의 부피가) 작다.	②	❷
	(피륙, 도자기 따위의 바탕이) 거칠지 않고 정교하다.	×	❸
	(빛이나 연기 따위가) 희미하고 약하다.	③	×
	(구멍의 사이가) 아주 좁다.	④	×
	(소리의 울림이) 약하다.	⑤	❹
	(어떤 행위의 정도가) 아주 약하다.	⑥	×
	(마음이) 세심하지 않다.	×	❺

앞서 한국어 '가늘다'와 중국어 '細'의 단의 확장 양상 및 대응관계, 단의 분포 양상을 살펴보았다. 이를 토대로 두 어휘의 단의 분포 양상을 대조하면 아래와 같다.

[그림 69] 한국어 '가늘다'와 중국어 '細'의 단의 분포 양상 대조

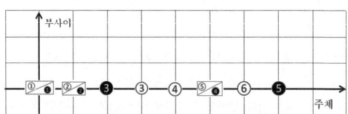

위에 제시한 결과를 보면 한국어 '가늘다'와 중국어 '細'는 '사물의 몸통의 둘레나 너비가 짧고 좁다, 둥그런 사물의 부피가 작다, 소리의 울림이 약하다'는 의미를 표현할 때 통일하다. 그러나 한국어 '가늘다'의 주체는 '빛이나 연가, 구멍의 사이, 행위의 정도'까지 확장이 일어나는데 중국어 '細'의 주체는 이러한 영역에서 의미 확장이 일어나지 않는다. 또한 한국어 '가늘다'와 중국어 '細'의 의미 분포 양상을 정리하면 의미 변화에 공통적으로 주체의 영향만 받아 화살표 방향으로 추상화된 것을 확인할 수 있다.

5.6. 후박(厚薄)

후박(厚薄)을 의미하는 크기 형용사는 한국어 '두껍다'와 '얇다', 중국어 '厚'와 '薄'을 대상으로 논의한다.

5.6.1. 두껍다/厚

5.6.1.1. '두껍다'

'두껍다'의 뜻풀이는 『표준국어대사전』에서 3개, 『고려대 한국어대사전』에서 2개, 『금성 국어대사전』에서 1개를 제시하고 있다. 구체적인 내용을 정리하면 다음과 같다.

> (244) '두껍다'의 단의 후보(1)
>   가. 『표준』 [1]두께가 보통의 정도보다 크다.¶두꺼운 이불/두꺼운 책/두꺼운 입술/추워서 옷을 두껍게 입었다.
>   『고려』 [1](사물이)두께가 보통의 정도보다 크다.¶두꺼운 책/널

빤지가 두껍다/책상에는 먼지가 두껍게 앉았다.

『금성』 [1]두께가 크다.¶두꺼운 널빤지/책이 두껍다/떡을 두껍게 썰다/이불이 두꺼워 무겁다.

나. 『표준』 [2]층을 이루는 사물의 높이나 집단의 규모가 보통의 정도보다 크다.¶고객층이 두껍다/지지층이 두껍다.

『고려』 [2](높이나 규모가)보통의 정도보다 크다.¶그 후보의 지지층이 더 두껍다./그와 나 사이에 두꺼운 벽이 가로놓여 있다.

다. 『표준』 [3]어둠이나 안개, 그늘 따위가 짙다.¶두꺼운 그늘/안개가 두껍게 깔렸다./어둠이 대지 위에 두껍게 깔려 있었다./나무 밑은 그늘도 훨씬 두꺼웠고 강바람도 시원했다.

(244가)에서 두께가 보통의 정도보다 크다는 것은 사물이 한 면과 그에 평행한 맞은 면 사이의 거리가 길다는 것을 가리킨다. 따라서 (244가)는 (사물이) 한 면과 그에 평행한 맞은 면 사이의 거리가 길다고 기술된다. 위 내용에 따라 '두껍다'의 사전적 의미를 재정리하면 다음과 같다.

(245) '두껍다'의 단의 후보(2)

    1 (사물이) 한 면과 그에 평행한 맞은 면 사이의 거리가 길다.

    2 (층을 이루는 집단의 규모가) 보통 정도보다 크다.

    3 (어둠이나 안개, 그늘 따위가) 짙다.

위의 세 가지 단의 후보의 실현 환경은 주체로 이루어진다. 다시 말해 각 단의 후보의 논항 특성은 'A가 두껍다'로 정리될 수 있다. A자리에 있는 주체는 '1번 사물, 2번 규모, 3번 어둠이나 안개, 그늘' 등으로 정리될 수 있다. '1번 사물, 3번 어둠이나 안개, 그늘' 주체는 구체 영역에 속하는 반면, 2번 규모 주체는 추상 영역에 속한다. '두껍다'의 단의 분류는 다음과 같다.

[표 125] 한국어 '두껍다'의 단의 분류

논항 특성	주체(A)			단의 후보 번호
A가 두껍다	구체	유형물	사물	①
			어둠, 안개, 그늘	③
	추상	정도	규모	②

단의 후보의 순서를 배열하면 첫째, 주체가 구체에서 추상으로 확장되는 원리에 따라 ①③번의 순서가 ②번보다 앞에 있다고 할 수 있다.

둘째, ①③번 가운데 ③번의 주체는 어둠, 안개, 그늘에 국한되어 ①번 사물 주체와 비교하면 제한을 많이 받는다고 할 수 있다. 따라서 ①번의 순서는 ③번의 앞에 놓인다.

위 내용을 통해 한국어 '두껍다'의 단의 순서는 ①③②로 배열될 수 있고 그 단의는 다음과 같이 정리된다.

(246) '두껍다'의 단의
① (사물이) 한 면과 그에 평행한 맞은 면 사이의 거리가 길다.
② (어둠이나 안개, 그늘 따위가) 짙다.
③ (층을 이루는 집단의 규모가) 크다.

'두껍다'의 각 단의 가운데 대표가 되는 원형의미는 출현 제약이나 의미적 환경의 영향을 되도록 적게 받는 구체적 환경에서 실현되는 것으로 결정된다. 그러므로 위에 제시된 단의 가운데에서 가장 기본적인 것은 사물의 주체에서 드러나는 ①번에서 찾을 수 있다. 따라서 ①번은 '두껍다'의 원형의미로 간주된다.

①번에서 시각의 감각 대상은 사물이고 평행한 두 가지 면 사이의 길이를 가리킨다. ②번에서 시각의 감각 대상은 어둠, 안개, 그늘이고 그들의 두 가지 면 사이의 분량이 많다는 다소 의미를 표현한다. 따라서 ②번은

①번에서 유사성에 의해 확장된 은유적인 의미라고 할 수 있다. ③번의 주체는 추상적인 규모인데 역시 그 층위에 있는 사람의 수량을 가리키는 것이다. 결국 다소에 관한 의미를 표현한다고 할 수 있다. 따라서 ③번도 ①번에서 유사성에 의해 확장된 은유적인 의미라 할 수 있다. '두껍다'의 의미 확장 양상을 정리하면 다음 표와 같다.

[표 126] 한국어 '두껍다'의 단의 확장 양상

의미 확장 양상	단의
① → ② ↓ ③	① (사물이) 한 면과 그에 평행한 맞은 면 사이의 거리가 길다. ② (어둠이나 안개, 그늘 따위가) 짙다. ③ (층을 이루는 집단의 규모가) 크다.

앞서 한국어 '두껍다'의 단의 확장 양상을 살펴보았다. 이 단의를 토대로 '두껍다'의 단의 분포 양상을 그리면 아래와 같다.

[그림 70] 한국어 '두껍다'의 단의 분포 양상

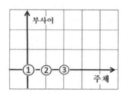

위에서 정리된 '두껍다'의 단의 분포 양상을 보면 '두껍다'의 의미 변화에 부사어의 영향을 받지 않고 주체의 영향만 받으며 주체의 추상화에 따라 의미 변화가 일어난 것을 확인할 수 있다.

5.6.1.2. '厚'

'厚'의 뜻풀이는 『現代漢語詞典』에서 4개, 『新華字典』에서 2개, 『新編漢

語形容詞詞典』에서 3개를 제시하고 있다. 구체적인 내용을 정리하면 다음
과 같다.

(247) '厚'의 단의 후보(1)

　　가. 『現代』[1]物體上下兩面之間的距離大.(물체의 상하 양면 사이
　　　　의 거리가 길다.)¶字典眞厚(사전은 정말 두껍다)

　　　　『新華』[1]物體上下兩面之間的距離大.(물체의 상하 양면 사이의
　　　　거리가 길다.)¶厚被子(두꺼운 이불)

　　　　『新編』[1]物體相對的兩個面之間的距離大.(물체의 상하 양면 사
　　　　이의 거리가 길다.)¶厚被子(두꺼운 이불)

　　나. 『現代』[2]感情深.(감정이 깊다.)¶兩人交情厚(두 사람의 우정이
　　　　아주 두텁다.)

　　　　『新華』[2]感情深.(감정이 깊다.)¶友情厚(우정이 두텁다.)

　　　　『新編』[3]感情深.(감정이 깊다.)¶深情厚誼(깊고 두터운 우정.)

　　다. 『現代』[3]利潤或禮物的價值大.(이윤이나 선물의 가치가 높
　　　　다.)¶賺取厚利(이윤이 많다.)

　　라. 『現代』[4]家底富有.(재산이 부유하다.)¶他的家底厚(그의 집안
　　　　형편은 넉넉하다.)

　　　　『新編』[2]家底雄厚.(재산이 넉넉하다.)¶家底厚(집안 형편은 넉
　　　　넉하다.)

'厚'의 사전적 의미를 재정리하면 다음과 같다.

(248) '厚'의 단의

　　① 物體兩面之間的距離大((사물이) 한 면과 그에 평행한 맞은 면
　　　　사이의 거리가 길다.)

　　② 感情深.((감정이) 깊다.)

　　③ 利潤或禮物的價值大.((이윤이나 선물 따위의 가치가) 높다.)

　　④ 家底富有.((재산이) 부유하다.)

위의 네 가지 단의 후보의 논항 특성은 모두 '주체(A)+厚'의 구조이다. A 자리에 오는 주체는 '①번 사물, ②번 감정, ③번 가치, ④번 재산' 등이다. ①번 사물 주체는 구체 영역에 속하는 반면 나머지 주체는 추상 영역에 속한다. 추상적 주체 내부, 감정 주체는 정신 영역에 속하고 가치, 재산 주체는 금전 영역에 속한다. 따라서 주체에 따라 '厚'의 단의 분류는 다음과 같다.

[표 127] 중국어 '厚'의 단의 분류

논항 특성	주체(A)			단의 후보 번호
A+厚	구체		사물	①
	추상	정신	감정	②
		금전	가치	③
			재산	④

각 단의 후보의 순서를 배열하면 첫째, 주체가 구체에서 추상으로 확장되는 원리에 따라 ①번의 순서는 ②③④번보다 앞에 있다고 할 수 있다.

둘째, ②③④번 가운데 ②번 감정 주체는 사람의 정신에 관한 내용이므로 사람과 관련된 영역에 속하는 반면 ③④번은 그렇지 않다. 따라서 ②번의 순서는 ③④번보다 앞에 있다고 할 수 있다.

셋째, ③④번 가운데 ④번 재산 주체는 실제 사용함에 있어 주체로 선택되는 어휘는 '家底, 財力'밖에 없다. 이를 통해 ④번은 실제 사용함에 제한을 많이 받는다고 할 수 있다. 따라서 ③번은 ④번의 앞에 놓일 수 있다.

위 내용을 통해 중국어 '厚'의 단의 순서는 ①②③④로 배열될 수 있어 그 단의는 다음과 같이 정리된다.

(249) '厚'의 단의
    ❶ 物體兩面之間的距離大((사물이) 한 면과 그에 평행한 맞은 면

　　사이의 거리가 길다.)
❷ 感情深.((감정이) 깊다.)
❸ 利潤或禮物的價值大.((이윤이나 선물 따위의 가치가) 높다.)
❹ 家底富有.((재산이) 부유하다.)

　'厚'의 단의 가운데 대표가 되는 원형의미는 출현 제약이나 의미적 환경
의 영향을 되도록 적게 받는 구체적 환경에서 실현되는 것으로 결정된다.
그러므로 위에 제시된 단의 가운데에서 가장 기본적인 것은 사물의 주체
에서 드러나는 ❶번에서 찾을 수 있다. 따라서 ❶번은 '厚'의 원형의미로
간주된다.

　❶번에서 시각의 감각 대상은 사물이고 평행한 두 가지 면 사이의 길이
를 가리키는 것이다. ❷번의 주체는 추상적인 감정이고 그 감정의 두께 즉
길이가 길다는 뜻을 가리킨다. 따라서 ❷번은 ❶번에서 유사성에 의해 확
장된 은유적인 의미라고 할 수 있다. ❸번의 주체는 추상적인 가치이고 가
치의 정도 즉 기준점보다 해당 이윤이나 선물 가치의 두께가 길다는 뜻을
가리킨다. 결국 ❸번은 역시 ❶번에서 유사성에 의해 확장된다고 할 수 있
다. ❹번의 주체는 추상적인 재산이고 재산을 축적하는 정도 즉 재산을 누
적하는 두께(길이)를 뜻하는 것이다. 따라서 ❹번도 ❶번에서 유사성에 의
해 확장된 의미라 할 수 있다. 이상은 중국어 '厚'의 단의 확장 양상에 관
한 기술이다. 표로 정리하면 다음과 같다.

[표 128] 중국어 '厚'의 단의 확장 양상

의미 확장 양상	단의
❶ ↙　↓　↘ ❷　❸　❹	❶ 物體兩面之間的距離大((사물이) 한 면과 그에 평행한 맞은 면 사이의 거리가 길다.) ❷ 感情深.((감정이) 깊다.) ❸ 利潤或禮物的價值大.((이윤이나 선물의 가치가) 높다.) ❹ 家底富有.((재산이) 부유하다.)

앞서 중국어 '厚'의 단의 확장 양상을 살펴보았다. 이 단의를 토대로 '厚'의 단의 분포 양상을 그리면 아래와 같다.

[그림 71] 중국어 '厚'의 단의 분포 양상

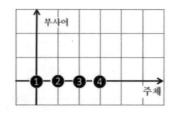

위에서 정리된 '厚'의 단의 분포 양상을 보면 '厚'의 의미 변화에 부사어의 영향을 받지 않고 주체의 영향만 받으며 주체의 추상화에 따라 의미 변화가 일어난 것을 확인할 수 있다.

5.6.1.3. '두껍다'와 '厚'의 대조

한국어 '두껍다'는 세 가지 단의가 있고 '厚'는 네 가지 단의가 있는 것을 정리하였다. 비교 결과 두 형용사는 한 가지 단의에서만 대응관계가 확인된다. 구체적인 대조 내용은 다음과 같다.

(250) 가. 이 책은 정말 <u>두껍다</u>.
　　　가'. 這本書眞厚.
　　　나. 이불이 <u>두껍다</u>.
　　　나'. 被子厚.
　　　다. 눈꺼풀이 <u>두껍다</u>.
　　　다'. 眼皮厚.

위와 같이 한국어 '두껍다'와 중국어 '厚'는 주체가 사물일 때 그 사물의 한 면과 그에 평행한 맞은 면 사이의 거리가 길다는 의미를 공통적으로 가진다.

한편, 차이점은 다음과 같다. 첫째, 한국어 '두껍다'는 주체가 어둠이나 안개, 그늘이 되어 (어둠이나 안개, 그늘이) 짙다는 뜻을 나타낼 수 있다. 반면, 중국어 '厚'는 이와 비슷한 의미가 없다.

(251) 가. <u>두꺼운</u> 안개.
　　　 나. *<u>厚</u>霧.
　　　 다. 濃霧.

위와 같은 상황에서 '厚'를 사용할 수 없고 '두껍다'와 대응하지 않는다. 주체가 어둠이나 안개, 그늘이 될 때 중국어에서는 농담 의미인 '濃'을 사용한다.

둘째, '두껍다'의 주체가 규모로 확장될 때 (집단의 규모가) 크다는 뜻을 나타내는 반면, 중국어 '厚'는 이와 비슷한 의미가 없다.

(252) 가. 상대 후보보다 그의 지지층이 더 <u>두껍다</u>.
　　　 가'. *他比對方候選人有更<u>厚</u>的支持.
　　　 가". 他比對方候選人有更<u>多</u>的支持.
　　　 나. 고객층이 <u>두껍다</u>.
　　　 나'. *顧客衆<u>厚</u>.
　　　 가". 顧客衆<u>多</u>.

주체가 규모로 확장되는 상황에서 중국어의 '厚'는 사용할 수 없고 분량의 다소를 의미하는 '多'를 대신 사용한다.

셋째, '厚'의 주체는 감정 영역으로 확장되어 (감정이) 깊다는 의미를 나타낼 수 있다. 반면 '두껍다'의 주체는 감정 영역으로 확장되지 않는다.

(253) 가. 兩人交情很<u>厚</u>.
　　　 가'. *두 사람의 우정이 아주 <u>두껍다</u>.

가". 두 사람의 우정이 아주 깊다.

나. 深情厚誼.

나'. *두껍고 두터운 우정.

나". 깊고 두터운 우정.

위와 같은 상황에서 '두껍다'는 '厚'와 같이 (감정이) 깊다는 단의를 표현할 수 없고 크기를 의미하는 '깊다'가 대신 사용된다.

넷째, '厚'의 주체가 가치 영역으로 확장되어 (이윤이나 선물의 가치가) 높다는 의미를 표현할 수 있다. 이와 비교하면 '두껍다'는 이러한 의미를 표현할 수 없다.

(254) 가. 厚利.

　　　가'. * 두꺼운 이익.

　　　가". 높은 이익.

　　　나. 厚禮.

　　　나'. *두꺼운 선물.

　　　나". 후한 선물.

위 예문에서 '厚'가 어떤 동작이 재빠르고 경쾌하다는 뜻을 나타낼 때 한국어는 '두껍다'를 쓸 수 없고 상황에 따라 '높다, 후하다' 등의 어휘를 대신 사용한다.

다섯째, 중국어 '厚'는 (재산이) 부유하다는 의미를 나타내는 경우가 있다. 반면 한국어 '두껍다'에는 이러한 의미가 없다.

(255) 가. 家底兒厚.

　　　가'. *집안 형편은 두껍다.

　　　가". 집안 형편은 넉넉하다.

　　　나. 財力厚.

　　　나'. *재력이 두껍다.

나''. 재력이 <u>탄탄하다</u>.

'주체+厚'의 구조에서 '厚'는 (재산이) 부유하다는 것을 뜻한다. 이러한 상황에서 한국어 '두껍다'를 사용할 수 없고 넉넉하다, 탄탄하다 등 어휘를 대신 사용한다.

다음으로 '두껍다'와 '厚'의 확장 양상을 대조해 본다. 공통점은 '두껍다'와 '厚'의 주체가 구체 영역에서 추상 영역으로 확장된다는 것이다.

확장 양상의 차이점을 살펴보면, 첫째, 구체적인 주체 내부, 한국어의 '두껍다'는 형체가 있는 유형물 주체에서 형체가 없는 무형물 주체로 확장되는 양상이 있다. 반면, 중국어 '厚'는 이러한 확장 양상이 발견되지 않고 유형물 주체만 존재한다. 둘째, 추상적 주체에서, 중국어의 '厚'는 감정 주체에서 가치 주체와 재산 주체로 확장되는 양상이 확인된다. 다시 말해 '厚'는 인간의 정신 주체(감정 주체)를 넘어 가치, 재산 주체 영역으로 확장된다. 반면에 한국어의 '두껍다'는 다양한 확장 양상이 확인되지 않고 규모 주체로만 확장된다.

이상 한국어 '두껍다'와 중국어 '厚'를 대조한 내용을 정리하면 다음과 같다.

[표 129] 한국어 '두껍다'와 중국어 '厚'의 단의 확장 양상 및 대응관계

의미 확장 양상	대응관계		
	단의	두껍다	厚
②/× ↑ ×/❷ ← ①❶ → /❸ ↙ ↘ ③/× ×/❹	(사물이) 한 면과 그에 평행한 맞은 면 사이의 거리가 길다.	①	❶
	(어둠이나 안개, 그늘 따위가) 짙다.	②	×
	(감정이) 깊다.	×	❷
	(이윤이나 선물의 가치가) 높다.	×	❸
	(집단의 규모가) 크다.	③	×
	(재산이) 부유하다.	×	❹

앞서 한국어 '두껍다'와 중국어 '厚' 단의 확장 양상 및 대응관계, 단의 분포 양상을 살펴보았다. 이를 토대로 두 어휘의 단의 분포 양상을 그리면 아래와 같다.

[그림 72] 한국어 '두껍다'와 중국어 '厚'의 단의 분포 양상 대조

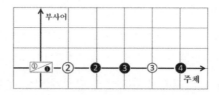

위에 제시한 결과를 보면 한국어 '두껍다'와 중국어 '厚'은 '사물이 한 면과 그에 평행한 맞은 면 사이의 거리가 길다'라는 의미를 표현할 때 일치하다. 그러나 한국어 '두껍다'의 주체는 '어둠이나 안개, 그늘, 집단의 규모'까지 확장이 일어나는데 중국어 '厚'의 주체는 이러한 영역에서 의미 확장이 일어나지 않는다. 또한 중국어 '厚'의 주체는 '감정, 이윤이나 선물의 가치, 재산'까지 확장되는데 한국어 '두껍다'의 주체는 이러한 영역에서 의미 확장이 일어나지 않는다. 또한 한국어 '두껍다'와 중국어 '厚'의 의미 분포 양상을 정리하면 의미 변화에 공통적으로 주체의 영향만 받아 화살표 방향으로 추상화된 것을 확인할 수 있다.

5.6.2. 얇다, 엷다/薄

5.6.2.1. '얇다'

'얇다'의 뜻풀이는 『표준국어대사전』에서 4개, 『고려대 한국어대사전』에서 3개, 『금성 국어대사전』에서 1개를 제시하고 있다. 구체적인 내용을 정리하면 다음과 같다.

(256) '얇다'의 단의 후보(1)

　가. 『표준』 [1]두께가 두껍지 아니하다.¶옷이 얇다/고기를 얇게
　　　저미다/날이 풀리면서 빙판이 얇아져서 썰매를 탈 수 없다./마
　　　당에 얇게 깔린 싸락눈이 바람에 이리저리 쏠리고 있었다./동
　　　영도 이제는 옷 속으로 얇게 싸맨 어깨의 상처뿐 겉보기에는
　　　멀쩡할 만큼 회복되어 있었다.
　　　『고려』 [1](두께가)보통의 것에 비해 작다.¶책이 얇다/어머니
　　　는 무를 얇게 썰었다/휴대용 전화기는 점점 두께가 얇고 무게
　　　가 가벼워지고 있다/나는 날씨가 추운지 모르고 얇은 속옷을
　　　입었다가 무척 후회했다/오존층이 얇을수록 투과되는 자외선
　　　이 더 강해지므로 피부암에 걸릴 위험이 높아진다.
　　　『금성』 [1]두께가 두껍지 않다.¶벽이 얇다/얇은 옷.
　나. 『표준』 [2]층을 이루는 사물의 높이나 집단의 규모가 보통의
　　　정도에 미치지 못하다.¶구름을 이루는 층이 얇다./우리 편은
　　　선수층이 얇아서 불리한 경기를 펼쳤다.
　다. 『표준』 [3]빛깔이 연하다.¶얇은 푸른색.
　　　『고려』 [2](빛깔이)묽고 연하다.¶그녀는 얇은 살구색 립스틱으
　　　로 입술을 칠했다/유경이는 오늘 얇은 분홍빛 원피스를 입어
　　　여성스러워 보였다.
　라. 『표준』 [4]빤히 들여다보일 만큼 속이 좁다.¶네 얇은 속으로
　　　그걸 이해할 수 있겠니?
　마. 『고려』 [3](생각이나 사고 따위가)좁거나 가볍다.¶그따위 얇은
　　　생각은 그만 버려라.

　(256라)에는 속이 좁다는 내용을 제시하고 있다. 속은 품고 있는 마음이
나 생각이라 할 수 있으므로 (256라)에서 제시된 내용은 (256마)와 비교하
면 같은 내용을 가리킨다고 할 수 있다. 따라서 (256라, 마)는 하나의 단의
로 보고 통합한다. '얇다'의 사전적 의미를 재정리하면 다음과 같다.

(257) '얇다'의 단의 후보(2)
    ① (사물이) 한 면과 그에 평행한 맞은 면 사이의 거리가 짧다.
    ② (층을 이루는 집단의 규모가) 보통 정도보다 작다.
    ③ (빛깔이) 연하다.
    ④ (속이) 좁다.

위의 네 가지 단의 후보의 실현 환경은 주체로 이루어진다. 각 단의 후보의 논항 특성은 'A가 얇다'로 정리될 수 있다. A자리에 있는 주체는 '①번 사물, ②번 규모, ③번 빛깔, ④번 속' 등이다. '①번 사물, ③번 빛깔' 주체는 구체 영역에 속하는 반면, '②번 규모, ④번 속' 주체는 추상 영역에 속한다. 추상 영역의 속 주체는 정신 영역에 속하고 규모 주체는 규모 영역에 속한다. '얇다'의 단의 분류는 다음과 같다.

[표 130] 한국어 '얇다'의 단의 분류

논항 특성	주체(A)			단의 후보 번호
A가 얇다	구체	유형물	사물	①
			빛깔	③
	추상	정신	속	④
		정도	규모	②

단의 후보의 순서를 배열하면 첫째, 주체가 구체에서 추상으로 확장되는 원리에 따라 ①③번의 순서가 ②④번보다 앞에 있다고 할 수 있다.
둘째, ①③번 가운데 ①번은 면과 면 사이의 구체적 거리를 가리키므로 공간적 특성을 갖는 반면 ③번은 색채의 농담 즉, 색채의 분량을 가리키기 때문에 추상적 특성을 갖는다고 할 수 있다. 결국 ①번의 순서는 ③번의 앞에 있다고 할 수 있다.
셋째, ②④번 가운데 ④번의 주체는 사람의 내재적인 생각에 관한 내용이므로 사람과 관련성이 있다고 할 수 있다. 반면, ②번은 사람과 관련성이 없는 것으로 보인다. 따라서 ④번의 순서는 ②번 앞에 놓일 수 있다.

위 내용을 통해 한국어 '얇다'의 단의 순서는 ①③④②로 배열될 수 있고 그 단의는 다음과 같이 정리된다.

(258) '얇다'의 단의
　　① (사물이) 한 면과 그에 평행한 맞은 면 사이의 거리가 짧다.
　　② (빛깔이) 연하다.
　　③ (속이) 좁다.
　　④ (층을 이루는 집단의 규모가) 작다.

'얇다'의 단의 가운데 대표가 되는 원형의미는 출현 제약이나 의미적 환경의 영향을 되도록 적게 받는 구체적 환경에서 실현되는 것으로 결정된다. 그러므로 위에 제시된 단의 가운데에서 가장 기본적인 것은 사물의 주체에서 드러나는 ①번에서 찾을 수 있다. 따라서 ①번은 '얇다'의 원형의미로 간주된다.

①번에서 시각의 감각 대상은 사물이고 평행한 두 가지 면 사이의 길이를 가리킨다. ②번에서 시각의 감각 대상은 빛깔이고 빛깔은 사물의 표면에 반사된 광선이므로 ②번은 ①번과 공간적인 인접성이 있으므로 ②번은 ①번에서 인접성에 의해 확장된 환유적인 의미라 할 수 있다. ③번의 주체는 추상성을 갖는 속인데 마음의 두 가지 면 사이의 '길이'가 짧다는 뜻을 의미한다. 따라서 ③번은 ①번에서 유사성에 의해 확장된 은유적인 의미라 할 수 있다. ④번의 주체는 추상적인 규모인데 그 집단을 구성하는 층위의 두 가지 면 사이의 거리가 작다는 것은 ①번과 유사성을 갖고 있으므로 ④번은 ①번에서 확장된 은유적인 의미라 할 수 있다. '얇다'의 의미 확장 양상을 정리하면 다음 표와 같다.

[표 131] 한국어 '얇다'의 단의 확장 양상

의미 확장 양상	단의
① → ② ↙ ↘ ③　④	① (사물이) 한 면과 그에 평행한 맞은 면 사이의 거리가 짧다. ② (빛깔이) 연하다. ③ (속이) 좁다. ④ (층위를 이루는 집단의 규모가) 작다.

앞서 한국어 '얇다'의 단의 확장 양상을 살펴보았다. 이 단의를 토대로 '얇다'의 단의 분포 양상을 그리면 아래와 같다.

[그림 73] 한국어 '얇다'의 단의 분포 양상

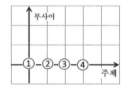

위에서 정리된 '얇다'의 단의 분포 양상을 보면 '얇다'의 의미 변화에 부사어의 영향을 받지 않고 주체의 영향만 받으며 주체의 추상화에 따라 의미 변화가 일어난 것을 확인할 수 있다.

5.6.2.2. '엷다'

'엷다'의 뜻풀이는 『표준국어대사전』과 『고려대 한국어대사전』에서 5개, 『금성 국어대사전』에서 4개를 제시하고 있다. 구체적인 내용을 정리하면 다음과 같다.

(259) '엷다'의 단의 후보(1)
　　가. 『표준』 [1]빛깔이 진하지 아니하다.¶엷은 화장/엷은 풀빛/물감을 엷게 풀다/물이 괸 장독 뚜껑에 엷게 햇빛이 떠 있고 잠자

리는 앉을 듯 말 듯 망설이며 뱅뱅 돌았다.

『고려』[1](사물이나 그 빛깔이)약간 연하다.¶엷게 화장한 신부가 환하게 웃었다/도라지꽃이 엷은 보랏빛을 띠니 보기가 참 좋다/나는 이 스카프가 빛깔이 엷어서 더 마음에 든다/아버지께서 엷은 옥빛 한복을 입고 나오셨다/엷은 달빛이 은은하게 비치고 있었다.

『금성』[2]빛이 약간 연하다.¶엷은 보랏빛/엷은 화장.

나. 『표준』[2](사물이)두께가 얇거나 적다.¶이 이불은 겨울에 덮기에는 너무 엷다/그 남자의 매력은 엷은 입술에 있다/엷은 종이에 글자를 꾹꾹 눌러 쓰다 보니 종이가 찢어지고 말았다.

『고려』[2](사물이)두께가 얇거나 적다.¶이 이불은 겨울에 덮기에는 너무 엷다/그 남자의 매력은 엷은 입술에 있다/엷은 종이에 글자를 꾹꾹 눌러 쓰다 보니 종이가 찢어지고 말았다.

『금성』[1]두께가 적다.¶엷으나 질긴 종이/엷은 이불.

다. 『표준』[3]밀도가 빽빽하지 아니하다.¶엷은 구름/안개가 엷게 끼었다.

『고려』[4](사물이)밀도가 짙지 않고 성기다.¶춘천으로 가는 길에 안개가 엷게 끼었다/하늘에 엷은 구름이 떠 있다.

『금성』[4]밀도가 짙지 않고 성기다.¶안개가 엷게 끼었다/그녀의 입술은 부자연한 엷은 웃음을 습관처럼 담고 있었다.

라. 『표준』[4]말이나 행동 따위가 깊지 아니하고 가볍다.¶엷은 지식/엷은 잠/엷은 수작/생각이 엷다.

『고려』[5](사람이나 그 언행이)진중하지 않고 가볍다.¶그렇게 엷은 짓을 하고 다니면 누가 너를 믿겠니?/사장은 생각보다 됨됨이가 엷어서 아랫사람들에게 신뢰를 못 주었다/너는 생각이 그렇게 엷으니 항상 말썽만 일으키지.

『금성』[3](말이나 하는 짓이) 속이 들여다보이게 얄팍하다.¶생각이 엷다/엷은 수작을 하다.

마. 『표준』[5]지나치게 드러냄이 없이 있는 듯 없는 듯 가만하다.¶엷은 미소/엷은 한숨/그녀는 내 말에 엷게 웃었다./그는 무심한 듯, 그러나 엷은 우수에 잠긴 얼굴을 하고 다시 휘파람을 불었다.

『고려』 [3](무엇이)지나치게 드러냄이 없이 있는 듯 없는 듯
가만하다.¶어머니는 뒤돌아 엷은 한숨을 쉬셨다/그녀는 가만히
엷은 미소만 띨 뿐이었다.

(259나)에서 (사물이) 두께가 적다는 공간 의미가 있는데 이것은 (사물이)
한 면과 그에 평행한 맞은 면 사이의 거리가 짧다는 의미를 가리키는 것
이다.

'엷다'의 사전적 의미를 재정리하면 다음과 같다.

(260) '엷다'의 단의 후보(2)
　　　① (빛깔이) 연하다.
　　　② (사물이) 한 면과 그에 평행한 맞은 면 사이의 거리가 짧다.
　　　③ (안개, 구름, 공기 따위의 밀도가) 짙지 않고 성기다.
　　　④ (언행이) 진중하지 않고 가볍다.
　　　⑤ (어떤 동작이) 지나치게 드러냄이 없이 있는 듯 없는 듯 가만
　　　　하다.

위의 다섯 가지 단의 후보의 실현 환경은 주체로 이루어진다. 단의 후보
의 논항 특성은 'A가 엷다'로 정리될 수 있다. A자리에 있는 주체는 '①번
빛깔, ②번 사물, ③번 안개, 구름, 공기, ④번 언행, ⑤번 동작' 등이다.
'①번 빛깔, ②번 사물, ③번 안개, 구름, 공기' 주체는 구체 영역에 속하
는 반면, '④번 언행, ⑤번 동작' 주체는 추상 영역에 속한다.

추상 영역에 언행, 동작 주체는 행위 영역에 속한다. '엷다'의 단의 분류
는 다음과 같다.

[표 132] 한국어 '엷다'의 단의 분류

논항 특성	주체(A)		단의 후보 번호
A가 엷다	구체	사물	2
		빛깔	1
		안개, 구름, 공기	3
	추상 행위	언행	4
		동작	5

각 단의 후보의 순서를 배열하면 첫째, 주체가 구체에서 추상으로 확장되는 원리에 따라 1 2 3번의 순서가 4 5번보다 앞에 있다고 할 수 있다.

둘째, 1 2 3번 가운데 1번의 주체는 사물이고 2번에서 빛깔을 갖는 대상도 사물이기 때문에 결국 1 2번에서 주체로 선택되는 어휘는 모두 사물이다. 반면 3번의 주체는 안개, 구름, 공기 등에 국한되어 3번의 주체는 1 2번보다 제한을 많이 받는다.

셋째, 1 2번 가운데 1번에서 색채가 연하다는 것은 색채의 분량이 적다는 뜻인데 1번은 추상적 분량 특성을 갖는다고 할 수 있다. 이와 비교하면 2번은 면과 면 사이의 거리를 가리키므로 공간적인 특성을 갖는다고 할 수 있다. 결국 구체적 공간적 특성을 갖는 2번의 순서는 1번보다 앞에 있다고 할 수 있다.

넷째, 4 5번의 주체는 공통적으로 행위 주체에 속한다. 언행 주체인 4번에서 그 의미는 부정적인 반면, 동작 주체인 5번은 그렇지 않다. 따라서 부정적인 의미를 갖는 4번은 5번보다 뒤에 있다고 할 수 있다.

위 내용을 통해 한국어 '엷다'의 단의 순서는 2 1 3 5 4로 배열될 수 있고 그 단의는 다음과 같이 정리된다.

(261) '엷다'의 단의 후보(2)

   ① (사물이) 한 면과 그에 평행한 맞은 면 사이의 거리가 짧다.

   ② (빛깔이) 연하다.

   ③ (안개, 구름, 공기 따위의 밀도가) 짙지 않고 성기다.

   ④ (어떤 동작이) 지나치게 드러냄이 없이 있는 듯 없는 듯 가만
     하다.

   ⑤ (언행이) 진중하지 않고 가볍다.

  '엷다'의 단의 가운데 대표가 되는 원형의미는 출현 제약이나 의미적 환경의 영향을 되도록 적게 받는 구체적 환경에서 실현되는 것으로 결정된다. 그러므로 위에 제시된 단의 가운데에서 가장 기본적인 것은 사물의 주체에서 드러나는 ①번에서 찾을 수 있다. 따라서 ①번은 '엷다'의 원형의미로 간주된다.

  ①번에서 시각의 감각 대상은 사물이고 평행한 두 가지 면 사이의 길이를 가리키는 것이다. ②번에서 시각의 감각 대상은 빛깔이고 빛깔은 사물의 표면에 반사된 광선이므로 ②번은 ①번과 공간적인 인접성이 있다고할 수 있어 ②번은 ①번에서 인접성에 의해 확장된 환유적인 의미라 할수 있다. ③번에서 시각의 감각 대상은 안개, 구름, 공기이다. 안개, 구름, 공기를 구성하는 두 가지 면 사이의 밀도 즉 분량이 적은 것을 가리킨다. 따라서 ③번은 ①번에서 유사성에 의해 장단 영역에서 다소 영역으로 확장된 은유적인 의미라고 할 수 있다. ④번의 주체는 추상적인 동작인데 그동작의 정도가 약하다는 뜻을 가리킨다. ④번은 ②번과 공통적으로 정도특성을 갖고 있으므로 ④번은 ②번에서 확장된 은유적인 의미라 할 수 있다. ⑤번의 주체는 추상적인 동작인 언행인데 진중하지 않다는 것은 고려하는 정도가 부족하다는 것을 말할 수 있다. 따라서 ⑤번은 ④번에서 유사성에 의해 확장된 은유적인 의미라고 할 수 있다. '엷다'의 의미 확장 양상을 정리하면 다음 표와 같다.

[표 133] 한국어 '엷다'의 단의 확장 양상

의미 확장 양상	단의
② ← ① → ③ ↓ ④ ↓ ⑤	① (사물이) 한 면과 그에 평행한 맞은 면 사이의 거리가 짧다. ② (빛깔이) 연하다. ③ (안개, 구름, 공기 따위의 밀도가) 짙지 않고 성기다. ④ (어떤 동작이) 지나치게 드러냄이 없이 있는 듯 없는 듯 가만하다. ⑤ (언행이) 진중하지 않고 가볍다.

앞서 한국어 '엷다'의 단의 확장 양상을 살펴보았다. 이 단의를 토대로 '엷다'의 단의 분포 양상을 그리면 아래와 같다.

[그림 74] 한국어 '엷다'의 단의 분포 양상

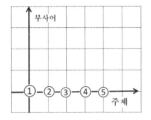

위에서 정리된 '엷다'의 단의 분포 양상을 보면 '엷다'의 의미 변화에 부사어의 영향을 받지 않고 주체의 영향만 받으며 주체의 추상화에 따라 의미 변화가 일어난 것을 확인할 수 있다.

5.6.2.3. '薄'

'薄'의 뜻풀이는 『現代漢語詞典』에서 4개, 『新編漢語形容詞詞典』과 『新華字典』에서 3개를 제시하고 있다. 구체적인 내용을 정리하면 다음과 같다.

(262) '薄'의 단의 후보(1)

　　가. 『現代』 [1]物體上下兩面之間的距離小.(물체의 상하 양면 사이

의 거리가 짧다.)¶這本書比較薄.(이 책이 너무 얇다.)

『新華』[1]厚度小的.(두께가 작다.)¶紙薄(종이가 얇다.)

『新編』[1]物體上下或相對兩面之間距離小.(물체의 상하 양면 사이의 거리가 짧다.)¶被子太薄(이불이 너무 얇다.)

나. 『現代』[2]感情冷淡, 不深.(감정이 냉담하고 깊지 않다.)¶薄情 (박정하다.)

『新華』[2]感情冷淡.(감정이 냉담하다.)¶人情薄.(감정이 냉담하다.)

『新編』[3]感情不深.(감정이 깊지 않다.)¶薄情(박정하다.)

다. 『現代』[3]土地不肥沃.(토지가 비옥하지 않다.)¶瘠田薄地(척박하고 메마른 논밭.)

『新華』[3]不肥沃.(토지가 비옥하지 않다.)¶薄田(척박한 농토)

『新編』[2]土地不肥沃.(토지가 비옥하지 않다.)¶薄田(척박한 농토.)

라. 『現代』[4]家産少.(재산이 적다.)¶家底薄(경제 기반이 약하다.)

위에 제시된 '薄'의 사전적 의미를 재정리하면 다음과 같다.

(263) '薄'의 단의

① 物體兩面之間的距離小((사물이) 한 면과 그에 평행한 맞은 면 사이의 거리가 짧다.)

② 感情冷淡.((감정이) 깊지 않다.)

③ 土地不肥沃.((토지가) 척박하다.)

④ 家底貧弱.((재산이) 빈약하다.)

네 가지 단의 후보의 논항 특성은 모두 '주체(A)+薄'의 구조이다. A 자리에 있는 주체는 '①번 사물, ②번 감정, ③번 토지, ④번 재산' 등이다. ①번 사물, ③번 토지 주체는 구체 영역에 속하는 반면 나머지 주체는 추상 영역에 속한다. 따라서 주체에 따라 '薄'의 단의 분류는 다음과 같다.

[표 134] 중국어 '薄'의 단의 분류

논항 특성	주체(A)			단의 후보 번호
A+薄	구체		사물	①
			토지	③
	추상	정신	감정	②
		금전	재산	④

단의 후보의 순서를 배열하면 첫째, 주체가 구체에서 추상으로 확장되는 원리에 따라 ①③번의 순서는 ②④번보다 앞에 있다고 할 수 있다.

둘째, ①③번 가운데 ①번의 주체는 사물인 반면 ③번의 주체는 토지(땅)에 국한되었다. ①번은 ③번보다 제한을 적게 받는다고 할 수 있으므로 ①번의 순서는 ③번보다 앞에 놓인다.

셋째, ②④번 가운데 ②번 감정 주체는 사람의 정신에 관한 내용이므로 사람과 관련된 영역에 속하는 반면 ④번은 그렇지 않다. ④번에서 실제 주체로 선택되는 어휘는 家底, 財力밖에 없어 제한을 많이 받는다고 할 수 있다. 따라서 ②번의 순서는 ④번보다 앞에 놓인다.

이상으로 중국어 '薄'의 단의 순서는 ①③②④로 배열될 수 있고 그 단의는 다음과 같이 정리된다.

(264) '薄'의 단의
❶ 物體兩面之間的距離小.((사물이) 한 면과 그에 평행한 맞은 면 사이의 거리가 짧다.)
❷ 土地不肥沃.((토지가) 척박하다.)
❸ 感情冷淡.((감정이) 깊지 않다.)
❹ 家底貧弱.((재산이) 빈약하다.)

'薄'의 단의 가운데 대표가 되는 원형의미는 출현 제약이나 의미적 환경의 영향을 되도록 적게 받는 구체적 환경에서 실현되는 것으로 결정된다.

그러므로 위에 제시된 단의 가운데에서 가장 기본적인 것은 사물의 주체에서 드러나는 ❶번에서 찾을 수 있다. 따라서 ❶번은 '薄'의 원형의미로 간주된다.

❶번에서 시각의 감각 대상은 사물이고 평행한 두 가지 면 사이의 길이를 가리키는 것이다. ❷번에서 시각의 감각 대상은 토지이다. 토지의 표면과 바닥 사이의 영양성분이 부족하다는 것을 뜻한다. 따라서 ❷번은 ❶번에서 확장된 은유적인 의미라 할 수 있다. ❸번의 주체는 추상적인 감정이고 그 감정의 두께 즉 길이가 짧다는 뜻을 가리킨다. 따라서 ❸번도 ❶번에서 유사성에 의해 확장된 은유적인 의미라고 할 수 있다. ❹번의 주체는 추상적인 재산이고 재산을 축적하는 정도 즉 재산을 누적하는 두께(길이)를 뜻하는 것이다. 따라서 ❹번도 ❶번에서 유사성에 의해 확장된 의미라 할 수 있다. 이상은 중국어 '薄'의 단의 확장 양상에 관한 기술이다. 표로 정리하면 다음과 같다.

[표 135] 중국어 '薄'의 단의 확장 양상

의미 확장 양상	단의
❶ → ❷ ↙ ↘ ❸　　❹	❶ 物體兩面間距小.((사물이) 한 면과 그에 평행한 맞은 면 사이의 거리가 짧다.) ❷ 土地不肥沃.((토지가) 척박하다.) ❸ 感情冷淡.((감정이) 깊지 않다.) ❹ 家底貧弱.((재산이) 빈약하다.)

앞서 중국어 '薄'의 단의 확장 양상을 살펴보았다. 이 단의를 토대로 '薄'의 단의 분포 양상을 그리면 아래와 같다.

[그림 75] 중국어 '薄'의 단의 분포 양상

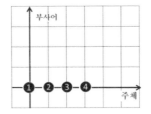

위에서 정리된 '薄'의 단의 분포 양상을 보면 '薄'의 의미 변화에 부사어의 영향을 받지 않고 주체의 영향만 받으며 주체의 추상화에 따라 의미 변화가 일어난 것을 확인할 수 있다.

5.6.2.4. '얇다', '엷다'와 '薄'의 대조

한국어 '얇다'는 네 가지 단의가 있고, '엷다'는 다섯 가지 단의가 있으며, '薄'은 네 가지 단의가 있는 것을 정리하였다. 비교 결과 세 가지 형용사 사이에는 하나의 의미만 대응관계가 확인된다. 구체적인 대조 내용은 다음과 같다.

(265) 가. 옷이 <u>얇다</u>.
　　　 가′. 옷이 <u>엷다</u>.
　　　 가″. 衣服<u>薄</u>.
　　　 나. <u>얇은</u> 종이.
　　　 나′. <u>엷은</u> 종이.
　　　 나″. <u>薄</u>紙.

한국어의 '얇다', '엷다'와 중국어 '薄'의 공통점은 (265가-나″)에서 주체가 사물일 때 그 사물이 한 면과 그에 평행한 맞은 면 사이의 거리가 짧다는 의미를 가진다는 것이다.

한편, 차이점은 다음과 같다. 첫째, '얇다', '엷다'는 빛깔이 주체가 되어 그 빛깔이 연하다는 뜻을 나타낼 수 있다. 반면, 중국어 '薄'에는 이와 비슷한 의미가 없다.

> (266) 가. 얇은/엷은 푸른색.
> 가'. *薄青色.
> 가''. 淺/淡青色.
> 나. 얇은/엷은 색.
> 나'. *薄色.
> 나''. 淺/淡色.

위와 같은 상황에서 '薄'은 사용할 수 없고 '얇다', '엷다'와 대응하지 않는다. 주체가 빛깔이 될 때 중국어에서는 크기 형용사 '淺'이나 농담 형용사 '淡'을 사용한다.

둘째, '얇다'의 주체가 내재적 정신으로 확장될 때 (마음이) 좁다는 뜻을 가지는데, '薄'은 이와 비슷한 의미가 없다.

> (267) 가. 속이 얇은 사람들.
> 가'. *器薄之輩.
> 가''. 器小之輩.
> 나. 얇은 마음.
> 나'. *薄心眼.
> 나''. 小心眼.

주체가 마음으로 확장되는 상황에서 중국어에서는 '小'를 대신 사용한다.

셋째, '얇다'의 주체는 규모 영역으로 확장되어 (집단의 규모가) 작다는 의미를 가진다. 반면에 '薄'의 주체는 규모 영역으로 확장되지 않는다.

> (268) 가. 우리 편은 선수층이 얇아서 불리한 경기를 펼쳤다.

> 가. *我們選手薄, 競技處於劣勢.
> 가'. 我們選手少, 競技處於劣勢.
> 나. 여기서 플러그인 전기자동차의 수요층이 외국에 비해 <u>엷다</u>.
> 나'. *這裡揷電式電動車的需求比外國要薄.
> 가''. 這裡揷電式電動車的需求比外國要少.

위와 같은 상황에서 '薄'은 '엷다'와 같이 (집단의 규모가) 작다는 단의를 표현할 수 없고 분량의 다소를 의미하는 '少'가 대신 사용된다.

넷째, '엷다'는 주체가 안개, 구름, 공기 따위로 확장되어 그 밀도가 짙지 않고 성기다는 의미를 표현할 수 있다. 반면에 '薄'은 이러한 의미를 표현할 수 없다.

> (269) 가. 하늘은 높고 구름은 <u>엷다</u>.
> 가'. *天高云薄.
> 가''. 天高雲<u>淡</u>.
> 나. <u>엷은</u> 향기.
> 나'. *<u>薄</u>香.
> 나''. <u>淡</u>香.

위 예문을 통해 '엷다'가 안개, 구름, 공기 따위의 밀도가 짙지 않고 성기다는 뜻을 나타낼 때 중국어에서는 '薄'을 쓸 수 없고 농담 의미를 뜻하는 '淡'을 대신 사용한다.

다섯째, 한국어 '엷다'는 드러냄이 없이 있는 듯 없는 듯 가만하다는 뜻을 가지는데, 중국어 '薄'은 이런 뜻이 없다.

> (270) 가. <u>엷은</u> 웃음.
> 가'. *<u>薄</u>笑.
> 가''. <u>微</u>笑.
> 나. 노인은 <u>엷은</u> 한숨을 내쉬었다.

나'. *老人薄歎一口氣.
나". 老人輕歎一口氣.

위와 같은 상황에서 '薄'은 사용할 수 없고 '엷다'와 대응하지 않는다. 주체가 동작이 될 때 중국어에서는 상황에 따라 '微(경미하다), 輕(가볍다)' 등을 대신 사용한다.

여섯째, '엷다'의 주체가 언행으로 확장될 때 (언행이) 진중하지 않고 가볍다는 뜻을 가진다. 반면, 중국어 '薄'은 이러한 뜻이 없다.

(271) 가. 엷은 짓.
　　　가'. *薄的行爲
　　　가". 輕率的行爲.
　　　나. 됨됨이가 엷다.
　　　나'. *爲人薄.
　　　나". 爲人輕浮.

주체가 언행으로 확장되는 상황에서 중국어의 '薄'은 사용할 수 없고 상황에 따라 복합형용사 '輕率(경솔하다), 輕浮(경박하다)' 등을 대신 사용한다.

일곱째, '薄'은 토지가 주체로 쓰여 (토지가) 척박하다는 의미를 가지는데, '엷다'는 토지가 주체로 쓰일 수 없다.

(272) 가. 几分薄田.
　　　가'. *몇 무(畝)의 얇은/엷은 땅.
　　　가". 몇 무(畝)의 메마른 땅.
　　　나. 瘠田薄地.
　　　나'. *척박하고 얇은/엷은 논밭.
　　　나". 척박하고 메마른 논밭.

위 예문을 통해 '薄'이 (토지가) 척박하다는 뜻을 나타낼 때 한국어에서는

‘얇다/엷다’를 쓸 수 없고 ‘메마르다’를 대신 사용한다.

여덟째, ‘薄’은 주체가 감정 영역으로 확장되어 (감정이) 깊지 않다는 의미를 표현할 수 있다. 반면에 ‘얇다/엷다’는 이러한 의미를 표현할 수 없다.

   (273) 가. 交情不薄.
       가'. *교분이 <u>얇지 않다/엷지 않다</u>.
       가". 교분이 <u>성기다</u>.
       나. 友情薄如蟬翼
       나'. *우정이 <u>얇다/엷다</u>.
       나". 우정이 <u>성기다</u>.

위 예문을 통해 ‘薄’이 (감정이) 냉담하고 깊지 않다는 뜻을 나타낼 때 한국어에서는 ‘얇다/엷다’를 쓸 수 없고 ‘성기다’를 대신 사용한다.

아홉째, 중국어 ‘薄’은 (재산이) 빈약하다는 의미를 가리키는 경우가 있다. 이와 비교하면 한국어 ‘얇다/엷다’에는 이러한 의미가 없다.

   (274) 가. 家底薄.
       가'. * 집안의 경제력이나 배경이 <u>얇다/엷다</u>.
       가". 집안의 경제력이나 배경이 <u>약하다</u>.
       나. 財力薄
       나'. *재산이 <u>얇고/엷고</u> 실력이 약하다.
       나". 재산이 <u>적고</u> 실력이 약하다.

위와 같은 상황에서 한국어 ‘얇다/엷다’는 사용할 수 없고 ‘약하다, 빈약하다’ 등의 어휘를 대신 사용한다.

다음으로 ‘얇다’, ‘엷다’와 ‘薄’의 확장 양상을 대조해 본다. 공통점은 ‘얇다’, ‘엷다’와 ‘薄’의 주체가 구체 영역에서 추상 영역으로 확장된다는 점이다.

확장 양상의 차이점을 살펴보면, 추상적 주체 내부, '얇다'의 주체는 정신 주체, 규모 주체로 확장되고 '엷다'는 행위 주체로 확장된다. 반면, '薄'은 감정 주체와 재산 주체로 확장되는 것이 확인된다.

이상 한국어 '얇다', '엷다'와 중국어 '薄'을 대조한 내용을 정리하면 다음과 같다.

[표 136] 한국어 '얇다', '엷다'와 중국어 '薄'의 단의 확장 양상 및 대응관계

의미 확장 양상	대응관계			
	단의	얇다	엷다	薄
x/⑤/x ↑ x/㊂/x x/㊃/x x/x/❷ ↖ ↑ ↗ ②/㊀/x ← ①/㊀/❶ → ③/x/x ↙ ↓ ↘ x/x/❸ ④/x/x x/x/❹	(사물이) 한 면과 그에 평행한 맞은 면 사이의 거리가 짧다.	①	㊀	❶
	(토지가) 척박하다.	×	×	❷
	(빛깔이) 연하다.	②	㊁	×
	(안개, 구름, 공기 따위의 밀도가) 짙지 않고 성기다.	×	㊂	×
	(어떤 동작이) 지나치게 드러냄이 없이 있는 듯 없는 듯 가만하다.	×	㊃	×
	(언행이) 진중하지 않고 가볍다.	×	㊄	×
	(감정이) 깊지 않다.	×	×	❸
	(속이) 좁다.	③	×	×
	(집단의 규모가) 작다.	④	×	×
	(재산이) 빈약하다.	×	×	❹

앞서 한국어 '얇다', '엷다'와 중국어 '薄'의 단의 확장 양상 및 대응관계, 단의 분포 양상을 살펴보았다. 이를 토대로 두 어휘의 단의 분포 양상을 대조하면 아래와 같다.

[그림 76] 한국어 '얇다', '엷다'와 중국어 '薄'의 단의 분포 양상 대조

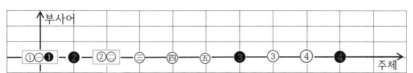

위에 제시한 결과를 보면 한국어 '얇다', '엷다'와 중국어 '薄'은 '사물이 한 면과 그에 평행한 맞은 면 사이의 거리가 짧다'는 의미를 표현할 때 일치하다. 중국어 '薄'의 주체는 '토지, 감정' 따위로 확장이 일어나는데 한국어 '얇다'와 '엷다'의 단의 가운데 이러한 의미를 찾을 수 없다. 또한 한국어 '엷다'의 주체는 '빛깔, 안개, 그림, 공기, 언행' 따위로 의미 확장이 일어나는데 중국어 '薄'의 단의 가운데 이와 비슷한 의미를 찾을 수 없다. 또한 한국어 '얇다', '엷다'와 중국어 '薄'의 의미 분포 양상을 정리하면 의미 변화에 공통적으로 주체의 영향만 받아 화살표 방향으로 추상화된 것을 확인할 수 있다.

5.7. 대소(大小)

대소(大小)를 의미하는 크기 형용사는 한국어 '크다'와 '작다', 중국어 '大'와 '小'를 대상으로 논의한다.

5.7.1. 크다/大

5.7.1.1. '크다'

'굵다'의 뜻풀이는 『표준국어대사전』과 『고려대 한국어대사전』에서 14

개, 『금성 국어대사전』에서 6개를 제시하고 있다. 구체적인 내용을 정리하면 다음과 같다.

(275) '크다'의 단의 후보(1)

　가. 『표준』 [1]사람이나 사물의 외형적 길이, 넓이, 높이, 부피 따위가 보통 정도를 넘다.¶키가 크다/눈이 크다/발이 크다/집이 크다/가구가 커서 방에 들어가지 않는다./글씨를 크게 적어서 뒤에서도 잘 보인다./그는 덩치만 크지 겁이 많아서 덩칫값도 못한다고　놀림을 받는다.

　　　『고려』 [1](물체나 건물 따위의 부피, 높이, 면적, 크기 따위가) 다른 일반의 것과 비교하여 그 정도가 더한 상태이다.¶운동장이 꽤 크다/그녀는 아주 큰 집에서 혼자 살고 있다/항성은 크면 클수록 더 빨리 폭발한다고 한다/축사를 이렇게까지 크게 지을 필요가 있을까요/나는 그의 크고 두터운 손을 한참 동안 바라보았다/코끼리는 덩치는 크지만 전혀 위협적으로 보이지 않는다.

　　　『금성』 [1](길이·부피·넓이 따위가) 보통 정도를 넘다.¶발이 크다/산이 크다/덩치가 크다.

　나. 『표준』 [2]신, 옷 따위가 맞아야 할 치수 이상으로 되어 있다.¶허리 치수가 커서 바지가 내려갈 것 같다./신발이 큰지 질질 끌고 다닌다./당신들이 보내 준 구호 의류는 대부분이 너무 커서 고아들의 몸에는 맞질 않아요

　　　『고려』 [6](옷, 모자, 신 따위가)사람에게 맞아야 할 치수 이상으로 되어 있다.¶옷이 아이에게 좀 큰걸?/모자가 커서 다른 것으로 바꾸었다/생일 선물로 받은 운동화가 나한테 좀 큰 것 같다.

　　　『금성』 [2]맞아야 할 치수 이상으로 되어 있다.¶모자가 커서 안 되겠다/신이 커서 자꾸 벗어진다.

　다. 『표준』 [3]일의 규모, 범위, 정도, 힘 따위가 대단하거나 강하다.¶가치가 큰 일/책임이 크다/그녀는 씀씀이가 크다/올해 여름은 비가 많이 와 큰 난리를 겪었다./힘든 만큼 기쁨이 컸다./음

주 운전 단속이 크게 강화되었다.

『고려』[2](일이)규모나 범위, 정도가 대단하거나 심하다.¶이번 일은 네 책임이 크다/골목 어귀에서 큰 싸움이 벌어졌다/우리 회사에서 이번에 큰 공사를 맡게 되었다/그녀는 크게 앓고 난 사람처럼 몸이 많이 축나 있었다/경찰차에 이어서 구급차까지 가는 걸보니 사고가 크게 난 모양이다

『금성』[4]규모 · 범위 · 정도 · 힘 따위가 대단하거나 강하다.¶사건이 크게 벌어지다/세력이 크다/가치가 크다/네 책임이 크다/손해가 크다/기쁨이 크다.

라. 『표준』[4]사람의 됨됨이가 뛰어나고 훌륭하다.¶재목이 크다/큰 인물을 배출하다/우리 마을에서 큰 인물이 났구나./큰 인물이 나오면 반드시 역란을 일으켜 백성들을 사지로 몰아갈 터이므로 큰 인물이 제발 나오지 말아 달라는 소망이 깃들어 있다고 봐야지요

『고려』[9](사람이나 그 됨됨이가)뛰어나고 두드러지다.¶내가 보기에 혁재는 앞으로 크게 될 인물이다/어머니는 항상 저에게 큰 인물이 되라고 가르치셨습니다/임 장군은 사람됨은 크지만 시대를 잘못 만나서 원대한 꿈을 이루지 못했다.

『금성』[6](사람의 됨됨이가) 뛰어나고 두드러지다.¶큰 인물.

마. 『표준』[5]소리가 귀에 거슬릴 정도로 강하다.¶크게 떠들다/큰 소리로 떠들지 마라./음악 소리가 너무 커서 앞사람의 말소리도 들리지 않는다.

『고려』[8](소리가)보통의 상태보다 높다.¶두 사람은 서로 마주보고 한바탕 크게 웃었다/공공장소에서 그렇게 큰 소리로 떠드는 게 아니다/승객들이 몇 안 되는 버스 안에는 크게 틀어 놓은 카스테레오 소리만 끊임없이 왕왕거렸다.

바. 『표준』[6]돈의 액수나 단위가 높다.¶돈의 액수가 크다/그렇게 간단한 일에 대한 대가로는 너무 큰 액수였다.

『고려』[13](돈이나 그 액수가)단위가 높다.¶도둑을 잡은 용감한 시민이 표창장과 함께 큰 상금을 받았다/찾으려는 돈의 액수가 너무 커서 현금 인출기로는 인출할 수 없을 것 같다.

사. 『표준』[7]몸이나 마음으로 느끼는 어떤 일의 영향, 충격 따위

가 보통 정도를 넘다.¶실망이 크다/큰 충격을 받다/우리 회사
는 은행이 대출을 정지하는 바람에 큰 타격을 입었다./선생님
이 지금 어엿한 문인이 되신 것도 우리 아버님 영향이 컸다는
걸 말씀해 주시면 더욱 영광이겠고요

『고려』 [5](몸이나 마음으로 느끼는 어떤 일의 영향, 감정 따
위가)보통의 정도 이상으로 심하다.¶천둥소리에 아이가 크게
놀랐다/어머님께서 충격이 크신 것 같습니다/선생님으로부터
큰 은혜를 입었습니다/자라 오면서 나는 형으로부터 받은 영
향이 크다/너무나 기대를 했기 때문에 그만큼 실망도 컸다.

아.『표준』 [8]생각의 범위나 도량이 넓다.¶통이 크다/나는 그래도
대제학 김병학은 다른 김씨네보다 아량이 크고 사람을 알아볼
줄 알았더니 초록은 동색(同色)이오그려!

『고려』 [11](도량이나 아량, 통 따위가)범위나 폭이 넓다.¶김
씨는 소심해 보이는 외모와는 달리 도량이 큰 사람이다/장 사
장은 워낙 통이 커서 그런 사소한 일은 개의치 않는다.

『금성』 [5](생각하는 범위나 도량의) 폭이 넓다.¶배짱이 크다/
도량이 크다.

자.『표준』 [9]겁이 없고 용감하다.¶담이 크다/최삼봉이에게 정면
으로 욕설을 퍼붓고, 동복산 송덕비각에 불을 지른 담보 큰 일
을 해치웠던 창윤이었다.

차.『표준』 [10]가능성 따위가 많다.¶아버지가 단독으로 그 일을
해냈거나 아니면 밖의 누구와 공모를 했을 가능성이 크다는
것이었다.

『고려』 [12](어떻게 될 가능성이)일정한 수준보다 많다.¶누군
가 공모자가 있을 가능성이 크다/이번 경기에서는 우리가 이
길 확률이 큰 것 같은데요.

카.『표준』 [11]((‘크게는’ 꼴로 쓰여)) ‘범위를 넓힌다면’의 뜻으로
이르는 말.¶작게는 자기 자신을, 더 크게는 보다 근원적인 것
을 건져 올리는 길임을 현세는 확신하고 싶었다.

『고려』 [14]‘크게는’의 꼴로 쓰여, ‘나아가서는’, ‘범위를 더 넓
힌다면’의 뜻을 나타내는 말.¶한 사람의 노력은 자기의 성공은
물론, 크게는 사회에 도움을 준다.

　타.『표준』[12](('크게' 꼴로 쓰여)) '대강', '대충'의 뜻을 나타내
　　는 말.¶크게 둘로 나누다/대학교수가 다 이렇다는 것이 아니라,
　　크게 나누면, 이상의 두 종류로 분류할 수 있다는 말이다.
　　『고려』[4]'크게'의 꼴로 쓰여, '나누는 범위가 대략적이고 넓
　　게'의 뜻을 나타내는 말.¶중국요리는 크게 광둥요리, 사천요리,
　　호남 요리 등으로 나뉜다/인간의 일생은 크게 성장기(成長期),
　　성숙기(成熟期), 노화기(老化期)로 나눌 수 있다/금연 학교의 프
　　로그램은 크게 의료 강좌, 의지 강좌, 시청각 교육 등으로 나
　　뉘어 진행된다.
　파.『표준』[13]((주로 '큰' 꼴로 쓰여)) '중요하다', '의의가 있다'
　　의 뜻을 나타내는 말.¶큰 결단을 내리다/큰 결심을 하다.
　　『고려』[3]'큰'의 꼴로 쓰여, '훌륭하거나 대단한', '중요하거나
　　의미 있는'의 뜻을 나타내는 말.¶오늘 하준은 큰 결심을 했다/
　　김 선생님은 우리 국문학사에 큰 업적을 남기셨다/이것이 바
　　로 환자의 고통과 불안을 증대시키는 큰 이유입니다/동구 밖
　　까지 들릴 정도로 떠들썩한 것이 마을에 무슨 큰 잔치라도 있
　　는 모양이었다.
　하.『표준』[14]'뛰어나다', '훌륭하다'의 뜻을 나타내는 말.¶큰 업
　　적을 남기다/이번 일에는 그의 공이 컸다.
　거.『고려』[7](사람이나 나무 또는 그 키가)보통의 정도보다 높
　　다.¶나무가 크다/영미는 키가 큰 사람을 좋아한다/농구 선수들
　　은 대개 키가 크지만 그 선수는 단신이었다.
　　『금성』[3](키가)보통 정도보다 높다.¶나무가 크다/키가 큰 사람.
　너.『고려』[10](잘못이나 죄 따위가)잘못된 정도가 보통의 경우보
　　다 심하다.¶이번에 계약이 성사되지 못한 데에는 저의 잘못이
　　큽니다/어머니는 큰 죄나 지은 사람처럼 어렵게 말씀을 시작
　　하셨다/이 대리가 일을 크게 저지르고 어디론가 잠적해 버렸
　　다는 소문을 들었다.

　(275사)의 주체는 일의 영향이고 (275차)의 주체는 일의 확률이며, (275
파)의 주체는 일의 가치이다. 또, (275너)의 주체는 일의 잘못이고 (275하)

의 주체는 일의 결과이다. 이러한 주체들은 (275다)에 기술된 일의 규모, 정도 따위에 관한 주체이고 보통 정도를 넘다는 의미를 공통적으로 가리킨다. 따라서 (275다, 사, 차, 파, 너, 하)는 통합하여 (일의 규모, 영향, 확률 가치, 결과 따위가) 보통 정도를 넘어 대단하다고 기술할 수 있다.

한편, (275카, 타)의 내용을 보면 '범위'가 주체가 되어 보통 정도를 넘는다는 의미를 가리킨다. 따라서 (275카, 타)도 (275다, 사, 차, 파, 너, 하)와 같이 통합되어야 한다.

(275라)의 주체는 사람의 됨됨이이고, (275아)의 주체는 사람의 도량이며, (275자)의 주체는 사람의 담력이다. 이러한 주체들은 모두 사람의 품성, 능력에 관한 것이고 의미적으로 뛰어나다고 기술되는 데에 차이가 없는 것으로 보인다. 따라서 (275라, 아, 자)는 하나의 단의로 통합하여 (사람의 품성, 능력이) 보통 정도를 넘어 뛰어나다고 기술할 수 있다.

(275거)의 주체는 사람의 키, 나무인데 이는 (275가)의 주체와 비교하면 주체의 배타적 분포를 이루는 것이 아니며 (275가)에 포함된 것이다. 따라서 (275거)는 (275가)와 통합되어야 한다. '크다'의 사전적 의미를 재정리하면 다음과 같다.

> (276) '크다'의 단의 후보(2)
> ① (사물이) 공간적인 크기가 보통 정도를 넘다.
> ② (신, 옷 따위가) 그 치수가 맞아야 할 치수 이상으로 되어 있다.
> ③ (일의 규모, 영향, 확률 가치 따위가) 보통 정도를 넘어 대단하다.
> ④ (사람의 품성, 능력이) 보통 정도를 넘어 뛰어나다.
> ⑤ (소리가) 강하다.
> ⑥ (돈의 액수나 단위가) 높다.

위 여섯 가지 단의 후보의 실현 환경은 주체로 이루어진다. 각 단의 후보의 주체는 '①번 사물, ②번 신, 옷, ③번 일, ④번 품성, 능력, ⑤번 소리, ⑥번 단위' 등이다. '①번 사물, ②번 신, 옷, ⑤번 소리'는 구체 영역에 속하는 반면 나머지 주체는 추상 영역에 속한다.

구체 영역에서 ①번 사물, ②번 신, 옷 주체는 형체가 있으므로 유형물에 속하고 ⑤번 소리는 형체가 없으므로 무형물에 속한다.

[표 137] 한국어 '크다'의 단의 분류

논항 특성 땡땡	주체(A)			단의 후보 번호
A가 크다	구체	유형물	사물	①
			신, 옷	②
		무형물	소리	⑤
	추상	정신	품성, 능력	④
		숫자	액수, 단위	⑥
		사건	일	③

단의 후보의 순서를 배열하면 첫째, ①-⑥번 가운데 주체가 구체에서 추상으로 확장되는 원리에 따라 ①②⑤번의 순서가 ③④⑥번보다 앞에 놓인다.

둘째, ①②⑤번 가운데 형체가 있는 유형물이 형체가 없는 무형물보다 구체성이 강하므로 ①②번의 순서는 ⑤번보다 앞에 있다고 할 수 있다.

셋째, ①②번 가운데 ②번의 주체는 신, 옷과 관련된 것인데 이는 ①번 사물 주체보다 제한을 많이 받는다고 할 수 있다. 따라서 ①번의 순서는 ②번보다 앞에 놓인다.

넷째, ③④⑥번 가운데 품성, 능력에 관한 ③번 주체는 사람에 관한 내용이므로 일 주체인 ③번, 액수, 단위 주체인 ⑥번보다 순서가 앞에 있다고 할 수 있다.

다섯째, ③⑥번 가운데 ⑥번 액수, 단위 주체에서 액수는 돈의 머릿수를 의미하고 단위는 역시 수치로 나타낸다. 결국 ⑥번 액수, 단위 주체는 추상적인 특성을 갖고 있지만 구체적인 숫자를 통해 확인된다. 이는 ③번 일 주체보다 상대적으로 구체적이라 할 수 있다. 따라서 ⑥번의 순서는 ③번의 앞에 놓일 수 있다.

위 내용을 통해 한국어 '크다'의 단의 순서는 ①②⑤④⑥③로 배열될 수 있고 그 단의는 다음과 같이 정리된다.

> (277) '크다'의 단의 후보(2)
> ① (사물이) 공간적인 크기가 보통 정도를 넘다.
> ② (신, 옷 따위가) 치수가 맞아야 할 치수 이상으로 되어 있다.
> ③ (소리가) 강하다.
> ④ (사람의 품성, 능력이) 보통 정도를 넘어 뛰어나다.
> ⑤ (돈의 액수나 단위가) 높다.
> ⑥ (일의 규모, 영향, 확률 가치 따위가) 보통 정도를 넘어 대단하다.

'크다'의 단의 가운데 대표가 되는 원형의미는 출현 제약이나 의미적 환경의 영향을 되도록 적게 받는 구체적 환경에서 실현되는 것으로 결정된다. 그러므로 위에 제시된 단의 가운데에서 가장 기본적인 것은 사물의 주체에서 드러나는 ①번에서 찾을 수 있다. 따라서 ①번은 '크다'의 원형의미로 간주된다.

①번 시각의 감각 대상은 사물이고 그 사물의 크기가 보통 정도를 넘다는 뜻을 의미한다. ②번 시각의 감각 대상은 신, 옷이고 그 치수가 보통 정도를 넘다는 뜻을 의미한다. 결국 ②번은 ①번에서 유사성에 의해 확장된 은유적인 의미라 할 수 있다. ③번에서 청각의 감각 대상은 소리인데 그 소리가 보통 정도를 넘다는 뜻을 의미한다. 결국 ③번도 ①번에서 유사성에 의해 확장된 은유적인 의미라 할 수 있다. ④번의 주체는 내재적인 품

성과 능력인데 보통 정도를 넘다는 뜻을 가리킨다. ①번 구체적인 사물에서 ④번 추상적인 내재적 능력으로 확장되는 것은 유사성에 의한 확장이라 할 수 있다. ⑤번의 주체는 추상적인 단위인데 이는 역시 수치라고 할 수 있다. ⑤번은 ②번에서 유사성에 의해 확장된 은유적인 의미라 할 수 있다. ⑥번의 주체는 추상적인 규모, 영향, 확률 가치인데 보통 정도를 넘다는 뜻을 의미한다. 따라서 ⑥번은 역시 ①번에서 유사성에 의해 확장된 은유적인 의미라 할 수 있다.

[표 138] 한국어 '크다'의 단의 확장 양상

의미 확장 양상	단의
② ← ① → ③ ↓ ↙ ↘ ⑤ ④ ⑥	① (사물의 공간적인 크기가) 보통 정도를 넘다. ② (신, 옷 따위의 치수가) 맞아야 할 치수 이상으로 되어 있다. ③ (소리가) 강하다. ④ (사람의 품성, 능력이) 보통 정도를 넘어 뛰어나다. ⑤ (돈의 액수나 단위가) 높다. ⑥ (일의 규모, 영향, 확률 가치 따위가) 보통 정도를 넘어 대단하다.

앞서 한국어 '크다'의 단의 확장 양상을 살펴보았다. 이 단의를 토대로 '크다'의 단의 분포 양상을 그리면 아래와 같다.

[그림 77] 한국어 '크다'의 단의 분포 양상

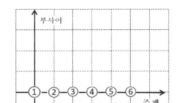

위에서 정리된 '크다'의 단의 분포 양상을 보면 '크다'의 의미 변화에

부사어의 영향을 받지 않고 주체의 영향만 받으며 주체의 추상화에 따라 의미 변화가 일어난 것을 확인할 수 있다.

5.7.1.2. '大'

'大'의 뜻풀이는 『現代漢語詞典』에서 4개, 『新華字典』에서 2개, 『新編漢語形容詞詞典』에서 1개를 제시하고 있다. 구체적인 내용을 정리하면 다음과 같다.

> (278) '大'의 단의 후보(1)
>> 가. 『現代』 [1]在體積, 面積, 力量, 能力, 規模等方面超過一般或超過所比較的對象.(체적, 면적, 힘, 능력, 규모 등 따위가 일반 정도보다 넘다.)¶面積/體積/規模/能力大(면적/체적/규모/능력이 크다.)
>> 『新華』 [1]占的空間較多, 面積較廣, 容量較多.(공간을 많이 차지하고 면적이 넓으며, 용량이 많다.)¶面積/體積/容量大(면적/체적/용량이 크다)
>> 『新編』 [1]超過一般或超過所比較的對象.可廣泛用於體積, 面積, 範圍, 規模, 數額, 價錢, 膽子, 決心, 胸懷, 打擊, 影響, 損失等(일반 정도를 넘다. 면적, 체적, 범위, 규모, 수액, 단위, 담력, 결심, 도량, 충격, 영향, 손해 등에 광범위하게 사용된다.)¶範圍/數額/單位/膽子/決心/度量/打擊/影響/損失大(범위/액수/단위/담력/결심/도량/충격/영향/손해가 크다.)
>> 나. 『現代』 [2]數量較多的(수량이 많다.)¶數量大(수량이 크다.)
>> 다. 『現代』 [3]聲音較響.(소리가 높고 강하다.)¶聲音大(소리가 크다.)
>> 라. 『現代』 [4]年長的.(나이가 많다.)¶年齡大(연령이 많다)
>> 『新華』 [2]年長的.(나이가 많다.)¶年齡大(연령이 많다)

(278가)에서 『現代』의 의미를 보면 공간적인 의미와 능력, 규모에 관한 의미를 구별하지 않고 하나의 단의로 기술하고 있다. 『新編』에서 역시 주체가 무엇인지를 구별하지 않고 다양한 상황을 하나의 단의로 기술하고

있다. 주체가 무엇인지 즉, 주체의 배타적 분포에 따라 그의 실현 환경
을 구별해야 한다. 따라서 위에 '大'의 사전적 의미를 재정리하면 다음
과 같다.

> (279) '大'의 단의 후보(2)
> 　　① 事物所佔空間超過一般情況((사물이) 공간적인 크기가 보통정도
> 　　　를 넘다.)
> 　　② 衣服尺寸超過一般需求((신, 옷 따위의 치수가) 맞아야 할 치수
> 　　　이상으로 되어 있다.)
> 　　③ 聲音響((소리가) 강하다.)
> 　　④ 品性或能力超出一般((사람의 품성, 능력이) 보통 정도를 넘어
> 　　　뛰어나다.)
> 　　⑤ 數額高((돈의 액수나 단위가) 높다.)
> 　　⑥ 事的規模, 程度等强大((일의 규모, 영향, 확률 가치 따위가) 보
> 　　　통 정도를 넘어 대단하다.)
> 　　⑦ 人的年齡大(사람의 연령이 많다.)

위에 일곱 가지 단의 후보의 논항 특성은 모두 '주체(A)+大'의 구조이
다. A 자리에 있는 주체는 '①번 사물, ②번 옷, ③번 소리, ④번 품성,
능력, ⑤번 액수나 단위, ⑥번 일, ⑦번 연령' 등이다. '①번 사물, ②번
옷, ③번 소리'는 구체 영역에 속하는 반면 나머지 주체는 추상 영역에
속한다.

구체 영역에서 ①번 사물 ②번 옷 주체는 형체가 있으므로 유형물에 속
하고 ③번 소리는 형체가 없으므로 무형물에 속한다.

[표 139] 중국어 '大'의 단의 분류

논항 특성	주체(A)			단의 후보 번호
A+大	구체	유형물	사물	1
			옷	2
		무형물	소리	3
	추상	숫자	연령	7
			액수나 단위	5
		정신	품성, 능력	4
		사건	일	6

　　단의 후보의 순서를 배열하면 첫째, 주체가 구체에서 추상으로 확장되는 원리에 따라 1 2 3번의 순서가 4 5 6 7번보다 앞에 놓인다.

　　둘째, 1 2 3번에서 형체가 있는 유형물이 형체가 없는 무형물보다 구체성이 강하므로 1 2번의 순서는 3번보다 앞에 놓인다.

　　셋째, 1 2번 가운데 2번의 주체는 신, 옷과 관련된 것인데 이는 1번 사물 주체보다 제한을 많이 받는다고 할 수 있다. 따라서 1번의 순서는 2번보다 앞에 놓인다.

　　넷째, 4 5 6 7번 가운데 품성, 능력에 관한 4번 주체, 연령에 관한 7번 주체는 사람에 관한 내용이므로 액수나 단위 주체인 5번과 일 주체인 6번보다 순서가 앞에 놓인다.

　　다섯째, 4 7번에서 4번 연령 주체는 사람이 세상에 나서 살아온 햇수를 가리킨 것인데 구제적인 숫자는 7번 내재적인 능력보다 구체성이 강하므로 4번의 순서는 7번보다 놓인다.

　　여섯째, 5 6번 가운데 5번 액수, 단위 주체에서 액수는 돈의 머릿수를 의미하고 단위는 역시 수치로 나타낸다. 결국 5번 액수, 단위 주체는 추상적인 특성을 갖고 있지만 구체적인 숫자를 통해 확인된다. 이는 6번 일 주체보다 상대적으로 구체적이라 할 수 있다. 따라서 5번의 순서는 6

번의 앞에 놓인다.

위 내용을 통해 중국어 '大'의 단의 순서는 ①②③⑦⑤④⑥로 배열될 수 있고 다음과 같이 정리된다.

> (280) '大'의 단의 후보(2)
> ❶ 事物所佔空間超過一般情況((사물이) 공간적인 크기가 보통정도를 넘다.)
> ❷ 衣服尺寸超過一般需求((신, 옷 따위의 치수가) 맞아야 할 치수 이상으로 되어 있다.)
> ❸ 聲音響((소리가) 강하다.)
> ❹ 人的年齡大(사람의 연령이 많다.)
> ❺ 品性或能力超出一般((사람의 품성, 능력이) 보통 정도를 넘어 뛰어나다.)
> ❻ 數額高((돈의 액수나 단위가) 높다.)
> ❼ 事的規模, 程度等强大((일의 규모, 영향, 확률 가치 따위가) 보통 정도를 넘어 대단하다.)

'大'의 단의 가운데 대표가 되는 원형의미는 출현 제약이나 의미적 환경의 영향을 되도록 적게 받는 구체적 환경에서 실현되는 것으로 결정된다. 그러므로 위에 제시된 단의 가운데에서 가장 기본적인 것은 사물의 주체에서 드러나는 ❶번에서 찾을 수 있다. 따라서 ❶번은 '大'의 원형의미로 간주된다.

❶번 시각의 감각 대상은 사물이고 그 사물의 크기가 보통 정도를 넘다는 뜻을 의미한다. ❷번 시각의 감각 대상은 신, 옷이고 그 치수가 보통 정도를 넘다는 뜻을 의미한다. 결국 ❷번은 ❶번에서 유사성에 의해 확장된 은유적인 의미라 할 수 있다. ❸번에서 청각의 감각 대상은 소리인데 그 소리가 보통 정도를 넘다는 뜻을 의미한다. 결국 ❸번도 ❶번에서 유사성에 의해 확장된 은유적인 의미라 할 수 있다. ❹번에서 시각의 감각 대상

은 연령이다. 연령이 보통 정도를 넘다는 뜻을 표현한다. 따라서 ❹번은 ❶번에서 유사성에 의해 확장된 은유적인 의미라고 할 수 있다. ❺번의 주체는 내재적인 품성과 능력인데 보통 정도를 넘다는 뜻을 가리킨다. ❺번은 ❶번에서 유사성에 의해 확장된 은유적인 의미라 할 수 있다. ❻번의 주체는 추상적인 단위인데 이는 역시 수치라고 할 수 있다. 결국 ❻번은 ❷번에서 유사성에 의해 확장된 은유적인 의미라 할 수 있다. ❼번의 주체는 추상적인 규모, 영향, 확률 가치인데 보통 정도를 넘다는 뜻을 의미한다. 따라서 ❼번은 역시 ❶번에서 유사성에 의해 확장된 은유적인 의미라할 수 있다. '大'의 의미 확장 양상을 정리하면 다음 표와 같다.

[표 140] 중국어 '大'의 단의 확장 양상

의미 확장 양상	단의
❷ ← ❶ → ❸ ↓ ╱ ↓ ↘ ❻ ❹ ❺ ❼	❶ 事物所佔空間超過一般情況((사물이) 공간적인 크기가 보통정도를 넘다.) ❷ 衣服尺寸超過一般需求((신, 옷 따위의 치수가) 맞아야 할 치수 이상으로 되어 있다.) ❸ 聲音響((소리가) 강하다.) ❹ 人的年齡大(사람의 연령이 많다.) ❺ 品性或能力超出一般((사람의 품성, 능력이) 보통 정도를 넘어 뛰어나다.) ❻ 數額高((돈의 액수나 단위가) 높다.) ❼ 事的規模, 程度等強大((일의 규모, 영향, 확률 가치 따위가) 보통 정도를 넘어 대단하다.)

앞서 한국어 '大'의 단의 확장 양상을 살펴보았다. 이 단의를 토대로 '大'의 단의 분포 양상을 그리면 아래와 같다.

[그림 78] 중국어 '大'의 단의 분포 양상

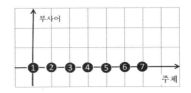

위에서 정리된 '大'의 단의 분포 양상을 보면 '大'의 의미 변화에 부사어의 영향을 받지 않고 주체의 영향만 받으며 주체의 추상화에 따라 의미 변화가 일어난 것을 확인할 수 있다.

5.7.1.3. '크다'와 '大'의 대조

한국어 '크다'는 여섯 가지 단의가 있고 '大'는 일곱 가지 단의가 있는 것을 정리하였다. 비교 결과 두 형용사는 여섯 가지 의미에서 대응관계가 확인된다. 구체적인 대조 내용은 다음과 같다.

(281) 가. 큰 도로.

　　　가'. 大路.

　　　나. 발이 크다.

　　　나'. 脚大.

　　　다. 이 모자는 나한테 너무 크다.

　　　다'. 這頂帽子我帶著太大.

　　　라. 신이 커서 발에 붙질 않는다.

　　　라'. 鞋大不跟脚.

　　　마. 라디오 볼륨이 너무 크다.

　　　마'. 收音機聲音太大.

　　　바. 큰 소리로 말하다.

　　　바'. 大聲說話.

　　　사. 큰 인물.

　　　사'. 大人物.

> 아. 담이 크다.
> 아'. 膽子大.
> 자. 큰 액수.
> 자'. 大額.
> 차. 단위가 크다.
> 차'. 單位大.
> 카. 규모가 크다.
> 카'. 規模大.
> 타. 큰 타격을 받다.
> 타'. 受到了很大的打擊.

한국어의 '크다'와 중국어 '大'의 공통점은 첫째, (281가−나')에서 주체가 사물일 때 그 사물의 공간적인 크기가 보통 정도를 넘다는 의미를 가진다. 둘째, (281다−라')에서 주체가 신, 옷의 치수로 확장되어 (신, 옷 따위의 치수가) 맞아야 할 치수 이상으로 되어 있다는 의미를 가진다. 셋째, (281마−바')와 같이 (소리가) 강하다는 의미를 가진다. 넷째, (281사−아')와 같이 주체가 내재적인 정신 영역으로 확장되어 (사람의 품성, 능력이) 보통 정도를 넘어 뛰어나다는 뜻을 가진다. 다섯째, (281자−차')와 같이 주체가 돈의 액수나 단위 영역으로 확장되어 액수나 단위가 높다는 뜻을 가진다. 여섯째, (281카−타')에 제시된 것처럼 (일의 규모, 영향, 확률 가치 따위가) 보통 정도를 넘어 대단하다는 뜻을 가진다.

한편, 차이점은 다음과 같다. 첫째, 중국어 '大'의 주체가 연령으로 확장될 때 사람의 연령이 많다는 뜻을 가지는데, 한국어 '크다'는 이러한 의미가 없다.

> (282) 가. 他年齡大.
> 　　　 가'. *그는 나이가 크다.
> 　　　 가. 그는 나이가 많다.

나. 居委會積极爲大齡青年搭鵲橋.

나'. *주민 위원회가 나이 큰 청년들을 위해 적극적으로 중매를
서다.

나. 주민 위원회가 나이 많은 청년들을 위해 적극적으로 중매를
서다.

주체가 연령으로 확장되는 상황에서 한국어는 '크다'가 아닌 '많다'를
사용한다.

둘째, 한국어의 '크다'와 중국어 '大'의 주체가 사물일 때 그 사물의 공
간적인 크기가 보통 정도를 넘다는 의미를 공통적으로 갖고 있지만 미시
적인 차이가 존재하다.

(283) 가. 키가 크다.

나. *个子大.

다. 个子高.

위와 같이 주체가 사람의 키일 때 한국어 '크다'가 키와 결합해서 사용
될 수 있는 반면 중국어 '大'가 사용될 수 없다. 이러한 상황에서는 높다는
뜻의 '高'를 대신 사용한다.

다음으로 '크다'와 '大'의 확장 양상을 대조해 본다. 공통점은 다음과 같
다. 첫째, '크다'와 '大'의 주체가 구체 영역에서 추상 영역으로 확장된다.
둘째, 구체 영역에서 유형물 주체에서 무형물 주체로 확장된다. 셋째, 추상
영역에서 숫자 영역, 정신 영역, 사건 영역 등으로 확장된다.

확장 양상의 차이점을 살펴보면, 추상 영역에서 숫자에 관한 주체로
확장될 때 중국어 '大'는 연령, 액수나 단위 등 주체로 확장되는데, 한국
어 '크다'는 액수나 단위 주체로는 확장되지만 연령 주체로는 확장되지
않는다.

이상 한국어 '크다'와 중국어 '大'를 대조한 내용을 정리하면 다음과 같다.

[표 141] 한국어 '크다'와 중국어 '大'의 단의 확장 양상 및 대응관계

의미 확장 양상	대응관계		
	단의	크다	大
②❷ ← ①❶ → ③❸ ↓ ↙ ↓ ↘ ⑤❻ ×/❹ ④❺ ⑥❼	(사물의 공간적 크기가) 보통 정도를 넘다.	①	❶
	(신, 옷 따위의 치수가) 맞아야 할 치수 이상으로 되어 있다.	②	❷
	(소리가) 강하다.	③	❸
	사람의 연령이 많다.	×	❹
	(사람의 품성, 능력이) 보통 정도를 넘어 뛰어나다.	④	❺
	(돈의 액수나 단위가) 높다.	⑤	❻
	(일의 규모, 영향, 확률 가치 따위가) 보통 정도를 넘어 대단하다.	⑥	❼

앞서 한국어 '크다'와 중국어 '大'의 단의 확장 양상 및 대응관계, 단의 분포 양상을 살펴보았다. 이를 토대로 두 어휘의 단의 분포 양상을 대조하면 아래와 같다.

[그림 79] 한국어 '크다'와 중국어 '大'의 단의 분포 양상 대조

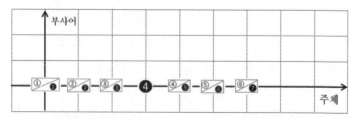

위에 제시한 결과를 보면 한국어 '크다'와 중국어 '大'의 주체는 '크기,

치수, 소리, 능력, 액수, 가치' 따위가 될 경우 일치하지만 중국어 '大'의
주체는 '연령'까지 확장이 일어나지만 한국어 '크다'의 주체는 이러한 영
역에서 의미 확장이 일어나지 않는다. 또한 한국어 '크다'와 중국어 '大'의
의미 분포 양상을 정리하면 의미 변화에 공통적으로 주체의 영향만 받아
화살표 방향으로 추상화된 것을 확인할 수 있다.

5.7.2. 작다/小

5.7.2.1. '작다'

'작다'의 뜻풀이는『표준국어대사전』에서 8개,『고려대 한국어대사전』
에서 9개,『금성 국어대사전』에서 7개를 제시하고 있다. 구체적인 내용을
정리하면 다음과 같다.

> (284) '작다'의 단의 후보(1)
>
>> 가.『표준』[1]길이, 넓이, 부피 따위가 비교 대상이나 보통보다
>> 덜하다.¶깨알처럼 작은 글씨/키 작은 꽃/작고 조용한 마을/몸집
>> 이 작다/체구가 작다/운동장이 작다/그는 동생보다 키가 작다./
>> 언니는 발이 유난히 작다./우리 집은 앞집보다 작다.
>> 『고려』[1](무엇이)부피, 넓이 따위가 일정한 기준이나 보통보
>> 다 덜한 상태에 있다.¶키가 작다/작은 가방.
>> 『금성』[1](부피·길이·넓이 등이) 보통의 경우나 비교 대상
>> 보다 덜 되거나 덜하다.¶작은 가방/발이 작다/운동장이 작다/영
>> 수는 철수보다 키가 작다.
>>
>> 나.『표준』[2]정하여진 크기에 모자라서 맞지 아니하다.¶치수가
>> 작다/살이 쪄서 옷이 작다/발이 커서 신이 작다.
>> 『고려』[7](옷이나 신발이 몸에 또는 누구에게)맞아야 할 치수
>> 에 모자라는 상태에 있다.¶누나가 신기에는 신발이 작은 것 같
>> 아/작년에 입던 옷이 이제는 작아서 입을 수 없다.

『금성』[3](치수가) 모자라 맞지 않다.¶신발이 작다/모자가 작다/옷이 작아서 입을 수 가없다.

다. 『표준』[3]일의 규모, 범위, 정도, 중요성 따위가 비교 대상이나 보통 수준에 미치지 못하다.¶작은 사건/작은 문제/작은 실수/작은 힘이라도 보태다/네 회사의 규모는 우리 회사보다 훨씬 작다./아무리 작은 단서라도 얻게 되면 수사에 도움이 될 것이다.

『고려』[8](규모나 범위가)넓거나 크지 않다.¶규모가 작은 시장이라도 소홀히 해서 안 된다/선생님께서는 이번 주간고사의 시험 범위가 작더라도 방심하지 말라고 하셨다.

『금성』[2](규모·범위·정도 등이) 보통의 경우나 비교 대상보다 미치지 못하다.¶목소리가 작다/회사가 작아서 사원이 몇 명 안 된다/국제 경기에서 우승하면 작게는 선수의 영광이지만 크게는 국위의 선양이 된다.

라. 『표준』[4]사람됨이나 생각 따위가 좁고 보잘것없다.¶통이 작다/그 사람은 큰일 하기에는 그릇이 작다.

『고려』[3](마음이)시시하고 너그럽지 못하다.¶마음이 작다/그렇게 속이 작게 행동하면 못쓴다.

『금성』[5](사람됨이나 생각 등이) 좁고 시시하다.¶통이 작다/K씨는 정치지도자가 되기에는 인물이 너무 작다.

마. 『표준』[5]소리가 낮거나 약하다.¶작은 목소리/말소리가 작다/라디오 소리가 작다/두 소녀는 작은 소리로 도란도란 이야기했다.

『고려』[2](소리가 낮거나 약하다.¶음성이 작다/아이는 작은 불빛에도 민감해서 쉽게 잠들지 못했다.

바. 『표준』[6]돈의 액수가 적거나 단위가 낮다.¶거스름돈이 없으니 작은 돈으로 지급해 주십시오.

『고려』[6](돈의 액수나 단위가)적거나 낮다.¶작은 돈 있어요?/작은 돈이 모여 큰돈이 된다.

사. 『표준』[7](('작게는' 꼴로 쓰여)) '범위를 좁힌다면'의 뜻으로 이르는 말.¶ 전쟁은 작게는 개인의 생활에서 크게는 국가의 운명까지도 좌우한다./이 문제는 작게는 가정 문제이지만 나아가

서는 사회 문제이기도 하다.

『고려』[10]주로 '작게(는)'의 꼴로 쓰여, '범위를 좁힌다면'의
뜻을 나타내는 말.¶이번일은 아무리 작게 잡아도 열흘은 걸릴
거야.

아.『고려』[4](무엇이)보잘것없거나 대수롭지 않다.¶작은 사건/우
리의 꿈은 아주 작습니다.

『금성』[4]보잘것없거나 대수롭지 않다.¶ 훔친 돈이 몇백 원이
라 하더라도 그 행위 자체는 결코 작은 것이 아니다.

자.『고려』[5](힘이나 능력이)약한 상태에 있다.¶아직은 우리의
역량이 작다/아기들은 병원체에 대한 저항력이 작으므로 쉽게
병에 걸린다.

차.『고려』[9](죄나 과오가)심하지 않고 가볍다.¶작은 죄/그의 잘
못이 작지는 않지만 이번만은 용서하겠다.

　　(284사)는 범위의 정도에 관한 내용이므로 (284다)에 제시된 내용과 같
은 의미이다. (284아)는 일의 규모가 보통 정도를 넘다는 의미를 가리키므
로 역시 (284다)에 통합되어야 한다. (284차)에서 주체가 잘못이고 그 잘못
이 보통 정도를 넘지 않다는 내용을 가리키므로 (284다)와 통합되어야 한
다. 결국 (284다, 사, 아, 차)의 주체는 일에 관한 내용이고 보통 정도에 미
치지 못한다는 내용을 가리킨다. 따라서 정리하면 (일의 규모, 영향, 확률 가치
따위가) 보통 정도를 미치지 못한다고 기술될 수 있다.

　　(284라)의 주체는 사람의 됨됨이와 도량이므로 사람의 품성, 능력이 부
족하다고 기술될 수 있다. (284자)는 역시 능력이 약한 상태를 가리키므로
(284라)와 통합되고 (사람의 품성, 능력이) 보통 정도를 미치지 못해 약하다고
기술될 수 있다. '작다'의 사전적 의미를 재정리하면 다음과 같다.

　　(285) '작다'의 단의 후보(2)
　　　　① (사물의 공간적인 크기가) 보통 정도보다 덜하다.
　　　　② (신, 옷 따위의 치수가) 맞아야 할 치수에 모자라는 상태에

있다.
③ (일의 규모, 영향, 확률 가치 따위가) 보통 정도를 미치지 못
한다.
④ (사람의 품성, 능력이) 보통 정도를 미치지 못해 부족하다.
⑤ (소리가) 약하다.
⑥ (돈의 액수나 단위가) 낮다.

위 여섯 가지 단의 후보의 실현 환경은 주체로 이루어진다. 'A가 작다'
는 논항 특성으로 이루어진 ①-⑥번에서 각 단의 후보의 주체는 '①번 사
물, ②번 신, 옷, ③번 일, ④번 품성, 능력, ⑤번 소리, ⑥번 단위' 등이다.
'①번 사물, ②번 신, 옷, ⑤번 소리'는 구체 영역에 속하는 반면 나머지
주체는 추상 영역에 속한다.
구체 영역에서 ①번 사물, ②번 신, 옷 주체는 형체가 있으므로 유형물
에 속하고 ⑤번 소리는 형체가 없으므로 무형물에 속한다.

[표 142] 한국어 '작다'의 단의 분류

논항 특성	주체(A)			단의 후보 번호
A가 작다	구체	유형물	사물	①
			신, 옷	②
		무형물	소리	⑤
	추상	정신	품성, 능력	④
		숫자	액수, 단위	⑥
		사건	일	③

단의 후보의 순서를 배열하면 첫째, ①-⑥번 가운데 주체가 구체에
서 추상으로 확장되는 원리에 따라 ①②⑤번의 순서가 ③④⑥번보다
앞이다.
둘째, ①②⑤번 가운데 형체가 있는 유형물이 형체가 없는 무형물보다

제5장 한중 크기 형용사의 의미 확장 양상 **413**

구체성이 강하므로 ①②번의 순서는 ⑤번보다 앞이다.

셋째, ①②번 가운데 ②번의 주체는 신, 옷과 관련된 것인데 이는 ①번 사물 주체보다 제한을 많이 받는다고 할 수 있다. 따라서 ①번의 순서는 ②번보다 앞이다.

넷째, ③④⑥번 가운데 품성, 능력에 관한 ④번 주체는 사람에 관한 내용이므로 일 주체인 ③번, 액수, 단위 주체인 ⑥번보다 순서가 앞이다.

다섯째, ③⑥번 가운데 ⑥번 액수, 단위 주체에서 액수는 돈의 머릿수를 의미하고 단위는 역시 수치로 나타낸다. 결국 ⑥번 액수, 단위 주체는 추상적인 특성을 갖고 있지만 구체적인 숫자를 통해 확인된다. 이는 ③번 일 주체보다 상대적으로 구체적이라 할 수 있다. 따라서 ⑥번의 순서는 ③ 번의 앞에 놓일 수 있다.

위 내용을 통해 한국어 '작다'의 단의 순서는 ①②⑤④⑥③로 배열될 수 있고 다음과 같이 정리된다.

(286) '작다'의 단의 후보(2)
① (사물의 공간적인 크기가) 보통 정도보다 덜하다.
② (신, 옷 따위의 치수가) 맞아야 할 치수에 모자라는 상태에 있다.
③ (소리가) 약하다.
④ (사람의 품성, 능력이) 보통 정도를 미치지 못해 부족하다.
⑤ (돈의 액수나 단위가) 낮다.
⑥ (일의 규모, 영향, 확률 가치 따위가) 보통 정도를 미치지 못한다.

'작다'의 단의 가운데 대표가 되는 원형의미는 출현 제약이나 의미적 환경의 영향을 되도록 적게 받는 구체적 환경에서 실현되는 것으로 결정된다. 그러므로 위에 제시된 단의 가운데에서 가장 기본적인 것은 사물의 주체에서 드러나는 ①번에서 찾을 수 있다. 따라서 ①번은 '작다'의 원형의미로 간주된다.

①번 시각의 감각 대상은 사물이고 그 사물의 크기가 보통 정도를 넘지 못한다는 뜻을 의미한다. ②번 시각의 감각 대상은 신, 옷이고 그 치수가 보통 정도를 넘지 못한다는 뜻을 의미한다. 결국 ②번은 ①번에서 유사성에 의해 확장된 은유적인 의미라 할 수 있다. ③번에서 청각의 감각 대상은 소리인데 그 소리가 보통 정도를 넘지 못한다는 뜻을 의미한다. 결국 ③번도 ①번에서 유사성에 의해 확장된 은유적인 의미라 할 수 있다. ④번의 주체는 내재적인 품성과 능력인데 보통 정도를 넘지 못한다는 뜻을 가리킨다. ①번 구체적인 사물에서 ④번 추상적인 내재적 능력으로 확장되는 것이 유사성에 의한 확장이라 할 수 있다. ⑤번의 주체는 추상적인 단위인데 이는 역시 수치라고 할 수 있다. 결국 ⑤번은 ②번에서 유사성에 의해 확장된 은유적인 의미라 할 수 있다. ⑥번의 주체는 추상적인 규모, 영향, 확률 가치인데 보통 정도를 넘지 못한다는 뜻을 의미한다. 따라서 ⑥번은 역시 ①번에서 유사성에 의해 확장된 은유적인 의미라 할 수 있다. 한국어 '작다'의 의미 확장 양상을 정리하면 다음 표와 같다.

[표 143] 한국어 '작다'의 단의 확장 양상

의미 확장 양상	단의
② ← ① → ③ ↓ ↙ ↘ ⑤ ④ ⑥	① (사물의 공간적인 크기가) 보통 정도보다 덜하다. ② (신, 옷 따위의 치수가) 맞아야 할 치수에 모자라는 상태에 있다. ③ (소리가) 약하다. ④ (사람의 품성, 능력이) 보통 정도를 미치지 못해 부족하다. ⑤ (돈의 액수나 단위가) 낮다. ⑥ (일의 규모, 영향, 확률 가치 따위가) 보통 정도를 미치지 못한다.

앞서 한국어 '작다'의 단의 확장 양상을 살펴보았다. 이 단의를 토대로 '작다'의 단의 분포 양상을 그리면 아래와 같다.

[그림 80] 한국어 '작다'의 단의 분포 양상

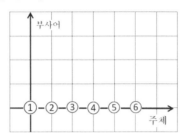

위에서 정리된 '작다'의 단의 분포 양상을 보면 '작다'의 의미 변화에 부사어의 영향을 받지 않고 주체의 영향만 받으며 주체의 추상화에 따라 의미 변화가 일어난 것을 확인할 수 있다.

5.7.2.2. '小'

'小'의 뜻풀이는 『現代漢語詞典』과 『新編漢語形容詞詞典』에서 2개, 『新華字典』에서 4개를 제시하고 있다. 구체적인 내용을 정리하면 다음과 같다.

(287) '小'의 단의 후보(1)

　　가. 『現代』 [1]在體積, 面積, 力量, 能力, 規模等方面不急一般或不及比較的對象.(체적, 면적, 힘, 능력, 규모 등 따위가 일반보다 미치지 못하다.)¶面積/體積/規模/能力小(면적/체적/규모/능력이 작다.)
　　『新華』 [1]面積少的, 體積占空間少的, 容量少的.(면적이 좁고, 부피가 공간을 적에 차지하며, 용량이 적다.)¶面積/體積/容量小(면적/체적/용량이 작다.)
　　『新編』 [1]不及一般或不及比較的對象.可廣泛用於體積, 面積, 範圍, 規模, 數額, 價錢, 膽子, 決心, 胸懷, 打擊, 影響, 損失等(일반보다 미치지 못하다. 면적, 체적, 범위, 규모, 수액, 단위, 담력, 결심, 도량, 충격, 영향, 손해 등에 광범위하게 사용된다.)¶範圍/數額/單位/膽子/決心/度量/打擊/影響/損失小(범위/액수/단위/담력/결심/도량/충격/영향/손해가 작다.)

나. 『現代』[2]排行最末的.(항렬이 뒤에 있다.)¶年齡小(나이가 적다.)
  『新華』[4]年幼, 排行最末的.(나이가 어리다.)¶年齡小(나이가 적다.)
  『新編』[2]年齡小的.(나이가 어리다.)¶年齡小(나이가 적다.)
다. 『新華』[2]數量少的.(수량이 적다.)¶數量小(수량이 작다.)
라. 『新華』[3]聲音低的.(소리가 낮고 약하다.)¶聲音小(수소리가 작
   다.)

(287가)에서 『現代』의 의미를 보면 공간적인 의미와 능력, 규모에 관한 의미를 구별하지 않고 하나의 단의로 기술하고 있다. 『新編』에서 역시 주체가 무엇인지를 구별하지 않고 모든 상황은 하나의 단의로 기술하고 있다. 주체가 무엇인지 즉, 주체의 배타적 분포에 따라 그의 실현 환경을 구별해야 한다. 따라서 위에 '小'의 사전적 의미를 재정리하면 다음과 같다.

(288) '小'의 단의 후보(2)
  ① 事物所佔空間低於一般情況((사물이) 공간적인 크기가 보통정도
    보다 덜하다.)
  ② 衣服尺寸低於一般需求((신, 옷 따위의 치수가) 맞아야 할 치수
    에 모자라는 상태에 있다.)
  ③ 聲音弱((소리가) 약하다.)
  ④ 品性或能力低於一般((사람의 품성, 능력이) 보통 정도를 미치지
    못해 부족하다.)
  ⑤ 數額低((돈의 액수나 단위가) 낮다.)
  ⑥ 事的規模, 程度等不及普通((일의 규모, 영향, 확률 가치 따위가)
    보통 정도를 미치지 못한다.)
  ⑦ 人的年齡小((나이가) 적다.)

위에 일곱 가지 단의 후보의 논항 특성은 모두 '주체(A)+小'의 구조이다. A 자리에 놓이는 주체는 '①번 사물, ②번 옷, ③번 소리, ④번 품성, 능력, ⑤번 액수나 단위, ⑥번 일, ⑦번 연령' 등이다. '①번 사물, ②번

옷, ③번 소리'는 구체 영역에 속하는 반면 나머지 주체는 추상 영역에 속한다.

구체 영역 내부, ①번 사물 ②번 옷 주체는 형체가 있으므로 유형물에 속하고 ③번 소리는 형체가 없으므로 무형물에 속한다.

[표 144] 중국어 '小'의 단의 분류

논항 특성	주체(A)			단의 후보 번호
A+小	구체	유형물	사물	①
			옷	②
		무형물	소리	③
	추상	숫자	연령	⑦
			액수나 단위	⑤
		정신	품성, 능력	④
		사건	일	⑥

단의 후보의 순서를 배열하면 첫째, 주체가 구체에서 추상으로 확장되는 원리에 따라 ①②③번의 순서가 ④⑤⑥⑦번보다 앞이다.

둘째, ①②③번에서 형체가 있는 유형물이 형체가 없는 무형물보다 구체성이 강하므로 ①②번의 순서는 ③번보다 앞이다.

셋째, ①②번 가운데 ②번의 주체는 신, 옷과 관련된 것인데 이는 ①번 사물 주체보다 제한을 많이 받는다고 할 수 있다. 따라서 ①번의 순서는 ②번보다 앞이다.

넷째, ④⑤⑥⑦번 가운데 품성, 능력에 관한 ④번 주체, 연령에 관한 ⑦번 주체는 사람에 관한 내용이므로 액수나 단위 주체인 ⑤번과 일 주체인 ⑥번보다 순서가 앞이다.

다섯째, ④⑦번에서 ④번 연령 주체는 사람이 세상에 나서 살아온 햇수를 가리킨 것인데 구체적인 숫자는 ⑦번 내재적인 능력보다 구체성이 강하므로 ④번의 순서는 ⑦번보다 앞이다.

여섯째, ⑤⑥번 가운데 ⑤번 액수, 단위 주체에서 액수는 돈의 머릿수를 의미하고 단위는 역시 수치로 나타낸다. 결국 ⑤번 액수, 단위 주체는 추상적인 특성을 갖고 있지만 구체적인 숫자를 통해 확인된다. 이는 ⑥번 일 주체보다 상대적으로 구체적이라 할 수 있다. 따라서 ⑤번의 순서는 ⑥번의 앞에 놓인다.

위 내용을 통해 중국어 '小'의 단의 순서는 ①②③⑦⑤④⑥로 배열될 수 있고 다음과 같이 정리된다.

> (289) '小'의 단의 후보(2)
> ❶ 事物所佔空間低於一般情況((사물이) 공간적인 크기가 보통정도보다 덜하다.)
> ❷ 衣服尺寸低於一般需求((신, 옷 따위의 치수가) 맞아야 할 치수에 모자라는 상태에 있다.)
> ❸ 聲音弱((소리가) 약하다.)
> ❹ 人的年齡小((나이가) 적다.)
> ❺ 數額低((돈의 액수나 단위가) 낮다.)
> ❻ 品性或能力低於一般((사람의 품성, 능력이) 보통 정도를 미치지 못해 부족하다.)
> ❼ 事的規模, 程度等不及普通((일의 규모, 영향, 확률 가치 따위가) 보통 정도를 미치지 못한다.)

'小'의 단의 가운데 대표가 되는 원형의미는 출현 제약이나 의미적 환경의 영향을 되도록 적게 받는 구체적 환경에서 실현되는 것으로 결정된다. 그러므로 위에 제시된 단의 가운데에서 가장 기본적인 것은 사물의 주체에서 드러나는 ❶번에서 찾을 수 있다. 따라서 ❶번은 '小'의 원형의미로 간주된다.

❶번 시각의 감각 대상은 사물이고 그 사물의 크기가 보통 정도를 넘지

못한다는 뜻을 의미한다. ❷번 시각의 감각 대상은 신, 옷이고 그 치수가
보통 정도를 넘지 못한다는 뜻을 의미한다. 결국 ❷번은 ❶번에서 유사성
에 의해 확장된 은유적인 의미라 할 수 있다. ❸번에서 청각의 감각 대상
은 소리인데 그 소리가 보통 정도를 넘지 못한다는 뜻을 의미한다. 결국
❸번도 ❶번에서 유사성에 의해 확장된 은유적인 의미라 할 수 있다. ❹
번에서 시각의 감각 대상은 연령이다. 연령이 보통 정도를 넘지 못한다는
뜻을 표현한다. 따라서 ❹번은 ❶번에서 유사성에 의해 확장된 은유적인
의미라고 할 수 있다. ❺번의 주체는 내재적인 품성과 능력인데 보통 정도
를 넘지 못한다는 뜻을 가리킨다. ❺번은 ❶번에서 유사성에 의해 확장된
은유적인 의미라 할 수 있다. ❻번의 주체는 추상적인 단위인데 이는 역시
수치라고 할 수 있다. 결국 ❻번은 ❷번에서 유사성에 의해 확장된 은유적
인 의미라 할 수 있다. ❼번의 주체는 추상적인 규모, 영향, 확률 가치인데
보통 정도를 넘지 못한다는 뜻을 의미한다. 따라서 ❼번은 역시 ❶번에서
유사성에 의해 확장된 은유적인 의미라 할 수 있다. 중국어 '小'의 의미 확
장 양상을 정리하면 다음 표와 같다.

[표 145] 중국어 '小'의 단의 확장 양상

의미 확장 양상	단의
❷ ← ❶ → ❸ ↓ ╱↓╲ ❻ ❹ ❺ ❼	❶ 事物所佔空間低於一般情況((사물이) 공간적인 크기가 보통정도보다 덜하다.) ❷ 衣服尺寸低於一般需求((신, 옷 따위의 치수가) 맞아야 할 치수에 모자라는 상태에 있다.) ❸ 聲音弱(소리가) 약하다.) ❹ 人的年齡小((나이가) 적다.) ❺ 數額低((돈의 액수나 단위가) 낮다.) ❻ 品性或能力低於一般((사람의 품성, 능력이) 보통 정도를 미치지 못해 부족하다.) ❼ 事的規模, 程度等不及普通((일의 규모, 영향, 확률 가치 따위가) 보통 정도를 미치지 못한다.)

앞서 중국어 '小'의 단의 확장 양상을 살펴보았다. 이 단의를 토대로 '小'의 단의 분포 양상을 그리면 아래와 같다.

[그림 81] 중국어 '小'의 단의 분포 양상

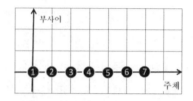

위에서 정리된 '小'의 단의 분포 양상을 보면 '小'의 의미 변화에 부사어의 영향을 받지 않고 주체의 영향만 받으며 주체의 추상화에 따라 의미 변화가 일어난 것을 확인할 수 있다.

5.7.2.3. '작다'와 '小'의 대조

한국어 '크다'는 여섯 가지 단의가 있고 '大'는 일곱 가지 단의가 있는 것을 정리하였다. 비교 결과 두 형용사는 여섯 가지의 단의가 대응관계에 있다. 구체적인 대조 내용은 다음과 같다.

(290) 가. 우회하는 <u>작은</u> 길.
　　　가'. 迂廻的<u>小</u>路.
　　　나. 발이 <u>작다</u>.
　　　나'. 脚<u>小</u>.
　　　다. 모자가 너무 <u>작아</u> 쓸 수 없다.
　　　다'. 帽子太<u>小</u>帶不了.
　　　라. 이 옷은 너무 <u>작다</u>.
　　　라'. 這件衣服太<u>小</u>.
　　　마. 라디오 소리가 <u>작다</u>.
　　　마'. 收音機聲音太<u>小</u>.

바. 말소리가 <u>작다</u>.

바'. 說話聲音<u>小</u>.

사. <u>작은</u> 인물.

사'. <u>小</u>人物.

아. 담이 <u>작다</u>.

아'. 膽子<u>小</u>.

자. <u>작은</u> 액수.

자'. <u>小</u>額.

차. 단위가 <u>작다</u>.

차'. 單位<u>小</u>.

카. 규모가 <u>작다</u>.

카'. 規模<u>小</u>.

타. <u>작은</u> 타격을 받다.

타'. 受到了很<u>小</u>的打擊.

　한국어의 '작다'와 중국어 '小'의 공통점은 다음과 같다. 첫째, (290가-나')에서 주체가 사물일 때 그 사물의 공간적인 크기가 보통 정도보다 덜하다는 의미를 가진다. 둘째, (290다-라')에서 주체가 신, 옷의 치수로 확장되어 (신, 옷 따위의 치수가) 맞아야 할 치수에 모자라는 상태에 있다는 의미를 가진다. 셋째, (290마-바')와 같이 (소리가) 약하다는 의미를 가진다. 넷째, (290사-아')와 같이 주체가 내재적인 정신 영역으로 확장되어 (사람의 품성, 능력이) 보통 정도를 미치지 못해 부족하다는 뜻을 가진다. 다섯째, (290자-차')와 같이 주체가 돈의 액수나 단위 영역으로 확장되어 액수나 단위가 낮다는 뜻을 가진다. 여섯째, (290카-타')에 제시된 것처럼 (일의 규모, 영향, 확률 가치 따위가) 보통 정도를 미치지 못한다는 뜻을 가진다.

　한편, 차이점은 다음과 같다. 첫째, 중국어 '小'의 주체가 연령으로 확장될 때 사람의 나이가 적다는 뜻을 가지는데, 한국어 '작다'는 이러한 뜻을 가지지 않는다.

(291) 가. 她比我年紀小
　　　가′. *그녀는 나보다 나이가 <u>작다</u>.
　　　가″. 그녀는 나보다 나이가 <u>적다</u>.
　　　나. 半大不<u>小</u>的青年.
　　　나′. *나이가 <u>작지</u> 않은 청소년.
　　　나″. 나이가 <u>적지</u> 않은 청소년.

주체가 연령으로 확장되는 상황에서 한국어에서는 '작다' 대신 '적다'를
사용한다.

둘째, 한국어의 '작다'와 중국어 '小'의 주체가 사물일 때 그 사물의 공
간적인 크기가 보통 정도보다 덜하다는 의미를 공통적으로 갖고 있지만
미시적인 차이가 존재한다.

(292) 가. 키가 <u>작다</u>.
　　　나. *个子<u>小</u>.
　　　다. 个子<u>矮</u>.

위와 같이 주체가 사람의 키가 될 때 한국어 '작다'가 사용될 수 있는
반면 중국어 '小'는 사용될 수 없다. 이러한 상황에서 낮다는 뜻을 의미하
는 '矮'를 대신 사용한다.

다음으로 '작다'와 '小'의 확장 양상을 대조해 본다. 공통점은 첫째, '작
다'와 '小'의 주체가 구체 영역에서 추상 영역으로 확장된다. 둘째, 구체
영역에서 유형물 주체가 무형물 주체로 확장된다. 셋째, 추상 영역에서 숫
자 영역, 정신 영역, 사건 영역 등으로 다양하게 확장된다. 확장 양상의 차
이점을 살펴보면, 첫째, 추상 영역에서 숫자에 관한 주체로 확장될 때 중
국어 '小'는 연령, 액수나 단위 등 주체로 확장되는데 한국어 '작다'는 액
수나 단위 주체로는 확장되지만 연령 주체로는 확장되지 않는다.

이상 한국어 '작다'와 중국어 '小'를 대조한 내용을 정리하면 다음과

같다.

[표 146] 한국어 '작다'와 중국어 '小'의 단의 확장 양상 및 대응관계

의미 확장 양상	대응관계		
	단의	작다	小
②/❷ ← ①/❶ → ③/❸ ⑤/❻ ×/❹ ④/❺ ⑥/❼	(사물의 공간적인 크기가) 보통 정도보다 덜하다.	①	❶
	(신, 옷 따위의 치수가) 맞아야 할 치수에 모자라는 상태에 있다.	②	❷
	(소리가) 약하다.	③	❸
	사람의 나이가 적다.	×	❹
	(사람의 품성, 능력이) 보통 정도를 미치지 못해 부족하다.	④	❺
	(돈의 액수나 단위가) 낮다.	⑤	❻
	(일의 규모, 영향, 확률 가치 따위가) 보통 정도를 미치지 못한다.	⑥	❼

앞서 한국어 '작다'와 중국어 '小'의 단의 확장 양상 및 대응관계, 단의 분포 양상을 살펴보았다. 이를 토대로 두 어휘의 단의 분포 양상을 대조하면 아래와 같다.

[그림 82] 한국어 '작다'와 중국어 '小'의 단의 분포 양상 대조

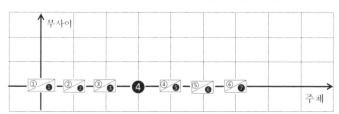

위에 제시한 결과를 보면 한국어 '작다'와 중국어 '小'의 주체는 '크기, 치수, 소리, 능력, 액수, 가치' 따위가 될 경우 의미가 일치하다. 그러나 중

국어 '小'는 '사람의 나이가 작다'라는 의미도 표현할 수 있지만 한국어 '작다'의 단의 가운데 이와 비슷한 의미를 찾을 수 없다. 또한 한국어 '작다'와 중국어 '小'의 의미 분포 양상을 정리하면 의미 변화에 공통적으로 주체의 영향만 받아 화살표 방향으로 추상화된 것을 확인할 수 있다.

5.8. 크기 형용사 의미 확장 양상의 대조

장단을 의미하는 형용사 가운데 한국어는 시간, 분량으로 확장되는 반면 중국어는 시간, 정신, 분량으로 확장된다. 따라서 시간, 분량으로 확장되는 것은 공통적이고 정신 영역으로 확장되느냐에 따라 차이가 있다.

고저를 표현하는 형용사 중 한국어와 중국어는 공통적으로 유형물 내부에서 확장되거나 무형물, 관계, 모습, 정신, 정도 등 다양한 영역으로 확장되는 것을 볼 수 있다.

심천을 나타내는 형용사 가운데 한국어와 중국어는 모두 유형물 내부에서 확장되거나 관계, 행위, 정신 등 영역으로 확장됨을 볼 수 있으므로 차이점이 없다.

광협을 뜻하는 형용사 내부, 한국어는 유형물 내부, 정신, 내용으로 확장되는 반면 중국어는 행위, 정신, 내용 등 영역으로 확장된다. 유형물 내부, 정신, 내용으로의 확장은 공통적이나, 행위 영역으로 확장되는지 여부에서 차이가 확인된다.

조세를 의미하는 형용사 중 한국어는 유형물 내부, 행위, 정신, 사건 등 영역으로 확장되지만 중국어는 유형물 내부에서 확장되거나 무형물, 정신 등 영역으로 확장된다. 유형물 내부, 정신 등으로 확장되는 것은 공통적이고 무형물, 행위, 사건 등 영역으로 확장되는 데에 차이가 있다.

후박을 뜻하는 형용사는 공통적으로 유형물 주체 내부에서 확장되거나 정신 영역으로 확장된다. 그러나 행위, 정도, 금전 영역으로 확장되느냐에 따라 차이가 있다.

마지막으로 대소를 나타내는 형용사는 모두 유형물 내부, 무형물, 정신, 숫자, 사건 등 영역으로 확장되므로 차이가 없다.

제6장 한중 모양 형용사의 의미 확장 양상

모양 형용사는 공간적인 관계 가운데 물체의 외형으로 드러나는 생김새를 표현하는 형용사들이다. 모양 형용사는 정사(正斜), 원형(圓形) 형용사로 나누어 논의하고자 한다.

단일어인 모양 형용사는 한국어 '바르다, 곧다, 비뚤다, 굽다, 둥글다', 중국어 '正, 直, 偏, 歪, 斜, 彎, 圓' 등이 있다. 유형별로 나누면 다음 표와 같다.

[표 147] 한중 공간 모양 형용사 유형별 대응관계

유형	한국어	중국어
정사(正斜) 형용사	바르다	正
	비뚤다	偏, 歪, 斜
	곧다	直
	굽다	彎
원형(圓形) 형용사	둥글다	圓

6.1. 정사(正斜)

정사(正斜)에 관한 모양 형용사는 한국어 '바르다, 곧다, 비뚤다, 곱다', 중국어 '正, 直, 偏, 歪, 斜'를 대상으로 논의한다.

6.1.1. 바르다, 곧다/正, 直

6.1.1.1. 바르다/正

6.1.1.1.1. '바르다'

'바르다'의 뜻풀이는 『표준국어대사전』에서 4개, 『고려대 한국어대사전』에서 5개, 『금성 국어대사전』에서 3개를 제시하고 있다. 구체적인 내용을 정리하면 다음과 같다.

> (293) '바르다'의 단의 후보(1)
>> 가. 『표준』 [1]겉으로 보기에 비뚤어지거나 굽은 데가 없다.¶길이 바르다/줄을 바르게 서다/선을 바르게 긋다/의자에 바르게 앉아라./장롱에 이불을 바르게 개 넣어라.
>> 『고려』 [1](무엇이)비뚤어지거나 굽은 데가 없이 곧거나 반듯하다.¶여러분, 앞사람 어깨에 맞추어 줄을 바르게 서도록 합시다/장롱 안에는 바르게 개킨 이불들이 빼곡이 들어차 있었다/관장님께선 자세가 발라야 정신도 바르게 된다며 항상 바른 자세를 강조하신다.
>> 『금성』 [2]어그러지거나 비뚤어지지 않고 곧다.¶바른 자세.
>> 나. 『표준』 [2]말이나 행동 따위가 사회적인 규범이나 사리에 어긋나지 않고 들어맞다.¶생각이 바른 사람/마음가짐이 바르다/예의가 바르다/행실이 바르다/그는 몸가짐을 늘 바르게 한다./그는 회사에서 가장 인사성이 바른 사람이다./말이 좋이지, 저렇게 변함없고 온순하고 경우 바른 사람은, 양반 못된 것하고

열 섬을 얹어 준대도 안 바꾸게 본데 있는 종이라.

『고려』 [2](언행이)규범이나 도리에 맞다.¶행실이 바르다/바른 생각/연희는 막내답지 않게 예의도 바르고 차분하여 어른들의 칭찬을 한몸에 받았다.

『고려』 [3](태도나 예의가)흐트러짐이 없고 규범에 맞다.¶예의가 바르다/내가 그 사람을 전에 한번 봤는데, 인사성이 참 바르더라.

『금성』 [1]도리・사리에 맞아 참되다.¶바른 생각/경위가 바르다.

다. 『표준』 [3]사실과 어긋남이 없다.¶숨기지 말고 바르게 대답하시오.

『고려』 [5](사람이)거짓이나 속임이 없이 정직하다.¶바르게 말하면 용서해 주겠다/그는 양심이 바른 사람이라서 속임수 같은 건 모른다.

라. 『표준』 [4]그늘이 지지 아니하고 햇볕이 잘 들다.¶기르던 잉꼬가 죽자 아이들은 양지가 바른 곳에 묻어 주었다./집은 햇볕 바르고 넉넉했으며 편리하게 꾸며져 있었다.

『고려』 [4][주로 '바른'의 꼴로 쓰여](무엇이)햇볕을 곧장 받아 따뜻하다.¶부모님께서는 볕이 바른 언덕에 집을 지으셨다/내가 죽거들랑 양지 바른 곳에 묻어 주오

『금성』 [3]그늘이 지지 않고 햇볕이 정면으로 잘 비치다.¶양지 바른 곳에 아이들이 옹기종기 모여 놓고 있다.

위에 제시된 내용에 따라 한국어 '바르다'의 사전적 의미를 재정리하면 다음과 같다.

(294) '바르다'의 단의 후보(2)

　　① (사물이) 비뚤어지거나 굽은 데가 없다.

　　② (언행이) 규범이나 도리에 맞다.

　　③ (마음이) 정직하다.

　　④ (햇볕이) 정면으로 잘 비치다.

위에 네 가지 단의 후보의 실현 환경은 주체로 이루어진다. 단의 후보의 논항 특성은 'A가 바르다'로 정리될 수 있다. A자리에 있는 주체는 '①번 사물, ②번 언행, ③번 성격, ④번 장소' 등이다. '①번 사물, ④번 햇볕'는 구체 영역에 속하는 반면, '②번 언행, ③번 마음' 주체는 추상 영역에 속한다.

추상적 주체 내부, ②번 언행, ③번 마음 주체는 모두 사람에 관한 내용인데 각각 행위와 정신 주체에 속한다고 할 수 있다. '바르다'의 단의 분류는 다음과 같다.

[표 148] 한국어 '바르다'의 단의 분류

논항 특성	주체(A)			단의 후보 번호
A가 바르다	구체	유형물	사물	①
			햇볕	④
	추상	행위	언행	②
		정신	마음	③

단의 후보의 순서를 배열하면 첫째, 주체가 구체에서 추상으로 확장되는 원리에 따라 ①④번의 순서가 ②③번보다 앞에 놓인다.

둘째, ①④번 가운데 ④번의 주체는 햇볕에 국한되어 이는 사물 주체인 ①번과 비교하면 제한을 받는다고 할 수 있다. 따라서 ①번의 순서는 ④번보다 앞에 놓인다.

셋째, ②③번에서 ②번의 주체는 행위인 반면, ③번의 주체는 정신이다. 행위 주체는 외재적인 특성이 강하고 정신 주체는 내재적인 특성이 강하므로 ②번의 순서는 ③번보다 앞에 놓인다.

위 내용을 통해 한국어 '바르다'의 단의 순서는 ①④②③로 배열될 수 있고 다음과 같이 정리된다.

(295) '바르다'의 단의
　　① (사물이) 비뚤어지거나 굽은 데가 없다.
　　② (햇볕이) 정면으로 잘 비치다.
　　③ (언행이) 규범이나 도리에 맞다.
　　④ (마음이) 정직하다.

　'바르다'의 단의 가운데 대표가 되는 원형의미는 출현 제약이나 의미적 환경의 영향을 되도록 적게 받는 구체적 환경에서 실현되는 것으로 결정된다. 그러므로 위에 제시된 단의 가운데에서 가장 기본적인 것은 사물의 주체에서 드러나는 ①번에서 찾을 수 있다. 따라서 ①번은 '바르다'의 원형의미로 간주된다.

　①번에서 시각의 감각 대상은 사물이고 비뚤어지거나 굽은 데가 없다는 뜻을 표현한다. ②번에서 시각의 감각 대상은 햇볕이고 정면으로 비친다는 의미를 나타낸다. 따라서 ②번은 ①번에서 유사성에 의해 확장된 은유적인 의미라고 할 수 있다. ③번의 주체는 추상적인 언행이고 규범이나 도리에 맞고 벗어나지 않다는 내용을 가리킨다. 따라서 ③번은 역시 ①번에서 유사성에 의해 확장된 은유적인 의미라 할 수 있다. ④번의 주체는 추상적인 마음인데 이는 내재적인 심리에 관한 내용이다. 외재적인 언행과 공간적인 인접성을 갖고 있어 ④번은 ③번에서 인접성에 의해 확장된 의미라고 할 수 있다. '바르다'의 의미 확장 양상을 정리하면 다음과 같다.

[표 149] 한국어 '바르다'의 단의 확장 양상

의미 확장 양상	단의
① → ② ↓ ③ ↓ ④	① (사물이) 비뚤어지거나 굽은 데가 없다. ② (햇볕이) 정면으로 잘 비치다. ③ (언행이) 규범이나 도리에 맞다. ④ (마음이) 정직하다.

앞서 한국어 '바르다'의 단의 확장 양상을 살펴보았다. 이 단의를 토대로 '바르다'의 단의 분포 양상을 그리면 아래와 같다.

[그림 83] 한국어 '바르다'의 단의 분포 양상

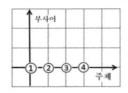

위에서 정리된 '바르다'의 단의 분포 양상을 보면 '바르다'의 의미 변화에 부사어의 영향을 받지 않고 주체의 영향만 받으며 주체의 추상화에 따라 의미 변화가 일어난 것을 확인할 수 있다.

6.1.1.1.2. '正'

'正'의 뜻풀이는 『現代漢語詞典』에서 3개, 『新華字典』에서 3개, 『新編漢語形容詞詞典』에서 2개를 제시하고 있다. 구체적인 내용을 정리하면 다음과 같다.

(296) '正'의 단의 후보(1)

    가. 『現代』 [1]垂直或符合標準方向.(수직적이나 기준이 되는 방향과 일치하다.)¶正南(정남)/正前方(똑바로 앞쪽)

    『新華』 [1]不偏, 不斜.(비뚤어지거나 굽은 데가 없다.)¶把柱子扶正(기둥을 똑바로 붙들어 세우다)

    『新編』 [1]不偏不斜.(비뚤어지거나 굽은 데가 없다.)¶正北方(정북방)

    나. 『現代』 [2]正當.(정당하고 합리적이다.)¶心術正.(마음가짐이 바르다.)/改邪歸正(잘못을 깨닫고 바른길로 돌아오다.)/正路(바른길)

    『新華』 [2]合乎法則, 規矩的.(규범이나 사리에 어긋나지 않고 들어맞다.)¶心術正.(마음 가짐이 바르다.)

다.『現代』[3]色彩純正.(색채가 순수하다.)¶顔色正(색채가 순수하다.)
　『新華』[3]色彩純, 不雜.(색채가 순수하고 잡스러운 물질이 없
다.)¶顔色正(색채가 순수하다.)
　『新編』[2]純正.(순정하다.)¶顔色正(색채가 순수하다.)

중국어 '正'의 사전적 의미를 재정리하면 다음과 같다.

(297) '正'의 단의 후보(2)
　　① 物體不偏不斜((사물이) 비뚤어지거나 굽은 데가 없다.)
　　② 言行合乎規範道理((언행이) 규범이나 도리에 맞다.)
　　③ 色彩純((색채가) 순수하다.)

위에 세 가지 단의 후보의 논항 특성은 모두 '주체(A)+正'의 구조이다.
A 자리에 있는 각 주체는 '①번 사물, ②번 언행, ③번 색채' 등이다. '①
번 사물, ③번 색채' 주체는 구체 영역에 속하는 반면, ②번 언행 주체는
추상 영역에 속한다. 주체에 따른 '正'의 단의 분류는 다음과 같다.

[표 150] 중국어 '正'의 단의 분류

논항 특성	주체(A)			단의 후보 번호
A+正	구체	유형물	사물	①
			색채	③
	추상	행위	언행	②

각 단의 후보의 순서를 배열하면 첫째, 주체가 구체에서 추상으로 확장
되는 원리에 따라 ①③번의 순서는 ②번보다 앞에 놓인다.
둘째, ①③번 가운데 고유적 특성을 고려하면 ①번은 공간적 모양을 가
리키므로 공간적 특성을 갖는다고 할 수 있다. 반면, ③번에서 색채가 순
수하다는 의미는 색채의 분량이 적다는 뜻을 가리킨다. 결국 공간적 특성

을 갖는 ①번의 순서는 분량 특성을 갖는 ③번보다 앞에 놓인다.

위 내용을 통해 중국어 '正'의 단의 순서는 ①③②로 배열될 수 있고 그 단의는 다음과 같이 정리된다.

> (298) '正'의 단의
> ❶ 物體不偏不斜((사물이) 비뚤어지거나 굽은 데가 없다.)
> ❷ 色彩純((색채가) 순수하다.)
> ❸ 言行合乎規範道理((언행이) 규범이나 도리에 맞다.)

'正'의 단의 가운데 대표가 되는 원형의미는 출현 제약이나 의미적 환경의 영향을 되도록 적게 받는 구체적 환경에서 실현되는 것으로 결정된다. 그러므로 위에 제시된 단의 가운데에서 가장 기본적인 것은 사물의 주체에서 드러나는 ❶번에서 찾을 수 있다. 따라서 ❶번은 '正'의 원형의미로 간주된다.

❶번에서 시각의 감각 대상은 사물이고 비뚤어지거나 굽은 데가 없다는 뜻을 표현한다. ❷번에서 시각의 감각 대상은 색채이고 순수하는 의미를 나타낸다. 따라서 ❷번은 ❶번에서 유사성에 의해 확장된 은유적인 의미라고 할 수 있다. ❸번의 주체는 추상적인 언행이고 규범이나 도리에 맞고 벗어나지 않다는 내용을 가리킨다. 따라서 ❸번은 역시 ❶번에서 유사성에 의해 확장된 은유적인 의미라 할 수 있다. '正'의 의미 확장 양상을 정리하면 다음과 같다.

[표 151] 중국어 '正'의 단의 확장 양상

의미 확장 양상	단의
❶ → ❷ ↓ ❸	❶ 物體不偏不斜((사물이) 비뚤어지거나 굽은 데가 없다.) ❷ 色彩純((색채가) 순수하다.) ❸ 言行合乎規範道理((언행이) 규범이나 도리에 맞다.)

앞서 중국어 '正'의 단의 확장 양상을 살펴보았다. 이 단의를 토대로 '正'의 단의 분포 양상을 그리면 아래와 같다.

[그림 84] 중국어 '正'의 단의 분포 양상

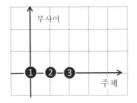

위에서 정리된 '正의 단의 분포 양상을 보면 '正'의 의미 변화에 부사어의 영향을 받지 않고 주체의 영향만 받으며 주체의 추상화에 따라 의미 변화가 일어난 것을 확인할 수 있다.

6.1.1.1.3. '바르다'와 '正'의 대조

한국어 '바르다'는 네 가지 단의가 있고 '正'은 세 가지 단의가 있는 것을 정리하였다. 비교 결과 두 형용사는 두 가지 단의에서 대응관계가 확인된다. 구체적인 대조 내용은 다음과 같다.

(299) 가. 길이 <u>바르다</u>.
　　　가'. 路很<u>正</u>.
　　　나. 의자에 <u>바르게</u> 앉아라.
　　　나'. 坐<u>正</u>身體.
　　　다. 행위가 바르다
　　　다'. 行爲<u>正</u>.
　　　라. 마음가짐이 바르다.
　　　라'. 心術<u>正</u>.

한국어의 '바르다'와 중국어 '正'의 공통점은 다음과 같다. 첫째, (299가

-나)에서 주체가 사물일 때 그 사물이 비뚤어지거나 굽은 데가 없다는 의미를 가진다. 둘째, (299다-라)에서 주체가 언행 영역으로 확장되어 모두 (언행이) 규범이나 도리에 맞는다는 의미를 가진다.

한편, 차이점은 다음과 같다. 첫째, 한국어 '바르다'의 단의 가운데 주체가 햇볕이 되어 그 햇볕이 정면으로 잘 비친다는 뜻을 가리킬 수 있다. 반면, 중국어 '正'은 이러한 의미가 없다.

> (300) 가. 내가 죽거든 양지 <u>바른</u> 곳에 묻어 다오.
> 가'. *我死後把我埋在<u>正</u>的地方吧.
> 가". 我死後把我埋在<u>向陽</u>的地方吧.
> 나. 양지 <u>바른</u> 곳에 예쁜 집을 지어 행복하게 살고 싶어요.
> 나'. *我想在<u>正</u>地里蓋一座美麗的房子幸福地生活.
> 나". 我想在<u>向陽</u>地里蓋一座美麗的房子幸福地生活.

위와 같은 상황에서 '正'을 사용할 수 없고 '바르다'와 대응하지 않는다. 주체가 햇볕이 될 때 중국어에서는 '向陽(해를 향하다)'는 구를 대신 사용한다.

둘째, '바르다'의 주체가 정신으로 확장될 때 (마음이) 정직하다는 뜻을 갖는데, '正'은 이러한 의미가 없다.

> (301) 가. 숨기지 말고 <u>바르게</u> 대답하시오.
> 가'. *不要隱瞞, <u>正</u>說吧.
> 가". 不要隱瞞, <u>直</u>說吧.
> 나. <u>바르게</u> 말하면 용서해 주겠다.
> 나'. *<u>正</u>說的話就原諒你.
> 나". <u>直</u>說的話就原諒你.

주체가 정신 주체로 확장되는 상황에서 중국어의 '正'은 사용할 수 없고 모양 형용사인 '直'을 대신 사용한다.

셋째, '正'의 주체는 색채 영역으로 확장되어 (색채가) 순수하다는 의미를 가지는데, '바르다'는 주체가 색채 영역으로 확장되지 않는다.

> (302) 가. 顔色正.
> 　　　가'. *빛깔이 <u>바르다</u>.
> 　　　가''. 빛깔이 <u>순수하다</u>.
> 　　　나. 正黃色.
> 　　　나'. *바른 황색
> 　　　나''. 순황색.

위와 같은 상황에서 '바르다'는 '正'과 같이 색채가 순수하다는 것을 표현할 수 없고 상황에 따라 단어 '순수하다'와 어소 '순(純)'을 대신 사용한다.

다음으로 '바르다'와 '正'의 확장 양상을 대조해 본다. 공통점은 첫째, '바르다'와 '正'의 주체가 구체 영역에서 추상 영역으로 확장된다. 둘째, 구체 영역에서, 유형물 주체에서 무형물 주체로 확장되는 양상이 확인된다. 셋째, 추상 영역에서, '바르다'와 '正'의 주체는 인간 영역과 관련된 사람의 행위 주체로 확장된다.

확장 양상의 차이점을 살펴보면, 첫째, 구체 영역의 유형물 주체에서 무형물 주체로 확장되는 것이 공통적이지만 어떤 무형물 주체로 확장되는지에 따라 차이가 있다. '바르다'는 햇볕 주체로 확장되는 반면 '正'은 색채 주체로 확장된다. 둘째, 추상 영역에서 '바르다'는 먼저 행위 주체로 확장되고 그 다음에 정신 주체로 확장되는 반면 '正'은 행위 주체만 확장되고 정신 주체로 확장되지 않는다.

이상 한국어 '바르다'와 중국어 '正'을 대조한 내용을 정리하면 다음과 같다.

[표 152] 한국어 '바르다'와 중국어 '正'의 단의 확장 양상 및 대응관계

의미 확장 양상	대응관계		
	단의	바르다	正
②/× ← ①/❶ → ×/❷	(사물이) 비뚤어지거나 굽은 데가 없다.	①	❶
↓	(햇볕이) 정면으로 잘 비치다.	②	×
③/❸	色彩純(색채가) 순수하다.)	×	❷
↓	(언행이) 규범이나 도리에 맞다.	③	❸
④/×	(마음이) 정직하다.	④	×

앞서 한국어 '바르다'와 중국어 '正'의 단의 확장 양상 및 대응관계, 단의 분포 양상을 살펴보았다. 이를 토대로 두 어휘의 단의 분포 양상을 대조하면 아래와 같다.

[그림 85] 한국어 '바르다'와 중국어 '正'의 단의 분포 양상 대조

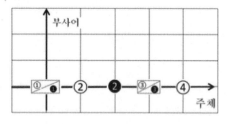

위에 제시한 결과를 보면 한국어 '바르다'와 중국어 '正'은 '사물이 비뚤어지거나 굽은 데가 없다, 언행이 규범이나 도리에 맞다'는 의미를 표현할 때 일치하다. 그러나 한국어 '바르다'는 '햇볕이 정면으로 잘 비치다, 마음이 정직하다'는 의미도 표현할 수 있는데 중국어 '正'의 단의 가운데 이와 비슷한 의미를 찾을 수 없다. 또한 한국어 '바르다'와 중국어 '正'의 의미 분포 양상을 정리하면 의미 변화에 공통적으로 주체의 영향만 받아 화살표 방향으로 추상화된 것을 확인할 수 있다.

6.1.1.2. '곧다'/'直'

6.1.1.2.1. '곧다'

'곧다'의 뜻풀이는 『표준국어대사전』, 『고려대 한국어대사전』, 『금성 국어대사전』에서 모두 2개를 제시하고 있다. 구체적인 내용을 정리하면 다음과 같다.

> (303) '곧다'의 단의 후보(1)
>
> 가. 『표준』 [1]굽거나 비뚤어지지 아니하고 똑바르다.¶곧게 뻗은 도로/꼿꼿하고 곧은 자세/다리가 곧다/선이 곧다/곧고 잘 마른 나무를 고르다/영감님, 허리가 아직도 젊은 이처럼 곧으신 걸 보니 정말 정정하십니다./흰 이브닝드레스에, 어린 플라타너스 줄기처럼, 미끈하면서 보얀 팔이 쭉 곧다.
>
> 『고려』 [1](사물이)한쪽 끝에서 다른 쪽 끝까지 구부러지거나 비뚤어지지 않고 똑바르다.¶허리를 곧게 펴고 걸어라/이 산에는 곧게 뻗은 전나무들이 숲을 이루고 있다/길고 곧은 고속도로는 마치 비행장의 활주로처럼 보였다/그녀의 곧고 오뚝한 코는 그녀를 자존심이 강한 사람으로 보이게 한다.
>
> 『금성』 [1]구부러지거나 비뚤어지지 않고 똑바르다.¶곧은 길/줄이 곧다/자세가 곧다.
>
> 나. 『표준』 [2]마음이나 뜻이 흔들림 없이 바르다.¶대쪽같이 곧은 절개/심지가 곧은 사람일수록 불의를 보면 참지 못한다.
>
> 『고려』 [2](마음이나 그 뜻이)한쪽으로 쏠리지 않고 바르다.¶저는 선생님의 곧은 성품을 본받고 싶습니다/그 검사는 심지가 곧고 사리에 밝은 사람이다.
>
> 『금성』 [2](마음이)바르다.¶대쪽같이 곧은 성미/없이 살아도 마음 하나는 곧다.

위와 같이 세 가지 사전에서 '곧다'의 단의는 공통적으로 두 가지로 구분되어 기술되고 있다. '곧다'의 사전적 의미를 재정리하면 아래와 같다.

(304) '곧다'의 단의 후보(2)
　　① (사물이) 한쪽 끝에서 다른 쪽 끝까지 굽거나 비뚤어지지 아니
　　　하고 똑바르다.
　　② (마음이) 한쪽으로 쏠리지 않고 정직하다.

　위의 두 가지 단의 후보의 실현 환경은 주체로 이루어진다. 단의 후보의
논항 특성은 'A가 곧다'로 정리될 수 있다. A 자리에 있는 주체는 '①번
사물, ②번 마음' 등이다. '①번 사물'은 구체 영역에 속하는 반면, '②번
마음' 주체는 추상 영역에 속한다. '곧다'의 단의 분류는 다음과 같다.

[표 153] 한국어 '곧다'의 단의 분류

논항 특성	주체(A)		단의 후보 번호
A가 곧다	구체	사물	①
	추상	마음	②

　사물 주체는 구체 영역에 속하는 반면 마음 주체는 추상 영역에 속하므
로 주체가 구체에서 추상으로 확장되는 원리에 따라 ①번의 순서가 ②번
보다 앞에 있다고 할 수 있다.
　위 내용을 통해 한국어 '곧다'의 단의 순서는 ①②로 배열될 수 있고 그
단의는 다음과 같이 정리된다.

(305) '곧다'의 단의
　　① (사물이) 한쪽 끝에서 다른 쪽 끝까지 굽거나 비뚤어지지 아니
　　　하고 똑바르다.
　　② (마음이) 한쪽으로 쏠리지 않고 정직하다.

　'곧다'의 단의 가운데 대표가 되는 원형의미는 출현 제약이나 의미적 환
경의 영향을 되도록 적게 받는 구체적 환경에서 실현되는 것으로 결정된

다. 그러므로 위에 제시된 단의 가운데에서 가장 기본적인 것은 사물의 주체에서 드러나는 ①번에서 찾을 수 있다. 따라서 ①번은 '곧다'의 원형의미로 간주된다. ①번의 주체는 구체적인 사물인 반면 ②번의 주체는 추상적인 마음이다. 따라서 ②번은 ①번에서 유사성에 의해 확장된 은유적인 의미라 할 수 있다. '곧다'의 의미 확장 양상을 정리하면 다음과 같다.

[표 154] 한국어 '곧다'의 단의 확장 양상

의미 확장 양상	단의
① ↓ ②	① (사물이) 한쪽 끝에서 다른 쪽 끝까지 굽거나 비뚤어지지 아니하고 똑바르다. ② (마음이) 한쪽으로 쏠리지 않고 정직하다.

앞서 한국어 '곧다'의 단의 확장 양상을 살펴보았다. 이 단의를 토대로 '곧다'의 단의 분포 양상을 그리면 아래와 같다.

[그림 86] 한국어 '곧다'의 단의 분포 양상

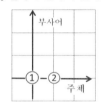

위에서 정리된 '곧다'의 단의 분포 양상을 보면 '곧다'의 의미 변화에 부사어의 영향을 받지 않고 주체의 영향만 받으며 주체의 추상화에 따라 의미 변화가 일어난 것을 확인할 수 있다.

6.1.1.2.2. '直'

'直'의 뜻풀이는 『現代漢語詞典』에서 4개와 『新編漢語形容詞詞典』에서 3

개를 제시하고 있다. 구체적인 내용을 정리하면 다음과 같다.

(306) '直'의 단의 후보(1)

　　가.『現代』[1]成直線的.(직선이 되는 상태.)¶筆直(똑바르다.)/道路直
　　　　(길이 곧다.)
　　　　『新華』[1]不彎曲.(굽지 않다.)¶你把鐵絲拉直(너 철사를 곧게 펴라)
　　　　『新編』[1]不彎曲.(굽지 않다.)¶直走(똑바로 가다.)

　　나.『現代』[2]跟地面垂直的.(지면과 수직관계에 있다.)¶直上直下(곧
　　　　추서다.)

　　다.『現代』[3]從上到下, 從前到后的.(위에서 아래로, 앞에서 뒤로)¶
　　　　文字直行排列(글자를 세로로 배열하다.)

　　라.『現代』[4]直爽.(언행이 거리낌이 없다.)¶心直口快(거침없이 말
　　　　하다.)
　　　　『新華』[2]爽快.(언행이 거리낌이 없다.)¶他嘴很直, 一句話也藏
　　　　不住(그는 매우 입발라 한 마디도 숨기지 못 한다.)
　　　　『新編』[2]爽快.(언행이 거리낌이 없다.)¶我就直說了(나는 솔직
　　　　히 말하겠다.)

　　(306나, 다)에서는 일정한 방향에 따라 굽지 않고 똑바르다는 공간적인 의미를 제시하고 있음을 볼 수 있다. (306나, 다)의 의미는 (306가)와 동일하고, 미시적으로 제시된 방향성은 (306가)에 포함되어 있으므로 (306나, 다)의 내용은 별개의 단의로 간주되지 않고 (306가)와 통합하여야 한다.

　　(306라)에서 언행이 거리낌이 없다는 내용은 마음에 거짓이나 꾸밈이 없이 사실대로 말하거나 일한다는 것인데 이는 정직하다고 말할 수 있다. 따라서 (306라)는 마음이 한쪽으로 쏠리지 않고 정직하다고 기술할 수 있다. '直'의 사전적 의미를 재정리하면 다음과 같다.

　　(307) '直'의 단의 후보(2)

　　　　① 物體一段到另一端不彎曲.((사물이) 한쪽 끝에서 다른 쪽 끝까지

굽거나 비뚤어지지 아니하고 똑바르다.)
2 內心正直((마음이) 한쪽으로 쏠리지 않고 정직하다.)

위에 두 가지 단의 후보의 논항 특성은 모두 '주체(A)+直'의 구조이다.
A 자리에 있는 각 주체는 '1번 사물, 2번 마음' 등이다. '1번 사물' 주
체는 구체 영역에 속하는 반면, 2번 마음 주체는 추상 영역에 속한다. 주
체에 따른 '直'의 단의 분류는 다음과 같다.

[표 155] 중국어 '直'의 단의 분류

논항 특성	주체(A)		단의 후보 번호
A+直	구체	사물	1
	추상	마음	2

사물 주체는 구체 영역에 속하는 반면 행위 주체는 추상 영역에 속하므
로 주체가 구체에서 추상으로 확장되는 원리에 따라 1번의 순서가 2번
보다 앞에 있다고 할 수 있다.

위 내용을 통해 중국어 '直'의 단의 순서는 12로 배열될 수 있고 다음
과 같이 정리된다.

(308) '直'의 단의
❶ 物體一段到另一端不彎曲.((사물이) 한쪽 끝에서 다른 쪽 끝까지
굽거나 비뚤어지지 아니하고 똑바르다.)
❷ 內心正直((마음이) 한쪽으로 쏠리지 않고 정직하다.)

'直'의 단의 가운데 대표가 되는 원형의미는 출현 제약이나 의미적 환경
의 영향을 되도록 적게 받는 구체적 환경에서 실현되는 것으로 결정된다.
그러므로 위에 제시된 단의 가운데에서 가장 기본적인 것은 사물의 주체

에서 드러나는 ❶번에서 찾을 수 있다. 따라서 ❶번은 '直'의 원형의미로 간주된다. ❶번의 주체는 구체적인 사물인 반면 ❷번의 주체는 추상적인 마음이다. 따라서 ❷번은 ❶번에서 유사성에 의해 확장된 은유적인 의미라 할 수 있다. '直'의 의미 확장 양상을 정리하면 다음과 같다.

[표 156] 한국어 '直'의 단의 확장 양상

의미 확장 양상	단의
❶ ↓ ❷	❶ 物體一段到另一端不彎曲.((사물이) 한쪽 끝에서 다른 쪽 끝까지 굽거나 비뚤어지지 아니하고 똑바르다.) ❷ 內心正直((마음이) 한쪽으로 쏠리지 않고 정직하다.)

앞서 중국어 '直'의 단의 확장 양상을 살펴보았다. 이 단의를 토대로 '直'의 단의 분포 양상을 그리면 아래와 같다.

[그림 87] 중국어 '直'의 단의 분포 양상

위에서 정리된 '直'의 단의 분포 양상을 보면 '直'의 의미 변화에 부사어의 영향을 받지 않고 주체의 영향만 받으며 주체의 추상화에 따라 의미 변화가 일어난 것을 확인할 수 있다.

6.1.1.2.3. '곧다'와 '直'의 대조

한국어 '곧다'와 '直'이 모두 두 가지 단의가 있는 것을 정리하였다. 두 형용사의 두 가지 의미는 모두 대응관계에 있다. 구체적인 대조 내용은 다음과 같다.

(309) 가. 곧은 길.

　가'. 直路.

　나. 줄을 곧게 긋다.

　나'. 線畫得直.

　다. 마음이 곧은 사람.

　다'. 直腸子的人

　라. 사람됨이 바르고 곧다.

　라'. 爲人正直.

　한국어의 '곧다'와 중국어 '直'의 공통점은 첫째, (309가-나')에서 주체가 사물일 때 그 사물이 한쪽 끝에서 다른 쪽 끝까지 굽거나 비뚤어지지 아니하고 똑바르다는 의미를 가진다. 둘째, (309다-라')에서 주체가 정신 영역으로 확장되어 둘 모두 (마음이) 한쪽으로 쏠리지 않고 정직하다는 의미를 가진다.

　다음으로 '곧다'와 '直'의 확장 양상을 대조해 본다. '곧다'와 '直'의 주체가 구체 영역에서 추상 영역으로 확장되는 양상이 공통적이다. 더 정확하게 말하면 구체적인 사물 주체에서 추상적인 정신(마음) 주체로 확장되는 양상이 '바르다'와 '正'에서 모두 발견된다.

　이상 한국어 '곧다'와 중국어 '直'을 대조한 내용을 정리하면 다음과 같다.

[표 157] 한국어 '곧다'와 중국어 '直'의 단의 확장 양상 및 대응관계

의미 확장 양상	대응관계		
	단의	곧다	直
①/❶ ↓ ②/❷	(사물이) 한쪽 끝에서 다른 쪽 끝까지 굽거나 비뚤어지지 아니하고 똑바르다.	①	❶
	(마음이) 한쪽으로 쏠리지 않고 정직하다.	②	❷

앞서 한국어 '곧다'와 중국어 '直'의 단의 확장 양상 및 대응관계, 단의 분포 양상을 살펴보았다. 이를 토대로 두 어휘의 단의 분포 양상을 대조하면 아래와 같다.

[그림 88] 한국어 '곧다'와 중국어 '直'의 단의 분포 양상 대조

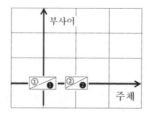

위에 제시한 결과를 보면 한국어 '곧다'와 중국어 '直'의 단의는 모두 일치하고 의미 변화에 공통적으로 주체의 영향만 받아 화살표 방향으로 추상화된 것을 확인할 수 있다.

6.1.2. 비뚤다, 굽다/偏, 歪, 斜, 彎

6.1.2.1. '비뚤다'/偏, 歪, 斜

6.1.2.1.1. '비뚤다'

'비뚤다'의 뜻풀이는 『표준국어대사전』, 『고려대 한국어대사전』, 『금성국어대사전』에서 모두 1개를 제시하고 있다. 구체적인 내용을 정리하면 다음과 같다.

(310) '비뚤다'의 단의 후보(1)
　　　가. 『표준』 [1]바르지 아니하고 한쪽으로 기울어지거나 쏠린 상
　　　　태에 있다.¶줄이 비뚤다/모자를 비뚤게 쓰다/액자가 비뚤게 걸

려 있다./그는 나와 애기하는 동안 벽에 기대어 비뚤게 앉아
있었다.
『고려』[1](무엇이)바르지 못하고 한쪽으로 기울거나 쏠린 상
태에 있다.¶(무엇이)바르지 못하고 한쪽으로 기울거나 쏠린 상
태에 있다.¶시계가 비뚤게 걸려 있다.
『금성』[1]바르지 못하고 한쪽으로 기울어지거나 쏠려 있다.¶
줄이 비꿀다/매사를 비뚤게 보다.

사전에서는 '비뚤다'의 의미에 대해 주체의 분포 환경을 구별하지 않고
하나의 단의로 공통적으로 기술하였다. 그러나 『금성』에 제시된 예문을
보면 '줄이 비뚤다'는 공간적인 의미를 가리키는 반면 '매사를 비뚤게 보
다'는 언행에 관한 의미를 가리킨다. 두 가지 내용은 별개의 의미이므로
하나의 단의로 볼 수 없다. 따라서 주체의 분포 환경에 따라 '비뚤다'의 사
전적 의미를 재정리하면 다음과 같다.

(311) '비뚤다'의 단의 후보(2)
　　　① (사물이) 바르지 못하고 한쪽으로 기울어진 상태에 있다.
　　　② (언행이) 규범이나 사리에 벗어나고 정당하지 않다.

위에 두 가지 단의 후보의 실현 환경은 주체로 이루어진다. 단의 후보의
논항 특성은 'A가 비뚤다'로 정리될 수 있다. A 자리에 있는 주체는 '①번
사물, ②번 언행' 등이다. '①번 사물'은 구체 영역에 속하는 반면, '②번
언행' 주체는 추상 영역에 속한다. '비뚤다'의 단의 분류는 다음과 같다.

[표 158] 한국어 '비뚤다'의 단의 분류

논항 특성	주체(A)		단의 후보 번호
A가 비뚤다	구체	사물	①
	추상	언행	②

사물 주체는 구체 영역에 속하는 반면 언행 주체는 추상 영역에 속하므로 주체가 구체에서 추상으로 확장되는 원리에 따라 ①번의 순서가 ②번보다 앞에 있다고 할 수 있다.

위 내용을 통해 한국어 '비뚤다'의 단의 순서는 ①②로 배열될 수 있고 그 단의는 다음과 같이 정리된다.

> (312) '비뚤다'의 단의
> ① (사물이) 바르지 못하고 한쪽으로 기울어진 상태에 있다.
> ② (언행이) 규범이나 사리에 벗어나고 정당하지 않다.

'비뚤다'의 단의 가운데 대표가 되는 원형의미는 출현 제약이나 의미적 환경의 영향을 되도록 적게 받는 구체적 환경에서 실현되는 것으로 결정된다. 그러므로 위에 제시된 단의 가운데에서 가장 기본적인 것은 사물의 주체에서 드러나는 ①번에서 찾을 수 있다. 따라서 ①번은 '비뚤다'의 원형의미로 간주된다.

①번에서 시각의 감각 대상은 사물이고 바르지 못하고 한쪽으로 기울어진 상태를 표현한다. ②번의 주체는 추상적인 언행이고 규범이나 사리에 벗어나고 정당하지 않다는 내용을 가리킨다. 따라서 ②번은 역시 ①번에서 유사성에 의해 확장된 은유적인 의미라 할 수 있다. '비뚤다'의 의미 확장 양상을 정리하면 다음과 같다.

[표 159] 한국어 '비뚤다'의 단의 확장 양상

의미 확장 양상	단의
① ↓ ②	① (사물이) 바르지 못하고 한쪽으로 기울어진 상태에 있다. ② (언행이) 규범이나 사리에 벗어나고 정당하지 않다.

앞서 한국어 '비뚤다'의 단의 확장 양상을 살펴보았다. 이 단의를 토대로 '비뚤다'의 단의 분포 양상을 그리면 아래와 같다.

[그림 89] 한국어 '비뚤다'의 단의 분포 양상

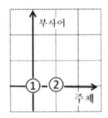

위에서 정리된 '비뚤다'의 단의 분포 양상을 보면 '비뚤다'의 의미 변화에 부사어의 영향을 받지 않고 주체의 영향만 받으며 주체의 추상화에 따라 의미 변화가 일어난 것을 확인할 수 있다.

6.1.2.1.2. '偏'

'偏'의 뜻풀이는 『現代漢語詞典』에서 2개, 『新華字典』, 『新編漢語形容詞詞典』에서 모두 2개를 제시하고 있다. 구체적인 내용을 정리하면 다음과 같다.

(313) '偏'의 단의 후보(1)

　　가. 『現代』 [1]不正, 傾斜.(바르지 못하고 한쪽으로 기울어진 상태에 있다.)¶太陽偏西了(해가 서쪽으로 기울었다.)

　　『新華』 [1]歪.(기울어지다.)¶桌子偏左安放(탁자를 왼쪽으로 치우치게 놓다.)

　　『新編』 [1]不正, 歪斜.(바르지 못하고 기울어지다.)¶不要把鏡子掛偏了(거울을 기울어지게 걸지 마라.)

　　나. 『現代』 [2]僅對於一方面或對人對事不公正.(어떤 사람이나 일에 편향되고 공정하지 못한다.)¶偏心(마음이 한쪽으로 치우치다)

『新華』[2]不公正, 袒護.(공정하지 못하고 비호하는 상태에 있
다.)¶裁判顯然偏向主隊(심판은 분명히 홈팀을 비호하고 있다.)
『新編』[2]單獨注重一方面或不正確, 不公正.(어떤 사람이나 일
에 편향되고 공정하지 못한다.)¶議論偏向對他有利的一方(의론
이 그에게 유리한 쪽으로 편향되다.)

'偏'의 사전적 의미를 재정리하면 다음과 같다.

    (314) '偏'의 단의 후보(2)
        ① 事物不正, 向一方傾斜.((사물이) 바르지 못하고 한쪽으로 기울어
          진 상태에 있다.)
        ② 行爲不公正((행위가) 공정하지 않다.)

    두 가지 단의 후보의 논항 특성은 모두 '주체(A)+偏'의 구조이다. A 자
리에 있는 각 주체는 '①번 사물, ②번 행위' 등이다. '①번 사물' 주체는
구체 영역에 속하는 반면, ②번 행위 주체는 추상 영역에 속한다. 주체에
따른 '偏'의 단의 분류는 다음과 같다.

[표 160] 중국어 '偏'의 단의 분류

논항 특성	주체(A)		단의 후보 번호
A+偏	구체	사물	①
	추상	행위	②

    사물 주체는 구체 영역에 속하는 반면 행위 주체는 추상 영역에 속하므
로 주체가 구체에서 추상으로 확장되는 원리에 따라 ①번의 순서가 ②번
보다 앞에 있다고 할 수 있다.
    위 내용을 통해 중국어 '偏'의 단의 순서는 ①②로 배열될 수 있고 다음
과 같이 정리된다.

(315) '偏'의 단의
    ❶ 事物不正, 向一方傾斜.((사물이) 바르지 못하고 한쪽으로 기울어
      진 상태에 있다.)
    ❷ 行爲不公正((행위가) 공정하지 않다.)

'偏'의 단의 가운데 대표가 되는 원형의미는 출현 제약이나 의미적 환경
의 영향을 되도록 적게 받는 구체적 환경에서 실현되는 것으로 결정된다.
그러므로 위에 제시된 단의 가운데에서 가장 기본적인 것은 사물의 주체
에서 드러나는 ❶번에서 찾을 수 있다. 따라서 ❶번은 '偏'의 원형의미로
간주된다.

❷번의 주체는 추상적인 행위이고 행위상 '기울어지는' 것은 ❶번 사물
의 기울어진 상태와의 유사성에 의해 확장된 은유적인 의미라 할 수 있다.
'偏'의 의미 확장 양상을 정리하면 다음과 같다.

[표 161] 중국어 '偏'의 단의 확장 양상

의미 확장 양상	단의
❶ ↓ ❷	❶ 事物不正, 向一方傾斜.((사물이) 바르지 못하고 한쪽으로 기울어진 상태에 있다.) ❷ 行爲不公正((행위가) 공정하지 않다.)

앞서 중국어 '偏'의 단의 확장 양상을 살펴보았다. 이 단의를 토대로
'偏'의 단의 분포 양상을 그리면 아래와 같다.

[그림 90] 중국어 '偏'의 단의 분포 양상

위에서 정리된 중국어 ‘偏’의 단의 분포 양상을 보면 의미 변화에 영향을 끼치는 요소가 주체만 있고 주체의 추상화에 따라 의미 변화가 일어난 것을 확인할 수 있다.

6.1.2.1.3. ‘歪’

‘歪’의 뜻풀이는 『現代漢語詞典』에서 2개, 『新華典字』에서 2개, 『新編漢語形容詞詞典』에서 1개를 제시하고 있다. 구체적인 내용을 정리하면 다음과 같다.

> (316) ‘歪’의 단의 후보(1)
>> 가. 『現代』[1]不正, 斜, 偏.(바르지 못하고 한쪽으로 기울어진 상태에 있다.)¶樹長歪了(이 나무는 비뚤게 자랐다.)
>> 『新華』[1]不正, 偏斜.(바르지 못하고 한쪽으로 기울어진 상태에 있다.)¶這堵墻歪了(이 벽은 기울어 있다.)
>> 『新編』[1]不正.(바르지 못한 상태에 있다.)¶這張畫掛歪了(이 그림은 비뚤게 걸려 있다.)
>> 나. 『現代』[2]不正當的, 不正派的.(규범이나 사리에 벗어나 정당하지 않다.)¶別想歪點子(나쁜 생각을 하지 말라.)
>> 『新華』[2]不正當的, 不正派的.(규범이나 사리에 벗어나 정당하지 않다.)¶爲人正派沒有斜的歪的(사람됨이 매우 진지하고 나쁜 데가 없다.)

위에 제시된 내용을 통해 ‘歪’의 사전적 의미를 재정리하면 다음과 같다.

> (317) ‘歪’의 단의 후보(2)
>> ① 事物不正, 向一方傾斜.((사물이) 바르지 못하고 한쪽으로 기울어진 상태에 있다.)
>> ② 行爲不正((언행이) 규범이나 사리에 벗어나고 정당하지 않다.)

두 가지 단의 후보의 논항 특성은 모두 '주체(A)+歪'의 구조이다. A 자리에 있는 각 주체는 '①번 사물, ②번 언행' 등이다. '①번 사물' 주체는 구체 영역에 속하는 반면, ②번 행위 주체는 추상 영역에 속한다. 주체에 따른 '歪'의 단의 분류는 다음과 같다.

[표 162] 중국어 '歪'의 단의 분류

논항 특성	주체(A)		단의 후보 번호
A+歪	구체	사물	①
	추상	언행	②

사물 주체는 구체 영역에 속하는 반면 행위 주체는 추상 영역에 속하므로 주체가 구체에서 추상으로 확장되는 원리에 따라 ①번의 순서가 ②번보다 앞에 있다고 할 수 있다.

중국어 '歪'의 단의 순서는 ①②로 배열될 수 있고 다음과 같이 정리된다.

(318) '歪'의 단의
　　❶ 事物不正, 向一方傾斜.((사물이) 바르지 못하고 한쪽으로 기울어진 상태에 있다.)
　　❷ 行爲不正((언행이) 규범이나 사리에 벗어나고 정당하지 않다.)

'歪'의 단의 가운데 대표가 되는 원형의미는 출현 제약이나 의미적 환경의 영향을 되도록 적게 받는 구체적 환경에서 실현되는 것으로 결정된다. 그러므로 위에 제시된 단의 가운데에서 가장 기본적인 것은 사물의 주체에서 드러나는 ❶번에서 찾을 수 있다. 따라서 ❶번은 '歪'의 원형의미로 간주된다.

❷번의 주체는 추상적인 언행이고 행위상 '규범이나 사리에 벗어나는'

것은 ❶번 사물의 기울어진 상태와의 유사성에 의해 확장된 은유적인 의미라 할 수 있다. '歪'의 의미 확장 양상을 정리하면 다음과 같다.

[표 163] 중국어 '歪'의 단의 확장 양상

의미 확장 양상	단의
❶ ↓ ❷	❶ 事物不正, 向一方傾斜.((사물이) 바르지 못하고 한쪽으로 기울어진 상태에 있다.) ❷ 行爲不正((언행이) 규범이나 사리에 벗어나고 정당하지 않다.)

앞서 중국어 '歪'의 단의 확장 양상을 살펴보았다. 이 단의를 토대로 '歪'의 단의 분포 양상을 그리면 아래와 같다.

[그림 91] 중국어 '歪'의 단의 분포 양상

위에서 정리된 '歪'의 단의 분포 양상을 보면 '歪'의 의미 변화에 부사어의 영향을 받지 않고 주체의 영향만 받으며 주체의 추상화에 따라 의미 변화가 일어난 것을 확인할 수 있다.

6.1.2.1.4. '斜'

'斜'의 뜻풀이는 『現代漢語詞典』, 『新編漢語形容詞詞典』에서 모두 1개를 제시하고 있다. 구체적인 내용을 정리하면 다음과 같다.

(319) '斜'의 단의 후보(1)

　　가. 『現代』 [1]跟平面或直線旣不平行也不垂直.(어떤 평면이나 직선

과 평행관계에 있지 않고 수직관계에 있지 않다.)¶紙裁斜了(종
이를 비스듬히 잘랐다.)/斜線(사선)

『新華』[1]不正, 跟平面或直線旣不平行也不垂直.(바르지 못하고
어떤 평면이나 직선과 평행관계에 있지 않고 수직관계에 있지
않다.)¶柱子有點斜(기둥이 약간 기울어 있다.)

『新編』[1]歪, 不正.(바르지 못하고 한쪽으로 기울어진 상태에
있다.)¶太陽西斜(해가 지다.)

위와 같이 세 가지 사전에서 '斜'는 단의어로 간주되고 기술되고 있다.
'斜'의 유일한 단의는 공간 모양에 관한 구체적인 의미라고 할 수 있다.
'斜'의 단의 후보는 다음과 같이 정리될 수 있다.

(320) '斜'의 단의 후보(2)

　　① 事物不正, 向一方傾斜.((사물이) 바르지 못하고 한쪽으로 기울어
　　　진 상태에 있다.)

'斜'의 단의 실현 환경은 주체로 이루어진다. 'A+斜'는 논항 특성에서
A자리에 있는 주체는 구체 영역의 '사물'이다. '斜'의 단의 분류는 다음과
같다.

[표 164] 중국어 '斜'의 단의 분류

논항 특성	주체(A)		단의 후보 번호
A+斜	구체	사물	①

이에 따라 중국어 '斜'의 단의를 재정리하면 다음과 같다.

(321) '斜'의 단의

　　❶ 事物不正, 向一方傾斜.((사물이) 바르지 못하고 한쪽으로 기울어
　　　진 상태에 있다.)

유일한 단의를 갖는 '斜'는 구체적인 뜻을 갖고 있고 확장 양상은 확인
되지 않는다.

[표 165] 중국어 '斜'의 단의 확장 양상

의미 확장 양상	단의
❶	❶ 事物不正, 向一方傾斜.((사물이) 바르지 못하고 한쪽으로 기울어진 상태에 있다.)

앞서 중국어 '斜'의 단의 확장 양상을 살펴보았다. 이 단의를 토대로
'斜'의 단의 분포 양상을 그리면 아래와 같다.

[그림 92] 중국어 '斜'의 단의 분포 양상

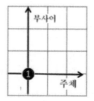

위에서 정리된 '斜'의 단의 분포 양상을 보면 '斜'는 유일한 의미를 갖는
어휘로서 부사어의 영향을 받지 않고 주체의 영향만 받는 것을 확인할 수
있다.

6.1.2.1.5. '비뚤다'와 '偏', '歪', '斜'의 대조

한국어 '비뚤다'가 두 가지 단의가 있는 반면 중국어 '偏', '歪'는 두 가
지 단의가 있고, '斜'는 한 가지 단의만 있는 것을 정리하였다. '비뚤다'와
'歪'는 공통적인 단의를 갖고 있고, '偏'의 한 가지 단의는 '비뚤다'의 한
가지 단의와 대응되지 않는다. 구체적인 대조 내용은 다음과 같다.

(322) 가. 그림이 <u>비뚤다</u>.

　　가´. 畫<u>偏</u>了.

　　가″. 畫<u>歪</u>了.

　　가‴. 畫<u>斜</u>了.

　　나. 선을 <u>비뚤게</u> 그었다.

　　나´. 線畫<u>偏</u>了.

　　나″. 線畫<u>歪</u>了.

　　나‴. 線畫<u>斜</u>了.

　　다. 그는 소가지가 <u>비뚤어졌다</u>.

　　다´. 他心眼<u>歪</u>了.

　　다″. *他心眼<u>偏</u>了.

　　다‴. *他心眼<u>斜</u>了.

　　라. 매사를 비뚤게 보다.

　　라´. 每件事都<u>歪</u>著看.

　　라″. *每件事都<u>偏</u>著看.

　　라‴. *每件事都<u>斜</u>著看.

　한국어의 '비뚤다'와 중국어 '偏', '歪', '斜'는 첫째, (322가-나´)와 같이 주체가 사물일 때 그 사물이 바르지 못하고 한쪽으로 기울어진 상태에 있다는 의미를 공통적으로 가진다. 둘째, (322다-라´)에서 주체가 언행 영역으로 확장될 때 '비뚤다'와 '歪'는 모두 (언행이) 규범이나 사리에 벗어나고 정당하지 않다는 의미를 가지고 서로 대응관계를 이룬다.

　한편, 차이점은 다음과 같다. 중국어 '偏'의 주체는 행위 영역으로 확장되어 그 행위가 공정하지 않다는 의미를 가진다. 그런데 한국어 '비뚤다'의 주체는 행위 영역으로 확장되지 않는다.

(323) 가. 媽媽太<u>偏</u>心了, 每次都護著弟弟.

　　가´. *엄마는 너무 <u>비뚤어서</u>, 매번 남동생만 감싼다.

　　가″. 엄마는 너무 <u>편파적이어서</u>, 매번 남동생만 감싼다.

나. 心太偏了.
나'. *마음이 너무 비뚤지 못하다.
나". 마음이 너무 공정하지 못하다.

주체가 행위로 확장되는 상황에서 한국어는 '비뚤다'를 사용하지 않고 상황에 따라 '편파적이다, 공정하지 못하다' 등을 대신 사용한다.

다음으로 확장 양상을 대조해 본다. 우선, '비뚤다'와 '歪'는 같은 단의를 갖고 있으므로 그의 확장 양상도 차이 없이 공통적이다. 다음으로, '비뚤다'와 '斜'를 비교하면 '斜'는 구체적 공간 의미만 갖고 있으므로 확장 양상이 없는 반면 '비뚤다'는 공간적 의미에서 언행에 관한 추상적 의미를 가진다. 즉 추상적인 주체 영역으로의 확장 여부에서 차이가 있다. 마지막으로, '비뚤다'와 '偏'을 비교하면 첫째, '비뚤다'와 '偏'의 주체는 구체 영역에서 추상 영역으로 확장되는 것이 공통적이다. 둘째, '비뚤다'와 '偏'은 별개의 추상적인 단의를 갖고 있으나 두 가지 의미는 모두 행위 주체에 속한다. 따라서 추상적 주체로 확장될 때 '비뚤다'와 '偏'의 주체는 사람의 행위 영역으로 확장되는 것이 공통적이다.

이상 한국어 '비뚤다'와 중국어 '偏', '歪', '斜'를 대조한 내용을 정리하면 다음과 같다.

[표 166] 한국어 '비뚤다'와 중국어 '偏', '歪', '斜'의 단의 확장 양상 및 대응관계

의미 확장 양상	대응관계				
	단의	비뚤다	偏	歪	斜
①/❶/◆/▲ ↙ ↘ ②/×/◆/× ×/❷/×/×	(사물이) 바르지 못하고 한쪽으로 기울어진 상태에 있다.	①	❶	◆	▲
	(언행이) 규범이나 사리에 벗어나고 정당하지 않다.	②	×	◆	×
	(행위가) 공정하지 않다.	×	❷	×	×

앞서 한국어 '비뚤다'와 중국어 '偏', '歪', '斜'의 단의 확장 양상 및 대응관계, 단의 분포 양상을 살펴보았다. 이를 토대로 두 어휘의 단의 분포 양상을 대조하면 아래와 같다.

[그림 93] 한국어 '비뚤다'와 중국어 '偏', '歪', '斜'의 단의 분포 양상 대조

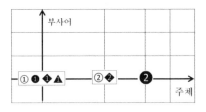

위에 제시한 결과를 보면 한국어 '비뚤다'와 중국어 '偏', '歪', '斜'은 '사물이 바르지 못하고 한쪽으로 기울어진 상태에 있다'는 의미를 표현할 때 일치하다. 그러나 한국어 '비뚤다'와 중국어 '歪'은 '언행이 규범이나 사리에 벗어나고 정당하지 않다'는 의미도 가지는데 중국어 '偏'과 '斜'의 단의 가운데 이와 비슷한 의미를 찾을 수 없다. 또한 한국어 '비뚤다'와 중국어 '偏', '歪', '斜'의 의미 분포 양상을 정리하면 의미 변화에 공통적으로 주체의 영향만 받아 화살표 방향으로 추상화된 것을 확인할 수 있다.

6.1.2.2. 굽다/彎

6.1.2.2.1. '굽다'

'굽다'의 뜻풀이는 『표준국어대사전』, 『고려대 한국어대사전』, 『금성국어대사전』에서 모두 1개를 제시하고 있다. 구체적인 내용을 정리하면 다음과 같다

> (324) '굽다'의 단의 후보(1)
> 가. 『표준』 [1]한쪽으로 휘어져 있다.¶활처럼 굽은 길/할머니는 허

리가 많이 굽으셨다./덕쇠라는 영감으로 대감네 선대 적부터
하인이라는데 허리는 굽고 이는 빠졌어도 극진히 수일이 앞뒤
를 보아 주며 소중히 받들었다.
『고려』 [1](물체나 신체의 일부, 길이)직선 방향에서 다른 각도
로 약간 치우치거나 접혀진 상태이다.¶그 노파는 허리가 무척
많이 굽었다/오늘따라 아버지의 어깨가 유난히 굽어 보인다/목
수는 머리가 없거나 굽은 못을 따로 골라냈다/그 마을은 활처
럼 굽은 산줄기와 봉우리 안에 아늑하게 자리잡고 있다.
『금성』 [1]곧지 않고 휘어 있다.¶굽은 길

위와 같이 세 가지 사전에서 '굽다'는 단의어로 기술되어 있다. '굽다'의
유일한 단의는 공간 모양에 관한 구체적인 의미이다. '굽다'의 단의 후보
는 다음과 같이 정리된다.

(325) '굽다'의 단의 후보(2)
　　　①(사물이) 직선 방향에서 다른 각도로 약간 치우치거나 접혀진
　　　　상태이다.

'굽다'의 단의 실현 환경은 주체로 이루어진다. 'A가 굽다'는 논항 특성
에서 A자리에 있는 주체는 구체 영역의 '사물'이다. '굽다'의 단의 분류는
다음과 같다.

[표 167] 한국어 '굽다'의 단의 분류

논항 특성	주체(A)		단의 후보 번호
A가 굽다	구체	사물	①

'굽다'의 단의를 재정리하면 다음과 같다.

(326) '굽다'의 단의
　　① (사물이) 직선 방향에서 다른 각도로 약간 치우치거나 접혀진
　　　상태이다.

유일한 단의를 갖는 '굽다'는 구체적인 뜻을 갖고 있고 확장 양상은 확
인되지 않는다. 표로 정리하면 다음과 같다.

[표 168] 한국어 '굽다'의 단의 확장 양상

의미 확장 양상	단의
①	①(사물이) 직선 방향에서 다른 각도로 약간 치우치거나 접혀진 상태이다.

앞서 한국어 '굽다'의 단의 확장 양상을 살펴보았다. 이 단의를 토대로
'굽다'의 단의 분포 양상을 그리면 아래와 같다.

[그림 94] 한국어 '굽다'의 단의 분포 양상

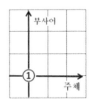

위에서 정리된 '굽다'의 단의 분포 양상을 보면 '굽다'는 유일한 의미를
갖는 어휘로서 부사어의 영향을 받지 않고 주체의 영향만 받는 것을 확인
할 수 있다.

6.1.2.2.2. '彎'

'彎'의 뜻풀이는『現代漢語詞典』,『新編漢語形容詞詞典』에서 모두 1개를
제시하고 있다. 구체적인 내용을 정리하면 다음과 같다.

(327) '彎'의 단의 후보(1)

　　가.『現代』[1]彎曲.(굽다.)¶樹枝都被雪壓彎了(나뭇가지가 눈에 눌려
　　　　서 굽어졌다.)
　　　　『新華』[1]彎曲, 不直.(바르지 못하고 굽다.)¶一輪彎月挂在天空
　　　　(이지러진 조각달이 밤하늘에 걸려 있다.)
　　　　『新編』[1]不直, 彎曲.(바르지 못하고 굽다.)¶彎路(꼬불꼬불한
　　　　길.)

　위와 같이 세 가지 사전에서 '彎'은 단의어로 기술하고 있다. '彎'의 유
일한 단의는 공간 모양에 관한 구체적인 의미라고 할 수 있다. '彎'의 단의
후보는 다음과 같이 정리될 수 있다.

(328) '彎'의 단의 후보(2)

　　① 事物一方傾斜, 不直.((사물이) 직선 방향에서 다른 각도로 약간
　　　　치우치거나 접혀진 상태이다.)

　'彎'의 단의 실현 환경은 주체로 이루어진다. 'A+彎'는 논항 특성에서
A자리에 있는 주체는 구체 영역의 '사물'이다. '彎'의 단의 분류는 다음과
같다.

[표 169] 중국어 '彎'의 단의 분류

논항 특성	주체(A)		단의 후보 번호
A+彎	구체	사물	①

　이에 따라 중국어 '彎'의 단의를 재정리하면 다음과 같다.

(329) '彎'의 단의

　　❶ 事物一方傾斜, 不直.((사물이) 직선 방향에서 다른 각도로 약간
　　　　치우치거나 접혀진 상태이다.)

유일한 단의를 갖는 '彎'는 구체적인 뜻을 갖고 있고 확장 양상은 확인되지 않는다. 표로 정리하면 다음과 같다.

[표 170] 중국어 '彎'의 단의 확장 양상

의미 확장 양상	단의
❶	❶ 事物一方傾斜, 不直.((사물이) 직선 방향에서 다른 각도로 약간 치우치거나 접혀진 상태이다.)

앞서 중국어 '彎'의 단의 확장 양상을 살펴보았다. 이 단의를 토대로 '彎'의 단의 분포 양상을 그리면 아래와 같다.

[그림 95] 중국어 '彎'의 단의 분포 양상

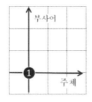

위에서 정리된 '彎'의 단의 분포 양상을 보면 '彎'은 유일한 의미를 갖는 어휘로서 부사어의 영향을 받지 않고 주체의 영향만 받는 것을 확인할 수 있다.

6.1.2.2.3. '굽다'와 '彎'의 대조

한국어 '굽다'와 중국어 '彎'은 모두 단의어이고, 그 단의는 대응관계에 있다. 구체적인 대조 내용은 다음과 같다.

    (330) 가. 굽은 길.
       가'. 彎路.
       나. 목수는 머리가 없거나 굽은 못을 따로 골라냈다.

나'. 木工吧彎釘挑了出來.

다. 할머니는 허리가 많이 <u>굽으셨다</u>.

다'. 奶奶的腰變彎了許多.

위와 같이 한국어 '굽다'와 중국어 '彎'의 주체가 사물일 때 그 사물이 직선 방향에서 다른 각도로 약간 치우치거나 접혀진 상태에 있다는 의미가 공통된다.

한편, '굽다'와 '彎'은 단의어로서 확장 양상이 존재하지 않는 것도 공통적이다.

위 내용을 통해 '굽다'와 '彎'의 대조 내용을 정리하면 다음과 같다.

[표 171] 한국어 '굽다'와 중국어 '彎'의 단의 확장 양상 및 대응관계

의미 확장 양상	대응관계		
	단의	굽다	彎
①/❶	(사물이) 직선 방향에서 다른 각도로 약간 치우치거나 접혀진 상태이다.	①	❶

앞서 한국어 '굽다'와 중국어 '彎'의 단의 확장 양상 및 대응관계, 단의 분포 양상을 살펴보았다. 이를 토대로 두 어휘의 단의 분포 양상을 그리면 아래와 같다.

[그림 96] 한국어 '굽다'와 중국어 '彎'의 단의 분포 양상 대조

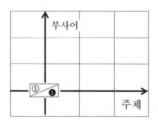

위에 제시한 결과를 보면 한국어 '굽다'와 중국어 '彎'은 공통적으로 하나만의 단의를 갖는 것을 볼 수 있다. 또한, 부사어의 영향을 받지 않고 주체의 영향만 받는 것을 확인할 수 있다.

6.2. 원형(圓形) : 둥글다/圓

6.2.1. '둥글다'

'둥글다'의 뜻풀이는 『표준국어대사전』과 『금성 국어대사전』에서 2개, 『고려대 한국어대사전』에서 3개를 제시하고 있다. 구체적인 내용을 정리하면 다음과 같다.

> (331) '둥글다'의 단의 후보(1)
>> 가. 『표준』 [1]원이나 공과 모양이 같거나 비슷하다.¶둥근 해/둥근 탁자/얼굴이 둥글어 귀엽다.
>> 『고려』 1[](사물이)모양이 공이나 원과 같거나 비슷하다.¶보름달이 둥글다/아낙네들이 둥글게 원을 그리며 춤을 춘다.
>> [2](사물의 선이나 모양이)각이 없이 휘어져 완만하다.¶새로 나온 차는 모서리 부분을 모두 둥글게 처리하였다.
>> 『금성』 [1]공이나 원과 모양이 같거나 비슷하다.¶둥글 달/둥글 식탁/강강술래는 부녀자들이 둥그게 원을 그리면서 추는 우리 고유의 춤이다.
>> 나. 『표준』 [2]성격이 모가 나지 않고 원만하다.¶세상을 둥글게 산다./성격이 둥근 사람은 친구도 많다.
>> 『고려』 [2](성격이)모난 데 없이 두루 너그럽다.¶성격이 둥글다.
>> 『금성』 [2]모가 없이 원만하다.¶성격이 둥글다.

(331가) 내용 가운데 『고려』[2]에 제시된 각이 없이 휘어져 완만하다는 내용은 『고려』[1]에 포함되어 있어 별개의 단의로 볼 수 없고 통합되어야 한다. '둥글다'의 사전적 의미를 재정리하면 다음과 같다.

(332) '둥글다'의 단의 후보(2)
　　① (사물이) 각이 없이 휘어져 원이나 공과 모양이 같거나 비슷하다.
　　② (성격이) 모가 나지 않고 원만하다.

두 가지 단의 후보의 실현 환경은 주체로 이루어진다. 단의 후보의 논항 특성은 'A가 곧다'로 정리될 수 있다. A 자리에 있는 주체는 '①번 사물, ②번 성격' 등이다. '①번 사물'은 구체 영역에 속하는 반면, '②번 성격' 주체는 추상 영역에 속한다. '둥글다'의 단의 분류는 다음과 같다.

[표 172] 한국어 '둥글다'의 단의 분류

논항 특성	주체(A)		단의 후보 번호
A가 둥글다	구체	사물	①
	추상	성격	②

사물 주체는 구체 영역에 속하는 반면 마음 주체는 추상 영역에 속하므로 주체가 구체에서 추상으로 확장되는 원리에 따라 ①번의 순서가 ②번보다 앞에 놓인다.

위 내용을 통해 한국어 '둥글다'의 단의 순서는 ①②로 배열될 수 있고 다음과 같이 정리된다.

(333) '둥글다'의 단의
　　① (사물이) 각이 없이 휘어져 원이나 공과 모양이 같거나 비슷하다.

② (성격이) 모가 나지 않고 원만하다.

'둥글다'의 단의 가운데 대표가 되는 원형의미는 출현 제약이나 의미적 환경의 영향을 되도록 적게 받는 구체적 환경에서 실현되는 것으로 결정된다. 그러므로 위에 제시된 단의 가운데에서 가장 기본적인 것은 사물의 주체에서 드러나는 ①번에서 찾을 수 있다. 따라서 ①번은 '둥글다'의 원형의미로 간주된다. ①번에서 시각의 감각 대상은 구체적인 사물인 반면 ②번의 주체는 추상적인 성격이다. ②번은 ①번에서 유사성에 의해 확장된 은유적인 의미라 할 수 있다. '둥글다'의 의미 확장 양상을 정리하면 다음과 같다.

[표 173] 한국어 '둥글다'의 단의 확장 양상

의미 확장 양상	단의
① ↓ ②	① (사물이) 각이 없이 휘어져 원이나 공과 모양이 같거나 비슷하다. ② (성격이) 모가 나지 않고 원만하다.

앞서 한국어 '둥글다'의 단의 확장 양상을 살펴보았다. 이 단의를 토대로 '둥글다'의 단의 분포 양상을 그리면 아래와 같다.

[그림 97] 한국어 '둥글다'의 단의 분포 양상

위에서 정리된 '둥글다'의 단의 분포 양상을 보면 '둥글다'의 의미 변화에 부사어의 영향을 받지 않고 주체의 영향만 받으며 주체의 추상화에 따라 의미 변화가 일어난 것을 확인할 수 있다.

6.2.2. '圓'

'圓'의 뜻풀이는 『現代漢語詞典』에서 2개, 『新華典字』에서 2개, 『新編漢語形容詞詞典』에서 1개를 제시하고 있다. 구체적인 내용을 정리하면 다음과 같다.

> (334) '圓'의 단의 후보(1)
>> 가. 『現代』[1]形狀像圓圈或球的.(원이나 공과 모양이 같거나 비슷하다.)¶月圓了(달이 둥글게 찼다)
>> 『新華』[1]像球的形狀.(공과 모양이 같거나 비슷하다.)¶皮球是圓的(공은 둥글다.)
>> 『新編』[1]形狀像圓圈或球的.(원이나 공과 모양이 같거나 비슷하다.)¶地球是圓的.(지구는 둥글다.)
>> 나. 『現代』[2]圓滿, 周全.(주도면밀하다.)¶把話說圓(말을 주도면밀하게 하였다.)
>> 『新華』[2]完備, 周全.(주도면밀하다.)¶性格很圓(성격이 둥글다.)

위와 같이 '圓'의 단의는 두 가지로 구분된다. '圓'의 사전적 의미를 재정리하면 아래와 같다.

> (335) '圓'의 단의 후보(2)
>> ① 事物形狀無棱角, 像圓圈或者球.((사물이) 각이 없이 휘어져 원이나 공과 모양이 같거나 비슷하다.)
>> ② (性格)無棱角周到圓滿.((성격이) 모가 나지 않고 원만하다.)

두 가지 단의 후보의 논항 특성은 모두 '주체(A)+圓'의 구조이다. A 자리에 있는 각 주체는 '①번 사물, ②번 성격' 등이다. '①번 사물' 주체는 구체 영역에 속하는 반면, ②번 성격 주체는 추상 영역에 속한다. 주체에 따른 '圓'의 단의 분류는 다음과 같다.

[표 174] 중국어 '圓'의 단의 분류

논항 특성	주체(A)		단의 후보 번호
A+圓	구체	사물	①
	추상	마음	②

사물 주체는 구체 영역에 속하는 반면 행위 주체는 추상 영역에 속하므로 주체가 구체에서 추상으로 확장되는 원리에 따라 ①번의 순서가 ②번보다 앞에 있다고 할 수 있다.

위 내용을 통해 중국어 '圓'의 단의 순서는 ①②로 배열될 수 있고 다음과 같이 정리된다.

(336) '圓'의 단의
　❶ 事物形狀無棱角, 像圓圈或者球.((사물이) 각이 없이 휘어져 원이나 공과 모양이 같거나 비슷하다.)
　❷ (性格)無棱角周到圓滿.((성격이) 모가 나지 않고 원만하다.)

'圓'의 단의 가운데 대표가 되는 원형의미는 출현 제약이나 의미적 환경의 영향을 되도록 적게 받는 구체적 환경에서 실현되는 것으로 결정된다. 그러므로 위에 제시된 단의 가운데에서 가장 기본적인 것은 사물의 주체에서 드러나는 ❶번에서 찾을 수 있다. 따라서 ❶번은 '圓'의 원형의미로 간주된다. ❶번에서 시각의 감각 대상은 구체적인 사물인 반면 ❷번의 주체는 추상적인 성격이다. ❷번은 ❶번에서 유사성에 의해 확장된 은유적인 의미라 할 수 있다. '圓'의 의미 확장 양상을 정리하면 다음과 같다.

[표 175] 중국어 '圓'의 단의 확장 양상

의미 확장 양상	단의
❶ ↓ ❷	❶ 事物形狀無棱角, 像圓圈或者球.((사물이) 각이 없이 휘어져 원이나 공과 모양이 같거나 비슷하다.) ❷ (性格)無棱角周到圓滿.((성격이) 모가 나지 않고 원만하다.)

앞서 중국어 '圓'의 단의 확장 양상을 살펴보았다. 이 단의를 토대로 '圓'의 단의 분포 양상을 그리면 아래와 같다.

[그림 98] 중국어 '圓'의 단의 분포 양상

위에서 정리된 '圓'의 단의 분포 양상을 보면 '圓'의 의미 변화에 부사어의 영향을 받지 않고 주체의 영향만 받으며 주체의 추상화에 따라 의미 변화가 일어난 것을 확인할 수 있다.

6.2.3. '둥글다'와 '圓'의 대조

한국어 '둥글다'와 '圓'은 모두 두 가지 단의가 있고 이들은 서로 대응 관계에 있다. 구체적인 대조 내용은 다음과 같다.

(337) 가. 이 알은 반들반들 둥글다.
　　　가'. 他的臉有點圓.
　　　나. 종이를 둥글게 자르다.

나'. 把紙剪成圓的.

다. 성격이 둥글다.

다'. 性格很圓.

라. 말을 주도면밀하게 하였다.

라'. 把話說圓.

한국어의 '둥글다'와 중국어 '圓'은 첫째, (337가-나)에서 주체가 사물일 때 그 사물이 각이 없이 휘어져 원이나 공과 모양이 같거나 비슷하다는 의미를 공통적으로 가진다. 둘째, (337다-라)에서 주체가 정신 영역으로 확장되어 둘 모두 (성격이) 모가 나지 않고 원만하다는 의미를 가진다.

다음으로 '둥글다'와 '圓'의 확장 양상을 대조해 본다. '둥글다'와 '圓'의 주체는 구체 영역에서 추상 영역으로 확장되는 점이 공통적이다. 더 정확하게 말하면 구체적인 사물 주체에서 추상적인 정신(성격) 주체로 확장되는 양상이 '둥글다'와 '圓'에서 모두 발견된다.

이상 한국어 '둥글다'와 중국어 '圓'을 대조한 내용을 정리하면 다음과 같다.

[표 176] 한국어 '둥글다'와 중국어 '圓'의 단의 확장 양상 및 대응관계

의미 확장 양상	대응관계		
	단의	둥글다	圓
①/❶ ↓ ②/❷	(사물이) 각이 없이 휘어져 원이나 공과 모양이 같거나 비슷하다.	①	❶
	(성격이) 모가 나지 않고 원만하다.	②	❷

앞서 한국어 '둥글다'와 중국어 '圓'의 단의 확장 양상 및 대응관계, 단의 분포 양상을 살펴보았다. 이를 토대로 두 어휘의 단의 분포 양상을 대조하면 아래와 같다.

[그림 99] 한국어 '둥글다'와 중국어 '圓'의 단의 분포 양상 대조

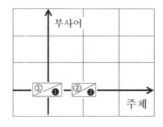

위에 제시한 결과를 보면 한국어 '둥글다'와 중국어 '圓'의 단의들은 모두 일치하고 의미 변화에 공통적으로 주체의 영향만 받아 화살표 방향으로 추상화된 것을 확인할 수 있다.

6.3. 모양 형용사 의미 확장 양상의 대조

정사(正斜)를 표현하는 한국어와 중국어 형용사는 공통적으로 유형물 내부에서 확장되거나 행위, 정신 등 영역으로 확장되는 것이 확인되므로 차이가 없다고 할 수 있다.

원형(圓形)을 나타내는 한국어와 중국어 형용사는 정신 영역으로 확장되는 점에서 공통적이고 차이가 없다.

　본 서는 대조언어학의 관점에서 한중 시각 형용사의 의미 확장 양상을 대조하였고 분포 양상도 제시하였다. 체계적이고 일관된 방식으로 시각 형용사의 의미를 분석한 뒤 의미 확장의 일반적 원리에 의해 의미 파생 관계를 자세하게 논의하였다. 그리고 그 결과를 바탕으로 한국어와 중국어 시각 형용사의 의미를 상세하게 대조하였다.

　시각 형용사는 크기, 형태, 빛, 밝기를 의미하는 형용사로서 그 하위 범주에는 색채 형용사, 밝기 형용사, 크기 형용사, 모양 형용사 등이 있다. 본 서에서는 이 네 가지 종류의 형용사를 대상으로 구체적으로 분석하고 대조하였다.

　시각 형용사에 대한 본격적인 분석은 2장의 밝기 형용사부터 시작되었다. 밝기 형용사는 명암 형용사, 청탁 형용사, 농담 형용사 등 세 가지로 나뉜다. 한국어는 '밝다, 어둡다, 맑다, 흐리다, 짙다, 옅다', 중국어는 '亮, 暗, 淸, 渾, 濃, 淡'을 대상으로 논의하였다. 대응관계를 보면 '밝다'와 '亮', '어둡다'와 '暗', '옅다'와 '淡'의 경우 밝기 의미와 색채 의미는 대응관계에 있고, '맑다'와 '淸', '흐리다'와 '渾'의 경우 밝기 의미만 대응하며, '짙다'와 '濃'의 경우 모든 단의가 대응하는 것이 확인되었다.

3장에서 색채 형용사는 색상에 따라 흑색, 황색, 홍색, 청색, 백색 등 다섯 가지로 구별하였다. 한국어는 '검다, 누르다, 붉다, 푸르다, 희다', 중국어는 '黑, 黃, 紅, 靑, 白'을 대상으로 논의하였다. 대응관계를 보면 '검다'와 '黑'의 두 가지 단의들은 모두 대응관계에 있고, '붉다'와 '紅'의 경우 색채 주체와 사상 주체로 된 의미는 서로 대응하며, 나머지 '누르다와 黃', '푸르다와 靑', '희다와 白'의 경우 원형의미만 대응함을 확인할 수 있었다.

4장에서 공간 크기 형용사는 공간적인 차원 특성에 따라 크게 일차원(선), 이차원(면), 삼차원(부피)을 구별하였고, 더 구체적으로는 장단, 고저, 심천, 광협, 조세, 후박, 대소로 나누었다. 먼저 크기 형용사의 단의 대응관계를 정리하면 첫째, '길다'와 '長'의 경우 공간, 시간, 분량 주체로 된 의미가 대응관계에 있고 '짧다'와 '短'의 경우 공간, 시간, 능력, 분량 주체로 된 의미가 대응관계에 있었다. 둘째, '높다'와 '高'의 경우 공간, 소리, 신분, 명성, 수치나 수준 주체로 된 의미가 대응관계에 있고, '낮다'와 低'의 경우 공간, 소리, 신분, 수치나 수준 주체로 된 의미가 대응관계에 있었다. 셋째, '깊다'와 '深'의 경우 공간, 시간, 관계, 마음, 경험이나 지식 주체로 된 의미가 대응관계에 있었다. 넷째, '넓다', '너르다'와 '寬'의 경우 공간, 마음, 내용 주체로 된 의미가 대응관계에 있고 '솔다', '좁다'와 '窄'의 경우 공간 주체로 된 의미만 대응관계에 있었다. 다섯째, '굵다'와 '粗'의 경우 공간, 글씨, 피륙, 소리 주체로 된 의미가 대응관계에 있고, '가늘다'와 '細'의 경우 공간, 소리 주체로 된 의미가 대응관계에 있었다. 여섯째, '두껍다'와 '厚', '얇다', '엷다'와 '薄'의 경우 공간 의미만 대응관계에 있음이 확인되었다. 일곱째, '크다'와 '大', '작다'와 '小'의 경우 공간, 옷, 소리, 능력, 단위, 규모 주체로 된 의미가 대응관계에 있었다.

5장에서 공간 모양 형용사는 모양에 따라 정사(正斜), 원형(圓形) 형용사로 구분되는데 한국어는 '바르다, 곧다, 비뚤다, 굽다, 둥글다', 중국어는 '正,

直, 偏, 歪, 斜, 彎, 圓'을 대상으로 논의하였다. 첫째, '바르다'와 '正'의 경우 사물 주체, 언행 주체로 된 단의가 대응관계에 있고, '비뚤다'와 '偏', '歪', '斜'의 경우 원형의미만 대응관계에 있었다. 둘째, '곧다'와 '直'의 경우 두 가지 단의가 모두 대응관계에 있고, '굽다'와 '彎'의 경우 원형의미만 대응관계에 있었다. 셋째, '둥글다'와 '圓'의 경우 두 가지 단의 모두 대응관계가 확인되었다.

한국어와 중국어 시각 형용사의 대조 결과에 대해서는 아래와 같은 문제를 다시 고려해볼 필요가 있다.

첫째, 대응관계에 있는 어휘의 확장 양상에 따라 한국어와 중국어 사이의 공통점과 차이점을 제시하였으나 개별 어휘를 대조하는 측면에서 벗어나 전체적인 시각 형용사의 측면과 밝기, 색채, 크기, 모양 등 시각 형용사의 하위 개념의 측면에서 한국어와 중국어 사이에 어떤 보편적인 특성이 있는지를 살펴볼 필요가 있다.

둘째, 대응관계에 있는 어휘는 동일한 원형의미에서 의미가 추상화되고 확장된다. 이러한 확장의미는 공통점이 많이 존재하는 것은 물론이고 차이점도 많이 존재한다. 그런데 이렇게 확장의미의 차이가 발생하는 원인에 대해서도 검토해 볼 필요가 있다.

먼저 첫 번째 문제를 살펴보자. 앞 장절의 분석 내용에 의해 한국어 시각 형용사는 확장의미의 주체가 '유형물, 무형물, 행위, 정신, 사건, 정도, 분량, 관계, 빈도, 모습, 내용, 사건, 숫자' 등 영역으로 확장된다고 할 수 있는 반면, 중국어 시각 형용사는 확장의미의 주체가 '유형물, 무형물, 행위, 정신, 내용, 사건, 정도, 분량, 관계, 금전, 숫자' 등 영역으로 확장된다고 할 수 있다. 비교하면 한중 시각 형용사는 확장의미의 주체가 '유형물, 무형물, 행위, 정신, 사건, 정도, 분량, 관계, 내용, 숫자' 등 영역으로 확장되는 양상이 공통적이고, '빈도, 모습, 금전' 등 영역으로 확장되는 데에 차이점이 있다. 따라서 전체 시각 형용사 측면에서 한국어와 중국어의 확장 양상은 거시적으로 보았을 때 유사하다고 평가할 수 있다.

한편, 시각 형용사의 네 가지 하위 개념인 밝기 형용사, 색채 형용사, 크기 형용사, 모양 형용사에 속하는 각 단어의 확장의미가 어떤 주체 영역으로 확장되는지 살펴볼 수 있다. 밝기 형용사의 경우, 한국어 밝기 형용사의 주체는 '유형물, 무형물, 정신, 관계, 사건, 정도' 주체로 확장되는 반면 중국어 밝기 형용사는 '유형물, 무형물, 행위, 정신, 사건, 정도, 내용 금전' 영역으로 확장된다. 따라서 밝기 형용사의 주체는 '유형물, 무형물, 정신, 사건, 정도' 영역으로 확장되는 것이 공통적이고 '관계, 내용, 금전' 영역으로 확장되는 것에서 차이가 확인된다.

색채 형용사의 경우, 한국어 색채 형용사의 주체는 '유형물, 무형물, 행위, 정신' 등 네 가지 영역으로 확장된다. 반면 중국어 색채 형용사의 주체는 '유형물, 정신, 사건, 내용' 등 영역으로 확장된다. 정리하면 색채 형용사의 주체는 '유형물 영역, 정신 영역'으로 확장되는 양상이 공통적이고, '무형물, 행위, 사건 영역'으로 확장되는 것이 차이점이다.

공간 크기 형용사의 경우, 한국어와 중국어 공간 크기 형용사는 상당히 다양하게 확장되는 모습을 보여준다. 구체적으로 한국어 공간 크기 형용사의 주체는 '유형물, 무형물, 행위, 정신, 관계, 모습, 사건, 정도, 분량, 내용, 숫자, 빈도' 등의 영역으로 확장되는 반면 중국어 공간 크기 형용사의 주체는 '유형물, 무형물, 행위, 정신, 관계, 사건, 정도, 분량, 내용, 숫자, 금전' 등 영역으로 확장된다. 따라서 공간 크기 형용사의 주체는 '유형물, 무형물, 행위, 정신, 관계, 사건, 정도, 분량, 내용, 숫자' 등 영역으로 확장되는 것은 공통점이고 '모습, 빈도, 금전' 주체로 확장되는 것은 차이점이라고 할 수 있다.

공간 모양 형용사의 경우, 한국어 공간 모양 형용사의 주체는 '유형물, 무형물, 행위, 정신, 관계' 등 영역으로 확장되는 반면 중국어 공간 모양 형용사의 주체는 '유형물, 행위, 정신' 등 영역으로 확장된다. 정리하면 공간 모양 형용사의 주체는 '유형물, 행위, 정신'으로 확장되는 것이 공통적이고 관계 영역으로 확장되느냐에 따라 차이가 있다.

밝기, 색채, 크기, 모양 형용사 확장의미의 주체 분포 양상은 다음과 같이 정리된다.

[표 177] 밝기, 색채, 크기, 모양 형용사 확장의미의 주체 분포 양상

		밝기 형용사		색채 형용사		크기 형용사		모양 형용사	
		한국어	중국어	한국어	중국어	한국어	중국어	한국어	중국어
구체	유형물	○	●	○	●	○	●	○	●
	무형물	○	●	○		○	●	○	
추상	행위		●	○		○	●	○	●
	정신	○	●	○	●	○	●	○	●
	관계	○				○	●	○	
	모습					○			
	사건	○	●		●	○	●		
	정도	○	●			○	●		
	분량					○			
	내용		●		●	○	●		
	숫자					○	●		
	빈도					○			
	금전		●				●		

다음으로, 두 번째 문제를 살펴보자. 한국어와 중국어를 대조하는 경우, 대응관계에 있지 않은 것을 설명하는 것은 사실 매우 복잡하고 어려운 일이다. 이에 대한 설명은 공시적인 의미 분석 외의 '통시적인 원인'의 분석을 필요로 하는데, 이때는 언어적 차이를 유발하는 민속, 풍습 등의 비언어학적인 문화적 요인들까지도 고려해야 하게 된다. 예를 들면 다음과 같다.

(338) 가. 黃書.

　　가'. *누른 서적.

　　가". 음란 서적.

　　나. 那個女演員在最紅的時候突然宣佈息影.

　　나'. *한창 인기가 붉은 그 여배우가 돌연 은퇴를 선언하고 나
　　　　섰다.

　　나". 한창 인기 절정에 있는 그 여배우가 돌연 은퇴를 선언하고
　　　　나섰다.

위와 같이 (338가-가")에서 중국어 '黃'의 의미가 색정 영역으로 확장되
어 내용이 음란하다는 의미를 가리킬 수 있는 반면에, 한국어 '누르다'는
이러한 단의가 없고 일반적으로 '음란하다'는 어휘를 대신 사용한다. (338
나-나")에서 중국어 '紅'의 주체가 '일'이 되어 그 일이 순조롭고 성공하다
는 뜻을 가리킬 수 있는데, 한국어의 '붉다'에는 이러한 용법이 없다.

색채 형용사의 의미에는 비단 색채뿐만 아니라 문화적 배경에 따라 서
로 다르게 연상되는 상징적 의미가 중요하게 고려된다. 위와 같은 예문에
서 중국어의 '黃'과 '紅'이 각각 '음란하다'와 '성공하다'는 상징적 의미를
가지는 것도 문화적 배경에 따른 것이다. 이러한 상징적 의미의 발생은 해
당 국가의 민속, 풍습 등 다양한 비(非)언어학적인 요소에 큰 영향을 받는
다. 그러므로 색채 형용사의 의미에 있어서도 한국어와 중국어 사이에 대
응되지 않는 현상의 원인을 논의하려면 비(非)언어학적인 요인을 다룰 수
밖에 없게 된다.

한편으로, 모든 비(非)대응 현상을 민속, 풍습과 같은 비언어학적인 요소
로 귀결시켜 이해해야 하는 것은 아니다. 아래와 같은 예문을 보면 오히려
언어학적인 측면에서, 더 정확하게는 인지언어학적인 측면에서 원인을 밝
힐 수도 있다.

(339) 가. 키가 크다.

　　　가'. *個子大.

　　　가". 個子高.

　　　나. 나이가 많다

　　　나'. *年齡多.

　　　나". 年齡大.

　(339가-가")에서 '크다'는 '키'와 결합할 수 있는 반면 '大'는 '키'와 결합할 수 없고 '高'를 대신 사용한다. 몸의 길이를 뜻하는 '키'를 인지할 때 한국인은 '키'라는 대상을 삼차원 사물 즉, 부피에 관한 사물로 보는 반면, 중국인은 '키'라는 대상을 일차원 사물 즉, 선에 관한 사물로 간주한다. 따라서 같은 대상이지만 한국인과 중국인이 사물을 다르게 인지해서 해당 대상과 결합하는 형용사도 다르게 사용하는 것이라고 할 수 있다.

　마찬가지로 (339나-나")에서 한국인의 입장에서는 나이를 햇수로, 즉 분량 특성을 갖는 사물로 보기 때문에 나이와 결합하는 형용사도 수량의 많거나 적음을 나타내는 '많다'가 사용된다. 그러나 중국인의 입장에서는 나이를 삼차원 사물로 간주하기 때문에 크기를 의미하는 '크다'가 사용되는 것이라고 설명할 수 있다.

　결국, 위와 같은 예문에서 비대응 현상이 일어나는 원인은 여러 방면에서 찾아볼 수 있다. 그리고 '대상에 대한 인지적 차이'라는 것도 중요한 요인으로 다룰 수 있다.

　본 서에서는 한국어와 중국어의 시각 형용사를 대조언어학적으로 논의하였다. 다시 말해 언어와 언어를 대조하여 어휘의 특성을 밝혔다. 그런데 실제 본 서의 대상이 되는 어휘는 대부분 언어 내적으로는 대립관계를 이루고 있다. 언어 내적인 측면 즉, 한국어 내부, 중국어 내부에서 대립관계에 있는 어휘 사이의 공통점과 차이점에 대해서도 논의할 필요가 있다. 이 내용을 간단히 정리하면 다음과 같다.

우선, 밝기 형용사에서 명암을 표시하는 '밝다'는 (예절을 차리는 태도가) 바르고 깍듯하다는 단의를 갖고 있는데 '어둡다'는 이와 대립하는 단의를 갖지 않는다. 반면, '어둡다'는 (마음이) 의뭉스럽고 엉큼하다는 단의와 ('눈'을 주어로 하여) 어떤 것에 욕심을 내다는 단의를 갖고 있지만 '밝다'는 이와 대립하는 단의를 갖지 않는다. '亮'은 (소리가) 크다는 단의와 (마음이) 분명하다는 단의를 갖고 있는데 '暗'은 이와 대립되는 단의를 갖지 않는다.

청탁을 표시하는 '맑다'는 (의식이) 또렷하고 초롱초롱하다, (마음이) 깨끗하고 순진하다, 그리고 (살림이) 넉넉하지 못하고 박하다는 단의를 갖고 있는데 '흐리다'에서 이와 대립하는 단의는 발견되지 않는다. 반면 '흐리다'는 (문자나 도상 따위가) 뚜렷하지 않고 분명하지 않다, (표정 따위가) 걱정스럽다, (기억력이나 판단력 따위가) 분명하지 않다, 그리고 (일이) 깨끗하게 처리되지 못한다는 네 가지 단의를 갖고 있지만 '맑다'에는 이와 대립하는 단의가 없다. '淸'은 (빚이) 없다는 단의와 (내용이) 분명하다는 단의를 갖고 있는데 '渾'은 이에 대립되는 단의를 갖지 않는다. 반면, '渾'에서 (성격이) 멍청하다는 단의를 갖고 있지만 '淸'에서는 이에 대립되는 단의를 찾을 수 없다.

농담을 나타내는 '짙다'는 (모발이나 식물이) 촘촘하게 자라 있다는 단의를 갖고 있으나 이와 대립하는 단의는 '옅다'에서 찾을 수 없다. 반면, '옅다'에서 (호수나 연못이) 밑바닥까지의 길이가 짧다, (하늘이) 그의 높이가 높지 않다, (소리가) 높지 않고 작다, (시간 따위가) 얼마 되지 않다 등의 의미를 찾을 수 있는데 '짙다'에서는 이와 대립하는 단의를 찾을 수 없다. '濃'은 (취미, 느낌 따위) 그 정도가 보통 정도를 넘다는 단의를 갖고 있으나 이와 대립하는 단의를 '淡'에서 찾을 수 없다. 반면 (영업이) 불경기이다, (태도가) 냉담하다, 그리고 (일이) 무의미하다 등 세 가지 의미를 '淡'에서 발견할 수 있지만 '濃'에서는 이와 대립되는 의미가 발견되지 않는다.

다음, 오색을 나타내는 색채 형용사 가운데 대립관계에 있는 어휘는 흑색 형용사와 백색 형용사이다. '검다'는 (마음이) 엉큼하고 흉측하다는 단의를 갖고 있는데 비교하면 '희다'는 이와 대립하는 단의를 갖지 않는다. 반면, '희다'는 (언행이) 속은 비어 보잘것없으나 겉은 그럴듯하고 호화롭다는 단의와 스펙트럼의 모든 광선이 섞이어 눈에 반사된 빛과 같다는 물리학 전문적 의미를 갖고 있으나 '검다'는 이와 대립하는 뜻을 갖지 않는다. '黑'은 (마음이) 엉큼하고 흉측하다는 뜻을 갖고 있는데 '白'에서는 이와 대립하는 의미를 찾을 수 없다.

또, 공간 크기 형용사에서 장단을 의미하는 '짧다'는 (생각, 실력 따위가) 능력이 일정한 수준에 미치지 못하여 부족하다는 단의와 (식성이) 까다로워 적게 먹거나 가리는 음식이 많다는 의미를 갖고 있는데 '길다'는 이와 대립되는 뜻을 갖지 않는다. '長'은 (어떤 일에 대해 능력이) 뛰어나다는 의미를 갖고 있지만 이와 대립되는 의미를 '短'에서 찾을 수 없다. 반면 '短'의 단의 가운데 (어떤 능력이) 일정한 수준에 미치지 못하여 부족하다는 뜻이 있다. 그런데 '長'의 단의 중에서는 이와 대립하는 뜻이 없다.

고저를 나타내는 '높다'의 단의 가운데 (기세가) 힘차고 대단한 상태에 있다, (명성이) 널리 알려져 있다, (꿈이) 원대하다, (의견이) 많고 우세하다 등 네 가지 뜻이 있는데 '낮다'의 단의 중 이 네 가지와 대립하는 뜻은 없다. '高'는 (기세가) 힘차고 대단한 상태에 있다는 것, (명성이) 널리 알려져 있다는 것, (의견이) 많고 우세하다는 것 등 세 가지 단의를 갖고 있는데 '低'는 이와 대립하는 단의를 갖지 않는다.

심천(深淺)을 표현하는 '깊다'는 (안개, 그늘, 어둠이) 자욱하거나 짙다는 의미와 (인간관계가) 두텁고 가깝다는 의미를 갖고 있으나 '얕다'는 이와 대립하는 의미를 갖고 있지 않다. 반면, '얕다' 단의 가운데 (밑에서 위로 사물과 수면, 지면 사이의 공간이) 가깝다는 뜻이 있는데 '깊다'의 단의 중 이와 대립하는 것은 없다. '深'은 (인간관계가) 두텁고 가깝다는 뜻을 갖고 있는데 '淺'은 이와 대립하는 뜻을 갖지 않는다.

광협(廣狹)의 경우, '넓다'와 '너르다'와 대립되는 의미는 모두 '솔다'와 '좁다'에서 찾을 수 있고 반대로 '솔다'와 '좁다'와 대립되는 모두 '넓다'와 '너르다'에서 찾을 수 있다. '寬'의 단의 가운데 (내용이) 널리 미친다는 뜻이 있는데 이와 대립되는 '窄'의 단의는 없다.

조세(粗細)의 경우, '굵다'는 (글씨의 획이) 진하고 뚜렷하다, (피륙의 바탕이) 거칠다, 그리고 (사건의 중요성이) 크다는 뜻을 갖고 있는데 '가늘다'는 이와 대립하는 단의를 갖지 않는다. 반면, '가늘다'는 (빛이나 연기 따위가) 희미하고 약하다는 의미를 갖고 있지만 '굵다'에서 이와 대립하는 뜻을 찾을 수 없다. '粗'의 단의 가운데 (글씨의 획이) 진하고 뚜렷하다는 뜻과 (성격이) 야만적이라는 뜻이 있는데 '細'의 단의 중 이와 대립하는 뜻을 찾을 수 없다.

후박(厚薄)과 관련된 내용을 보면 '두껍다'와 대립되는 의미는 '얇다'와 '엷다'에서 모두 찾을 수 있다. 그러나 '얇다'의 단의 중 (빛깔이) 연하다는 것, (속이) 좁다는 것, 그리고 '엷다'의 단의 가운데 (어떤 동작이) 지나치게 드러냄이 없이 있는 듯 없는 듯 가만하다는 것, (언행이) 진중하지 않고 가볍다는 것 등의 네 가지에 대립되는 의미는 '두껍다'에서 찾을 수 없다. 한편, (이윤이나 선물 따위의 가치가) 높다는 '厚'의 의미와 대립되는 것은 '薄'에서 찾을 수 없다. 반면 '薄'은 (토지가) 척박하다는 뜻을 갖고 있지만 '厚'는 이와 대립하는 의미를 갖지 않는다.

대소와 관련된 내용을 보면 '크다'와 '작다', 그리고 '大'와 '小'의 단의는 모두 대립관계에 있어 단의마다 모두 대립한다고 할 수 있다.

마지막으로, 공간 모양 형용사의 경우 정사(正斜)를 나타내는 '비뚤다'와 '굽다'의 모든 대립 의미는 '바르다'와 '곧다'에서 모두 찾을 수 있다. 그러나 '바르다'와 '곧다'의 단의 가운데 (햇볕이) 정면으로 잘 비친다는 의미와 (마음이) 정직하다는 뜻은 이와 대립되는 것을 '비뚤다'와 '굽다'에서 찾을 수 없다. 한편, '偏', '歪', '斜' '彎'의 단의와 대립하는 의미는 모두 '正', '直'에서 찾을 수 있다. 그러나 '正'의 단의 가운데 (색채가) 순수하다는 의미가 있는데 이와 대립하는 의미는 '偏', '歪', '斜' '彎'의 단의에서 찾을 수 없다.

위 내용을 제외하여 한중 시각 형용사 각 단의의 분포 양상을 정리하면 한국어 단의의 의미 변화를 야기될 수 있는 요소는 '주체'와 '부사어' 등 두 가지인 반면 중국어의 경우는 단지 '주체' 요소일 뿐이다. 결국 분포 양상을 제시하는 데에 한국어인 경우에는 'X축'과 'Y축'에서 모두 나타난 것으로 보이지만 중국어인 경우에는 'X축'에서만 나타난 것으로 보인다. 이는 한중 단의 분포 양상을 제시하는 데에 차이가 가장 큰 점이라고 말할 수 있다. 더 명확하게 제시하면 한국어에서는 명암 형용사인 '밝다', '어둡다' 등 두 가지 어휘는 특수한 어휘로서 그들의 단의 분포 양상은 'X축'과 'Y축'에서 모두 나타난다. 이를 제외한 나머지 어휘들은 한국어나 중국어나 예외 없이 모두 'X축'에서만 나타나고 주체의 영향만 받아 화살표 방향으로 의미 확장됨이 정리될 수 있다.

본 서에서는 한국어와 중국어 시각 형용사 가운데 단일어를 대상으로 그들의 확장 양상을 분석하였다. 실제 단일어보다 수많은 파생어, 합성어의 확장 양상 및 단의 분포 양상이 어떤지를 밝히는 일도 의의가 있고 파생어와 합성어를 포함한 전체 시각 형용사 체계를 대조 및 분석하면 더 포괄적이고 일반적인 결론을 내릴 수 있을 것으로 생각된다. 본 서에서 파생어, 합성어와 관련된 내용을 다루지 못한 미비점들은 추후의 연구 과제로 삼고자 한다.

참고문헌

강기진(1985). "국어 다의어의 의미구조." 『한국문학연구』 8. 25-41.

고려대민족문화연구원(2009). 『고려대 한국어 대사전』. 서울 : 고려대 민족 문화연구원.

고은숙(2005). "시·공간성 형용사구문에 관한 고찰 : 한국어와의 대조를 중심으로." 『일어일문학연구』 55. 1-18.

국립국어원(1999). 『표준국어대사전』. 서울 : 두산동아.

권세라(2011). "한중 색채어 비교 연구 : 오색 계열 색채어를 중심으로." 부산대학교 석사학위논문.

김민수 외(1992). 『국어대사전』. 서울 : 금성출판사.

김억조(2009). "국어 차원 형용사의 의미 대립 연구." 경북대학교 박사학위논문.

김억조(2011). "결합 관계를 통한 차원 형용사의 의미 연구." 『국제언어문학』 23. 75-97.

김억조(2011). "국어 차원형용사를 포함한 관용표현의 의미 척도 연구." 『어문학』 113. 1-24.

김억조(2012). "환유에 기초한 국어 차원형용사의 중화에 대한 해석." 『언어과학연구』 60. 67-86.

김억조(2012). "환유에 기초한 국어 차원형용사의 중화에 대한 해석." 『언어과학연구』 60. 67-86.

김정남(2001). "국어 형용사의 의미 구조." 『한국어의미학』 6. 171-199.

김준기(2004). "척도 형용사의 다의성 연구." 『새국어교육』 67. 119-142.

김중현(2001). "국어 공감각 표현의 인지 언어학적 연구." 『담화와인지』 8-2. 23-46.

김진수·오금희(2013). "한·중 공간형용사 '높다'와 '高'의 의미 대조 연구." 『한국언어문학』 87. 35-63.

김진수·오금희(2014a). "한중 공간형용사 '길다'와 '長(장)'의 의미 대조 연구." 『인문학연구』 95. 25-48.

김진수·오금희(2014b). "한중 공간형용사 '크다'와 '大'의 기본의미 대조 연구." 『어문연구』 79. 31-52.

김찬화(2005). "韓中 감각형용사 의미 연구." 인천대학교 박사학위논문.

김창섭(1985). "시각형용사의 어휘론." 『관악어문연구』 10. 149-176.

김해연(2013). "국어 문어 말뭉치에서의 무게 표현 '가볍다'와 '무겁다'의 의미와 용법 비교 연구." 『언어』 38-1. 115-140.

김해연(2016). "국어 명암 어휘 '밝다'와 '어둡다'의 의미와 용법에 대한 코퍼스언어학적 분석."『언어학』74. 165-191.

戴依容(2015). "한·중 감각형용사 대조 연구 : 장편소설『長恨歌』에 나오는 감각형용사를 중심으로" 강원대학교 석사학위논문.

남경완(2005). "의미 관계로서의 다의 파생 관계에 대한 고찰."『한국어의미학』17. 151-175.

남경완(2008).『국어 용언의 의미 분석』. 서울 : 태학사.

노대규(1988).『국어의미론 연구』. 국학자료원.

도원영(2012). "다의어의 단의 간 역학 관계에 관한 시고."『한국어의미학』37. 102-130.

동소함(2013). "한·중 기본 색채어의 문화 상징적인 의미 분석 : 푸르다/붉다/누르다/ 희다/검다와 藍/紅/黃/白/黑 등을 중심으로" 영남대학교 석사학위논문.

맹 림(2013). "한국어 형용사 '크다/작다'와 중국어 형용사 '大/小'의 대조 연구." 경희 대학교 석사학위논문.

민영란(2009). "한·중 공간감각어의 다의 구조 연구 : 한국어에 대한 중국어의 대응표 현을 중심으로" 경북대학교 박사학위논문.

박동근(2013). "공간감각 형용사의 원형 인식과 언어 표현."『문법교육』19. 207-239.

박상진(2012). "국어 감각형용사의 의미변천 연구." 고려대학교 박사학위논문.

박선영·홍기선(2007). "공간 차원 형용사의 대립 관계 연구 : '깊다/얕다'를 중심으로" 『한국어의미학』23. 49-73.

배도용(2001). "우리말 신체어의 의미 확장 연구." 부산대학교 박사학위논문.

배도용(2002). "사전에서의 다의의 배열순서 연구 : 다의어 손을 중심으로"『한국어학』 15. 53-76.

배해수(1982). "길이 그림씨에 대한 고찰."『용봉논총』121-133.

배해수(1983). "넓이 그림씨에 대한 고찰."『한글』182. 79-102.

백 방(2019). "한중 주체 이동 동사의 의미 대조 연구."고려대학교 박사학위논문.

백석원(1997). "현대 국어 공간지각어의 의미 연구." 국민대학교 석사학위논문.

사옥동(2014). "한중 색채어의 대조 연구 : 기본 오색을 대상으로" 동국대학교 석사학위 논문.

상석준(1989). "현대 국어의 감각어 연구." 충남대학교 석사학위논문.

서 양(2013). "한중 양극적 맞섬말의 다의 구조 연구 : 척도 형용사를 중심으로" 영남 대학교 박사학위논문.

서정범(1987). "감각언어의 의미와 표현." 경희대학교 석사학위논문.

손용주(1992). "감각형용사의 분류 체계."『우리말 글』10. 127-154.

손 홍(2014). "한·중 '희다' 계열 색채어의 대조 연구." 서울시립대학교 석사학위논문.

송정근(2007). "현대국어 감각형용사의 형태론적 연구." 서울대학교 박사학위논문.

송현주(2003). "색채 형용사의 의미 확장 양상."『언어과학연구』24. 131-148.

안명철(2013). "韓國語 空間形容詞의 時間性에 대하여."『어문연구』157. 7-32.

양태식(1985). "국어 차원낱말의 의미구조." 부산대학교 박사학위논문.

오미정(2002). "국어 형용사 '가볍다'의 의미 분석."『한국어학』15. 99-119.

유경민(1999). "은유에 의한 의미 확장."『한국어의미학』5. 179-214.

이민우(2000). "차원 형용사 '대(大)'의 의미와 기능에 대한 인지 의미론적 고찰."『중국
　　　　언어연구』12. 43-66.

이천택(2017). "한중 명암 형용사의 의미 확장 양상에 대한 대조 연구."『한국어문학국
　　　　제학술포럼』36. 7-47.

임지룡(1984). "공간감각어의 의미 특성."『배달말』9. 119-137.

임지룡(1987). "어휘대립의 중화 현상."『국어교육연구』19. 83-116.

임지룡(1987). "정도그림씨의 의미대립 특성."『언어』12-1. 150-168.

임지룡(1988). "극성의 의미대립 양상."『국어교육연구』20. 79-101.

임지룡(1992).『국어 의미론』. 서울 : 탑출판사.

임지룡(1996).『인지의미론』. 서울 : 탑출판사.

임지룡(2009). "다의어의 판정과 의미 확장의 분류 기준."『한국어의미학』28. 193-226.

임지룡·송현주(2012). "감각 동사의 의미 확장 양상 연구."『담화와 인지』19-1. 155-179.

전수태(1996). "공간 개념어의 반의 구조."『웅진어문학』4. 389-421.

전유현(2013). "한국어 학습자를 위한 한국어교육용 색채형용사의 공기 표현 연구." 연
　　　　세대학교 석사학위논문.

정수진(2011). "국어 공간어의 의미 확장 연구." 경북대학교 박사학위논문.

정인수(1990). "국어 형용사의 의미 특성에 관하여."『영남어문학』17. 57-72.

정인수(1997). "국어 형용사의 공감각적 전이 연구."『현대문법연구』11. 163-180.

조지연(2004). "다의어 배열순서의 실제와 개선책 연구." 서경대학교 석사학위논문.

조항범(1990).『의미분석론』. 서울 : 탑출판사.

주송희(2011a). "한중 공간형용사의 대조 방법론적 연구."『한중인문학연구』34. 257-284.

주송희(2011b). "한중 공간형용사 의미 대조 연구 : '깊다/深'을 중심으로."『동북아 문화
　　　　연구』28. 285-306.

주송희(2012). "현대 한국어 공간형용사 연구." 인하대학교 박사학위논문.

최경봉(1998).『국어 명사의 의미 연구』. 서울 : 태학사.

최경봉(1999). "단어 의미의 구성과 의미 확장 원리."『한국어학』9. 307-331.

최호철 외(2005).『학위논문의 국어의미 연구 경향』. 서울 : 월인.

최호철 편(2013).『한국어 단어의 의미구조와 의미관계 연구』. 서울 : 한국문화사.

최호철(1993a). "현대국어 서술어의 의미 연구 : 의소 설정을 중심으로." 고려대학교 박
　　　　사학위논문.

최호철(1993b). "어휘부의 의미론적 접근."『어문논집』32. 185-217.

최호철(1995a). "의미 연구의 전계와 차원 : 언어 단위 및 의미 특성을 바탕으로."『한남

어문학』20. 287-306.

최호철(1995b). "의소와 이의에 대하여." 『국어학』 25. 77-98.

최호철(1996). "어휘 의미론과 서술소의 의미 분석." 『한국어학』 4. 67-108.

최호철(1999). "현대 국어 '덜다, 떨다, 털다'의 의미 분석." 『외국어로서의 한국어교육』
　　　　23. 71-88.

최호철(2002). "현대국어 감탄사의 분절 구조 연구 : 감정 감탄사를 중심으로." 『한국어
　　　　내용론』 7. 361-408.

최호철(2005). "국어의 다의 분석과 사전 기술." 『국어 연구와 의미 정보』. 서울 : 월인.
　　　　153-184.

한송도·성윤숙(2015). "論漢韓空間維度詞 '高' 和 '높다' 的跨域認知." 『어문논총』 66. 39-57.

한지오(2013). "한국어 시각형용사에 대한 인지의미론적 분석." 숙명여자대학교 석사학
　　　　위논문.

홍종선(2015). "한국어 학습자 사전의 뜻풀이." 『한국어문학국제학술포럼』 30. 5-29.

安汝磐 外(2004). 『新編漢語形容詞詞典』. 北京 : 經濟科學出版社.

李軍·任永軍(2002). "空間維度詞'大/小'的隱喩義認知分析". 『青島海洋大學學報』 4. 58-62.

任永軍(2000). "現代漢語空間維度詞語義分析." 延邊大學碩士學位論文.

任永軍(2001). "空间维度词'高/低/矮'的认知语义分析." 『聊城大學師範學院學報』 2. 123-125.

沈賢淑(2001). "漢朝空間維度詞的對比." 延邊大學碩士學位論文.

沈賢淑(2002). "漢朝空間維度詞的隱喩義對比." 『延邊大學學報(社會科學版)』 35.

沈　瑩(2012). "空間形容詞'高'的語義認知研究." 上海外國語大學碩士學位論文.

田美花(2006). "漢韓空間緯度詞'大/小'的語義對比." 延邊大學碩士學位論文.

吳念陽(2009). "漢語空間形容詞的空間量." 『漢語學報』 49. 13-18.

鄭懷德 外(2003). 『漢語形容詞用法詞典』. 北京 : 商務印書館.

鄭懷德 外(2003). 『漢語形容詞用法詞典』. 北京 : 商務印書館.

中國社會科學院(2004). 『新華字典(第十一版)』. 北京 : 商務印書館.

中國社會科學院(2012). 『現代漢語詞典(第六版)』. 北京 : 商務印書館.

Croft·Cruse(2003). *Cognitive linguistics*. UK : Cambridge University Press.(김두식·나
　　　　익주 역(2010). 『인지언어학』. 서울 : 박이정.)

Heine, et. al(1991). *Grammaticalization*. The University of Chicago Press.

| 단일어 | 현 표
(374개) | 가깝다, 가냘프다, 가녀리다, 가늘다, 가렵다, 가멸다, 가볍다, 가쁘다, 가엾다, 가엽다, 간여리다, 감다04, 감풀다, 강파르다, 같다, 개르다, 개으르다, 갸울다, 거볍다, 거세다, 거차다, 거칠다, 걸다, 검다02, 게르다, 게으르다, 겨웁다, 겹다, 계우다01, 고깝다, 고달프다, 고르다03, 고리다, 고맙다01, 고프다, 곧다01, 곱다02, 곱다03, 곱다04, 괄다, 괠다, 괴롭다, 구덥다, 구리다, 구쁘다, 구슬프다, 구질다, 군시럽다, 군지럽다, 굳다, 굵다, 굽다02, 궁겁다, 궁글다01, 궁글다, 궂다02, 귀엽다, 그르다, 그리웁다, 그립다, 근지럽다, 글르다, 기껍다, 기쁘다, 길다02, 깊다, 까끄랍다, 깔끄럽다, 깜다, 갸울다, 껴지다, 껄끄럽다, 껌다, 꼬깝다, 나쁘다01, 나쁘다02, 날쌔다, 날카롭다, 날캅다, 낡다01, 낫다02, 낮다, 내리다02, 냅다01, 너그럽다, 너르다, 넓다, 노르다, 노엽다, 놀다02, 놀랍다, 높다, 누그럽다, 누르다02, 누리다02, 눅다01, 뉘쁘다, 뉘우쁘다, 느껍다, 느껍다, 느리다01, 늦다, 다랍다, 다르다01, 다부지다, 다숩다, 다습다, 다시다02, 달다07, 답세다, 당차다, 대끼다03, 더럽다, 더리다01, 더립다, 덥다, 도지다02, 도탑다, 동글다, 되다04, 두껍다, 두렵다01, 두텁다01, 두텁다02, 둥글다01, 드물다, 드숩다, 드습다, 드시다, 듣그럽다, 들먹다, 따갑다, 따거웁다, 따겁다, 따삽다, 따습다, 떫다, 뜨겁다, 뜨다13, 뜨세다, 뜨습다, 마디다, 마렵다, 마서웁다, 마섭다, 많다, 맑다01, 매렵다, 매삽다, 매섭다, 매스껍다, 매시껍다, 맵다, 맵자다, 멀다02, 메꽃다, 메스껍다, 메시껍다, 메시꼽다, 모두다02, 모이다02, 모지다02, 모질다, 몽글다, 무겁다, 무디다, 무럽다, 무르다03, 무서웁다, 무질다, 물겁다, 물르다03, 묽다, 미더웁다, 미덥다, 미쁘다, 미츠럽다, 밉다, 바르다03, 바쁘다, 바잡다, 반갑다, 반야위다, 밝다, 밭다03, 밭다04, 밭다05, 밭다06, 배다03, 배뚤다, 배리다, 버겁다, 벅차다, 벋다02, 벌다03, 보드랍다, 부끄럽다, 부드럽다, 부럽다, 부르다02, 부시다02, 부즈럽다, 부지럽다, 부프다, 붉다01, 비꾸럽다, 비뚤다, 비리다, 비싸다, 비쩌웁다, 비쩝다, 빠르다, 빤드럽다, 빨다, 빨르다, 삐뚤다, 사납다, 산드럽다, 살다02, 상기다, 서겊다, 서그럽다, 서글프다, 서럽다, 서뿌르다, 서투르다, 서툴다, 선겁다, 설다02, 설다03, 설피다, 섦다, 성가시다, 성글다, 성기다, 세다03, 솔다03, 솔다04, 솔다05, 쇠지다, 수줍다, 수집다, 쉬웁다, 쉽다, 슬갑다, 슬겁다01, 슬프다, 슴묽다, 시다01, 시답다, 시리다01, 시쁘다, 싫다01, 심겁다, 싱거웁다, 싱겁다, 싱그럽다, 싸다05, |

	쓰다06, 쓰라리다, 쓰리다, 아깝다, 아니다, 아리다, 아수롭다, 아섭다, 아프다, 안스럽다, 안쓰럽다, 안이꼽다, 안타깝다, 애달프다, 애닮다, 애닳다, 야리다, 야물다, 약다, 얇다, 얕다, 어둡다, 어렵다, 어리다02, 어리다03, 어리석다, 어무르다, 어물다, 어설프다, 어설피다, 어여뿌다, 어줍다, 어지럽다, 어질다01, 없다, 엇다01, 여리다, 여물다, 역다, 열싸다, 열쎄다, 엷다01, 옅다01, 예쁘다, 오래다, 오지다01, 옥다01, 옳다01, 옹글다, 외다03, 외오다01, 우글다, 우스웁다, 우습다, 욱다02, 웅글다, 이르다03, 이뿌다, 이쁘다, 일다03, 일르다03, 있다, 자라다, 자리다01, 작다01, 작다02, 잔질다, 잘다, 장그랍다, 잦다03, 저리다01, 적다02, 적적다, 젊다, 졸리다01, 좁다01, 좋다01, 즐겁다, 즐기다02, 지겹다, 지기럽다, 지꿎다, 지리다02, 질기다, 질다01, 짙다02, 짜다03, 짧다, 차갑다, 차겁다, 차다04, 차다05, 추지다, 춥다, 치뜰다, 코리다, 쿠리다, 크다, 틀리다01, 푸르다, 푸지다, 하리다02, 할갑다, 헐겁다, 헗다01, 헤프다, 호되다, 휘지다02, 푸르르다, 흐리다02, 훙겁다, 훙겨웁다, 희다, 희떱다, 히질리다
방언 (288개)	가갑다, 가뜨다, 가작다, 가접다, 가죽다, 가찹다, 가푸다, 갈굽다, 거겹다, 거실다, 거치르다, 걸세다, 걸찌다, 검푸다, 경그럽다, 게그르다, 게그밧다, 게글르다, 게궂다, 게랍다01, 게랍다02, 게식다, 게우르다, 게을타, 고캅다, 고파다, 곧다02, 곳다, 괴않다, 괸탄타, 구섭다, 구주럽다, 굶다01, 근질다, 글다02, 기다04, 기럽다, 기룹다, 기우루다, 까랍다, 까풀다, 깔끄룹다, 깨앨타, 꺼꾸룹다, 꺼럽다, 께을타, 꼴다, 꼼지다, 나시다, 나찹다, 날랍다, 날래다, 날세다, 날쌉다, 낫다03, 내겁다, 내구랍다, 내굽다, 내그룹다, 내럽다, 내웁다, 너룹다, 넉다02, 널룹다, 넉다, 노흡다, 놉다, 누럽다, 누지리다, 느러다, 다룽다, 달다08, 달따, 달릅다, 달부다, 닭다02, 닮다, 닷다01, 더듭다, 데룹다, 독지다, 돟다, 둥을다02, 뒈다, 뒤다03, 듸다, 따굽다, 따나다, 따다05, 따시다02, 딱다, 땄다, 때굽다, 땲다, 떠럽다, 떠룹다, 떱다, 또깝다, 뜨굽다, 뜨시다, 뜩다, 뜰겁다, 뜰다, 띎다, 마깝다, 모딜다01, 모이다03, 모히다01, 몯다01, 몱다02, 못다02, 무끼다, 무대다, 무르다04, 무리다01, 무솁다, 무십다, 믜다01, 미다05, 미섭다, 미숩다, 민지럽다, 메다04, 베다04, 베삽다, 보시다, 보이다04, 부치럽다, 불겁다, 불다02, 불룹다, 불부다, 불푸다, 붉다02, 부바01, 붑다02, 뽑다, 삘거다, 사내럽다, 사파다, 상그랍다, 새구랍다, 새굴다, 새굽다, 새칩다, 서거프다, 설룹다, 세거랍다, 세구랍다, 세다06, 소랍다, 속다03, 쇠쓰럽다, 스다01, 스리다, 스트라다, 슳다01, 시겁다01, 시겁다02, 시구럽다, 시굴다, 시굽다, 시다04, 시룹다, 시웁다, 시쿨다, 시프다, 식다02, 실겁다, 십다01, 십다02, 싱크럽다, 싸다09, 쏘물다, 쑥다, 쑥쑥다, 쑵다, 쓰겁다, 쓰굽다, 쓰그럽다,

	쓱다, 쓿다, 씨겁다, 씨굽다, 씨글다, 씨룹다, 씹다02, 애이다01, 야무다, 야기꼽다, 야찹다, 야푸다, 얇다, 양글다, 애비다02, 애시껍다, 어렵다02, 어랩다, 어룹다, 어립다, 어세다, 억다, 엄첩다, 엇다02, 에에룹다, 에렵다, 에엿브다, 엱다, 오다02, 오지다02, 왜다02, 외롭다, 우깹다, 우낍다, 우스럽다, 우십다, 우툽다, 우껩다, 우깁다, 위섭다, 웃다, 이밥다, 이법다, 이수다, 이숩다, 이시다, 이십다, 자리다04, 자울다02, 잘룹다, 장그립다, 재겹다, 재그럽다, 재싸다, 잴다, 저프다, 제리다01, 제입다, 제우다, 제웁다, 조르다03, 족다, 좇다01, 좇다02, 즐다01, 즐다02, 지다08, 지접다, 지푸다, 짜갑다, 짜겁다, 짜굽다, 짜룹다, 짝다02, 짤룹다, 짤르다, 짧다, 쩌르다, 쪼랍다, 쪼르다, 쓰겁다, 쬙다02, 착다, 참다, 천지다, 초랍다, 추접다, 추집다, 츠겁다, 치웁다, 칩다, 턻다, 퉁겁다, 틇다, 티겁다, 푸리다, 해깝다, 해꼽다, 해꿉다, 헐따, 훓다02, 호숩다, 호지다01, 호지다02, 홀갑다, 흑다, 흙다, 흐거다, 흐리다03
옛말 **(124개)**	가얍다, 가며다, 가멸다, 가다, 간답다, 갓갑다, 개갑다, 개곱다, 개굽다, 개작다, 거출다, 게엽다, 게웃다, 고디식다, 고럽다, 고롭다, 고맙다02, 고다, 곡갑다, 구스다, 굿부다, 궵다, 긋긋다, 기다사다, 기우트다, 깃브다, 난다, 날호다, 납다02, 넙다, 넡다, 노홉다, 누흐럽다, 느릐다, 늘다02, 늣겁다, 답다02, 더듸다02, 더디다01, 던득다, 딘딘다, 뎌르다, 돋갑다, 묘쿳다, 똥다01, 똥다03, 두렵다02, 두립다, 둗겁다, 드믈다, 드스다, 듯듯다, 디다10, 딭다, 로홉다, 마다05, 마참다, 마티다02, 맛갑다, 매시꼽다, 머흘다, 멎다02, 매룹다, 모딜다03, 무듸다, 뮭다, 뮙다, 미옥다, 믑브다, 바랍다, 발다01, 배룹다, 뵈다04, 부희다, 붓그럽다, 브르다02, 븕다, 븗다, 비우다03, 빗다03, 서그프다, 서느럽다02, 서루로다, 서재다, 설픠다, 섭겁다, 섯긔다, 셕다, 쉽살다, 슬겁다02, 슬희다, 슬히다, 슴겁다, 싀다, 시드럽다, 아니곱다, 아첩다, 알오다, 앙이다01, 앚다, 야롯다, 어리다04, 어위다, 어을프다, 어즈럽다, 얼믜다, 엷다, 여탑다, 엷다02, 오라다, 외다07, 우숩다, 읻다, 입다, 쟉다, 젹다, 졈다, 젭다, 조곱다, 졸르다02, 질긔다, 학다, 횷다, 혁다
북한어 **(49개)**	감차다, 거줏다, 거통지다, 건덕지다, 걸지다, 격차다, 결차다, 골고롭다, 구미지다, 깔맵다, 깝지다, 끌밋다, 나즈럽다, 남스럽다, 남잤다, 누겁다, 뉘지다, 느질다, 다바쁘다, 대바르다, 만갑다, 바르다04, 바다02, 반지랍다, 배잦다, 밴지럽다, 불서럽다, 상스럽다, 새굵다, 새그럽다, 서겁다, 서느럽다01, 서리차다, 세굳다, 솔갑다, 숢다, 시들프다, 쌀다, 악지다, 애리다, 어슬다, 옳바르다, 옹지다, 으슬다, 존좁다, 줄나다02, 짜르다02, 패리다, 히질기다

부록 2(중국어 단일어 형용사 목록)

단일어	현 표 (283개)	矮 安 暗 凹 傲 白1 白2 薄 飽 暴1 背 笨 秕 扁 憋 癟 慘 糙 草 差 饞 長 敞 潮1 潮2 吵 陳 成1 誠 癡 遲 沖1 稠 丑2 臭 純 蠢 雌 粗 脆 焠 錯1 大1 呆 單 淡 低 嗲 刁 堵 短 鈍 多 惡 餓 乏 煩 方 肥 粉 瘋 浮 負 副1 富 尕 干5 剛1 高 公2 古 乖1 乖2 怪 光 廣1 鬼 貴 憨 旱 好 和1 黑 狠 橫1 橫2 紅 厚 花 滑 壞 黃 灰 渾 活 假 尖 奸1 賤 僵 犟 機 嬌 驕 焦1 緊 近 淨1 靜 窘 久 舊 倦 佝 均 俊 糠 苛 渴 空 枯 苦 酷2 寬 狂 曠 愧 闊 辣 賴1 藍 懶 爛 濫 老 潦 樂 累 冷 良 涼 亮 烈 靈 零 綠 亂 略1 麻2 滿1 滿 忙 毛2 美1 悶 猛 妙 苠 明 男1 難 釀 奅 嫩 蔫 黏 擰 牛 拗 濃 女 暖 胖 配 偏 坡 潑2 破 齊1 淺 強 巧 俏 親 勤1 青 輕 清1 晴 窮 全 熱 釅 軟 潤 弱 騷3 臊 澀 傻 膻 善 少 深 生2 盛 濕 實1 瘦 熟 豎1 雙 順 死 松2 俗 酸 碎 燙 甜 鐵 同 痛 凸 禿 土 妥 注 歪 彎 晚 溫 瘟 穩 稀 喜 細 鮮 閑 咸2 顯 險 香 小 邪 斜 新 兇 雄 啞 嚴 艷 癢 妖 野 陰 硬 右 圓 遠 暈 勻 雜 臟 糟 燥 躁 窄 長 整 正 直 忠 重 專 壯 準2 拙 紫 縱1 足2 左
	방언 (28개)	腌 戀 哏 海 頇 猴 佾 靚 婓 面2 茶 撐 貧2 平 怯1 清 肉 損 熊2 絮 懸 嶄 稚 中 軸 懊 蜚 态
	구어 (8개)	棒 乏 港 艮 過 火 賴2 玄

저자 **이천택**(李天擇)

    中國 山東省 鄒城市 출생
    아주대학교 국어국문학과 졸업
    고려대학교 국어국문학과 문학석사
    동 대학원 국어국문학과 문학박사
    현재 中國 青島農業大學校 외국어대학 한국어학과 강사

    주요 논문
    「한중 친족 지칭어에 대한 대조 연구」(2014)
    「한중 명암 형용사의 의미 확장 양상에 대한 대조 연구」(2017)
    「한국어 '굵다'와 중국어 '粗'의 의미 확장 양상에 대한 대조 연구」(2017)
    「한국어 '가볍다'와 중국어 '輕'의 의미 확장 양상에 대한 대조 연구」(2017)

한중 시각 형용사의 의미 확장 및 분포

초판 1쇄 인쇄 2020년 6월 3일
초판 1쇄 발행 2020년 6월 10일

저 자 이천택
펴낸이 이대현
편 집 권분옥
디자인 김주화

펴낸곳 도서출판 역락
주 소 서울시 서초구 동광로 46길 6-6 문창빌딩 2층
전 화 02-3409-2058(영업부), 2060(편집부) | 팩시밀리 02-3409-2059
이메일 youkrack@hanmail.net
역락홈페이지 http://www.youkrackbooks.com
등 록 제303-2002-000014호(등록일 1999년 4월 19일)

ISBN 979-11-6244-524-2 93710

字數 348千字